新编21世纪
高等职业教育精品教材

**经贸类通用系列**



# 管理学基础

## （第二版）

主　编　祖丽菲亚　段玉青　何　亿　赵永楷
副主编　刘　斌　李　晶　苏亚日勒
　　　　热孜亚·麦麦提依明　詹长陆
　　　　库来西·依布拉音　东　霞　王竹宇
　　　　陈彩云
编　委　刘　景　化文娟　商婷婷

GUANLIXUE
JICHU

中国人民大学出版社
·北京·

图书在版编目（CIP）数据

管理学基础/祖丽菲亚等主编. --2 版. --北京：
中国人民大学出版社，2022.8
新编 21 世纪高等职业教育精品教材 . 经贸类通用系列
ISBN 978-7-300-30953-8

Ⅰ.①管… Ⅱ. ①祖… Ⅲ.①管理学-高等职业教育
-教材 Ⅳ. ①C93

中国版本图书馆 CIP 数据核字（2022）第 155393 号

新编 21 世纪高等职业教育精品教材·经贸类通用系列
**管理学基础（第二版）**
主　编　祖丽菲亚　段玉青　何　亿　赵永楷
副主编　刘　斌　李　晶　苏亚日勒　热孜亚·麦麦提依明　詹长陆
　　　　库来西·依布拉音　东　霞　王竹宇　陈彩云
编　委　刘　景　化文娟　商婷婷
Guanlixue Jichu

---

出版发行　中国人民大学出版社
社　　址　北京中关村大街 31 号　　邮政编码　100080
电　　话　010－62511242（总编室）　010－62511770（质管部）
　　　　　010－82501766（邮购部）　010－62514148（门市部）
　　　　　010－62515195（发行公司）　010－62515275（盗版举报）
网　　址　http://www.crup.com.cn
经　　销　新华书店
印　　刷　北京七色印务有限公司　　版　　次　2017 年 7 月第 1 版
规　　格　185 mm×260 mm　16 开本　　　　　2022 年 8 月第 2 版
印　　张　17.25　　印　　次　2022 年 8 月第 1 次印刷
字　　数　392 000　　定　　价　45.00 元

---

# 第二版前言

管理学是系统研究管理活动的基本规律和一般方法的科学，它的目的是研究在既有的条件下，如何通过合理地组织和配置人、财、物等因素，提高生产效率。管理学这门课的设置目的，是为管理学等相关专业的学生提供一个系统学习管理学知识的平台。开设管理学课程最根本的目的，就是让学生了解和掌握企业管理的一般原理、理论和方法，培养学生专业性的企业管理意识和企业管理思维。

管理学课程的一个突出特点在于它的实践性、应用性。因此，本课程在学习过程中应注意两个层次：一是掌握管理学的基本概念、基本原理和基本方法；二是将基本理论和方法应用于实践，运用全面的、发展的和系统的观点以及所学理论，观察分析现实的管理问题。

对于职业院校的学生来说，今后无论是从事何种行业，都会接触到管理工作。管理是一切组织的根本，管理工作适用于各种规模的组织、营利与非营利性单位、制造业以及服务性行业。因此，掌握管理的基本原理和基本知识，熟悉管理的主要职能和一般过程，掌握现代管理的科学方法和技能，可以为今后走上管理岗位奠定一个扎实的理论基础。

本书作为管理学的基础课教材，经过第一版的使用，在听取师生意见的基础上加以修订。从内容上看，本书系统地介绍了管理学基础知识，在吸收国内外优秀理论成果和最新学术观点的基础上，比较全面地介绍了管理学的基本概念以及管理理论发展与演变的脉络，阐释了管理活动的基本规律、管理学一般原理以及各种管理技术和方法。与同类教材相比，修改后的教材以下特点更加明晰：

第一，体系完整，结构简明。全书以管理过程为主要线索，用通俗易懂的语言全面系统地介绍了管理学基础理论与实践方法。

第二，内容翔实，贴近实践。本书在编写过程中力求将管理研究的成果和最新观点有机整合起来，并尽可能地将各种理论阐述详细、透彻，以帮助读者更好地加以理解，并用其指导实践。

第三，适用范围广。全书立足于系统介绍管理学的基础理论和组织管理的一般性职能，回避了行业性的具体业务管理和专业管理，不仅可供管理学专业的学生和初次接触管理工作的人士作为系统学习管理知识的教材，而且对不同行业的各级管理者同样有着积极的指导意义，可作为其丰富自身管理学知识的参考书籍。

在本书撰写过程中，我们参考了大量管理学方面的著作、文章、文献、互联网上的素材与案例，在此恕不一一列出，对原作者致以深深的谢意！书中的误漏之处也敬请各位同仁、专家学者批评指正。

编者

2022 年 5 月

# 目 录

# 第 1 章　管理与管理学

本章学习中，你的学习目标：

1. 解释为什么管理工作对组织很重要。
2. 阐释谁是管理者，他们在何处工作，如何管理时间。
3. 描述管理者的职能、角色和技能。
4. 描述重塑和重新定义管理者工作的因素。
5. 解释管理学的性质、内容、特征及研究方法。
6. 解释学习管理学的价值。

## 走进管理

**【阅读资料】**

**时间管理**

时间管理方法就是用技巧、技术和工具帮助我们完成工作，实现目标。时间管理方法并不是要把所有事情做完，而是更有效的运用时间。人的一生两个最大的财富是：你的才华和你的时间。才华越来越多，但是时间越来越少，我们的一生可以说是用时间来换取才华。如果一天天过去了，我们的时间少了，而才华没有增加，那就是虚度了时光。所以，我们必须节省时间，有效率地使用时间。

我们都拥有 1 年、30 天、24 小时、60 分钟，按照分钟来计算，我们每个人都拥有一天 1 440 分钟。我们有些人拥有有效利用这 1 440 分钟的能力，拥有这种能力的人在自己的职业生涯和个人生活中能够得到更大的成效。根据上述情况，给予你有效利用时间的几个建议：

1. 有效利用二八原则：运用 80%—20%原则。人如果利用最高效的时间，只要 20%的投入就能产生 80%的效率。相对来说，如果使用最低效的时间，80%的时间投入只能产生 20%的效率。一天头脑最清楚的时候，应该放在最需要专心的工作上。与朋友、家人在一起的时间，相对来说，不需要头脑那么清楚。所以，我们要把握一天中 20%的最高效时间（有些人是早晨，也有些人是下午和晚上；除了时间之外，还要看你的心态、血糖的高低、休息是否足够等因素进行综合考量），专门用于最困难的科目或工作和最需要思考的学习或工作上。许多同学喜欢熬夜，但是晚睡会伤身，所以还是尽量早睡早起。

2. 制作一张目标清单。详细记录每小时、每天、每周和每月需要完成的目标和需要做的事情。按照重要程度排列你的计划和目标。时间本身就是有限资源，所以必须根据目标排列给予最重要的目标优先权。

3. 列表画出实现目标必须完成的关联活动和任务。为了实现目标，你必须完成哪些特定的任务和活动？

4. 将这些活动、任务分为 A、B、C 三类。A 类为紧急、重要的活动，B 类为重要但不紧急或者紧急但不重要的活动，C 类为既不重要也不紧急但是需要完成的日常性常规目标。

5. 按照分类优先级别和重要紧急程度为你的活动、任务安排时间。每天计划好你的待办事项，准备日常计划。每天早晨，或者前一个工作日的晚上，列出你需要在这一天完成的大概 3～5 个最重要的事。根据重要性和紧急程度为活动、任务设置优先级别进行排列。

6. 你的优先级别可能会根据时间和特定环境发生变化，所以做好你的备用计划。尽可能高效、高质量地完成你的目标和计划。不要成为只会制作表的专家，必须根据现实情况把你排列的目标逐个执行并实现。

7. 对所有没有意义的事情采用有意忽略的技巧，学会说“不”。将罗列的事情中没有任何意义的事情删除掉，一旦确定了重要的事情，对那些不重要的事情就应当说“不”。

8. 巧妙地分解。如果一件事情，你不想做，可以将这件事情细分为很小的部分，只做其中一个小的部分就可以了，或者对其中最主要的部分最多花费 15 分钟时间去做。

管理学是研究管理活动的基本规律及方法的科学，目的是通过合理地组织和配置人、财、物等因素，提高工作效率。随着现代管理技术的发展，企业的复杂化程度不断提高，更加需要我们通过提高管理水平来达成目标。因此，现代企业必须强调管理，向管理要效益。

## 1.1 管理

管理是人类有目的的活动，它广泛适用于社会的一切领域。第二次世界大战后，世界上掀起了管理的热潮，从 20 世纪 80 年代以来，我国的实务人员和理论界专业人士也对管理越来越感兴趣。现在大多数人都已懂得，只要人们参与团体为共同目标而努力，管理就起着关键的作用。管理不仅适用于营利性企业，也同样适用于政府、机关、学校、医院等非营利性单位，无论是什么组织，若没有管理将一事无成。

管理是人类一项最基本的社会活动，从古至今，对于管理的论述从未停止。现在人们把管理和技术并列为推动经济发展和人类社会前进的两大车轮。正如著名管理学家德鲁克所言，在人类历史上，几乎没有一种制度能像管理那样迅速兴起并产生巨大影响。在不到150年的历史里，管理已改变了世界上所有发达国家的社会与经济结构。

管理有许多特殊的领域，例如行政管理、经济管理、企业管理，以及各行各业、各部门和过程的管理。这些领域都有专门的学科进行研究，但是我们稍加分析就可以发现，这些专门的学科有许多共性的内容，如人、财、物的组织与计划问题，对人进行领导和激励的问题，等等。一般来说，这些专门的学科都有管理这一含义。本书所要研究的正是这种一般意义的管理。

**走进管理**

**【管理故事】**

某公司引进了一条香皂包装生产线，结果发现这条生产线有个缺陷，常常会有盒子里没有装入香皂。但总不能把空盒子卖给顾客，他们就请了一个学自动化的博士来设计方案分拣空的香皂盒。博士组建了一个十几个人的科研小组，综合采用了机械、微电子、自动化、X射线探测等技术，花了几十万，成功解决了问题。每当生产线上有空香皂盒通过，两旁的探测器就会检测到，并且驱动一只机械手把空香皂盒推走。

某乡镇肥皂企业也遇到了类似问题，老板命令初中毕业的流水线工头想办法解决。经过半天的思考，该工头扛了一台电扇到生产线的末端进行吹风，那些没有装香皂盒的空盒子都被吹下去了。

**思考题：**

1. 假如是你，会更喜欢哪一种方案？为什么？
2. 你认为管理的目的是什么？

### 1.1.1　管理的含义

什么是管理？虽然管理活动历史悠久，但遗憾的是，直到目前为止，管理一词还没有一个统一的为大多数人所接受的定义。原因很简单，不同的人在研究管理时的出发点不同，视角不同。下面是一些中外学者具有代表性的定义：

被誉为“科学管理之父”的科学管理理论创始人泰勒认为，管理技术的定义是确切知道要别人干什么，并注意让他们用最好、最经济的方法去干。他强调了管理的目的性和科学性。

在1978年获得诺贝尔经济学奖的赫伯特·西蒙认为：管理就是决策。

法国学者亨利·法约尔是一位对管理概念有着重大影响的人，他认为管理就是计划、组织、指挥、协调和控制。他首次将经营与管理概念区分开，提出管理是经营的职能之一，也是最重要的职能。

美国学者罗宾斯认为，管理是指同别人一起，或通过别人使活动更有效地完成的过程。

《世界大百科全书》中的定义是，管理就是对工商企业、政府机关、人民团体以及其他各种组织的一切活动的指导。

管理定义的多样化，反映了人们对管理的多种理解，以及各管理学派的研究重点与特色。但是，也应看到，不同的定义，只是观察角度和侧重点不同，在总体上对管理实质的认识还是共通的。

通过以上的表述可以看出，每个人都从不同的角度诠释了管理的定义，目前对于管理的定义并没有统一的表述，这意味着我们对于管理的认识还在增加。本书认为，可以把管理定义为：管理是组织在特定的内外部环境约束下，为了更有效地实现组织目标，而对组织活动及人、财、物、信息等资源进行的计划、组织、领导、控制等一系列活动的过程。这一概念包括了以下几个方面的含义。

一、管理的目的是实现目标

管理是过程，也是手段，所有的管理行为都是为实现目标服务的，管理的目的是实现组织的目标。没有共同的目标，就没有共同劳动，也就不需要管理。世界上既无无目标的管理，也不存在无管理的目标。

二、管理是在环境约束下进行的

管理活动存在一定的内部和外部环境之中，并且受到环境的限制。在市场中一个企业或是行业要生存，必然会受到环境影响，比如国家政策、法律法规、技术条件的影响，来自竞争对手的压力，以及消费者的反响等。对于企业的发展，还会受到自身条件的限制，如人员、资金等，有效的管理必须考虑到组织内外的环境条件，根据环境变化进行调整，进而实现企业生存和发展的目标。

三、管理的对象是组织活动和人、财、物、信息等资源

管理工作要通过综合运用组织中的各项资源来实现目标。对于管理者来说，可以使用的资源是有限的。如何进行资源的合理分配，使资源成本最小化，进而达到事半功倍的效果，是关系管理效果的重要部分。

四、管理的方法是计划、组织、领导、控制

管理活动是一个过程，是由一连串相互关联并且连续的活动组成的。随着管理环境的变化，会出现各种各样的问题等待解决，这就需要管理者通过计划、组织、领导、控制等方法来处理，进而实现管理目标。这些是一切管理者在任何管理实践中都要履行的管理职能。

了解了管理的概念，下面我们介绍一下管理的特征。

第一，管理的核心是人。管理的对象是以人为中心的组织资源与职能活动。它强调人是管理的核心要素，所有的资源与活动都是以人为中心的。管理，最主要的是对人的管理。从古至今，人类都不是单独的个体，从原始部落到多民族和国家，经历了注定的自然选择。人类需要群体活动，由此也产生了人与人的关系。个体的活动都由自身支配，每个人的想法不同，行为轨迹也不同。若想完成共同的目标，必然需要制订计划，由管理者统一组织，并监督控制。因此人类活动需要管理，而管理的核心就是处理好人的关系。

第二，管理的本质是组织协调。要实现目标，就必须使资源与职能活动协调，所有的管理行为在本质上都是协调问题。战国时期荀子在其《荀子·王制》中，有这样的描述："水火有气而无生，草木有生而无知，禽兽有知而无义；人有气、有生、有知，亦且有义，故最为天下贵也。力不若牛，走不若马，而牛马为用，何也？曰：人能群，彼不能群也。"这里的"群"就是由协作产生的，也是使人成为"最为天下贵"的原因，可见很早的时候人们已经意识到协作的作用了。西方学者也认为，协调就是指各个职能的社会组织机构和物资设备机构之间保持一定的比例，进而使得每个机构都能经济地完成自己的任务。由此可见，协调是管理的主要活动，也是实现目标的有效方法。

第三，管理要有效率。管理者通过管理活动来提高生产效率、组织效率、个人效率。集体活动创造了生产力，呈现出了一加一大于二的效果，这是个体活动很难达到的目标。如果可以用有限的资源，完成预期的目标，达到事半功倍的效果，这就是管理的意义和追求的目标。

第四，管理工作具有普遍性。管理活动最早可以追溯到原始社会，是社会化的产物。管理的存在要同时具备两个条件：由两个以上的人组成的集体进行活动；要有一致认可的、自觉的目标。所以只要不是个人能完成的工作，都需要管理，因此管理活动存在于人类社会中的方方面面。

### 1.1.2　管理的性质

管理作为一种特殊的实践活动，具有其独特的性质。在学习管理的过程中，我们需要了解管理的本质属性，包括有管理的二重性，即社会属性和自然属性，还有管理的科学性、艺术性和技术性。

一、管理的二重性

管理作为共同劳动的产物，它不能脱离具体的社会历史环境而抽象地存在。任何社会生产都是在一定的生产关系下进行的。所谓管理的二重性，一方面是管理具有同生产力和社会化大生产相联系的一般性质——自然属性。这种性质是一切社会化大生产所具有的客观规律，它取决于生产力的发展水平和劳动的社会化程度，并不取决于生产关系和社会制度的性质。另一方面，管理又是在一定的生产关系条件下进行的。管理是由占有生产资料的阶级实行的，是这个阶级意志的体现，是为这个阶级利益服务的。因此，它具有同生产关系、社会制度相联系的社会属性。这两方面的属性即管理的二重性。

1. 管理的自然属性

任何社会的生产都必须遵循它自身发展的规律，人类对于物质资料的生产是人们赖以生存和发展的基础，是人类社会最基本的实践活动。如果没有吃、穿、住、行等各方面的物质资料，人类也将无法生存。想要得到这些生活资料，就得生产，而生产过程需要管理才能围绕完成产品进行一系列有组织的生产活动。因此人类社会的存在需要管理，否则社会劳动过程就会发生混乱或是中断。这也印证了马克思的观点：一切规模较大的直接社会劳动或共同劳动，都或多或少需要指挥，以协调个人活动，就像乐队需要一个乐队指挥一样。由此可见，管理是通过组织劳动产生的，是适应社会化生产要求的一般属性，不以人的意志而转移，不因社会环境不同而消失，完全是一种客观存在。

2. 管理的社会属性

生产总是在一定的社会基本结构中的诸多生产关系中进行的。生产存在于生产关系中，而管理是在生产关系中客观存在的，因此生产总是在管理下完成的。那么为谁生产，生产什么，这就要听令于生产资料所有者了。这样管理就是要维护所有者的利益，服务于巩固和发展一定的生产关系，表现出了管理的社会属性。管理的目的既然是为了巩固生产关系，那么如果生产关系性质变化，管理的属性也会随之变化，因而社会属性也是管理的特殊属性，会随着社会关系的不同而展现不同的性质。

管理的二重性对比见表 1-1。

**表 1-1 管理的二重性对比**

| 项目 | 自然属性 | 社会属性 |
|---|---|---|
| 1. 产生条件 | 协作（共同劳动） | 生产资料所有制形式（公、私） |
| 2. 在管理中的作用 | 集中表现在“指挥的意志上” | 监督 |
| 3. 职能 | 一般职能：合理组织生产力 | 特殊职能：维护和完善生产关系 |
| 4. 性质 | “生产”劳动 | 监督劳动 |
| 5. 决定因素 | 生产力水平（社会化大生产程度） | 生产关系（社会制度） |

需要注意的是，管理的自然属性和社会属性是两位一体的，不能把它们截然分开。我国的许多管理学学者把管理的自然属性称为管理的一般职能，把管理的社会属性称为管理的特殊职能。按照这种含义，管理的一般职能与管理的特殊职能总是结合在一起的，在管理的基本职能中体现出来，并一起发挥作用。例如，管理的基本职能之一是领导职能。针对不同的情况，采用合理的领导方式，以提高效率，这是管理的一般职能。而在资本主义制度下，加强领导的目的是赚钱；社会主义的领导是为了增强大家同志式的合作关系，高效地生产，为社会主义建设服务，而不单单是为了赚钱，这是管理的特殊职能在领导职能中的体现。

马克思主义关于管理二重性的原则，是我们正确认识资本主义管理的依据，是建立和发展我国社会主义管理科学的理论基础。对资本主义管理，一方面要学习、借鉴，使其中合乎科学的部分为我所用；另一方面对它的腐败制度和思想作风，必须进行抵制和批判。那种一概排斥或原封不动地照搬、照抄的做法，都不是马克思主义态度。我们应该实事求是，从实际出发，对其加以认真地分析和研究，取其精华，去其糟粕，洋为中用，逐步形成适应社会主义市场经济体制的管理学体系。

二、管理的科学性

管理是人类社会不可或缺的社会实践活动，具有自然属性，是不以人的意志为转移的客观存在。人类社会在不断的发展中，经历了无数次的斗争，从社会实践中总结管理的经验，进而形成一整套有效的管理方法。又用这些方法指导实践，并验证方法是否有效，使管理的科学理论和方法不断地在实践中完善并丰富，从而形成了一整套系统的科学理论和方法，并逐渐形成自身的科学体系，也揭示了事物发展的客观规律。

管理的科学性是指管理作为一个活动过程，其间存在着一系列基本的客观规律。人们通过长期的管理实践活动，将这些管理理论和一般方法总结出来，并用其指导管理实践，又以管理活动的结果来衡量这些理论和方法是否正确，是否行之有效。因此，管理是一门科学，它以反映管理客观规律的管理理论和方法为指导，有一套分析问题、解决问题的科学的方法论。

三、管理的艺术性

管理的艺术性，主要体现在实践的创造性。这与科学性并不矛盾，科学性体现了管理的客观规律，但在实际应用中，又不能完全套用公式。因为管理的核心是人，而人的行为是受自身思维模式控制的。管理必须因人而异，这就要求管理者的智慧和思维，进而实现有效的管理。

管理的艺术性就是强调管理的实践性，没有管理实践则没有所谓的管理艺术。也就是说，管理人员在管理实践中，发挥积极性、主动性和创造性，灵活地将管理知识与具体管理活动相结合，才能有效地进行管理。管理的艺术性，就是强调管理活动除了要掌握一定的理论和方法外，还要有灵活地运用这些知识和技能的技巧和诀窍。

四、管理的技术性

技术的含义指在劳动生产方面的经验、知识和技巧，也泛指其他操作方面的技巧。技术本质上是与具体的人结合在一起的，技术水平的高低决定了人在生产过程中将经验、知识发挥出来的技巧的高低。早在 20 世纪初，科学管理的代表人物泰勒就提出了管理的技术性的思想，后来的诺贝尔经济学奖获得者西蒙也提出了管理自动化的思想。到了 21 世纪，管理的最大挑战在于如何提高知识工作者的效率，要解决这个问题仅仅依靠艺术性是很难有指导意义的，而管理的科学性还没有找到，所以在现实的情况下，管理的技术性将在提高知识工作者的效率方面起到主导作用。由此可见，技术既是艺术的解密者，又是科学规律的具化者，所以管理的技术性是介于科学性和艺术性之间的第三性，这样我们才可以更好地寻求有效的管理方法。

### 1.1.3 管理的作用

国际商业机器公司的创办人托马斯曾经讲过这样一个故事，深入浅出地说明了管理的作用。

有一个男孩子第一次得到一条长裤，穿上一试，裤子长了一些。他请奶奶把裤子剪短一点，可奶奶说眼下的家务事太多，让他去找妈妈。而妈妈回答他说，今天她已经同别人约好去玩桥牌。男孩子又去找姐姐，但是姐姐要去约会，而且时间就要到了。这个男孩子非常失望，担心明天穿不上这条裤子，他就带着这种心情入睡了。

奶奶忙完家务事，想起了孙子的裤子，就去把裤子剪短了一点；姐姐回来后心疼弟弟，又把裤子剪短了一点；妈妈回来后同样也把裤子剪短了一点。可以想象，第二天早上大家会发现这种没有管理的活动所造成的后果。

由上述例子可以看出，任何集体活动都需要管理。集体中每个成员的行为方向并不一定相同，在没有管理活动协调时，可能会互相抵触。即使目标一致，由于没有整体的配合，也难以达到总体的目标。

随着人类的进步和经济的发展，管理所起的作用越来越大。在当今世界，各国经济水平的高低，很大程度上取决于其管理水平的高低。国外一些学者的调查统计证实了这一点。第二次世界大战后，一些英国专家小组去美国学习工业方面的经验，他们很快就发现，英国在工艺和技术方面并不比美国落后很多，然而英国的生产率水平同美国相比为什么如此悬殊呢？进一步的调查发现，英国工业在生产率水平方面比较低的主要原因在于英国的组织管理水平远远落后于美国。而美国经济发展速度比英国快，其最主要的原因就是依靠较高的管理水平。美国前国防部长麦克纳马拉说过，美国经济的领先地位三分靠技术，七分靠管理。美国经济上的强大竞争力与美国在管理科学上的突飞猛进显然是具有内在的联系的。美国的邓思和布兹特里斯信用分析公司在研究管理作用方面也做了大量工作。多年来，他们对破产企业进行了大量调查。结果表明，在破产企业中，几乎有90%的企业是由于管理不善所致。

中国国有企业面临许多困难。调查显示，80%以上的亏损企业是由于管理不善。我国国有企业的改革和发展，没有轻松的道路可走，只有脚踏实地地研究、改善经营管理，建立一套现代企业管理制度，这才是根本出路。没有现代财务、成本、质量管理和科学决策制度，没有扎扎实实的管理基础工作，就不能搞现代市场经济。1996 年 7 月前总理朱镕基在一次会议中指出："对管理的重要性宣传得还太少，要大力宣传加强企业的经营管理，要大力提倡振兴中国的管理科学，要总结中国管理实践的经验。"他又说："今天到了要大力提倡改善中国的管理和发展中国的管理科学的时候了。党中央提出了'科教兴国'的方针。这个科学包括自然科学和社会科学两个方面，当然也包括了管理科学。现在，确实需要强调管理科学和管理教育也是兴国之道。"

## 走进管理

**【案例导入】**

**海尔的腾飞**

**崛起与发展：**

从濒临倒闭的集体小厂发展壮大成为知名的跨国企业。创立于 1984 年，崛起于改革大潮之中的海尔集团，是在引进德国利勃海尔电冰箱生产技术成立的青岛电冰箱总厂基础上发展起来的。在海尔集团首席执行官张瑞敏"名牌战略"思想的引领下，海尔经过十八年的艰苦奋斗和卓越创新，从一个濒临倒闭的集体小厂发展壮大为在国内外享有较高美誉的跨国企业。

2002 年海尔实现全球营业额 711 亿元，是 1984 年的 20 000 多倍；2002 年，海尔跃居中国电子信息企业百强之首。

18年前，工厂职工不足800人；2002年，海尔不仅职工发展到了3万人，而且拉动30多万人就业。

1984年海尔只有一个型号的冰箱产品，而目前已拥有包括白色家电、黑色家电、米色家电、家居集成在内的86大门类13 000多个规格品种的产品群。在全球，很多家庭都是海尔产品的用户。

**"名牌战略"：中国第一品牌**

用户的忠诚度是与海尔产品的美誉度是紧紧联系在一起的，18年间，海尔的无形资产从无到有，2002年海尔品牌价值评估为489亿元，跃居中国第一品牌。

海尔产品依靠高质量和个性化设计赢得了越来越多的消费者。2003年，在国内市场，海尔冰箱、冷柜、空调、洗衣机四大主导产品均拥有30%左右的市场份额。在海外市场，据全球权威消费市场调查与分析机构调查结果显示，海尔集团目前在全球白色电器制造商中排名第五，海尔冰箱在全球冰箱品牌市场占有率排序中跃居第一。其小型冰箱占据了美国40%的市场份额。海尔产品已进入欧洲15家大连锁店的12家、美国10家大连锁店的9家。在美国、欧洲初步实现了设计、制造、营销三位一体的本土化布局。

2002年海尔实现海外营业额10亿美元，是中国家电业出口创汇最多的企业。

**海尔发展战略创新的三个阶段**

海尔十八年来的高速发展，最主要的就是靠创新。战略创新起着关键作用。

1. **名牌战略阶段**——在1984年到1991年名牌战略期间，别的企业上产量，而海尔扑下身子抓质量，7年时间只做一个冰箱产品，磨出了一套海尔管理之剑："OEC管理法"，为未来的发展奠定了坚实的管理基础。

2. **多元化战略阶段**——在1992年到1998年的多元化战略期间，别的企业搞"独生子"，海尔走低成本扩张之路，吃"休克鱼"，建海尔园，"东方亮了再亮西方"，以无形资产盘活有形资产，成功地实现了规模的扩张。

3. **国际化战略阶段**——在1998年至今的国际化战略阶段，别的企业认为海尔走出去是"不在国内吃肉，偏要到国外喝汤"；而海尔坚持"先难后易""出口创牌"的战略，搭建起了一个国际化企业的框架。

**海尔的成功**

美国《家电》杂志统计显示海尔是全球增长最快的家电企业，并对美国企业发出了"海尔击败通用电气"这样的警告；英国《金融时报》评选"亚太地区声望最佳企业"，海尔名列第七；美国科尔尼管理顾问公司也将海尔评为"全球最佳运营企业"。同时，张瑞敏也获得了中国企业家目前在全球范围内的最高美誉。1999年12月7日，英国《金融时报》评出"全球30位最受尊重的企业家"，张瑞敏荣居第26位。《金融时报》发布的2002年全球最受尊敬企业名单中，海尔雄居中国最受尊敬企业第一名。2003年8月美国《财富》杂志分别选出"美国及美国以外全球最具影响力的25名商界领袖”，在“美国以外全球最具影响力的25名商界领袖”中，海尔集团首席执行官张瑞敏排在第19位。

近年来，海尔已经有十几个成功的案例进入哈佛大学、洛桑国际管理学院、欧洲工商管理学院、日本神户大学等著名高等学府的案例库，成为全球商学院的通用教材，这在中国企业界是唯一的。张瑞敏本人也成为第一个登上了世界商学院最高讲台的中国人——到哈佛大学商学院讲学。

海尔人的目标是：进入世界500强，振兴民族工业！

分析：海尔是如何取得成功的？

### 1.1.4 管理的职能

**【管理故事】**

**两根木头**

一家大户人家在盖房，各种材料堆放在工地前面的空地上，两根木头被并排放在一个角落里。两根木头一根是杨木，一根是松木，都很粗大，而杨木看上去更加粗大、光滑一些。

一天夜深人静的时候，杨木突然说起话来了，他对松木说：“老弟！我们生长多年，终于成材了。看我这粗大的体型一定是主梁！你呢，虽然瘦小了一些，最不济也是一根柱子！”

松木说：“付出总有回报，努力和汗水都不会白费！”这天夜里，两根木头都为自己即将走上工作岗位激动得一夜未睡。第二天早晨，两个工匠来选木料，师傅敲敲松木说：“这根做主梁！”又看看那根粗大的杨木说：“这根做个拴马桩子吧！”

于是徒弟便用笔在两根木头上分别标上了“主梁”“拴马桩”。

这天晚上夜深人静的时候，杨木又开始说话了，他十分气愤地对松木讲：“兄弟！那个匠人肯定是瞎了眼，你那体格做了主梁，而我这么粗大威武竟让我去做拴马桩子！”

松木说：“孩子！别看我没有你粗大，我已经有上百年的年龄了，而你却只生长了十几年。我生活的大山里风大、缺水，环境恶劣，我们每年只能生长那么一点点，但我们每生长一点都是紧密、结实的。你生活在水源和养料都十分丰富的河湾里，十几年的工夫就长得比我粗大了。但是孩子，你的身体是虚的啊！根本无力承担主梁的责任，能做好一根拴马桩已经不错了，你的很多同伴只能当柴烧！”

听了松木的话，杨木惭愧得再也没说话，下决心要做好一根拴马桩子！

［故事的哲理］

人不要急于求成，应多经历一些苦难磨砺自己，在不断磨炼、成长中积累经验、知识和技能。在别人面前应该谦虚，不要狂妄自大，多向前辈、专家和同事虚心学习。

管理的职能是指管理者在管理过程中应当承担的职责和任务，是对管理活动内容的理论概括。

最早提出管理职能的是法国的法约尔，他提出的管理职能包括计划、组织、指挥、协调、控制五个职能，其中他重点强调了计划职能。他认为，组织一个企业，就是为企业的经营提供所有必要的原料、设备、资本、人员。指挥的任务要分配给企业的各种不同的领导人，每个领导人都承担各自单位的任务和负责指导职员的活动。协调就是指企业的一切工作都要和谐地配合，以便于企业经营的顺利进行，并且有利于企业取得成功。控制就是要证实是否各项工作都与已定计划相符合，是否与下达的指示及已定的原则相符合。

关于管理职能的划分有多种方法。本书按照学界比较认可的观点，认为管理的基本职能有四类，分别是计划、组织、领导和控制，如图1－1所示。

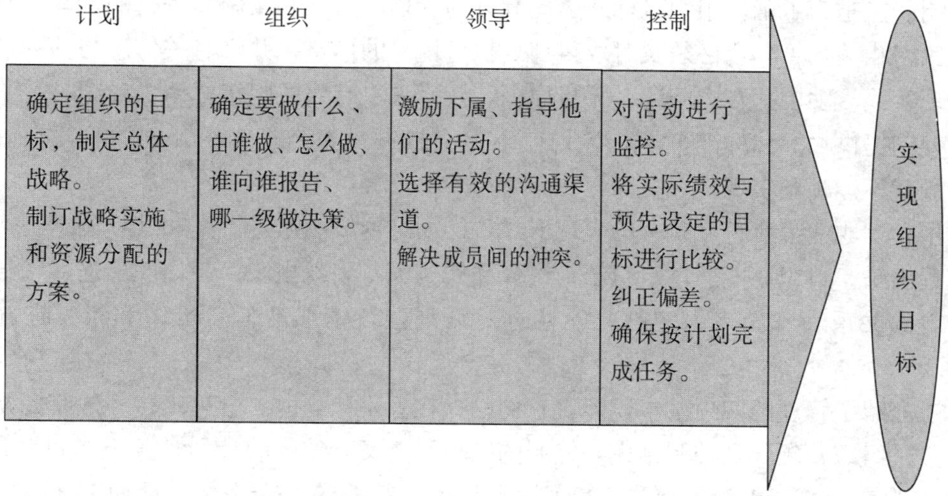


**图1－1 管理的职能**

一、计划职能

计划职能是指管理者对要实现的组织目标和应采取的行动方案作出选择和具体的安排。管理过程中，所有管理者必须从事计划活动。计划工作的目的是选择合适的组织目标，确定切实可行的行动方案并有效地实现这些目标。管理活动从计划开始，计划是对未来活动进行的一种预先谋划。计划工作需要根据组织内外部的实际情况，权衡客观的需要和主观的可能，通过科学的调查预测，提出未来一定时间内组织所需达到的具体目标以及实现目标的方法。因此，计划是管理的首要职能。

二、组织职能

组织职能是指管理者根据计划对组织活动中各种要素进行合理安排，并对组织成员合理分工协调，进而实现组织目标的过程。管理正是源自人类的合作，如果要达成共同的目标，就需要通力合作。对人们的活动进行组织，用制度规定各个成员的职责和周围人的关系，形成一个有机的组织结构，使整个组织协调地运转，这就是组织职能。在任何一项计划执行和管理业务中，都要做大量的组织工作，组织工作的优劣同样在很大程度上决定着这些计划和管理活动的成败。因此，组织职能是管理活动的根本职能，是一切管理活动的保证和依托。

三、领导职能

领导职能是指管理者利用组织所赋予的权利和自身能力去指挥和影响组织成员为实现组织目标而进行各项活动的过程。计划与组织做好了，也不一定能保证组织目标的实现。因为任何组织都是由人组成，管理者的主要任务就是协调组织成员，做领导就是做人的工作，重视人的因素。每个人自身的条件不同，在性格、素质和工作能力方面有很大的差异，在组织活动中难免产生问题，这就需要权威的领导者进行领导，营造良好的组织氛围去带领组织成员，激励下属自觉地为实现组织目标而共同努力，所以领导职能贯穿在整个管理活动中。

四、控制职能

控制职能是为了确保组织目标及为此制订的计划能够顺利实施而进行的活动。它与计划职能紧密相关，管理者必须及时取得计划执行情况的信息，并将有关信息与计划进行比较，发现实践活动中存在的问题，分析原因，及时采取有效的纠正措施。计划是控制的前提，为控制提供目标和标准，没有计划就不存在控制；控制是实现计划的手段，没有控制，计划就不能顺利实现。

各项管理职能都有自己独有的表现形式，例如计划职能通过方案和计划制定与实施的形式表现出来。组织职能通过组织结构设计和人员配备表现出来。领导职能通过领导者和被领导者的关系表现出来。控制职能通过对计划执行情况的信息反馈和纠正措施表现出来。

以上介绍了管理的四项基本职能，它们的存在不是孤立的，管理工作一般都是从计划开始，经过组织、领导到控制结束，控制的结果可能又导致新的计划，各职能间没有明显的界线，是相互交叉渗透的。管理工作仿佛是个运行着的生命个体，周而复始，循环不息，不断地把人类的活动向前推进。

## 1.2 管理者

管理者是为了保证组织业务活动有效运行和组织目标实现而从事管理活动的管理人员，他们承担管理工作，履行管理职能，是管理的主体。

### 1.2.1 管理者的含义

在有关人类、组织及管理的研究中，人是最基本的分析单位。人类是思考者、行动者、也是制造者；他们积极主动，富有创造力，为了有益于自己及物种的发展而永无止境地作出改变。人是管理的核心，在劳动分工中，为了实现群体的目标，人们必须达成协议以组织和协调不同的工作任务。自然而然地，群体会将任务分级，形成一种权威或权利的层级，由该群体中最强壮、最年长或最善于表达的那个人决定对其他人分配任务，这个人就成了最早的领袖。因此，管理者是指一个组织中，担任某一职务，具有相应的职权，履行职责，为实现预定目标，指挥别人活动，完成具体任务的人。管理者的工作与个人成就无关，而是关注如何帮助别人完成工作。

职务：根据有关法规、制度规定，管理者在组织中所享有的职权、地位。职务是管理者发挥职能作用的前提。

职权：它由组织赋予，一经任命就具有与职务相对应的职权。但职权不同于权威，权威与威信是管理者个人的影响力，是因人而异的。

职责：管理者在履行职务过程中所应尽的义务，职务与责任要对应，一个人担任什么职务就应承担什么责任。

指挥：管理者不同于作业人员，他不直接从事某项具体工作任务，他们在组织中行使管理职能，指挥或协调他人完成具体工作任务。

管理者作出决策、分配资源、指导别人，最终实现组织目标。在组织中，管理者的地位非常重要，如果每个人各自为营，缺乏对时机的把握和协调一致的努力，结果必将是一片混乱。

### 1.2.2　管理者的类型

在一个组织中，每个管理者处于不同的地位，起着不同的作用，拥有不同的权限，承担着不同的责任，从管理学的角度，可以把他们划分为以下三大类。

一、按管理层次划分

1. 高层管理者

高层管理者是指一个组织中最高领导层的组成人员。他们对外代表组织，对内拥有最高职位和最高职权，并对组织的总体目标负责。他们侧重组织的长远发展计划、战略目标和重大政策的制定，拥有人事、资金等资源的控制权，以决策为主要职能，故也称为决策层。他们常常拥有执行副总裁、总裁、总经理、首席运营官或者首席执行官等头衔。

2. 中层管理者

中层管理者是指一个组织中中层机构的负责人员。他们是高层管理者的决策执行者，负责制定具体的计划、政策，行使高层管理者授权下的指挥权，并向高层管理者报告工作，也称为执行层。中层管理者可能拥有地区经理、项目主管、工厂厂长或者事业部主任的头衔。

3. 基层（一线）管理者

基层管理者是指在生产经营第一线的管理人员。他们负责将组织的决策在基层落实，制定作业计划，负责现场指挥与现场监督，也称为作业层。基层管理者通常拥有主管、值班经理、部门经理或者办公室经理的头衔。

二、按管理工作的性质与领域划分

1. 综合管理者

综合管理者是指负责整个组织或部门的全部管理工作的管理人员。他们是一个组织或部门的主管，对整个组织或该部门的目标实现负有全部的责任；他们拥有这个组织或部门所必需的权力，有权指挥和支配该组织或该部门的全部资源与职能活动，而不是只对单一资源或职能负责。例如，工厂的厂长、车间主任都是综合管理者。而工厂的计财处长则不是综合管理者，因其只负责财务这种单一职能的管理。

2. 职能管理者

职能管理者是指在组织内只负责某种职能的管理人员。这类管理者只对组织中某一职能或专业领域的工作目标负责，只在本职能或专业领域内行使职权、指导工作。职能管理者大多数是具有某种专业或技术专长的人。例如，一个工厂的总工程师、设备处长等。就一般工商企业而言，职能管理者主要包括以下类别：计划管理、生产管理、技术管理、市场营销管理、物资设备管理、财务管理、行政管理、人事管理、后勤管理、安全保卫管理等。

三、按职权关系的性质划分

1. 直线管理人员

直线管理人员是指有权对下级进行直接指挥的管理者。他们与下级之间存在着领导隶属关系，是一种命令与服从的职权关系。直线管理人员的主要职能是决策和指挥。直线管理人员主要是指组织等级链中的各级主管，即综合管理者。例如，企业中的总经理—部门经理—班组长，他们是典型的直线管理人员，主要是由他们组成组织的等级链。

2. 参谋人员

参谋人员是指对上级提供咨询、建议，对下级进行专业指导的管理者。他们与上级的关系是一种参谋、顾问与主管领导的关系，与下级是一种非领导隶属的专业指导关系。他们的主要职能是咨询、建议和指导。对企业而言，参谋人员通常是指各级职能管理者，如计财处长、总工程师、公关部经理等。他们既向最高领导提供咨询、建议，又对整个企业各部门及人员进行其所负责的专业领域内的业务指导。

### 1.2.3 管理者的类型

管理者角色，是指管理者应该具备的行动或行为所组成的各种特定的类型。

加拿大学者亨利·明茨伯格得出了著名的管理者角色理论，他是一位著名的管理学者，他研究工作中真实的管理者。在他的第一项综合研究中，明茨伯格总结到，管理者的工作可以由他们在工作中担任的管理角色来诠释。他认为管理者扮演着十种角色，这十种角色可以归为三大类，分别是人际角色、信息角色和决策角色。具体类型如图 1-2 所示。

| 人际角色 | 信息角色 | 决策角色 |
| --- | --- | --- |
| ◆ 代表人 | ◆ 监督者 | ◆ 企业家 |
| ◆ 领导者 | ◆ 传播者 | ◆ 干扰应对者 |
| ◆ 联络者 | ◆ 发言人 | ◆ 资源分配者 |
| | | ◆ 谈判者 |

**图 1-2 管理者的角色**

一、人际角色

人际角色直接产生自管理者的正式权利，管理者在处理与组织成员和其他利益相关者的关系时，他们就是在扮演人际角色，这是明茨伯格确定的第一类角色。人际角色中包括的三种角色分别是代表人、领导者和联络者。

（1）代表人。作为代表人，管理者必须行使一些具有礼仪性质的职责。例如，管理者有时必须出现在社区的集会上，参加社会活动，或宴请重要客户等。在这样做的时候，管理者扮演的就是代表人角色。

（2）领导者。由于管理者对所在单位的成败负重要责任，他们必须在工作小组内扮演领导者角色。对这种角色而言，管理者和员工一起工作并通过员工的努力来确保组织目标的实现。

（3）联络者。管理者无论是在与组织内的个人和工作小组一起工作时，还是在和外部利益相关者建立良好关系时，都起着联络者的作用。管理者必须对重要的组织问题有敏锐的洞察力，从而能够在组织内外建立关系和网络。

### 二、信息角色

在信息角色中，管理者负责确保和其一起工作的人具有足够的信息，从而能够顺利完成工作。由于管理责任的性质决定，管理者既是所在单位的信息传递中心，也是组织内其他工作小组的信息传递渠道。整个组织的人依赖于管理结构和管理者以获取或传递必要的信息，以便完成工作，这是明茨伯格确定的第二类角色。信息角色中包括三种角色分别是监督者、传播者和发言人。

（1）监督者。作为监督者，管理者持续关注组织内外环境的变化以获取对组织有用的信息。管理者通过接触下属来收集信息，并且从个人关系网中获取对方主动提供的信息。根据这种信息，管理者可以识别工作小组和组织的潜在机会和威胁。

（2）传播者。作为传播者，管理者把他们作为信息监督者所获得的大量信息分配出去，把重要信息传递给工作小组成员，不过管理者有时也向工作小组隐藏特定的信息。更重要的是管理者必须保证成员具有必要的信息，以便切实有效地完成工作。

（3）发言人。管理者必须把信息传递给单位或组织以外的个人。例如，必须向董事会和股东说明组织的财务状况和战略方向，必须向消费者保证组织在切实履行社会义务。

### 三、决策角色

在决策角色中，管理者处理信息并得出结论。如果信息不用于组织的决策，这种信息就丧失其应有的价值。管理者负责作出组织的决策，他们让工作小组按照既定的路线行事，并分配资源以保证小组计划的实施。

（1）企业家。在监督角色中，管理者密切关注组织内外的环境变化和事态的发展，以便发现机会。作为企业家应对发现的机会进行投资利用，如开发新产品、提供新服务或发明新工艺等。

（2）干扰应对者。一个组织不管被管理的多么好，它在运行的过程中，总会遇到或多或少的冲突或问题。管理者必须善于处理冲突或解决问题，如平息客户的怒气，同不合作的供应商进行谈判，或者调解员工之间的争端等。

（3）资源分配者。作为资源分配者，管理者决定组织资源用于哪些项目。尽管我们一想起资源，就会想起财力资源或设备，但其他类型的重要资源也被分配给项目。例如，当管理者选择把时间花在这个项目而不是那个项目上时，实际上是在分配一种资源。除时间外，信息也是一种重要的资源，管理者是否在信息获取上为他人提供便利，通常决定着项目的成败。

(4) 谈判者。对所有层次管理工作的研究表明，管理者把大量的时间花在了谈判上。管理者的谈判对象包括员工、供应商、客户和其他工作小组。无论是何种工作小组，其管理者都进行必要的谈判工作，以确保小组朝着组织目标迈进。

［情景实践］

郭靖刚刚被提升到管理岗位，她是部门当中最优秀的员工之一。你邀请她共进晚餐，庆祝她被提拔，顺便想了解她对自己的新职位有什么想法。当你问她被提拔到管理岗位成为管理者有没有什么压力、困惑或者疑虑时，郭靖对你说“成为管理者会有什么不同呢？作为管理者，我需要做什么？你希望我做什么？”

你会如何应答？

### 1.2.4 管理者的基本素质

管理者的素质指管理者与管理相关的内在基本属性与质量，是形成管理水平与能力的基础，是做好管理工作、取得管理成效的极为重要的主观条件。因此，对管理者必然要提出相应的要求。

关于管理者的素质中外学者都做了大量研究，其中在现代管理学上产生重要影响的是西方学者关于智商和情商的研究。

智商是个人智力水平的数量化指标，反映的是一个人的智力高低程度，显示一个人做事的本领。智商决定了人理解和学习的能力、思维能力、记忆力和反应能力等，智商对管理者很重要，它在一定程度上受先天因素制约，但后天环境的影响对于智商的提高也非常重要。

情商也称“情感智力”，是一种理解、把握和运用自己及他人情绪的能力，具体包括：认识自身情绪的能力、妥善管理自身情绪的能力、自我激励的能力、认知他人的能力、人际关系管理的能力以及面对各种考验时保持平静和乐观心态的能力等。西方学者认为，人生成功不仅仅取决于智商，还取决于情商，这两方面是人才应当同时具备的两种素质。但是，对人一生事业影响最大的是情商而不是智商，情商的高低会直接影响个人智商的发挥。职场流行一句话：“智商决定录用，情商决定提升。”因此，对管理者而言，管理者应着重提高情商，在此前提下来不断提高智商。

智商和情商往往受先天因素制约，在此不过多讨论。但作为管理者，无论是高层、中层，还是基层，想成为一个优秀的管理者，就必须具备良好的素质和基本技能。管理者的素质主要表现为品德、知识、能力与身心条件。

一、政治与文化素质

政治与文化素质是指管理者的政治思想修养水平和文化基础。包括：政治的坚定性和敏感性；事业心、责任感；思想境界与品德情操；人文修养与广博的文化知识等。

二、基本业务素质

基本业务素质是指管理者在所从事工作领域内的知识与能力。包括一般业务素质和专门业务素质。

三、身心责任

身心责任是指管理者本人的身体状况与心理条件。包括：健康的身体；坚强的意志；开朗、乐观的性格；广泛而健康的兴趣等。

### 1.2.5　管理者的技能

管理者在行使四种管理职能和扮演三类角色时，必须具备以下三种关键的管理技能。

一、技术技能

技术技能是指为了完成或理解一个组织的特定工作所必需的技能，也就是业务方面的技能，即熟悉和精通某种特定专业领域的知识。技术技能包括专业知识、经验，技术、技巧，程序、方法、操作与工具运用熟练程度等，是管理者对相应专业领域进行有效管理必备的技能。管理者虽不能完全做到内行、技术专家，但必须懂行，必须具备一定的技术技能，以便更有效地指导员工、组织任务，把工作小组的需要传达给其他小组以及解决问题。特别是一线管理者，更应如此。

二、人际技能

人际技能是指成功地与别人打交道并与别人沟通的能力。人际技能包括：观察、理解和掌握人的心理规律的能力；人际交往中融洽相处、与人沟通的能力；了解并满足下属的需要，进行有效激励的能力；善于团结他人，增强向心力、凝聚力的能力等。在以人为本的今天，人际技能对于现代管理者是一种极其重要的基本功。没有人际技能的管理者是不可能做好管理工作的。管理者必须能够处理好个人与组织的关系，以便树立团队精神。因此，管理者的工作能力直接取决于人际技能。

三、概念技能

概念技能是管理者对复杂情况进行抽象和概念化的技能。概念技能包括：对复杂环境和管理问题的观察、分析能力；对全局性的、战略性的、长远性的重大问题的处理和决断能力；对突发性紧急处境的应变能力等。其核心是一种观察力和思维力。具备较高的概念技能能够使管理者快速、敏捷地从混乱而复杂的动态情况中辨别出各种因素的内在联系，抓住问题的起因和实质。很强的概念技能为管理者识别问题的存在、拟订可供选择的解决方案、挑选最好的方案并付诸实施提供了便利。这种能力对于组织的战略决策和发展具有极为重要的意义，是组织高层管理者所必须具备的，也是最为重要的一种技能。

不同层次的管理者对管理技能的需要有差异性。上述三种技能，对任何管理者来说，都是应当具备的。但不同层次的管理者，由于所处的位置、作用和职能不同，对三种技能的需要程度则明显不同。高层管理者尤其需要概念技能，而且，所处层次越高，对概念技能的要求越高。这种概念技能的高低，成为衡量一个高层管理者素质高低的最重要的尺度。而高层管理者对技术技能的要求就相对低一些。与之相反，基层管理者更重视的却是技术技能。基层管理者的主要职能是现场指挥与监督，若不掌握熟练的技术技能，就难以胜任管理工作。当然，相比之下，基层管理者对概念技能的要求就不太高。不同层次的管理者对管理技能需要的比例如图 1－3 所示。

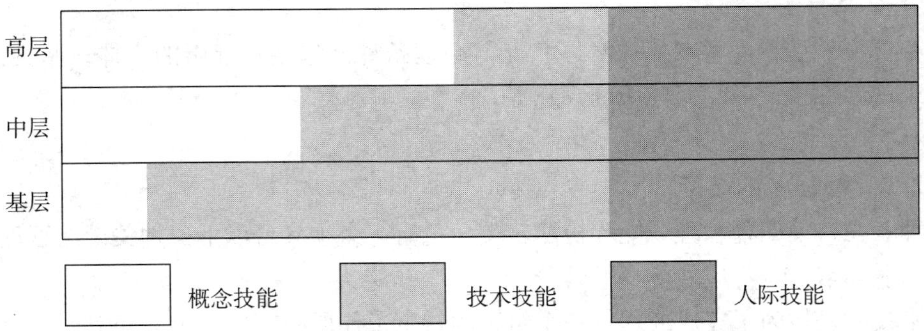


**图 1－3　管理者的技能比例**

### 1.2.6　管理对象

管理对象也称为管理客体，是指管理者实施管理活动的对象。很多人认为管理的对象就是人，这种认识还不够全面。管理的对象应当是组织中所有的资源，包括人、财、物、信息、技术、时间、社会信用等一切资源，其中最重要的是对人的管理。以下将介绍管理对象的几种主要资源类型。

一、人力资源

管理的核心是人，管理的首要任务就是要充分开发、利用组织内的人力资源，积极争取组织需要的外部的人力资源。人是活的要素，具有创造力，拥有巨大的潜力，能够产生极大的能量。管理活动离不开人，需要人的领导，领导人的能力直接决定了组织的成败，因此人力资源是管理中的重要部分。组织对人的管理主要涉及人员分配、工作评价和人力开发等，所以人力资源的开发不只是劳动能力的运用，还需要积极对员工进行培训，不断提高员工的素质。

二、财力资源

组织中的资金、资本等财力资源是在利用物质资源的基础上产生的，反过来资金的合理分配和使用，对物力资源和人力资源的运用也会产生直接的影响。在市场经济中，一个普遍的现象是资源价值形式的运动引导着物质或实物的运动。这种现象对管理的作用是：组织财力资源的运用效率决定着组织其他资源的运用效率。所以，任何一个组织，都可以从财力资源运用的角度来考察其管理水平、成效。对资金的管理主要涉及财务管理、预算控制、成本控制、资金使用、效益分析等。

三、物力资源

人类社会的生存和发展就是从使用物开始的，因此物力资源是人们从事社会活动的基础。随着知识经济时代的到来，物力资源不仅仅指有形资产，还包括无形资产。对物力资源的管理应当做到：遵循事物的客观规律，根据组织目标和实际情况，对各种物力资源进行最优配置和最佳利用。做好物力资源的管理，最重要的是提高投入产出率，合理的资源利用，对于可持续发展来讲非常重要。

四、信息资源

信息普遍存在于自然界和人类社会活动中，人通过获得、识别自然界和社会的不同信息来区别不同事物，认识和改造世界。随着时代的发展，信息在社会、经济、政治、文化等方面的作用越来越重要，已经成为社会组织不可缺少的构成要素。建立完善的信息系统，及时掌握必要的外部信息，在组织内部实行信息共享已经是决定组织竞争力的关键因素。组织中的信息资源指各种消息、情报、数据、资料等，对信息的管理主要是根据组织目标，通过对涉及组织外部、内部信息的快速收集、传递、反馈、处理与利用，进而准确预测发展趋势的过程。

除以上四种管理对象外，还有包括对技术的管理，对时间的管理，对社会信用的管理等。通过明确组织的管理对象，可以使管理工作能够有的放矢，进而更有效地达成组织的目标。

## 1.3　管理学

管理学是一门系统地研究管理活动的基本规律、基本原理和一般方法的科学，是管理实践活动的科学总结。

### 1.3.1　管理学的性质与研究内容

一、管理学的性质

管理作为一门学科来研究，始于近代，随着社会的不断进步、科学技术的飞速发展和管理活动的日益丰富，管理在人们的实际生产、生活过程中的作用越来越受到重视。它与一般的自然科学相比较，有其自身的特点。它不同于数学、物理等学科，是一门综合性、实践性强，并且自身还在不断发展完善的学科。管理科学发展到现在，已经构建了一个庞大的体系，几乎每个领域都有专门的管理学，如教育管理、行政管理、工商管理等。管理学主要研究的是在各门管理学科都存在的一般规律和基本原理，同时又结合这些专门领域的特殊情况，总结各门管理学科的新理论、新观点，并将其特殊性上升为一般性，以推动学科的发展。

二、管理学的研究内容

管理学是人类长期从事管理实践的科学总结，是以企业组织为重点，研究管理活动过程及其基本规律和一般方法的科学。管理学来源于人类社会的管理实践，而社会管理实践的领域是多样化的，有的从事企业管理，有的从事政府、军队、公安等国家机关管理，有的从事学校、文艺、学术团体管理等等，各种不同的社会组织有其特有的性质和规律，管理过程中也会有各自不同的管理方法和管理理论，由此产生和形成了各种不同门类的管理学。例如：工商企业管理学、行政管理学、教育管理学、旅游管理学、医院管理学、军队管理学、交通管理学、物资管理学、财政管理学、国民经济管理学等。尽管不同种类管理有自己的特点和规律，但是各类管理又有共同的基本原理和规律，这也是管理学所研究的主要内容。

管理学的研究对象是管理工作的客观规律性，即如何遵循客观规律的要求来建立一定的理论、原则、组织形式、方法和制度，指导管理的实践，实现管理的预期目标。管理学是一门综合运用现代社会科学、自然科学和技术科学的理论和方法，研究现代社会条件下管理活动的基本规律和一般方法的综合性学科。它是管理实践在理论上的概括和反映，是人类长期从事管理实践对其经验的科学总结。它来源于管理实践，接受管理实践的检验，反过来又指导管理实践。从管理学的性质可以看出，管理学的研究内容非常广泛，可以从以下几个角度进行研究。

1. 从历史的角度进行研究

研究内容主要是管理实践，管理思想，管理理论的形成、演变与发展。管理实践过程中产生了管理思想，人们将管理思想加以系统化总结，形成了管理理论，并将管理理论用于指导实践；同时，管理理论被应用于管理实践中以检验其实效性，管理理论的运用与验证结果可以反映具有代表性的管理思想，从而对具体的管理实践产生影响。

从历史的角度研究管理学的内容，还需要用历史的、辩证的、发展的观点看待问题，在前人的基础上不断变革、不断创新。

2. 从社会生产的角度进行研究

研究内容可分为三个方面：第一，研究社会生产力，主要考虑如何合理配置组织中的各种人、财、物等资源，使得生产要素的组织生产能力最大限度地得以发挥；如何根据组织目标与社会要求调节、合理使用现有资源，以求得最大经济效益与社会效益。第二，研究生产关系，研究组织内部与外部人际关系的协调，研究如何完善组织内部结构与管理体制，从而最大限度地调动各方面的积极性与创造性，为实现组织目标服务。第三，研究上层建筑，主要研究如何使组织内部与外部环境相适应，研究如何使组织的内部规章制度与社会政治、法律、文化、道德等上层建筑保持一致，从而维持组织的长期稳定与发展。

3. 从管理对象的角度进行研究

研究内容为不同的组织，如营利性组织、非营利性组织的组织目标、组织生存与发展、组织运行特点与管理特点；研究管理对象——人的个体与群体的需求、行为动机和行为特点；研究激发个体与群体主动性、积极性和创造性的方法；研究管理对象中的信息、物质、资金等资源的管理特点与管理方法。

4. 从管理方法的角度进行研究

研究内容着重于研究管理的各类有效方法、手段及其运用，如目标管理法、专家预测法、头脑风暴法、决策树法等。

5. 从管理工作职能的角度进行研究

研究内容具体包括以下几个方面：管理活动应有哪些职能，执行这些职能需要哪些条件或要素，执行管理职能应遵循哪些原理，可采用哪些方法等。最早提出管理职能观点的是法约尔，提出管理具有计划、组织、指挥、协调、控制五项基本职能，并且在管理实践中被证明基本是正确的。

### 1.3.2　管理学的特征

管理科学作为一门学科与其他许多学科相比，它具有许多自身的特征，管理学要用系统的观点来学习。了解管理学的这些特征，将有助于加深理解管理学的内容。

一、管理学是一门应用性学科

管理学是人类长期从事管理实践活动的科学总结，是人们对管理经验的概括和总结，管理学的理论与方法要通过实践来检验其有效性，同时，有效的管理理论与方法只有通过实践才能带来效益，发挥其指导实际工作的作用，并在不断反复的实践中完善管理学的理论与方法。

二、管理学是一门综合性的学科

管理学来源于人类社会活动，管理学的主要目的是要指导管理实践活动，而社会活动是多种多样的，同时人们从事的管理活动越来越复杂，要求也愈来愈精准，而当代的管理活动异常复杂，作为管理者仅掌握一方面的知识是远远不够的。只有具备广博的知识，才能对管理中的各种问题应付自如。以企业为例，厂长要处理有关生产、销售、计划和组织等的问题，就要熟悉生产工艺、预测方法、计划方法等。这里包括了工艺学、统计学、数学、政治学、经济学等内容。而最主要的是，厂长要处理企业中与人有关的各种问题，如劳动力的配置、工资、奖惩、调动人的积极性和协调各部门中人们之间的关系。机关、医院、学校的管理活动也有类似的情况。管理活动的复杂性、多样性决定了管理学内容的综合性。因此，管理学是一门综合性的学科，管理学的研究必然会涉及各类领域，包括数学、统计学、经济学、哲学、社会学、历史学、心理学、伦理学以及各种专门的工程技术学和计算机科学等。

三、管理学是一门软科学

软科学是研究社会实践活动的一门综合性科学，主要研究社会实践系统中“人—事—物”的运动规律及优化管理的理论和方法。管理学的目标，就是在正确决策的前提下提高管理效率，但是影响管理效果的因素很多，而且很多因素是无法预知的，如国家政策和法规、自然资源的变化、竞争者的决策、人的心理等因素，在这样复杂的情况下，很难找出精确化的管理模式。管理本身就是由社会实践活动产生的，因此管理学是最早出现的一门软科学。

软科学是和硬科学相对应的一种说法，是借用计算机技术中软件与硬件这两个术语的含义。一般把计算机主机及其外围设备称为硬件，而把有关计算机应用的技术及其程序称为软件。如果有了硬件，能否充分运用硬件，发挥计算机的全部功能，则取决于软件的优劣。管理的情况与计算机的情况相类似，如果把组织中的人力、财力和物力看作硬件的话，管理就是软件。充分调动人的积极性，发挥他们的内在潜力，有效地利用财力和物力，用较少的消耗，取得较大的效益，正是管理的任务。这是把管理看成软科学的第一层含义。第二，管理本身不能创造价值，它必须借助于被管理者及其他各种条件，并通过他们来体现管理的价值。这种价值很难从其他人创造的价值中明确地区分出来，究竟管理创造了多少价值，完全是一种模糊的概念。第三，若想通过管理来发挥效益，是有一个时间过程的。其效益只能经过较长的时期之后才能看得出来。这不像设计了一种新产品，生产出来，销路不错，就能见到明显的成效。一种新产品的设计方案在没有正式投产之前，人们就能对它进行比较准确的评估，预知其将来所能带来的效益。一项管理措施在没有实施之前，总会有各种不同的看法，有些管理措施甚至在实施了相当长的时间之后，还不能进行准确的评价。特别需要注意的是，对管理措施的各种方案不易在事前进行评价，又不方便逐项进行试验。因此，在选择管理措施时，往往主要取决于管理者的主观判断。即使某项措施经实践证明是无效的，也不能说明其他措施就一定有效或无效。因此根据这些实际情况，人们把管理看成软科学。

### 1.3.3 管理学的研究方法

管理学和其他许多社会科学一样，其研究方法基本有三种：归纳法、实验法、演绎法。

一、归纳法

归纳法就是通过对客观存在的一系列典型事物（或经验）进行观察，从掌握的典型事物的特点、关系、规律入手，进而分析研究事物之间的因果关系，从中找出事物变化发展的一般规律，这种从典型到一般的研究方法也称为实证研究。由于管理过程十分复杂，影响管理活动的相关因素极多，并且相互交叉，人们所能观察到的往往只是综合结果，很难把各个因素的影响程度分解出来，所以大量的管理问题都只能用归纳法进行实证研究。在运用归纳法进行管理问题的实证研究时，应注意几点问题：第一，要弄清与研究事物相关的因素，包括各种外部环境和内部条件，以及系统的或偶然的干扰因素，并尽可能剔除各种不相关的因素；第二，选择好典型，并分成若干类，分类标志应能反映事物的本质特征；第三，调查对象应有足够数量，即按抽样调查原理，使样本容量能保证调查结果的必要精度；第四，调查提纲或问卷设计要力求包含较多的信息数量，并便于作出简单明确的答案；第五，对调查资料的分析整理，应采取历史唯物主义和辩证唯物主义的方法，去寻找事物之间的因果关系，切忌采取先有观点再收集材料加以论证的形而上学的方法。

二、实验法

管理中许多问题，特别在微观组织内部，关于生产管理、设备布置、工作程序、操作方法、现场管理、质量管理、营销方法以及工资奖励制度、劳动组织、劳动心理、组织行为、商务谈判等许多问题都可以采用实验法进行研究。即人为地为某一实验创造一定条件，观察其实际实验结果，再与未给予这些条件的对比实验的实际结果进行比较分析，寻找外加条件与实验结果之间的因果关系。如果做过多次实验，总是得到相同结果，那就可以得出结论：这里存在某种普遍适用的规律性。著名的霍桑实验就是采用这种方法研究管理中人际关系的成功例子。

实验法可以得到接近真理的结论，但是管理中也有许多问题，特别是高层的、宏观的管理问题，由于问题的性质特别复杂，影响因素很多，不少因素又是协同作用的，所以很难逐个因素孤立地进行实验。并且此类管理问题的外部环境和内部条件特别复杂，要想进行人为地重复也是不可能的。例如，投资决策、生产计划、财务计划、人事管理、资源分配等许多问题几乎是不可能进行重复实验的。

三、演绎法

对于复杂的管理问题，管理学家可以从某种概念出发，或从某种统计规律出发，也可以在实证研究的基础上，用归纳法找到一般的规律性，并加以简化，形成某个出发点，建立起能反映某种逻辑关系的经济模型，这种模型与被观察的事物并不完全一致，它所反映的是简化的事实，完全合乎逻辑的推理，是从简化的事实前提推出的，这种方法称为演绎法。从理论概念出发建立的模型称为解释性模型，例如，投入产出模型、企业系统动力学模型等，都建立在一定理论概念的基础之上。从统计规律出发建立的模型称为经济计量模型，例如，柯普—道格拉斯生产函数模型，以及建立在回归分析和实践序列分析基础上的各种预测模型和决策模型。建立在经济归纳法基础上的模型称为描述性模型，例如，现金流量模型、库存储蓄量模型、生产过程中在制品变动量模型等。

现在科学技术的发展迅速地推动着管理学研究方法的现代化进程，特别由于计算机技术的迅速发展，管理中的各种模型，甚至具有几百个变量的线性规划模型都可以在计算机上进行迅速的运算，或者进行动态模拟。计算机的应用大大地促进了管理学向更加精密的方向发展。

## 本章重点知识归纳

1. 管理是组织在特定的内外部环境约束下，为了更有效地实现组织目标，而对组织活动及人、财、物、信息等资源进行的计划、组织、领导、控制等一系列活动的过程。

2. 管理的本质属性，包括有管理的二重性，即社会属性和自然属性，还有管理的科学性、艺术性和技术性。

3. 管理的四项职能包括：计划、组织、领导、控制。

4. 管理者扮演着十种角色，这十种角色可以归为三大类，分别是人际角色、信息角色和决策角色。

5. 管理者在行使四种管理职能和扮演三类角色时，必须具备这三种技能：技术技能、人际技能、概念技能。

6. 管理学是一门系统地研究管理活动的基本规律、基本原理和一般方法的科学，是管理实践活动的科学总结。

7. 管理学和其他许多社会科学一样，其研究方法基本有三种：归纳法、实验法、演绎法。

## 思考讨论题

1. 你认为授课教师是管理者吗？请分别用管理职能、管理角色、技能观点讨论这个问题。

2. 管理者最基本的职责是关注员工的工作绩效，以达到希望的产出。你是否同意这个观点？你怎么解释这个观点？

3. 管理者在哪些方面不同于非管理人员？用管理者角色分类说明。

4. 你认为是否存在一种最佳的管理“风格”？为什么？

5. 管理对于组织经营是否重要？为什么？说明你的理由？

## 实践与技能训练

### 项目一：调查与访问——管理者的职责与素质（项目二选一）

**【实训目标】**

1. 培养初步运用管理理论分析能力和组织的能力；

2. 培养分析、归纳与讲演的能力。

**【实训内容与要求】**

根据所学知识与对实际企业调查访问所获得的信息资料，组建模拟公司。

1. 以自愿为原则，6～8人为一组，组建“××大学生模拟公司”，自定公司名称；

2. 进行总经理竞聘，每个人以“我要做一个什么样的管理者”为题，发表竞聘讲演（要有发言提纲）。

**【成果与检测】**

1. 投票选出公司总经理，完成模拟公司的初步组建；

2. 班级组织一次交流，每个公司推荐两名成员发表竞聘讲演；

3. 由教师与学生对各公司组建情况（含竞聘提纲）进行评估打分。

### 项目二：调查与访问——管理者的职责与素质

**【实训内容与要求】**

与同学一起参观本课程实训基地企业，学生自愿组成小组，每组6～8人。在调查访问之前，每组需根据课程所学知识经过讨论制定调查访问的主题，并把具体步骤和主要问题计划好，具体问题可参考下列问题：

企业中主要有哪些管理工作，属于哪种管理层次？

这些管理工作的职责和权利。

做好这些管理工作需要哪些素质？如何培养？

**【成果与检测】**

调查访问结束后，组织一次课堂讨论。讨论需澄清下列问题，教师根据各小组表现进行评估打分：

1. 所调查企业的管理工作分类表。

2. 所调查企业的管理者素质分析报告，书面、300 字左右。

3. 所调查企业的最高层管理者的管理创新之处，如你是一名管理者须注意哪些问题，课堂口头评述 3 分钟左右。

以上问题均以小组为单位进行，各小组在讨论的基础上，每个同学把自己调查访问所得到的重要的信息如照片、文字材料、影音资料等制作成宣传册展出，之后交老师保存。

## 本章讨论案例

### 案例应用：升任公司总裁后的思考

郭宁最近被所在的生产机电产品的公司聘为总裁。在准备接任此职位的前一天晚上，他思绪万千，回忆起他在该公司工作 20 多年的情况。

他在大学学的是工业管理，大学毕业后就到该公司工作，最初是担任液压装配单位的助理监督。当时，他不知道该如何工作，因为他对液压装配所知甚少，在管理工作上也没有实际经验，几乎每天都感到手忙脚乱。可是他非常认真好学。一方面他仔细参阅该单位所订的工作手册，并努力学习有关的技术知识；另一方面监督长也对他主动指导，使他渐渐摆脱了困境，胜任了工作。经过半年多的努力，他已有能力独担液压装配的监督长工作，可是，当时公司没有提升他为监督长，而是直接提升他为装配部经理，负责包括液压装配在内的四个装配单位的领导工作。

在他当助理监督时，他主要关心的是每天的作业管理，技术性很强。而当他担任装配部经理时，他发现自己不能只关心当天的装配工作状况。他还得做出此后数周乃至数月的规划，还要完成许多报告和参加许多会议，他没有多少时间去从事他过去喜欢的技术工作。在当上装配部经理不久，他就发现原有的装配工作手册已基本过时，因为公司已安装了许多新的设备，引入了一些新的技术，于是他花了整整 1 年的时间去修订工作手册，使之切合实际。在修订手册的过程中，他发现要让装配工作与整个公司的生产作业协调起来是有很多讲究的。他主动到几个工厂去访问，学到了许多新的工作方法，他也把这些吸收到修订的工作手册中去。由于该公司的生产工艺频繁发生变化，工作手册也不得不经常修订，对此郭宁都完成得很出色。工作了几年后，他不但自己学会了做这些工作，而且还学会了如何把这些工作交给助手去做，并教他们如何做好，这样，他可以腾出更多的时间用于规划工作和帮助他的下属工作得更好，以及花更多的时间去参加会议、批阅报告和完成自己向上级的工作汇报。

在他担任装配部经理 6 年之后，正好该公司负责规划工作的副总裁辞职应聘于其他公司，郭宁便主动申请担任此职务。在同另外 5 名竞争者较量之后，郭宁被正式提升为负责规划工作的副总。他自信拥有担任此新职位的能力，但由于高级职务工作的复杂性，仍使他在刚接任时碰到了不少麻烦。例如，他感到很难预测 1 年之后的产品需求情况，但一个新工厂的开工，乃至一个新产品的投入生产，一般都需要在数年前做出准备。而且，在新的岗位上他还要不断处理市场营销、财务、人事、生产等部门之间的协调，这些他过去都不熟悉。他在新岗位上越来越感到：越是职位上升，越难于按标准的工作程序去进行工作。但是，他还是渐渐适应了，做出了成绩，以后又被提升为负责生产工作的副总裁，而这一职位通常是由该公司资历最深的、辈分最高的副总裁担任的。现在，郭宁又被提升为总裁。他知道，一个人当上公司最高主管职位之时，他应该自信自己有处理可能出现任何情况的才能，但他也明白自己尚未达到这样的水平。因此，他不禁想到自己明天就要上任了，今后数月的情况会是怎么样的？他不免为此而担忧！

**讨论：**

1. 你认为郭宁当上公司总裁后，他的管理责任与过去相比有了哪些变化？他应当如何去适应这些变化？

2. 你认为郭宁要胜任公司总裁的工作，哪些管理技能是最重要的？你觉得他具备这些技能吗？试加以分析。

3. 如果你是郭宁，你认为当上公司总裁后自己应该补上哪些欠缺，才能使公司取得更好的绩效？

# 第 2 章 管理理论的产生与发展

本章学习中，你的学习目标：

1. 描述东西方早期管理思想和一些例子。
2. 解释古典方法中的各种理论并讨论行为方法的使用和发展。
3. 解释现代管理理论的多元化时期。
4. 解释当代管理理论的繁荣时期。
5. 阐释 21 世纪管理和管理学的发展。

人类的管理实践活动历史悠久，在管理学的发展过程中，产生了很多优秀的管理专家与思想，有些至今仍在指导人们的管理实践。系统学习管理思想史，有助于我们理解管理在不同历史时期的文化背景，把握管理思想及主要流派的来龙去脉，构建综合的管理知识体系，从而为运用管理技术和方法打下坚实的理论基础。

走进管理

**【管理故事】**

**中国古代管理实践**

在宋真宗祥符年间，皇城失火，宏伟的昭君宫被烧毁。真宗命令一个叫丁谓的大臣用 25 年时间修复。这在当时是一个浩大的工程，不仅要进行完整的施工设计，还要清理废墟、挖土、烧砖、运输材料。丁谓对此提出了行之有效的方案：先在宫殿前的街道挖沟，把取出的土烧成砖瓦；再把京城附近的水引入沟渠，形成运河，用船把各地的木材石料等建筑材料运到皇宫前，解决了运输问题；最后沟渠撤水，把清虚的碎砖烂瓦就地回填，修复原有的街道。这个方案高效合理地同时解决了三个问题。

**思考分析题：**

1. 试用现代管理学理论分析丁谓提出的方案。
2. 如果你是丁谓，你会用什么方法解决这个问题？

## 2.1 管理理论的萌芽时期

管理活动伴随着人类社会的发展，从世界几大文明古国已有的文字记载来看，人类的管理实践已有几千年的历史。从原始人类的集体狩猎到氏族公社的集体劳作与分工，从早期的战争到国家的出现，从非洲的埃及金字塔到中国的万里长城的建造等，人类历史上的各种集体活动，都蕴含着管理的思想。这些管理实践活动，为管理思想的产生奠定了基础。

人类的管理活动源远流长。古代，人们为生存和发展从事的各种生产活动和社会实践，尤其是大型工程，都是集体进行的，需要组织和协调，这就需要并形成了管理。

以原始人狩猎为例，原始人为了保证狩猎成功，往往是由一群人来共同捕杀一头猎物。在捕猎时，需要大家配合行动，一些人举火把，一些人投掷石块，另外一些人拿木棒围堵……组织这种分工合作、相互配合的活动实际上就是管理。

管理思想是随着生产力的发展而发展的。原始社会的生产力水平非常低下，当时的管理水平也与之相适应，非常简单、朴素。随着人类的不断进步，管理思想也有了很大的进步和发展。

公元前5000年左右，古代埃及人建造了世界七大奇迹之一的金字塔，据考证，大金字塔占地约13英亩，用了230块方形大石料（平均每块约重2.5吨）砌成，当时动用了10万人力，费时20年才得以建成。这其中包含了大量的组织管理工作，如组织人力进行计划与设计，在没有先进运输工具的条件下，组织搬运，进行人力的合理分工等，这些工作不但需要技术方面的知识，更重要的是要有相当丰富的管理经验。

在这一时期，已出现了一些管理思想的萌芽，散见于古代埃及、巴比伦、希腊、罗马和中国的史籍中。公元前2000年左右，古巴比伦国王汉谟拉比颁布了著名的《汉谟拉比法典》，全文共有280多条，其中对人的活动作了许多规定，如个人财产怎样受到保护，百姓应该遵守哪些规范，货物贸易应该如何进行，臣民之间的隶属关系，最低工资标准，家庭纠纷与犯罪的处理等。

公元前370年，古希腊学者瑟诺芬曾对劳动分工作了这样的论述："在制鞋工厂中，一个人只以缝底为业，另一个人进行剪裁，还有一个人制造鞋帮，再由一个人专门把各种部件组装起来。这里所遵循的原则是：一个从事高度专业化工作的人一定能工作得最好。"后来的科学管理的创始人泰勒的某些思想与他的这一管理思想非常接近。

### 2.1.1 东方早期管理思想

中国是世界上历史最悠久的文明古国之一，是最具代表性的东方古国。商、周时代，中国已经形成了组织严密的国家组织。中国早期管理思想博大精深，下面主要介绍四种管理思想：德治、法治、无为而治和兵法经营。

一、德治——孔子的儒家管理思想

孔子，名丘，字仲尼，春秋末期鲁国陬邑（今山东曲阜市东南）人，我国古代著名的思想家、教育家，儒家学派创始人。孔子思想体系是以"德治"为核心，即为政以德。《论语·为政》中说："为政以德，譬如北辰，居其所，而众星共之。"德治管理的主要规则是伦理道德规范，即组织中人们共同生活及行为的准则和规范，用以指导个人的行为以及人与人之间的关系。这是一种约定俗成的规范，是无形的约束，依靠组织舆论监督、个体内心的荣誉感和耻辱感完成监督和管理的过程，管理监督的成本较低。

二、法治——韩非子的法家管理思想

韩非子，战国时期杰出的思想家，是中国古代法家思想的集大成者。法家排斥礼（德）治，认为“法”是最有效的管理途径，把它作为管理的最高原则，并且认为舍法不能进行管理。

三、无为而治——老子的道家管理思想

无为而治是老子管理思想的最高原则与最高境界。“无为”并不是说什么都不做，而是“有所为”而“有所不为”。老子认为：人们应该按照事物的发展规律去“为”，在顺应客观规律的前提下充分发挥人的主观能动性；与客观事物发展相违背的“不为”，不要去干扰事物的自然发展，而是要顺其自然。

按照老子的思想和他的认识，对于最好的管理者，人们不知道有他的存在；对于其次的管理者，人们亲近他、赞扬他；对于再次的管理者，人们畏惧他；对于最差的管理者，人们轻蔑他。最好的管理者总是非常地悠然，很少发号施令，等到事情都办成了，大家会认为“我们本来就是这样的”，这就实现了“无为而治”。

四、兵法经营——孙子的兵家竞争战略思想

《孙子兵法》是中国也是世界上最古老的军事理论著作，被国外誉为“东方兵学鼻祖”“世界第一兵书”。这部兵法，在中外历史上不仅为战将所喜爱，也为商战者所推崇。虽然商业竞争的最终目的不是去毁灭你的对手，但商业竞争与军事战争有极多相似之处，管理者们可以从中学到很多有关如何成功经营的思想。

《孙子兵法》中提出的“未战庙算”是经营管理中重要的谋略思想，其认为打仗取胜的关键在于“庙算”（庙即祠堂，算即筹算），在于运筹帷幄之中，强调不打无准备、无把握之战。应用到管理上就是要强调科学决策的重要性，企业要在竞争中立于不败之地，要以智谋取胜，以正确的决策、科学的管理取胜，只有通过细致全面地“庙算”，才能作出正确的判断和对策。“凡事预则立，不预则废”，企业竞争要从战略的角度来计划和谋算，多算则胜，少算则不胜。

### 2.1.2　西方早期管理思想

西方文化起源于希腊、罗马，在文学、艺术、哲学、数学、物理学、天文学、建筑等方面都对人类作出了辉煌的贡献。这些古国在国家管理、生产管理、军事、法律等方面也都曾有过许多光辉的实践。随着资本主义的发展和工厂制度的形成，经商和管理日益得到社会的重视，愈来愈多的人来研究社会实践中的经济与管理问题。

一、亚当·斯密的管理思想

亚当·斯密（Adam Smith，1723—1790）是苏格兰的政治经济学家与哲学家。他在1776年出版了《国民财富的性质和原因的研究》（即《国富论》）一书，系统地阐述了劳动价值论及劳动分工理论。

亚当·斯密在他的《国富论》中以制针业为例说明了劳动分工给制造业带来的变化。

他写道：如果一名工人没有受过专门的训练，恐怕工作一天也难以制造出一枚针来。如果希望他每天制造20枚针那就更不可能了。如果把制针程序分为若干项目，每一项就都变成一门特殊的工作了。一个人担任抽线工作，另一个人专门拉直，第三个人负责剪断，第四个人进行磨尖，第五个在另一头打孔并磨角。这样一来，平均一个人每天可以生产 48 000 枚针，生产效率提高的幅度是相当惊人的。这段生动的论述，形象地把劳动分工的优越性展现出来了。

亚当·斯密在分析提高“劳动生产力”的因素时，特别强调了分工的作用。他对比了一些工艺和一些手工制造业实行分工前后的变化，对比了易于分工的制造业和不易分工的农业的情况，说明分工可以提高劳动生产率。亚当·斯密认为，劳动分工能大大提高生产效率，分工的益处主要有以下几个方面：

第一，劳动分工可以使工人重复完成单项操作，从而提高劳动熟练程度，提高劳动效率。

第二，劳动分工可以减少由于变换工作而损失的时间。

第三，劳动分工可以使劳动简化，使劳动者的注意力集中在一种特定的对象上，有利于创造新工具和改进设备。

他的上述分析和主张，不仅符合当时生产发展的需要，而且也成了以后企业管理理论中的一条重要原理。

亚当·斯密在研究经济现象时，一个根本的观点是，经济现象是由具有利己主义的人们的活动所产生的。他认为，人们在经济行为中，追求的完全是私人利益。但是，每个人的私人利益又受到其他人的利益所限制，即迫使每个人必须顾及其他人的利益，正是这种限制进而产生了社会利益，社会利益是以个人利益为立脚点的。他在《国富论》一书中曾用这样的话来描述人们的相互关系：“人类几乎随时随地都需要同胞的协助，要想仅仅依赖他人的恩惠，那是一定不行的。他如果能够刺激他们的利己心，使有利于他，并告诉他们，给他做事，是对他们自己有利，他要达到目的就容易得多了。不论是谁，如果他要与旁人做买卖，他首先就要这样提议：请给我以我所要的东西吧，同时，你也可获得你所要的东西。这句话是交易的通义。”这种将人类的行为起始点归于“经济”因素的“经济人”的观点，即认为人类是由于追求物质、经济利益才产生了行为的动机，是当时生产关系的反映。正因为如此，此观点对于传统管理时期和科学管理时代的管理实践和理论，都产生了极其重要的影响。

亚当·斯密认为，劳动是国民财富的源泉，各国人民每年消费的一切生活必需品的源泉是本国人民每年的劳动。这些日用必需品供应情况的好坏，取决于两个因素：一是这个国家的人民的劳动熟练程度、劳动技巧和判断力的高低；二是从事有用劳动人数和从事无用劳动人数的比例。他同时还提出，劳动创造的价值是工资和利润的源泉，并经过分析得出了工资越低利润就越高，工资越高利润就越低的结论。揭示出了资本主义经营管理的本质。

### 二、罗伯特·欧文

罗伯特·欧文（Robert Owen，1771—1858）是 19 世纪初期英国卓越的空想社会主义者。他早年在苏格兰的纽拉纳克经营一家大纺织厂，并以在该厂进行了前所未有的试验而闻名于世。欧文认为，试验前此厂是当时“社会的缩影”，集中了“工厂制度下的一切罪恶”，如劳动时间长、劳动强度高、工资低、生活条件恶劣等。他认为人是环境的产物，两者相互作用，并强调只有“社会主义”才能克服“资本主义的一切罪恶”。为此，他在自己开办的纺织厂里实行了一系列大胆的改革：改善工作条件，包括将劳动时间缩短为10.5小时、严禁未满9岁的儿童参加劳动等；提高工资，并免费供应膳食；建设工人住宅区，改善工人的生活条件；开设工厂商店，按成本出售工人所需要的生活必需品；设立幼儿园和模范学校；创办互助储金会和医院，发放抚恤金等等。其目的是探索在改善工人生活条件的前提下，能否有利于工厂所有者大幅度地提高劳动生产率。事实证明，尽管试验最终以失败告终，但不可否认的是，他的设想在“一定条件下”是能成功的。他的改革确实改善了工人阶级的生活条件，同时也使工厂所有者获得了丰厚的利润。

另外，欧文还提出，工厂所有者不仅要“关心”工人，还应该“关心”工厂的股东，分给其应得的红利。总而言之，作为工厂的所有者必须重视“人”的作用。欧文的管理思想主要体现在下列几个方面：

（1）重视人的因素和人的作用；

（2）实行灵活稳健的人事政策和待人处事的方法；

（3）主张对人力进行投资；

（4）主张改善劳动条件和工资待遇；

（5）主张与工人和睦相处；

（6）强调对人的本性进行深入的了解与剖析；

（7）养成一丝不苟、准确无误的工作习惯。

可能正因为罗伯特·欧文最先注意到“人”的因素，并开始关心“人”，所以在某些管理学著作中，他被誉为“人事管理之父”。

### 三、查尔斯·巴贝奇

查尔斯·巴贝奇（Charles Babbage，1792—1871）是英国剑桥大学数学教授，同时又是科学家和作家。他曾走遍英国和欧洲大陆，用多年时间对英、法等国的一些工厂进行考察研究，了解有关制造业方面的各种问题，研究经理人员解决这类问题的方法。1832年，查尔斯·巴贝奇出版了《论机器和制造业的经济》一书，对专业分工、作业方法、机器与工具的使用和成本记录等都进行了专门论述，是管理学历史上一本重要的文献。

查尔斯·巴贝奇不仅赞同亚当·斯密关于分工能提高劳动生产率的观点，他还进一步地分析了劳动分工使生产率提高的原因，但他认为亚当·斯密忽略了分工可以减少支付工资这一好处。巴贝奇对制针（普通直针）业做了典型调查，他把制针业的生产过程划分为七个基本操作工序，并按工序的复杂程度和劳动强度雇佣不同的工人，支付不同的工资。如果不实行分工，整个制造过程由一个人完成，那就要求每个工人都有全面的技艺，都能完成制造过程中技巧性强的工序，同时又有足够的体力来完成繁重的操作。工厂主必须按照全部工序中技术要求最高、体力要求最强的标准来支付工资。由此，巴贝奇提出了“边际熟练”原则，即对技术水平、劳动强度定出界限，作为报酬的依据。

查尔斯·巴贝奇认为劳动分工使生产率提高的原因是：

（1）节省了学习所需要的时间；

（2）节省了学习期间所耗费的材料；

（3）节省了从一道工序转移到下一道工序所需要的时间；

（4）经常从事某一工作，肌肉能够得到锻炼，不易引起疲劳；

（5）节省了改变工具、调整工具所需要的时间；

（6）重复同一操作，技术熟练，工作速度较快；

（7）注意力集中于单一作业，便于改进工具和机器。

查尔斯·巴贝奇还提出了一种工资加利润分享制度，以此来调动劳动者的工作积极性。他认为，工人除了拿工资外，还应按工厂所创利润的百分比额外地得到一部分报酬。这种做法有以下几点好处：

（1）使每个工人的利益同工厂的发展及其所创利润的多少直接相关；

（2）每个工人都会关心浪费和管理不善等问题；

（3）能促使每个部门改进工作；

（4）有助于激励工人提高技术及品德；

（5）工人同雇主的利益一致，可以消除隔阂，共求企业的发展。

他的这种工资加利润分享制度的管理思想对我们当今的企业管理仍然有一定的参考价值。

巴贝奇还对经理人员提出了许多建设性意见，如：

（1）应分析制造程序及成本；

（2）应花时间研究技术；

（3）搜集资料时应使用印好的标准表格；

（4）分析企业机构的实际工作时，宜采用比较分析法；

（5）应研究各种不同颜色的纸张与油墨的效果，以确定何种颜色不易使眼睛疲劳；

（6）提问题时，要研究如何发问才能获得最佳效果；

（7）应根据以所得为基础的统计资料，来确定所需；

（8）生产程序的管理应该集权化，以求经济；

（9）应重视研究发展工作；

（10）应以是否邻近原料供应地来确定厂址；

（11）应建立一套对人人都有利的建议制度。

巴贝奇的这些思想无论在深度上还是广度上，都比前人甚至同代人有较大的进步。他几乎研究了制造业的各个方面，他提出的许多原则不但适用于企业，也适用于其他类型的组织。

在他们之后，在生产过程中进行劳动分工的做法，得到了迅速发展。到了 20 世纪，大量流水生产线的形成，使劳动分工的主张得到了充分体现。

上述各种管理思想是随着生产力的发展，适应当时工厂制度发展的需要产生的。这些管理思想虽然不系统、不全面，没有形成专门的管理理论和学派，但对于促进生产及以后科学管理理论的产生和发展，都有积极的影响。

## 2.2 古典管理理论时期

早期管理思想实际上是管理理论的萌芽，管理理论比较系统地建立是在19世纪末20世纪初，这一期间所形成的管理理论，被称为“古典管理理论”。古典管理理论主要包括科学管理理论和古典组织管理理论两大部分，其中科学管理理论主要源于美国泰勒的“科学管理”，而古典组织管理理论则包括法约尔的一般管理理论和德国韦伯的行政组织理论等。这些理论成为现代管理学的先驱，对现代管理理论有很大的影响。

### 2.2.1 泰勒的科学管理理论

科学管理理论的诞生是管理发展史上的重大事件，是管理走向科学的第一步，正是由于科学管理理论的产生，才能使管理逐渐发展成为一门学科。科学管理理论是由美国的弗雷德里克·泰勒首先提出的，并在他和他的追随者的不断努力下形成一个理论体系。因此，在很多管理学著作中，泰勒被称为“科学管理之父”。

泰勒出生于美国费城的一个富裕的律师家庭，从小就醉心于科学研究和实验。中学阶段以优异的成绩考取哈佛大学法学院，但因高度近视而不得不放弃学业。19岁时进入一家机械厂当徒工，22岁时进入费城米德维尔钢铁公司，开始当技工，后来迅速提升为工长、总技师，28岁任钢铁公司总工程师。1890年泰勒离开这家公司，从事顾问工作。1898年进入伯利恒钢铁公司继续从事管理方面的研究，后来他取得了发明高速工具钢的专利。1895年、1903年他先后发表了《计件工资制度》和《车间管理》等文章，1911年，他出版了现在被认为是管理学经典著作的《科学管理原理》。泰勒通过长期、亲身地对生产现场活动的观察，认识到：落后的管理是造成生产率低下、工人“磨洋工”和劳资冲突不断的主要原因。于是，他开始在车间里用科学方法纠正这种状况。最著名的科学管理实例是泰勒的生铁装运实验，通过实验，他确定做每一件工作的最佳方法。然后，选择适当的工人，并培训他们严格按最佳方法进行工作。为了激励工人，他主张采用刺激性工资计划。最后，泰勒取得了生产率为200%甚至更高的效果。

走进管理

**【案例】**

**联合邮包服务公司的科学管理**

联合邮包服务公司（UPS）雇用了15万名员工，平均每天将900万个包裹发送到美国各地和其他180个国家。为了实现它们的宗旨——“在邮运业中办理最快捷的运送”，UPS的管理当局系统地培训它们的员工，使其以尽可能高的效率从事工作。下面以送货司机的工作为例，介绍它们的管理风格。

UPS 的工业工程师们对每一位司机的行驶路线进行了时间研究，并对每种送货、暂停和取货活动都设立了标准。这些工程师们记录了红灯、通行、按门铃、穿院子、上楼梯、中间休息喝咖啡的时间，甚至上厕所时间，将这些数据输入计算机中，从而给出每一位司机每天工作的详细时间标准。

为了完成每天取送 130 件包裹的目标，司机们必须严格遵循工程师设定的程序。当他们接近发送站时，他们松开安全带，按喇叭，关发动机，拉起紧急制动，把变速器推到 1 档上，为送货车送货完毕的启动离开做好准备，这一系列动作严丝合缝。然后，司机从驾驶室下到地面上，右臂夹着文件夹，左手拿着包裹，右手拿着车钥匙。他们看一眼包裹上的地址把它记在脑子里，然后以每秒 3 英尺的速度快步跑到顾客的门前，先敲一下门以免浪费时间找门铃。送完货后，他们回到卡车上的路途中完成登录工作。

这种刻板的时间表是不是看起来有点烦琐？也许是，它真能带来高效率吗？毫无疑问！生产率专家公认，UPS 是世界上效率最高的公司之一。举例来说，联邦捷运公司平均每人每天不过取送 80 件包裹，而 UPS 却是 130 件。在提高效率方面的不懈努力，对 UPS 的净利润产生积极的影响。虽然这是一家未上市的公司，但人们普遍认为它是一家获利丰厚的公司。

联合邮包服务公司（UPS）为获得最佳效率所采用的程序并不是 UPS 创造的，它们实际上是科学管理的成果。

### 一、泰勒科学管理的内容

科学管理的内容概括起来主要有五个方面。

#### 1. 工作定额原理

泰勒发现当时的生产效率很低，工人们经常“磨洋工”。经过进一步的研究和分析，他认为主要原因是雇主和工厂对工人一天究竟能做多少工作心中无数，而且工人工资太低，多劳也不多得。为了发掘工人们劳动生产的潜力，就要制定出有科学依据的工作量定额。为此，首先应该进行时间和动作研究。

所谓时间研究，就是研究人们在工作期间各种活动的时间构成，它包括工作日写实与测时。

工作日写实，是对工人在工作日内的工时消耗情况，按照时间顺序进行实地观察、记录和分析。通过工作日写实，可以比较准确地知道工人的工时利用情况，找出时间浪费的原因，提出改进的技术组织措施。如某位工人在工作时间内，进行工作准备用了多少时间，干活用了多长时间，聊天用了多长时间，满足自然需求用了多长时间，停工待料用了多长时间，清洗机器用了多长时间等等，都可以通过工作日写实清楚地记录下来，然后加以分析，保留必要时间，去掉不必要的时间，从而达到提高劳动生产率的目的。

测时，是以工序为对象，按照操作步骤进行实地测量并研究工时消耗的方法。测时可以研究、总结先进工人的操作经验，推广先进的操作方法，确定合理的工作结构，为制定工作定额提供参考。

所谓动作研究，是研究工人干活时动作的合理性，即研究工人在干活时，其身体各部位的动作，经过比较、分析之后，去掉多余的动作，改善必要的动作，从而减少人的疲劳，提高劳动生产率。

泰勒进行了一项很有名的实验。当时，他在伯利恒钢铁公司研究管理，初到该公司，他发现搬运铁块的工作量非常大，有 75 名搬运工人负责这项工作。每个铁块重 40 多公斤，搬运距离为 30 米，尽管每个工人都十分努力，但工作效率并不高，每人每天平均只能把 12.5 吨的铁块搬上火车。泰勒经过认真的观察、分析，最后计算出一个好的搬运工每天应该能够搬运 47 吨，而且不会危害健康。他精心地挑选了一名工人开始实验。泰勒的一位助手按照泰勒事先设计好的时间表对这位工人发出指示，如搬起铁块、开步走、放下铁块、坐下休息等等。到了下班时间，这名工人如期地把 47 吨铁块搬上了火车。而且从这以后，他每天都搬运 47 吨。泰勒据此把工作定额提高了将近 3 倍，并使工人的工资也有所提高。

工作定额原理认为工人的工作定额可以通过调查研究的方法，科学地加以确定。

2. 能力与工作相适应原理

泰勒认为，为了提高劳动生产率，必须为工作挑选第一流的工人。第一流的工人包括两个方面，一方面是该工人的能力最适合做这种工作；另一方面是该工人必须愿意做这种工作。因为人的天赋与才能不同，他们所适于做的工作也就不同。身强力壮的人干体力活可能是第一流的，心灵手巧的人干精细活可能是第一流的，所以要根据人的能力和天赋把他们分配到相应的工作岗位上去。而且还要对他们进行培训，教会他们科学的工作方法，激发他们的劳动热情。

所谓能力与工作相适应原理，即主张改变工人挑选工作的传统，坚持以工作挑选工人，每一个岗位都挑选第一流的工人，以确保较高的工作效率。

3. 标准化原理

标准化原理是指工人在工作时要采用标准的操作方法，而且工人所使用的工具、机器、材料和所在工作现场的环境等等都应该标准化，以利于提高劳动生产率。

泰勒在这方面也做过一项实验。当时伯利恒钢铁公司的铲运工人每天上班时都拿着自己家的铲子，这些铲子大小各异、参差不齐。泰勒观察一段时间之后发现，这样做是十分不合理的。每天，所铲运的物料是不一样的，有铁矿石、煤粉、焦炭等等，相同的体积、每铲的重量却相差很大。那么，铲上的载荷究竟多大才合适？为此，他几星期改变一次铲上的载荷。最后，泰勒发现，对于第一流的铲运工人来说，铲上的载荷大约在 21 磅时生产效率最高。根据这项实验所得到的结论，泰勒依据不同的物料设计了几种规格的铲子，小铲用于铲运重物料如铁矿石等。大铲用于铲运轻物料如焦炭等。这样就使每铲的载荷都在 21 磅左右。以后工人上班时都不自带铲子，而是根据物料情况从公司领取特制的标准铲子。这种做法大大地提高了生产效率。这是标准化原理的一个典型例子。

4. 差别计件付酬制

泰勒认为，工人磨洋工的重要原因之一是付酬制度不合理，计时工资不能体现按劳付酬，干多干少在时间上无法确切地体现出来。计件工资虽然表面上是按工人劳动的数量支付报酬，但工人们逐渐明白了一件事实：只要劳动效率提高，雇主必然降低每件的报酬单价。这样一来，实际上是提高了劳动强度。因此，工人们只要做到一定数量就不再多干。个别人想要多干，周围的人就会向他施加压力，排挤他，迫使他向其他人看齐。

泰勒分析了原有的报酬制度后，提出了自己全新的看法。他认为，要在科学地制定劳动定额的前提下，采用差别计件工资制鼓励工人完成或超额完成定额。如果工人完成或超额完成定额，可按比正常单价高出25%计酬。不仅超额部分，而且定额内的部分也按此单价计酬。如果工人完不成定额，则按比正常单价低20%计酬。泰勒指出，这种工资制度会大大提高工人们的劳动积极性。雇主的支出虽然有所增加，但由于利润提高的幅度大于工资提高的幅度，所以对雇主也是有利的。

5. 计划和执行相分离原理

泰勒认为应该用科学工作方法取代经验工作方法。经验工作方法的特点是，工人使用什么工具采用什么样的操作方法都根据自己的经验来定。所以工效的高低取决于他们的操作方法与使用的工具是否合理，以及个人的熟练程度与努力程度。科学工作方法就是前面提到过的在实验和研究的基础上，确定标准的操作方法和采用标准的工具、设备。泰勒认为，工人凭经验很难找到科学的工作方法，而且他们也没有时间研究这方面的问题。所以应该把计划同执行分离开来。计划由管理当局负责，执行由工长和工人负责，这样有助于采用科学的工作方法。这里的计划包括三个方面的内容：

（1）时间和动作研究；

（2）制定劳动定额和标准的操作方法，并选用标准工具；

（3）比较标准和执行的实际情况，并进行控制。

以上所述就是科学管理的主要内容。泰勒认为：科学管理也不过是能使工人取得比现在高得多的效率的一种适当的、正确的方法而已。这种方法并不会大量增加比工人现在的负担更大的负担。

泰勒认为科学管理的关键是工人和雇主都必须进行一场精神革命，要相互协作，努力提高生产效率。当然，雇主关心的是低成本，工人关心的是高工资。关键是要使双方都认识到提高劳动生产率对双方都是有利的。泰勒对此有这样的论述："劳资双方在科学管理中所发生的精神革命是，双方都不把盈余的分配看成头等大事，而把注意力转移到增加盈余的量上来，直到盈余大到这样的程度，以至不必为如何分配而进行争吵……他们共同努力所创造的盈余，足够给工人大量增加工资，并同样给雇主大量增加利润。"这就是泰勒所说的精神革命。遗憾的是泰勒所希望的这种精神革命一直没有出现。

## 二、科学管理的评价

1. 泰勒科学管理的主要贡献

（1）泰勒在历史上第一次使管理从经验上升为科学。泰勒科学管理的最大贡献在于他所提倡的在管理中运用科学方法和他本人的科学实践精神。科学管理的精髓是用精确的调查研究和科学知识来代替个人的判断、意见和经验，强调的是一种与传统的经验方法相区别的科学方法。

泰勒在进行科学管理的研究时以及在推行他的科学管理的过程中遇到了巨大的阻力，有来自工人阶层的，也有来自雇主们的。但泰勒没有屈服，坚忍不拔，百折不挠，为科学管理献出了自己的毕生精力。

（2）追求效率的优化思想和调查研究的科学方法。泰勒理论的核心是寻求最佳工作方法，追求最高生产效率。他和他的同事创造和发展了一系列有助于提高生产效率的技术和方法，如时间与动作研究技术和差别计件工资制等。这些技术和方法不仅是过去，而且也是近代合理组织生产的基础。

泰勒的科学管理和传统管理相比，一个是科学地制定操作规程和改进管理，另一个是拼体力和时间；一个是金钱刺激，另一个是饥饿政策。从这几点看，比起传统管理，科学管理有了很大的进步。

2. 泰勒科学管理的缺陷

（1）将工人看成是赚钱的机器——“经济人”。

泰勒认为工人的主要动机是经济，工人最关心的是提高自己的金钱收入，即坚持“经济人”假设。他还认为工人只有单独劳动才能好好干，集体的鼓励通常是无效的。他在伯利恒钢铁公司工作时，规定不准工人 4 人以上在一起工作，经过工长的特别允许除外，但不得超过 1 周。他认为工人是很笨拙的、对作业的科学化完全是无知的。工人的一举一动只能严格按照管理者的批示去做，只能服从命令和接受工资。他曾说，“现在我们需要最佳的搬运铁块的工人，最好他蠢得和冷漠得像公牛一样，这样他才会受到有智慧人的训练”。

（2）管理侧重于技术因素。泰勒的科学管理仅重视技术的因素，不重视人群社会的因素。他所主张的专业分工，管理与执行分离、作业科学化和严格的监督等，加剧了劳资之间及管理人员和工人之间的矛盾。由于强调采用科学的合理的最快的方法，工人的分工越来越细，操作越来越简单，控制越来越严密，管理越来越专横，越来越强调服从。

（3）侧重于低层的管理。泰勒的科学管理仅仅只解决了个别具体工作的作业效率问题，对于企业如何进行整体性的经营和管理则没有涉及。属于企业中、下层次的管理，对非制造业适用性不强。

### 2.2.2　法约尔的一般管理理论

亨利·法约尔（Henri Fayol，1841—1925）出生于法国，1860 年以优异的成绩毕业于法国国立采矿学校，并以采矿工程师的身份进入康门塔里福尔香包采矿冶金公司。由于其出色的组织管理才能很快被提升为公司经理、总经理和矿业集团总经理。法约尔不仅有长期管理大企业的经验，而且还担任过法国陆军大学和海军学校的管理学教授，晚年又创立了研究机构，为推广自己的思想和泰勒的思想而不懈地努力。1916 年出版的《工业管理和一般管理》一书，为阐述其基本思想的代表著作，被后人称为“一般管理理论”。他提出的一般管理理论对西方管理理论的发展具有重大影响。他被誉为“欧洲伟大的管理学先驱”。

法约尔在管理学上的主要贡献是把企业经营划分为六类不同的活动，提出了管理的五大职能和管理的 14 项原则，从而确立了管理普遍性的概念和一个全面的管理理念。

### 一、企业经营活动的分类

法约尔将“经营”和“管理”的概念区分开来，他认为经营是指导或引导一个整体趋向一个目标，而管理则是经营的一部分。法约尔认为，企业规模无论大小，简单还是复杂，企业的经营活动都可以划分为六大类：

（1）技术活动，包括生产、制造和加工；

（2）营业活动，包括购买、销售和交换；

（3）财务活动，包括资金的筹集、控制和运用；

（4）安全活动，包括设备和人员的安全；

（5）会计活动，包括编制财产目录、制作资产负债表、成本核算和统计表；

（6）管理活动，包括计划、组织、控制、指挥和协调等要素（职能）。

法约尔认为，与六种活动相对应的六种能力，即技术能力、营业能力、财务能力、安全能力、会计能力和管理能力应是所有经营人员所必须具有的，但因其活动不同而有所侧重。一般的原则是：对基层工人主要要求其具有技术能力；对管理人员，随着其在组织层次中职位的提高，技术能力的相对重要性就降低，而管理能力的要求则逐步加大，并且随着企业规模的增大，管理能力显得更加重要，而技术能力的重要性则降低。

### 二、管理的五大职能

法约尔指出，管理是一种普遍存在于各种组织的活动，这种活动对应着计划、职能、指挥、协调和控制五种职能。他对这五大职能进行了详细地分析和讨论：

（1）计划职能：对有关事件进行预测，并以预测结果为根据，拟订出一项工作方案。它包括预见和计划两部分。预见未来成为决策职能的一部分，而计划则发展成为计划职能。计划的制定不仅应该考虑各方面的因素，还应将全面计划和专门计划相结合、短期计划和长期计划相结合、灵活性和精确性相结合。

（2）组织职能：为各项劳动、材料、人员等资源提供一种结构。它包括有关组织结构、活动和相互关系的规章制度，以及职工的招聘、评价和训练。组织活动就是要为组织提供所需的原料、工具、资本、人员等，以确保组织目标的实施。

（3）指挥职能：指挥是管理者使组织中的成员履行其职责，并通过组织运转而实现组织整体的目标，使组织为达成目标而行动的领导艺术。法约尔还归纳出指挥者必须遵循的原则：正确拟定雇佣合同；充分了解下属并要求其团结、努力、忠诚和富于主动性；实行不充分的授权；解雇不称职者；坚持以身作则；定期检查工作；充分利用助手；避免陷于琐事。

（4）协调职能：连接、调和所有的活动和力量，使组织的各个部门保持一致。协调是让企业人员团结一致，力图使组织的所有活动和努力得到统一与和谐。法约尔认为收入与支出之间、计划与组织之间、授权与集权之间都需要协调，这就像机器的运转不能缺少润滑油一样。

（5）控制职能：控制是根据实际执行情况对计划和指示进行检查，核实情况的发展是否与计划、原则相符合，以便及时发现问题和错误，并加以解决和纠正，保证实际情况与计划活动始终一致。法约尔强调，为了进行有效的控制，必须做到迅速、及时、公正、独立和全面。

三、管理的一般原则

法约尔认为，管理的成功不完全取决于个人的管理能力，更重要的是管理者要能灵活地贯彻管理的一系列原则。

法约尔在他的《工业管理与一般管理》一书中提出了 14 项原则。

1. 劳动分工

劳动专业化是各个机构和组织前进和发展的必要手段。由于减少了每个工人所需掌握的工作项目，故可以提高生产效率。劳动的专业化，使实行大规模的生产和降低成本有了可能。同时，每个工人作业范围的缩小，也可使工人的培训费用大为减少。实行劳动的专业化分工不仅适用于技术工作，也适用于管理工作。但专业化分工要适度，不是分得越细就越好。

2. 权力和责任对等

法约尔认为，权力是下达命令的权力和强迫别人服从的权力。权力可区分为管理人员的职务权和个人权力。他特别强调权力与责任的统一，有责任必须有权力，有权力就必然产生责任。权力是指“指挥他人服从的力量”。而责任则是随着权力而来的奖罚。法约尔认为，一个人在组织阶梯上的位置越高，明确其责任范围就越困难。避免滥用权力的最好办法是提高个人的素质，尤其是道德方面的素质。

法约尔将管理人员职位权力和个人权力划出明确的界限。职位权力由个人的职位高低决定的。个人权力则是由个人的智慧、知识、品德及指挥能力等个性形成的。一个优秀的领导人必须兼有职位权力及个人权力，以个人权力补充职位权力。

3. 纪律

纪律的实质是遵守公司各方达成的协议，要维护纪律就应做到：(1) 对协议进行详细说明，使协议明确而公正；(2) 各级领导要称职；(3) 在纪律遭到破坏时，要采取惩罚措施，但制裁要公正。

法约尔认为，纪律是企业领导人同下属人员之间在服从、勤勉、积极、举止和尊敬方面所达成的一种协议。纪律是领导人创造的。无论哪种社会组织，其纪律状况取决于领导人的道德状况。一般人在纪律不良时，总是批评下级。其实，不良的纪律来自不良的领导。高层领导人和下属一样，必须接受纪律的约束。

4. 统一指挥

不管什么时候，在任何活动中一个员工只应该接受一位上级的命令、指挥。违背这个原则，形成多重命令，对于权威、纪律和稳定性都是一种威胁。

5. 统一领导

凡是具有同一目标的全部活动，应由一位首脑根据一项计划开展，这是统一行动、协调配合、集中力量的重要条件。这对于正常组织中的行动的统一、力量的协调和集中有着至关重要的意义。

6. 个人利益要服从集体整体利益

集体整体利益大于个人利益的总和。一个组织谋求实现总目标比实现个人目标更为重要。协调这两方面利益的关键是领导阶层要坚定并做出良好的榜样。协调要尽可能公正，并经常进行监督。集体的目标必须包含员工个人的目标。但个人均不免有私心和缺点。这往往使员工将个人利益放在集体整体利益之上。如何协调个人与集体之间的关系在管理上至今仍然是个难题。

7. 报酬要公平

报酬必须公平合理，尽可能使职工和公司双方满意。薪金报酬制度对工作成绩优良、贡献大、工作方向正确、工作效率优良者应该给予奖赏。奖励应以能激起职工的热情为限，否则将会出现副作用。

8. 集权和分权

提高员工积极性、重要性的做法就是分权，降低积极性、重要性的做法就是集权。过度集权就会降低下级的作用。集权的程度应视管理人员的个性、道德品质、下级人员的可靠性、素质以及企业的规模、条件等情况而定。集权与分权作为一种管理方法，无所谓好坏。一个组织机构，必须有某种程度的集权，也要有一定程度的分权，但程度如何决定、如何把握对管理效果、组织成效有一定的影响。

9. 等级链

等级链即从最上级到最下级各层权力连成的等级结构。它是一条权力线，用以贯彻执行统一的命令和保证信息传递的秩序。企业管理中的等级制度是从最高管理人员直到最基层管理人员的领导系列，它显示出执行权力的路线和信息传递的渠道。从理论上说，为了保证命令的统一，各种沟通都应按层次逐级进行，但这样可能产生信息延误现象。为了解决这一问题，法约尔提出了“跳板”原则，如图 2-1 所示。

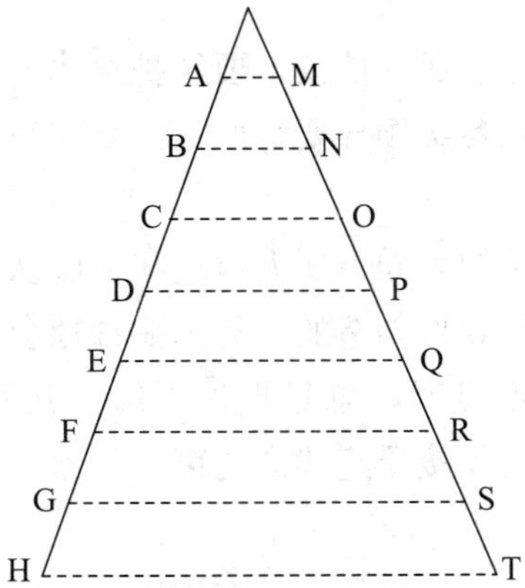


**图 2-1　跳板原则示意图**

在一个企业里，并行的相邻部门发生必须两者协商才能解决的问题时，可先由这两个部门直接协商解决；只有在两者不能达成协议时，才各自向双方上一级报告，由双方上级再协商解决。这样，一般的问题就能在较低的一级层次解决；只有在各级都不能达成协议以及下级难以处理时，才需由高级层次做出决定。跳板原则既能维护命令统一原则，又能迅速及时地处理一般事务，是组织理论上的一个重要原则。

10. 秩序

秩序即人和物必须各尽其能。法约尔认为秩序是一种对应关系，管理人员首先要了解每一个工作岗位的性质和内容，使每个工作岗位都有称职的职工，每个职工都有合适的岗位。同时还要有条不紊地精心安排物资、工具、设备的合适位置，要排列有序，人员要有自己确定的位置。合理的秩序是按照事物的内在联系确定的。他认为要使人们做到这点，不仅有赖于有效的组织，而且也有赖于审慎地选人。

11. 公平

管理者要以亲切、友好、公正的态度严格执行规章制度。员工受到公平平等地对待后，会以忠诚和献身的精神去完成他们的任务。法约尔认为公平和公道是有区别的，公道是执行已订立的协定。制定协定时人们不可能预测到将来所发生的一切事情，因此，要经常地补充、完善它，克服它的不足之处。公平就是由善意和公道产生的。公平对待下属是领导者特别要注意的基本原则。

12. 人员稳定

一个人要有效地、熟练地从事某项工作，需要相当长的时间，领导者的工作更是如此，熟悉工作的过程需要更长的时间。人员多有变动的机构必然是不成功的，人员不必要的流动是管理不善的结果。鼓励和保持各级员工相对稳定地为企业工作是极为重要的。长期稳定发展的、生意兴隆的公司通常都有一批稳定的管理人员。因此，最高层管理人员应采取措施，鼓励职工尤其是管理人员长期为公司服务。

13. 创新精神

创新精神是不依靠上级指示而独立行动的能力，是创立和推行一项计划的动力。全体成员发挥创新精神，对整个组织来说是一种巨大的动力。给人以发挥主动性的机会是一种强大的推动力量，必须大力提倡、鼓励雇员认真思考问题，具备创新的精神，同时也应使员工的主动性受到等级链和纪律的限制。

14. 合作精神

员工的融洽、团结可以使企业产生巨大的力量。实现集体精神最有效的手段是统一命令。在安排工作、实行奖励时不要引起嫉妒，以避免破坏融洽的关系。一个机构内团队合作精神的强弱取决于这个机构内职工之间的和谐和团结情况。培养团队合作精神的有效方法是严守统一指挥的原则并加强沟通交流，尽可能直接地交流意见，多用口头沟通。在一个企业中，全体成员的和谐与团结是这个企业发展的巨大力量。

以上的 14 条管理原则是法约尔一生管理实践经验的结晶，后来的很多管理文献都不同程度地采用了他的管理思想和有关术语。因此，它们被认为是管理思想发展过程中的一个里程碑。

法约尔指出这些管理原则是灵活的，不是绝对的。管理原则的数目可以有多有少，只要被实践证明是有价值的法则和程序，都会成为原则的一个组成部分。

### 四、对法约尔一般管理理论的评价

1. 一般管理的贡献

与泰勒的科学管理思想相比，法约尔管理思想的系统性和理论性更强，他对管理的五大职能的分析为管理科学提供了一套科学的理论构架。后人根据这种架构，建立了系统、完整、科学的管理学并把它引进了课堂。

法约尔是以大型企业最高管理者的身份自上而下地研究管理的。他的管理理论是以企业为研究对象建立起来的，但由于他强调管理的一般性，就使得他的理论在许多方面也适用于政治、军事及其他部门。

法约尔的管理原则，经过多年的研究和实践证明，总的来说仍然是正确的，这些原则曾经给实际管理人员以巨大的帮助，现在仍然为许多人所推崇。这些原则在将来也一定有其实用价值。

2. 一般管理的局限性

法约尔一般管理理论的主要不足之处是他的管理原则缺乏弹性，以至于有时实际管理工作者无法完全遵守。例如，某一分厂的会计人员，在组织上隶属于这个分厂。按照统一指挥的原则，总厂财务部门必然无法指挥分厂的会计人员。同样，一个地区政府的各个职能部门，由于隶属于地区政府，如果上级职能部门遵守统一指挥的原则，也必然无法对地区职能部门进行指挥。

### 2.2.3 韦伯的行政组织理论

行政组织理论是科学管理的一个重要组成部分，它强调组织活动要通过职务或职位而不是个人或世袭地位来设计和运作。这一理论的创始者是德国社会学家马克思·韦伯，他从社会学的研究中提出了所谓的“理想的”行政组织，被后人称为“组织理论之父”。

韦伯研究的重点是大型组织和大规模企业的管理问题。他认为，越是庞大的社会经济组织，越需要严密精细的管理。而对大型组织进行严密精细管理的关键在于建立一种理想的行政组织。所谓理想的行政组织，就是管理活动通过职位而不是个人或“世袭”来进行。这种组织具有分工明确、等级清晰、规章制度详尽等特征。在他看来，运用这种理想的行政组织模式，就可以实现小规模企业向大规模企业管理的过渡。

韦伯首先从组织的等级制度开始进行分析。他认为组织等级源于组织结构，而组织结构源于组织层次。他从各类组织中归纳出一种由主要负责人、行政官员和一般工作人员三个层次组成的结构。主要负责人的主要职能是进行决策；行政官员的主要职能是贯彻决策；一般工作人员的主要职能是进行实际工作。

韦伯将权力归纳为三种基本形态。

(1) 合理合法的权力。它是以“合法性”为依据、以规则为基础的，其前提是在已经存在了一套等级制度的情况下，人们对确认的职务和职位所带来的权力的服从。

(2) 传统权力。这是以古老传统的不可侵犯性和执行这种权力的人的地位的正统性为依据、以传统的信念为基础的。对这种权力的服从实际上是对这种不可侵犯的权力地位的服从。

(3)“神授”的权力。这是以对个别人的特殊的、神圣的英雄主义或模范品德等的崇拜为依据，以对个人尊严、典范品格的信仰为基础的，对这种权力的服从是源于追随者对被崇拜者的威信或信仰的服从。

韦伯认为任何组织的存在都必须以某种形态的权力为基础，缺少某种权力形态的组织不但会混乱不堪，而且也难以达到组织目标。

在“理想的”行政组织管理中应以“合理合法”的权力作为基础，因为，这是一种理性的权力，管理者是在能胜任其职责的基础上被挑选出来的；这是一种合法的权力，管理者具有行使权力的合法地位；这是一种明确的权力，所有的权力都有明确的规定并限制在完成组织的任务所必需的范围内。

韦伯指出高效率的组织在行政制度的管理上应具备下列几个主要特征：

（1）明确的分工。明确规定每一个成员的权力和责任，并且把这些权力和责任作为正式职责而使之合法化。

（2）清晰的等级关系。各种职位均按权力等级组织起来，形成一个指挥链或自上而下的等级系统。

（3）正式的规章制度。为了确保一贯性并规范权力职员的活动，管理者必须倚重正式的组织规则。

（4）非人格化。组织成员之间的关系，只是一种职位关系，避免掺杂个人思想感情或受到个性的影响。

（5）人员的正规选拔。组织成员通过公开考试进行选择，有严格的选择准则。

（6）职业导向。行政人员不是他所管辖的那个企业的所有者，他们是专职人员，领取固定薪金却寻求自身在组织中的职业发展。

泰勒的科学管理理论、法约尔的一般管理理论和韦伯的行政组织理论，虽然研究的侧重点各有不同，但是却有共同的特点：首先，把人看成“经济人”，认为人的一切行为都是为了获得物质利益，忽视对人的需要及行为的研究，基本上是一种见物不见人的管理；其次，着重研究组织内部的管理问题，没有涉及组织与外部环境的联系，属于一种封闭系统的管理。由于这些共同的局限性，这三大管理理论被称为古典管理理论。

## 2.3　近代管理思想

管理的主要对象是人，人是管理体制中最重要和最活跃的因素，无论是组织目标的制定、组织职能的执行，还是技术方法的创造和运用，以及信息的处理和传递等等，最终都是由人来实现的，因而对人的研究，特别是对人的行为的研究是管理科学的重要内容。在近代管理理论的发展过程中，人成为研究的中心，其中最具有代表性的是梅奥的人群关系理论和巴纳德的组织理论。

### 2.3.1　霍桑实验和梅奥的人群关系理论

一、霍桑实验

霍桑实验是 1924 年到 1932 年之间，在美国芝加哥郊外的西方电器公司下属的霍桑工厂中进行的。霍桑工厂当时有 2.5 万名工人，主要从事电话机和其他电器设备的生产。工厂具有较完善的娱乐设施、医疗制度和养老金制度，但是工人们仍然有很强的不满情绪，生产效率很低。为了探究原因，1924 年 11 月，美国国家研究委员会组织了一个由多方面专家组成的研究小组进驻霍桑工厂，进行试验。试验分成了四个阶段：照明试验、继电器装配工人小组试验（福利试验）、大规模访问交谈（谈话试验）和对接线板接线工作室的研究（群体试验）。

1. 照明试验

照明试验的目的是研究照明对生产效率的影响。试验前，专家小组以泰勒科学管理作为指导思想，他们认为，工作的物理环境是影响工作效率的主要因素之一。专家们选择了两个工作小组，一个为试验组，一个为控制组。前者照明度不断变化；后者照明度始终不变。试验开始后，当试验组的照明度增加时，该组的产量开始增加；当工人要求更换灯泡时，而实际上只给他们换了一个同样光度的灯泡，但产量继续增加。与此同时，控制组的产量也在不断提高。通过试验，专家们发现照明度的改变不是效率变化的决定性因素，另有未被发现的因素在起作用。于是他们决定继续进行研究。

2. 福利试验

专家们选择了 5 位女装配工和一位划线工，把他们单独安置在一间工作室内工作。研究小组专门派了一位观察员加入这个工人小组，负责记录室内发生的一切。研究人员告诉这些工人，试验不是为了提高产量，而是为了找出最合适的工作环境。要求工人们像平时一样工作。

试验时，研究小组分期改善工作条件。例如：增加工间休息，公司负责供应午餐和茶点，缩短工作时间，实行每周工作五天制等等。这个小组的女工们工作时间内还可以自由交谈，观察员对她们的态度非常和蔼。这些条件的变化使产量不断上升。一年半以后，研究小组决定取消工间休息，取消公司供应的午餐和茶点，每周又改为六天工作，结果产量仍然维持在高水平上。

什么原因使这些女工提高了生产效率？研究小组把可能的因素一一排列出来。提出了五个假设：

（1）改善了材料供应情况和工作方法；

（2）改善了休息时间，减少了工作天数，从而减轻了工人的疲劳；

（3）改善了休息时间，从而减缓了工作的单调；

（4）增加产量后每人所得的奖金增加了；

（5）改善了监督和指导方式，从而使工人的工作态度有所改善。

研究小组对这五个假设逐一进行论证试验。最后，推翻了前四个假设，认为第五个假设可能性最大。研究小组决定进一步研究工人的工作态度及可能影响工人工作态度的其他因素。

3. 谈话试验

试验进行到第三阶段，研究小组进行了大规模的访问交谈。他们共花了 2 年时间对 2 万名职工进行了访问交谈。通过交谈，了解工人对工作、环境、监工、公司和使他们烦恼的所有问题的看法，以及这些看法是如何影响生产效率的。

经过这些研究发现，影响生产力最重要的因素是工作中发展起来的人群关系，而不是待遇及工作环境。研究小组还了解到，每个工人的工作效率的高低，不仅取决于他们自身的情况，而且还与他所在小组中的其他同事有关。任何一个人的工作效率都要受到他的同事们的影响。研究小组决定进行第四阶段的试验。

4. 群体试验

在第四阶段试验中，研究小组决定选择接线板接线工作室进行研究。该室有 9 位接线工、3 位焊接工和 2 位检查员。研究小组对他们的生产效率和行为持续观察和研究了 6 个月后，有了许多重要的发现。

（1）大部分成员都故意自行限制产量。工人们说："假如我们的产量提高了，公司就会提高工作定额，或者造成一部分人失业。"有的工人说："工作不要太快，才能保护那些工作速度较慢的同事，免得他们受到管理阶层的斥责。"

（2）工人对待他们不同层次的上级持不同态度。对于小组长，大部分工人认为是小组的成员之一；对于小组长的上级——股长，认为他有点权威；对于股长的上级——领班，每当他出现时，大家都规规矩矩，表现良好。这说明，个人在组织中职位越高，所受到的尊敬就越大，大家对他的顾忌心理也越强。

（3）成员中存在一些小派系。工作室中存在着派系。每一个派系都有自己的一套行为规范，派系的成员必须遵守这些规范。如果违反规范，就要受到惩罚。这种派系是非正式组织，这种组织并不是由于工作不同所形成的，而是和工作位置有些关系。这种非正式组织中也有领袖人物。他存在的目的是对内控制其成员的行为，对外保护自己派系的成员，并且注意不受管理阶层的干预。

研究小组在霍桑工厂进行历时 8 年的研究，获得了大量的第一手资料，为人群关系理论的形成以及后来的行为科学的发展打下了基础。

二、梅奥及其人群关系理论

乔治·艾尔顿·梅奥（George Elton Mayo，1880—1949）出生于澳大利亚，1899 年在阿得雷德大学取得逻辑学和哲学的硕士学位后，在昆士兰大学教授逻辑学和哲学。后来赴苏格兰学习医学，并参与精神病理学的研究，后移居美国。从 1926 年起，他应聘于哈佛大学，任工业研究副教授，随后带队参加了霍桑试验。梅奥的代表作是《工业文明的人类问题》。在这本书中，他总结了亲身参与并指导的霍桑试验及其他几个试验的初步成果，并阐述了他的人群关系理论的主要思想。

梅奥的人群关系理论的内容主要有下面几点。

1. 工人是"社会人"而不是"经济人"

科学管理把人当成"经济人"，认为金钱是刺激人们工作积极性的唯一动力。梅奥则认为，人是"社会人"，影响人们生产积极性的因素，除了物质以外，还有社会和心理方面的因素，人们需要友情、需要受人尊敬、需要安全等等。

2. 企业中存在着非正式组织和正式组织

梅奥认为，人是社会人，在企业的共同工作当中，人们必然相互发生关系，由此就形成了一种非正式团体，在该团体中，人们形成共同的感情，进而构成一个体系，这就是非正式组织。非正式组织形成的原因很多，有地理位置关系、兴趣爱好关系、亲戚朋友关系、工作关系等等。总之，这种非正式组织确实存在，它在某种程度上左右着其成员的行为。

在正式组织中，以效率逻辑为其行动标准，为提高效率，企业各成员之间保持着形式上的协作。在非正式组织中，以感情逻辑为其行动的标准，这是出于某种感情而采取行动的一种逻辑。一般说来，管理人员的逻辑多为效率逻辑，而感情逻辑可以认为是工人的逻辑。

梅奥还认为，非正式组织对企业来说有利有弊。它的缺点是可能集体抵制上级的政策或目标，强迫组织内部的一致性，从而限制了部分人的自由和限制产量等。它的优点是，使个人有表达思想的机会，能提高士气，可以促进人员的稳定，有利于沟通，有利于提高工人们的自信心，能减少紧张的感觉，在工作中能够使人感到温暖，扩大协作程度，减少厌烦感等。

作为管理者，要充分认识到非正式组织的作用，注意在正式组织的效率逻辑与非正式组织的感情逻辑之间搞好平衡，以便使管理人员之间、工人与工人之间、管理人员与工人之间搞好协作，充分发挥每个人的作用，提高劳动生产率。

3. 生产效率主要取决于职工的工作态度以及他与周围人的关系

梅奥认为，提高生产效率的主要途径是提高工人的满足度，即要力争使职工在安全方面、归属感方面、友谊方面的需求得到满足，而对此的需求是因人而异的，这主要取决于两方面因素：

（1）职工的个人情况，包括由于不同的经历、不同的家庭生活和不同的社会生活所形成的不同的态度；

（2）工作场所情况，包括职工相互之间、职工与领导者之间的人群关系好坏。

梅奥认为，职工的满足度越高，士气就越高，从而生产效率也就越高，一个管理人员应该深刻认识到这一点，不但要考虑职工的物质需求，还应该考虑职工的精神需求。

三、对人群关系理论的评价

1. 人群关系理论的贡献

梅奥的人群关系理论克服了古典管理理论的不足，促使管理上的一系列改革，其中许多措施到现在仍是管理者所遵循的准则。其贡献主要有以下几点：

（1）激起了管理层对人的因素的研究兴趣；

（2）改变了人与机器没有差别的观点，恢复了人的“社会人”本来面目；

（3）为行为科学奠定了基础；

（4）为管理思想的发展开辟了新领域；

（5）为管理方法的变革指明了方向。

当时，人们根据梅奥的人群关系理论，在管理过程中实施了新的措施，主要可以归纳为以下六点：

（1）强调对管理者和监督者进行教育和训练，以改变他们对工人的态度和监督方式；

（2）提倡下级参与企业的各种决策，否定采取解雇和人事考核制裁等强制性手段迫使职工服从的古典管理方法；

（3）加强意见沟通，允许职工对作业目标、作业标准和作业方法提出意见，鼓励上下级之间进行意见交流；

（4）建立面谈和调解制度，以消除不满和争端；

（5）改变管理人员的标准，重视管理者自身的人群关系，以及协调人群关系的能力；

（6）重视、利用和倡导各种非正式组织，重视改善工作和宿舍环境，建设娱乐、运动、生活福利设施等等。

2. 人群关系理论的局限性

（1）过分强调非正式组织的作用。人群关系理论认为，组织内人群行为强烈地受到非正式组织的影响。可是实践证明，非正式组织并非经常地对每个人的行为有决定性的影响，经常起作用的仍然是正式组织。

（2）过多地强调感情的作用，似乎职工的行动主要受感情和关系的支配。事实上，关系好不一定士气高，更不一定生产效率高。

（3）过分否定经济报酬、工作条件、外部监督、作业标准的影响。事实上，这些因素在人们行为中仍然起着重要的作用。

### 2.3.2　巴纳德的组织理论

切斯特·巴纳德（Chester I. Barnard，1886—1961）1886年出生于美国，1906年进入哈佛大学经济系学习，3年内他以优异的成绩学完全部课程，但因缺少实验科学学分未获学士学位。1909年进入美国电报公司统计部服务。1927年担任美国新泽西贝尔公司的总经理，直到退休。他一生中还在许多组织中兼职，如：在洛克菲勒基金会任董事长4年，在联合服务组织任主席3年等。巴纳德将社会学概念用于管理上，在组织的性质和理论方面做出了杰出的贡献，他一生中获得了7个荣誉博士学位。他的代表作是1938年出版的《经理的职能》，在该书中他详细论述了组织理论。

一、组织理论的主要内容

1. 组织是一个协作系统

巴纳德认为“组织是2人或2人以上，用人类意识加以协调而成的活动或力量系统”，他所强调的是人的行为，是活动和相互作用的系统。他认为在组织内主管人员是最为重要的因素，只有依靠主管人员的协调，才能维持一个“努力合作”的系统。他认为主管人员有三个主要职能。

（1）制定并维持一套信息传递系统。这是主管人员的基本工作。通过组织系统图（以图表形式表现出组织在某一既定时期的主要职能和权力关系），加上合适的人选，以及可以共存的非正式组织来完成这项工作。非正式组织在沟通中十分重要，管理人员要给予足够的关注。

（2）促使组织中每个人都能做出重要的贡献，这里包括职工的选聘和合理的激励方式等。

（3）阐明并确定本组织的目标。这里包括要有适当的权力分散，组织中的每个人都要接受总体计划的一部分，主管人员要促使他们完成计划，然后经由信息反馈系统来发现计划实施中的阻碍和困难，据此来适当地修改计划。

2. 组织存在的三要素

巴纳德认为，组织不论大小，其存在和发展都必须具备三个基本要素，即明确的目标、协作的意愿和良好的沟通。

（1）明确的目标。首先，一个组织必须有明确的目标，组织的目标不明确，组织成员不知道需要他们做出哪些行为和努力，就不知道协作会给他们个人带来哪些满足，他们的协作意愿也无从发生。其次，目标必须为组织的成员所理解和接受，否则也就无法统一行动和决策。然而组织目标能否为其成员所接受，又要看个人是否有协作意愿，因此，目标的接受与协作意愿是相互依存的。再次，对于组织目标的理解可以分为协作性理解和个人性理解。协作性理解是指组织成员站在组织利益的立场上客观地理解组织目标；个人性理解是指组织成员站在个人的立场上主观地理解组织目标。这两种理解往往是矛盾的。当目标简单具体时，两者的矛盾较小；当目标复杂抽象时，两者产生矛盾的可能性较大。一个目标只有当组织成员认为他们彼此的理解没有太大差异时，才能成为协作系统的基础。因此，管理者的重要职能就是向组织成员传输组织目标，统一对组织目标的理解。最后，必须区分组织目标与组织成员的个人目标。巴纳德认为参加组织的个人具有双重人格，即组织人格与个人人格。前者是指个人为实现组织目标做出理性行动的一面，后者是指为了满足个人目标所做出非理性行动的一面。组织目标是外在的非个人的客观的目标，个人目标属于内在的个人的主观的目标。这两者之间并无直接的关系，也并不一致。一个人之所以愿意为组织目标做出贡献，并不是因为组织目标就是个人目标，而是因为实现组织目标将有助于达成个人目标。因此，个人目标的实现是个人参与组织活动的决策基础。如何协调组织目标与个人目标的差异是管理者另一项重要的任务。

此外，一个组织要存在和发展，必须适应环境的变化，组织目标也必须随环境做出适当的变更。

（2）协作的意愿。协作的意愿是指组织成员对组织目标做出贡献的意愿。某人有协作的意愿，意味着他需要自我克制，放弃部分个人的行为控制权，服从组织。若无协作意愿，组织目标就无法达成。组织内部个人协作意愿强度的差异性很大，有人强烈，有人一般，有人较弱。对于同一个人，其协作意愿的强度也不是固定不变的，而是随时间和外界条件的变化而变化。因此组织内持有强烈协作意愿的人数与持有较弱协作意愿的人数也是变动的。

一个人是否具有协作意愿是依据个人对贡献和诱因进行合理比较而定的。贡献是指个人对实现组织目标做出的有益活动和牺牲，诱因是指为了满足个人的需要而由组织所提供的效应。巴纳德认为，当一个人决定是否参与组织的活动时，首先要将自己对组织可能做出的贡献和从组织那里可能取得的诱因进行比较，只有当诱因大于贡献时，个人才会有协作意愿，而当比较的结果为负数时个人协作意愿会减弱。不仅如此，个人还要将参加这一组织和参加另一组织的净效果进行比较，从而决定是参加这一组织或参加另一组织，还是独立从事生产活动。然而对贡献和诱因以及其净效果的度量都不是客观的，而是个人的主观判定，它随个人的价值观念不同而有很大的变化。作为组织，要在条件许可的情况下，针对不同的人来增大诱因，给职工的需求以更大的满足，激发他们为组织做出贡献。

(3) 良好的沟通。组织的共同目标和个人的协作意愿只有通过意见交流，将两者联系和统一起来才具有意义和效果。有组织目标而无良好的沟通，将无法统一和协调组织成员为实现组织目标所采取的合理行动。所以，良好的沟通是组织内一切活动的基础。

以上的三个要素是一个正式组织存在的必要条件，这三个条件中若有一条不满足，组织就要解体。

3. 组织效力原则与组织效率原则

巴纳德还认为，要使组织存在和发展，不仅要具备上述三个基本要素，还必须符合组织效力和组织效率这两个基本原则。

组织效力是组织实现其目标的能力或实现其目标的程度。一个组织协作得很有效，它的组织目标就能实现，这个组织就是有效力的。反之，一个组织无法实现其目标，这个组织就是无效力的，组织本身也必然瓦解。组织具有较高的效力是组织存在的必要前提。组织效力是随组织环境以及其适应环境的能力而定的。

组织效率是指组织在实现其目标的过程中满足其成员个人目标的能力和程度。一个组织如不能满足其成员的个人目标，就不可能使其成员具有协作意愿和做出实现组织目标所必需的贡献，他们就会不支持或退出该组织，从而使组织的目标无法实现，将导致组织的瓦解。因此组织效率就是组织的生存能力。

4. 权威接受论

巴纳德认为，管理者的权威并不是来自上级的授予，而是来自由下而上的认可。管理者权威的大小和指挥权力的有无取决于下级人员接受其命令的程度。他认为单凭职权发号施令是不足取的，更重要的是取得下级的同意、支持和合作。他在《经理的职能》一书中对权力有这样的论述："如果经理人员发出的一个指示性的沟通交往信息为被通知人所接受，那么对他来说，这个权力就是被遵从或成立了，于是，它就被作为行动的依据。如果被通知人不接受这种沟通交往信息，就是拒绝了这种权力。按照这种说法，一项命令是否具有权威，决定于命令的接受者，而不在于命令的发布者。"

5. 组织平衡

组织提供的诱因能满足组织成员的个人目标，激发他们为组织做出合理的贡献，诱因与贡献平衡称为组织平衡。组织平衡有以下三个特点：

(1) 在组织内部个人与组织整体平衡，即组织提供的诱因与成员的贡献平衡；

(2) 组织与环境的平衡，即在组织目标的选择与实现过程中维持与环境的平衡；

(3) 组织平衡是动态平衡，在组织提供的诱因、组织成员的个人目标发生变化或环境改变时，旧的组织平衡被打破，在新的条件下建立新的组织平衡。

6. 管理的职能

根据上述理论，巴纳德认为，管理即维持组织的能力。管理的职能包括：确定组织目标，并设法使其实现；提供适当的诱因，以满足组织成员的动机，确保组织成员对组织的贡献；确定组织的信息传递系统，并使命令具有权威性。

## 二、对组织理论的评价

巴纳德的组织理论对管理理论做出了重大贡献，主要表现在以下几个方面：

（1）创立了社会系统学派，首先把组织看作一个社会系统，强调人们之间的协作；

（2）采用了动态性和分析性的研究方式，理论带有演绎色彩，使管理学获得了高度的科学性，在社会科学领域被广泛使用；

（3）对“沟通”“动机”“决策”“目标”和“组织关系”等问题进行了开创性的专题研究；

（4）从心理学和社会学的角度来研究管理，为管理理论的研究开辟了新的领域；

（5）对权威提出了全新的看法，对后人很有启发。

巴纳德的组织管理理论的不足主要在于，某些概念缺乏明确性，如对“组织效力”和“组织效率”的概念，巴纳德没有做出更明确的解释和说明。

## 2.4　现代管理理论的多元化时期

第二次世界大战以后，世界逐渐趋于稳定，随着科学技术的迅猛发展，生产和组织规模急剧扩大，生产力水平和生产社会化程度不断提高，管理理论引起了人们的普遍重视。许多学者和实际工作者在前人的理论与实践经验的基础上，结合自己的专业知识，从不同角度和层面，运用不同方法和手段对管理问题进行研究，形成了许多新的管理理论和学说。美国管理学家哈罗德·孔茨于1961年和1980年分别在美国管理学理论权威杂志《管理学术月刊》上发表论文，对当时管理学界出现的理论现象进行了系统地归纳、梳理与评述，他将管理理论的各个流派称为“管理理论丛林”，认为至少可以划分为十个学派。

### 2.4.1　管理过程学派

管理过程学派，又称为作业学派，是在法约尔管理思想的基础上发展起来的。代表人物有美国的哈罗德·孔茨（Harold Koontz）和西里尔·奥唐奈（Cyril O’Donnell）。他们合著的《管理学》是其代表作。由于该学派的特点是把管理理论与管理人员从事工作的过程联系起来，所以称为管理过程学派。该学派认为，不论组织的性质如何，所处的环境如何，管理人员的职能都是相同的。因此，该学派首先研究的是管理职能，并将这些职能作为管理理论的基础，如法约尔把管理划分为计划、组织、指挥、协调、控制五项职能。之后，各管理学家对管理职能的划分虽不完全一致，但也大同小异。

这一学派的主要特点是：

（1）将管理视为一种程序，并把管理分为若干相互联系着的职能，主要职能都含有计划、组织和控制；

（2）将管理职能逐一进行分析，归纳出若干原则作为指导，以便于更好地提高组织效力，达到组织目标；

（3）提出了一个分析研究管理的思想构架，其内涵广泛，易于理解；

（4）强调管理职能的共同性，任何组织尽管其性质不同，但所应履行的基本管理职能是相同的。

但该学派也存在明显的缺陷：

（1）将管理看成是一些静态的不含人性的程序，忽略了管理中人的因素；

（2）归纳出的管理原则适用性有限，对静态、稳定的生产环境较为合适，对动态、多变的生产环境难以适应；

（3）管理程序的通用性值得怀疑，管理职能并不是普遍一致的，不仅因职位的高低和下属的情况而异，而且也因组织的性质和结构的不同而发生变化。

孔茨与奥唐奈把管理解释为“通过别人使事情做成的职能”。管理人员的职能有计划、组织、指挥、协调、控制五项，并按此来分析研究管理理论。管理人员并不是按顺序执行这五项职能，而是同时执行的。这些职能中的每一项都对组织的协调有所贡献，他们对这些职能按以下几个基本问题进行分析：一是这个职能的性质和目的是什么；二是它的结构上的特性是什么；三是它如何执行；四是在它的领域里，主要的原则和理论是什么；五是在它的领域里，最有用的技术是什么；六是执行这一职能有什么困难；七是完成这一职能的环境是怎样造成的。

管理过程学派认为，一切最新的管理思想都能纳入上述结构中去。管理理论就是围绕这样的结构，把通过长期的管理实践积累起来的经验、知识综合起来，提炼出管理的基本原则。这些原则对于改进管理实践是有明显价值的。同时，孔茨等人还认为，管理理论要吸收社会学、经济学、生理学、心理学、物理学和其他学科的技术和知识，它们都是与管理工作有关的。但不能把这些学科的所有领域都囊括到管理理论中去，因为科学的进步要求把知识分门别类，有所区别。

### 2.4.2　行为科学学派

行为科学的定义，在国内外文献中有各种不同的解释。概括来讲，有广义和狭义两种解释。广义的理解是：行为科学是运用类似自然科学的实验和观察方法，研究在自然和社会环境中人的行为的任何科学。公认的行为科学的学科有心理学、社会学、人类学和其他学科中类似的观点和方法。狭义的理解，就是把行为科学理解为运用心理学、社会学等学科的理论和方法，研究工作环境中个人和群体的行为的一门综合性学科。

随着经济的发展和科学的进步，有着较高文化水平和技术水平的工人逐渐占据了主导地位，体力劳动也逐渐让位于脑力劳动，单用古典管理理论和方法已经不能有效地控制工人以达到提高生产率和利润的目的。因此，一些管理学家和心理学家开始从生理学、心理学、社会学等学科的角度出发研究企业中有关人的一些问题，如人的工作动机、情绪、行为与工作之间的关系等，他们还研究如何按照人的心理发展规律去激发其积极性和创造性。于是行为科学便应运而生了。

行为科学研究基本上可以分为两大时期，前期以人际关系学说为主要内容，它从梅奥的霍桑试验开始，后期以行为科学研究为主要内容。它分为个体行为理论、群体行为理论和组织行为理论。

#### 一、个体行为理论

个体行为理论包括两大方面内容：一方面是有关人的需要、动机和激励方面的理论，包括内容型激励理论、过程型激励理论和行为改造型激励理论；另一方面是有关企业中的人性理论，主要包括美国社会心理学家道格拉斯·麦格雷戈提出的“X-Y 理论”，它围绕人的本性来研究人类行为规律及对管理的影响。

二、群体行为理论

群体是由两个或两个以上的人组成，并通过人们彼此之间相互影响、相互作用而形成的。群体可分为正式群体和非正式群体。群体行为理论主要研究影响群体发展动向的各种因素及这些因素的相互作用和相互依存关系。

三、组织行为理论

组织行为理论主要包括领导理论、组织变革理论、组织发展理论。领导理论又分为三大类，即领导性格理论、领导行为理论和领导权变理论。

行为管理思想的产生改变了人们对管理的思考方法，它使管理者把员工视为是需要予以保护和开发的宝贵资源，而不是简单的生产要素，从而强调从人的需求与动机的相互关系和社会环境等方面，研究管理活动执行结果对组织目标和个人成长的双重影响。

### 2.4.3 社会协作系统学派

社会协作系统学派的创始人切斯特·巴纳德，是美国高级管理人员和管理学家，他于1927 年至 1948 年期间一直担任美国贝尔电话公司的总经理。在长期的管理实践中，他运用社会学系统论的观点来分析研究高级管理人员的职能。在分析研究中，他把组织特性与人类特性有机地结合在一起，为组织理论的创新和发展作出了很大贡献，在管理学界享有很高的地位。

一、组织的性质

巴纳德认为组织是两个或两个以上的人有意识协调的活动和效力的系统。他认为任何一个组织，都要遵循系统的效力原则和效率原则。系统的效力是指组织系统协作的成功力量，当一个系统协作得很成功时，它的目标就能够实现，那么这个协作系统就是有效力的。故系统的效力是系统存在的必要条件。所谓系统的效率，是指系统成员个人目标的满足程度。如果协作系统成员的个人目标得不到满足，他们就会认为这个系统是没有效率的，就会退出系统。

二、组织的要素

巴纳德把组织划分为正式组织和非正式组织。他认为，正式组织作为一个协作系统，无论其级别高低和规模大小，均包括三个基本要素：一是共同目标，这是组织存在的基本要素；二是协作的意愿，这是实现组织目标不可缺少的要素；三是信息的联系，它是将共同目标与协作意愿连接起来的桥梁和纽带。

三、组织的权力

巴纳德主张一个组织不能单纯地依靠少数几个人的权力命令来行事，必须取得组织内全体人员的支持与合作，否则就会像集权的国家那样，脱离人民和社会的支持，最终必将垮台。这就是巴纳德提出的权力接受理论。

四、非正式组织

非正式组织是指没有正式的组织结构，也没有明文规定的共同目标，它产生于同工作有关系的联系中，有一定的共同看法、习惯和准则。巴纳德认为，非正式组织可能对正式组织产生不利影响，但也会产生积极影响：其一，有些不便于在正式组织解决的问题，或难以确定的事情、意见及建议等，在非正式组织却变得容易处理；其二，通过对协作意愿的调节，能够维持正式组织内部的团结；其三，能够提高个人的自尊心，缩短人们心理上的距离。因此，他认为非正式组织是正式组织不可缺少的部分，非正式组织的活动使正式组织更有效率并促进其效力。

### 2.4.4　决策理论学派

决策理论学派主要的代表人物是伯特・西蒙、詹姆斯・马奇等人，其主要代表作有《管理决策新科学》等。该学派是以统计学、系统论和行为科学为基础发展起来的一种现代管理理论。它强调决策和决策者在管理中的作用，认为决策贯穿于管理的整个过程，如果决策一旦失误，那么企业的生产效率越高，造成的损失也就越大。因此，企业必须采用一套制定决策的新技术，以实现决策的科学化，减少决策失误。决策学派主要的观点有以下几个方面。

一、管理就是决策

决策理论学派对管理的定义最为简洁，认为“管理就是决策”。决策贯穿于管理过程的始终，要提高管理人员的管理水平，首先要提高他们的决策水平。无论是计划、组织还是协调、控制，各项管理活动的开展都离不开决策，决策是管理活动的基本要素，决策的正确与否对企业的生存和发展有至关重要的影响。正确的决策能够使企业迅速发展壮大，错误的决策则会使企业蒙受严重损失。

二、决策过程

该学派认为，决策过程的各个阶段本身就是一个复杂的决策过程。这个过程往往分为四步：第一步是“情报活动”，主要是探查环境，寻求决策的条件；第二步是“设计活动”，也就是创造、制订和分析可能采取的行动方案；第三步是“抉择活动”，即从可利用的若干方案中选出一条特别行动方案；第四步是“审查活动”，即对选择的行动方案进行分析和评价。这其中每一步本身又是一个复杂的决策过程。

三、决策的标准

决策者处于一个复杂动态的开放系统中，不可能是一个有意识寻求最优化的“理性的人”，也不可能拥有决策所需要的全部可行方案，这就决定了任何一个决策者在决策时，不可能达到“最优化”的决策目标，只能是选择比较切实可行的方案以达到令人满意的目标。因此，西蒙认为“令人满意”才是决策的标准。也就是指管理者在进行决策时，应当只考虑与决策问题有关的情况，而不考虑其他一切可能出现的复杂情况，采用“令人满意”而非“最优化”的准则，以便作出令人满意的决策。

### 2.4.5　经验主义学派

经验主义学派的主要代表人物有彼得・德鲁克、欧内斯特・戴尔、威廉・纽曼等。该学派把管理看作经验性很强的实务，认为科学管理和行为科学都不能完全适应企业发展的实际需要，应该从企业管理的实际出发，收集各类企业管理的成功经验与失败教训，并把这些经验加以概括和理论化，从而为企业经理人员从事管理活动提出更为实际的建议和方法。

一、管理的定义

经验主义学派十分重视对管理成功经验的总结，强调管理理论的实用性，认为管理是管理人员的技巧，是一个特殊的、独立的活动和知识领域。但在对管理概念的认识上，却存在着不同的意见，主要包括以下几种认识：

德鲁克认为，管理只与生产商品和提供各种经济服务的工商企业有关。管理学是由管理一个工商企业的理论和实际的各种原则组成的。管理的技巧、能力、经验不能移植并应用到其他机构中去。

纽曼认为，管理就是把个人或团体的努力引导到某个共同的目标。管理者的主要职责是以最少的资源耗费来实现预定的目标。他指出，企业的经理人员往往是在自己所管理的具体领域中显示出优秀才能的人。但是有些人在其所管理的专业领域中并没有杰出的才能，同样也可以成为一个能干的经理，这就证明管理活动有其特殊的内容。

二、经理承担重要职责

该学派认为经理人员承担着别人无法替代的两项特殊的任务。第一是调动各种有效的资源，即要充分发挥人力资源的作用，并注重从系统的角度动态地考虑问题。第二是协调当前和长远的利益，需要经理确立组织目标并决定达到目标的要求，然后把它传递给与实现目标有关的人员：进行组织工作；进行鼓励和联系工作；对企业的成果进行分析，包括确定标准，并对企业所有的工作进行评价，使员工得到成长和发展。

德鲁克指出，经理人员的任务就是激励、指挥和组织别人去做工作。他需要做的就是把自己的思想传达给别人，并找到弄清别人在想什么的技巧。

三、目标管理的管理方法

目标管理指通过目标的制定和执行，使员工发现工作的兴趣和价值，从工作中满足其自我实现的需求。首先，由各级管理人员共同参与，制定组织的整体目标；其次，将整体目标进行逐级分解，变成部门目标和个人目标，并根据承担的任务，规定职责范围；最后，根据部门和个人的目标完成情况对其进行考核和评价。目标管理的最终目的是更好地激励员工，而不是进行控制。

### 2.4.6 管理科学学派

管理科学学派是由运筹学家创建的，他们自称为“管理科学家”，这样就出现了管理科学学派。管理科学学派又称数理学派，它是泰勒科学管理理论的继续和发展，它的代表人物为美国的伯法（E. S. Buffa）等人。伯法的代表作是《现代生产管理》。管理科学学派的特点是：

（1）力求减少决策的个人艺术成分。依靠建立一套决策程序和数学模型以增加决策的科学性。将众多方案中的各种变数或因素加以数量化，利用数学模型研究各变数和因素之间的相互关系，寻求一个以数量表示的最优化答案。决策的过程就是建立和运用数学模型的过程。

（2）各种可行的方案均是以经济效果作为评价的依据。例如成本、总收入和投资利润率等。

（3）广泛使用计算机。建立模型后依靠计算机完成极为繁重、复杂的统计和运算，得出最佳方案。

管理科学学派重点研究的是操作方法和作业方面的管理问题。现代管理科学也有向组织更高层次发展的趋势，但目前完全采用管理科学的定量方法来解决复杂环境下的组织问题还面临着许多实际困难，有待于进一步的研究，也有待于其他科学的发展。

### 2.4.7　系统理论学派

系统理论学派的主要代表人物是弗里蒙特·卡斯特、詹姆斯·罗森茨韦克，卡斯特的代表作是《系统理论和管理》。该学派认为管理者要把其所在的组织看作一个开放的系统，因此要研究组织内外对管理活动有重大影响的环境或情景因素，从而找到各种管理原理和理论的具体使用场合。

系统管理理论认为，组织是人们建立起来的、相互联系并且由共同工作着的要素所构成的系统，这些要素被称为子系统。根据研究的需要，可以把子系统分类。比如，可以根据子系统在企业这个系统中的作用划分为：传感子系统，用来量度并传递企业系统内部和周围环境的变化情况；信息处理子系统，用来进行会计、统计等数据处理工作；决策子系统，用来接收信息、制定决策；加工子系统，用来利用信息、原料、能源、机器加工和制作产品等。根据管理对组织中人的作用可划分为：个人子系统，群体子系统，士气子系统，组织结构子系统，相互关系子系统，目标子系统，权威子系统等。系统的运行效果是通过各个子系统相互作用的效果决定的。它通过和周围环境的交互作用，并通过内部和外部的信息反馈，不断地进行自我调节，以适应自身发展的需要。

该学派将系统管理理论概括为由系统哲学、系统管理和系统分析三个方面内容构成的体系。卡斯特等人认为，所谓系统哲学是建立在系统思想上的一种观念，它主要强调系统本身是一种有组织的、综合的整体，并强调其各个组成部分之间的关系。所谓系统管理是指一种管理方式，其目的是建立一种使组织各部分和各种资源按照系统的要求，进行正常和有效运转的、具有良好的投入和产出的关系。其特征包括：在保证系统的有效性的基础上强调系统的目标；强调系统整体的优化而非部分的优化；在明确管理任务的基础上强调明确管理的责任；强调人的系统是一切管理目标得以实现的基础。所谓系统分析是解决具体问题或做出决策的技术，它包括提出和认识问题、分析和综合各种因素、确定有关变量和建立模型，以及最终确定解决方案的过程。

系统哲学是系统管理理论的核心。为此，在论述系统哲学时，卡斯特曾引用了托马斯·霍普金斯所概括的系统原理：

（1）整体是基本，部分是派生；

（2）一体化是一种事物的各部分相互联系的状况；

（3）各部分组成一个不能分解的整体，以至没有一个部分能够在不影响其他各部分的情况下而受到影响；

(4) 各部分是按照整体的目的发挥其作用的；

(5) 各部分的性质和职能是由其在整体中的地位确定的，其行为是受整体和部分的关系限定的；

(6) 整体是一种能的系统，或能的综合体，或能的结构，它如同单个部件一样地运转；

(7) 一切事物都应以整体为基础，各部分的相互关系应自然地发展。

这种观点给我们提供了一种思想方法，即要求管理者在运用系统理论时应把强调整体、强调部分或分系统之间和整体与它们之间的相互作用的关系放在首要的位置。管理是什么？管理就是把一些本来毫无关系的因素联系起来、集合起来，但这种联系并非简单的堆积，而是在一个目标下组成具有一定关系的一个整体。

卡斯特等人将系统管理理论应用于企业管理，进而建立起“企业系统管理理论”。这是一种把企业视为一个系统整体而进行的研究。他们认为，在企业这个系统中，系统哲学、系统管理和系统分析各有特色，且在不同的分系统中的地位和作用是不完全一致的。他把企业分成了战略分系统、协调分系统和作业分系统。

系统哲学主要适用于战略分系统，即从系统的观念出发，采用理性的方法，设计全面的计划，将企业和环境一体化；系统管理主要适用于协调分系统，即从重实效的观点出发，采用综合的方法，强调协调企业内部相互之间的关系；系统分析主要适用于作业分系统，即根据优化准则，采用既定的模式，以有效地利用资源，完成规定的目标。

在上述观点的基础之上，所谓企业可以概括为：一个以人为主体的一体化的系统，它是一个由许多分系统组成的开放的、相互影响的社会技术系统。

(1) 在企业各部分的相互关系中，“人”是主体，其他不过是被动的组成部分。首先，企业组织的核心是“人”。卡斯特在分析企业组织的特征后，强调组织的中心是“人”，并进而确定了企业组织的目标和准则分系统、社会心理分系统、技术分系统和组织结构分系统。其次，企业组织中最大的变量是人的行为变量。

(2) 企业是一个开放的系统。卡斯特认为，以往的企业管理理论都是建立在孤立的、封闭的企业系统观点之上的，它们强调只要研究企业组织内部的结构、内容等就可以解决一切问题。而企业系统管理理论则不然，它强调企业是一个系统，同时还是一个更大系统的分系统，这个系统不仅受环境的影响，而且还影响环境，它是在与环境的相互影响中达到动态平衡的。企业从周围环境系统中接受能量、信息和资源，然后经过其内部的转化系统，将形成的产品和服务输出，返还给环境系统。在这一过程中，企业的最终目标不是单纯消极地与环境相适应，而是积极地、有成效地与环境相适应，即企业按照环境系统的要求，在遵守其准则的前提下，执行其所赋予的职能，并最终完成目标、做出贡献。

(3) 企业由许多分系统组成。企业，特别是大型企业是由许多分系统组成的，而这些分系统又由许多子系统组成，在子系统下还能细分，这样就构成了企业组织的等级结构。层次的多寡应视企业的规模而定，同时还应注意层次间内在的关系。如前所述，企业一般可分为：目标和准则分系统、社会心理分系统、技术分系统和组织结构分系统等。

尽管这个学派在20世纪60年代到达它的鼎盛时期，以后逐渐衰退，但它的一些思想还是有助于管理研究的。

### 2.4.8　权变理论学派

权变理论学派是20世纪70年代在美国形成的一种管理理论。该学派认为，世界上不存在最好的、能适应一切情况的、一成不变的管理理论、方法和模式，每一种管理理论和方法的提出都有其具体的适应性。这就是说，管理者在管理实践中，要根据所处的内外部环境条件和形势的发展变化随机应变，依据不同的具体情况，寻求最适宜的管理方法和模式。权变理论学派主要的观点如下：

（1）权变管理就是把环境对管理的作用具体化，并使管理理论与管理实践紧密地联系起来。

（2）在某种环境条件下，要采用与之适应的管理原理、方法和技术，这将有利于组织目标的实现。例如，如果在经济衰退时期，组织在供过于求的市场中经营，采用集权的组织结构，就更适合达到组织目标；如果在经济繁荣时期，在供不应求的市场中经营，那么采用分权的组织则可能会更好。

（3）环境变量与管理变量之间的函数关系就是权变关系，这是权变管理理论的核心内容。

总之，权变理论的最大特点：一是把组织看作社会系统中的分系统，要求组织各方面的活动都要适应外部环境的变化；二是强调根据不同的具体条件，采取相应的组织结构、领导方式和管理机制。

### 2.4.9　社会技术系统学派

这是较新的学派，该学派认为，要解决管理问题，只分析社会系统是不够的，还必须分析研究技术系统对社会系统的影响，以及对个体心理的影响。组织的绩效甚至管理的绩效，不仅取决于人们的行为态度及其相互影响，还取决于人们工作所处的技术环境。管理者的主要任务之一就是确保社会系统与技术系统的相互协调。该学派特别注重工业工程、“人—机工程”等方面问题的研究。

### 2.4.10　信息沟通学派

信息沟通学派同决策理论学派关系密切，主张把管理人员看成一个信息中心，并围绕这一概念形成了管理理论。该学派认为，管理人员的作用是接收信息、贮存信息和传播信息，每一位管理人员犹如一台电话交换台。该学派强调计算机技术在管理活动和决策中的应用，强调计算机科学同管理思想和行为的结合。

## 2.5 当代管理理论的繁荣时期

### 2.5.1 学习型组织

企业组织的管理模式问题一直是管理理论研究的核心问题之一，而对未来企业组织模式的探索研究，又是当今世界管理理论发展的一个前沿问题。1990年，美国麻省理工学院教授彼得·圣吉所著的《第五项修炼》出版，书中提出企业应建立学习型组织，其含义是在面临变化剧烈的外部环境时，组织应力求精简、扁平化、弹性应变、终生学习、不断自我组织再造，以维持竞争力。学习型组织正是人们从工作中获得生命的意义、实现共同愿望和获取竞争优势的组织蓝图。

彼得·圣吉提出了以“五项修炼”为基础的学习型组织理念。

一、自我超越

自我超越是学习型组织的精神基础，个人有意愿投入工作，需要不断认识自己，认识外界的变化，不断赋予自己新的奋斗目标，并由此超越过去、超越自己，迎接未来，个人与愿景之间有种“创造性的张力”，正是自我超越的来源。

二、改善心智模式

改善心智模式是自省的过程，如果个人和组织不了解自己的心智模式，会对自己的一些行为无法认识和把握。心智模式是指根深蒂固于每个人和组织之中的思维方式和行为模式，它影响着个人或组织如何了解这个世界，以及如何采取行动。组织的障碍，多源于个人的旧思维，例如固执己见、本位主义。唯有透过团队学习，以及标杆学习，才能改变心智模式，有所创新。所以，我们时刻要把镜子转向自己，先修炼自身的心智模式。

三、建立共同愿景

建立共同愿景相当于人们最想做的事或想实现的理想。如果有任何一项理念能够一直在组织中鼓舞人心，凝聚一群人，那么这个组织就有了一个共同的愿景，就能够长久不衰。愿景可以凝聚公司上下的意志力，透过组织共识，大家努力的方向一致，个人也乐于奉献，为组织目标奋斗。

四、团队学习

团队智慧应大于个人智慧的平均值，以做出正确的组织决策，透过集体思考和分析，找出个人弱点，强化团队向心力。团队学习的有效性不仅体现在团队整体中会产生出色的成果，而且体现在其个别成员学习的速度也比其他人的学习速度快。

五、系统思考

系统思考是学习型组织的重要部分，主要是要求人们转变对研究对象的基本假定，即由简单系统转为复杂系统，由线性系统转为非线性系统，由直接关系转为间接关系，由单向作用转为相互作用；从注重部分转为注重整体，从强调适应环境转为主动创造环境，从被动反应转为主动参与。在思考问题过程中，要利用控制理论的正反馈、负反馈和延迟概念来理解和解决现实生活中出现的各种问题，针对组织发展的不同模式，采取不同的管理策略。

### 2.5.2　企业流程再造

企业流程再造理论的创始人是迈克尔·哈默和詹姆斯·钱皮，企业再造也译为“公司再造”“再造工程”，它是1993年开始在美国出现的关于企业经营管理方式的一种新的理论和方法。企业再造是为了在衡量绩效的关键指标上取得显著改善，从根本上重新思考、彻底改造业务流程。其中，衡量绩效的关键指标包括产品和服务质量、顾客满意度、成本、员工工作效率等。为了能够适应新的竞争环境，企业必须摒弃已成惯例的运营模式和工作方法，以业务流程为中心，重新设计企业的经营、管理及运营方式。我们可以从以下三点来理解企业再造：

（1）企业再造是要依据现有环境的变化，从根本上重新思考原有的管理理论和管理思想，即对长期以来企业在管理中依据古典管理理论、管理理论丛林等管理理论所形成的分工思想、等级制度、规模经营、标准化生产和官僚体制等进行重新思考。企业进行再造，就是要先决定自己应该做什么以及怎么做，而不能在既定的框架中实施再造。

（2）企业再造是一次彻底的变革。企业再造不是对组织进行调整修补，而是要进行脱胎换骨式的彻底改造，抛弃现有的业务流程和组织结构以及陈规陋习。

（3）企业再造从重新设计业务流程着手。在一个企业中，业务流程决定组织的运行效率，是企业的生命线。企业再造之所以要从重新设计业务流程着手，是因为原有的组织造成业务流程的低效率，不能满足顾客的要求。

从上面的分析中可以看出，企业再造与以前的渐进式变革理论有本质的区别。企业再造是全面检查和彻底翻新原有的工作方式，通过重新设计业务流程而建立一个新型组织。

### 2.5.3　知识管理

知识管理是网络新经济时代的新兴管理思想与方法，是由工业经济向知识经济演进的新的世界经济形势下企业作出的战略性反应。知识管理是指企业通过有计划、有目的地构建企业内部知识网络进行内部学习，构建企业外部知识网络进行外部学习，有效地实现显性知识和隐性知识的相互转换，并在转化过程中创造、运用、积累和扩散知识，从而最终提高企业的学习能力、应变能力和创新能力的系统过程。

知识管理的基础活动是对知识的识别、获取、开发、分解、使用和存储。一般的研究认为，要有效地开展知识管理，应抓好以下环节。

#### 一、设立知识主管

知识主管不仅要负责企业有关技术、教育培训、信息管理、市场分析等方面的管理工作，也要承担起把人力资源的不同方面同信息、市场分析乃至企业的经营战略等协调统一的工作。

#### 二、构建知识仓库

知识仓库的功能是通过对信息知识的收集与整理，使信息流更加有序和便于认知，加快内部信息和知识的流通，实现组织知识的无阻隔传递和共享。

三、知识交流与共享

设立知识主管和建立知识仓库的最终目的是加快知识的传播速度和效率，促进知识的交流和共享。公司的领导层要把集体知识共享和创新视为赢得竞争优势的支柱。富有学习性的组织，其成员并不吝于公开其经验，而领导者也会带动员工进行积极的创造性对话。只有团队成员共享知识和信息，才能激发团队知识的合力效应，产生巨大的经济效益。

四、建立知识联盟

知识联盟是以学习和创造知识作为联盟的中心目标，联盟有助于一个公司学习另一个公司的专业能力；有助于两个公司的专业能力优势互补，创造新的交叉知识。知识联盟可以帮助公司扩展和改善它的基本能力，有助于从战略上更新核心能力或创建新的核心能力。

### 2.5.4 虚拟组织

虚拟组织是指两个以上的独立的实体，为迅速向市场提供产品和服务，在一定时间内结成的动态联盟。它不具有法人资格，也没有固定的组织层次和内部命令系统，而是一种开放的组织结构。企业之间形成的这种利益共享、风险共担的合作伙伴关系或战略联盟关系已成为企业管理的一股强劲的潮流，合作、竞争正日益成为企业经营战略的新的核心。

虚拟组织的虚拟性和快速反应的特点，决定了它具有极强的竞争优势。想要构建自己的虚拟组织包括以下几个方面：一要培育、保持和提高企业的核心能力；二要产品共同开发，利润共享；三要有一支拥有核心竞争力的团队。

### 2.5.5 精益生产方式

精益生产就是及时制造，消灭故障，消除一切浪费，向零缺陷、零库存进军。它是美国麻省理工学院在一项名为“国际汽车计划”的研究项目中提出来的。它们在做了大量的调查和对比后，认为日本丰田汽车公司的生产方式是最适用于现代制造企业的一种生产组织管理方式，并将其称为精益生产，以针对美国大量生产方式过于臃肿的弊病。精益生产综合了大量生产与单件生产方式的优点，力求在大量生产中实现多品种和高质量产品的低成本生产。

精益生产方式的实质是管理过程，包括人事组织管理的优化，大力精简中间管理层，进行组织扁平化改革，减少非直接生产人员；推行生产均衡化同步化，实现零库存与柔性生产；推行全生产过程（包括整个供应链）的质量保证体系，实现零不良；减少任何环节上的浪费，实现零浪费；最终实现拉动式准时化生产方式。

## 2.6 21世纪管理和管理学的发展

人类社会进入21世纪以后，随着知识经济的到来和全球化进程的不断加快，世界各国的经济都面临着巨大的冲击，传统工业经济时代的管理模式和管理观念也面临着全新的挑战，世界各国都在对传统管理理论及实践进行着反思与创新，新的管理科学的思想变革开始出现。

### 2.6.1　21 世纪管理环境的变化

一、全球化带来的管理环境的变化

21 世纪以来，信息的发展、科技进步步伐的加快以及世界市场的不断扩大，极大地推进了全球化进程，全球化在与知识经济的融合中呈现了一种日益增强的发展趋势。具体说来，全球化带来的管理环境变化体现在以下几个方面：

（1）竞争加剧。发达国家与发展中国家对资源和市场的竞争空前加剧，贸易平衡问题更加引人注目。

（2）政局变化。不同国家和地区以及国际上不同利益集团的争夺加剧了政府更迭的频率，企业界对外投资方向的选择更加审慎。

（3）劳动者多元化。这是一种在相同的组织工作环境中由各种不同身份的人一起工作的状态和趋势，包括人口多元化和文化多元化两个方面。其中，人口多元化是指组织中的员工具有各种群体特征。人口特性包括年龄、性别、宗教、身体状况等因素；文化多元化是指组织中的员工属于不同的文化或亚文化群体，它给组织管理者带来的直接影响是必须注意怎样避免侵犯人权和文化冲击，如何理解谈判方式的差异等。

二、互联网时代带来的管理环境的变化

20 世纪末以来，信息社会快速发展，全球进入信息化和互联网时代。这一趋势与全球化相呼应，给管理带来了空前的变化和巨大影响，主要体现在下面几个方面：

（1）信息和信息技术产业的发展尤其是互联网的广泛使用，为管理创新奠定了技术基础。网络技术的发展与完善，不但为不同行为主体之间进行多层次、多角度沟通，相互激发创新智慧提供了广阔的空间，也创造了有利于培养创新意识、增强创新能力、参与创新活动的精神环境，大大消除了知识的生产、传播及其应用所受到的时空限制。

（2）电子商务的兴起改变了消费者的消费形式和企业经营方式。信息化发展催生了电子商务这种新型商务形式，它既改变了消费者的消费方式，使网上购物成为一种时尚，同时也改变了企业经营方式，网络营销也应运而生。

三、可持续发展带来的管理环境的变化

20 世纪是经济大发展的世纪，但人类为此也付出了惨重的代价：资源枯竭、生态失衡、环境污染、气候反常、自然灾害频发，这一切不但有悖于人类发展经济的初衷，而且威胁到人类自身的生存与发展。严酷的现实引发了人们的反思，可持续发展作为一种新的发展观应运而生。

可持续发展是指人类能动地调控“自然—社会—经济”复合系统，在不超越资源与环境承载能力的条件下，促进经济持续发展，保持资源永续利用，不断提高生活质量，既满足当代人的需求，又不损害后代人满足需求的能力。这种新的发展观强调可持续经济、可持续生态、可持续社会的有机统一。其中，生态可持续是基础，经济可持续是条件，社会可持续是目的。简而言之，保持生态平衡，在资源环境承载能力允许的条件下发展经济，实现经济、环境、生态和谐是为了人类的生存发展和世世代代的幸福生活。

### 2.6.2　21 世纪管理面临的挑战

一、全球化背景下管理面临的挑战

在经济全球化背景下经营的企业，要树立牢固的全球性观念，制定全球性经营战略，企业可能要通过扩大出口、特许经营、国外直接投资以及组建合资公司和战略联盟等方式实现其国际化战略目标。这样，企业管理者将面临新的环境、新的挑战，主要包括以下几个方面：

（1）要适应和了解新的政治法律环境。管理者在开展国际化经营的过程中，不仅要关注国家和地区的政治局势是否稳定、政府更迭是否频繁、是否存在遭受恐怖袭击的危险，还要广泛了解其法律法规体系以及有关的国际法和国际协定。

（2）要熟悉新的经济环境。管理者在开展国际化经营过程中，不仅要认识到不同国家和地区之间在经济体制方面的差异，还要了解其经济发展水平、经济增长速度、经济结构与产业状况、财政政策与货币政策、产业政策、收入水平及收入分配政策、汇率及通货膨胀的变化。

（3）要适应和熟知新的文化环境。管理者要在其他国家有效地开展管理活动，需要对所在国的社会文化环境进行深入研究并深刻了解，准确把握民族文化对员工与工作相关的价值观、价值取向的影响，并在自己的管理方式中体现出对当地特有文化的认可与包容。即使在本国开展国际化经营管理活动，管理者在多元文化的组织环境中也要能够适应具有不同文化背景的人的偏好和工作方式。

（4）要树立新的全球观念。随着全球化进程的不断推进，各国之间的关系越来越密切，相互依存度越来越高，国界变得越来越模糊，因此，组织面对的是日益广阔的全球市场，消费者、竞争者、合作者越来越多元化，积极开展国际化经营已经成为组织发展的必由之路。

二、互联网背景下管理面临的挑战

（1）虚拟组织结构的产生与发展向传统管理方法提出了挑战。互联网的广泛使用促使组织结构的创新，虚拟组织的产生使得一些相互间很少见面甚至素不相识，而且具有不同专业知识背景的人，通过网络联系在一起，为共同的企业目标而工作。因此，对这些人怎样实施有效管理，成为新的课题。与之相适应地，网络化管理、网络道德建设成为企业管理的新形式和新内容。

（2）构建学习型组织成为引导企业走向成功的必由之路。在瞬息万变的未来社会，竞争演化为速度与效率的较量，要迅速抓住转瞬即逝的商机，需要企业有快速的反应力和应变力。为此，企业必须把效率作为衡量组织功能的首要标准，充分利用网络的优势，不断强化学习型组织的功能，全面提高组织成员的素质，并相应地简化工作程序，适度授权，构建灵活、有弹性、高效的组织机构。

三、可持续背景下管理面临的挑战

进入 21 世纪，可持续发展理念深入人心，不但各国纷纷制定并实施可持续发展战略，社会公众也越来越关注支撑经济社会发展的主体——企业在可持续发展中的行为表现，强烈要求企业改变传统的经营理念与方式，实施有利于可持续发展的经营战略，在构建节约型社会、发展循环经济中发挥应有的作用。在这种背景下，企业唯有适应新的形势变化进行战略调整，才能获得持续发展，否则，其发展的空间会越来越小，甚至会因其经营不利于可持续发展而被淘汰。

首先，在宏观上，企业要遵守相关的法律法规，承担相应的责任和义务。在可持续发展理念下，企业有责任、有义务作遵守相关法律法规的典范，要减少资源尤其是不可再生资源的消耗，充分利用先进的科学进步成果，循环使用、厉行节约，同时通过研发，寻找可替代的资源；要改善环境，积极采取措施防治污染，减少污染物或废气排放。

其次，在微观上，要牢固树立人本管理观念。一方面是对消费者的人本意识。在以消费者为中心的21世纪，任何一个企业都必须把消费者满意作为首要目标，制定相应标准，对企业经营管理以及生产、技术、营销、服务等各个方面，或者说企业流程进行全方位的改善和再设计，为消费者提供能够满足其多种需要的健康、安全的产品和服务。另一方面是对员工的人本意识。21世纪最重要的战略资源是人力资源，员工是知识创新的主体，也是创新知识的运用者，所以员工是企业生存与发展的根本。为了更好地满足员工的心理需求，企业要通过尊重人、关心人、培养人、信任人，为员工的成长及其自身价值的实现创造条件，不断提高其对企业的满意度。同时，对员工的激励要以绩效评价和赋予更重大的责任与管理权限为主。

## 本章重点知识归纳

1. 管理活动伴随着人类社会的发展，从世界几大文明古国已有的文字记载来看，人类的管理实践已有几千年的历史。

2. 中国早期管理思想博大精深，本章主要介绍了四种管理思想：德治、法治、无为而治和兵法经营。

3. 最早对经济管理思想进行系统论述的学者，首推英国经济学家亚当·斯密。除此之外，西方早期管理思想的代表人物还有查理·巴贝奇和罗伯特·欧文。

4. 古典管理理论主要包括科学管理理论和古典组织管理理论两大部分，其中科学管理理论主要源于美国泰勒的“科学管理”，而古典组织管理理论则包括法约尔的一般管理理论和德国韦伯的行政组织理论。

5. 第二次世界大战以后，管理理论引起人们的普遍重视，许多学者从不同角度研究管理学，形成了“管理理论丛林”。

6. 在当代管理理论的繁荣时期，主要产生了“学习型组织”“企业流程再造”“知识管理”“虚拟组织”“精益生产方式”管理理论。

7. 人类社会进入21世纪以后，随着知识经济和全球化进程的不断加快，传统管理理论和实践面临全新的挑战，促使新的管理科学的思想变革开始出现。

## 思考讨论题

1. 早期的管理实践有哪些证据？东西早期的管理思想有哪些？

2. 说明为什么劳动分工和工业革命对于管理研究非常重要。

3. 现代管理理论的多元化时期主要有哪些理论？

4. 当代管理理论的繁荣时期出现了哪些管理理论？

5. 社会发展趋势对管理实践有什么样的影响？对管理者和学习管理学的人有什么样的启发？

6. 哪一种组织使你感到更好，是学习型组织还是传统的组织？说明你的理由。

7. 电子商务在哪些方面不同于电子企业？在一个电子企业环境中全球化会带来什么问题？查阅课外资料详细解释。

8. 有人说创业精神只适用于小型的和新创立的企业，你同意这种观点吗？说明你的理由。

## 实践与技能训练

### 项目一：系列实训之二——模拟公司的管理思想与组织文化

**【实训目标】**

1. 培养初步运用管理思想解决问题的能力；

2. 培养分析与建设组织文化的能力。

**【实训内容与要求】**

根据所学知识以及对实际企业所获得的信息资料，研讨并确定本公司的管理理念与组织文化。

1. 结合本公司的实际，论证应以何种理论作为管理的理论依据；

2. 本公司应树立那些先进的管理理念；

3. 对本公司的文化建设提出各种设想，并制定建设方案。

**【成果与检测】**

1. 每个人写出一份论证应以何种理论作为管理的理论依据的简要材料；

2. 每个公司提交“公司管理理念”与文化建设方案；

3. 班级组织一次交流，每个公司推荐两名成员谈管理的理论依据，并由总经理谈公司的文化建设方案；

4. 由教师与学生对各公司所交材料与交流中的表现进行评估打分。

### 项目二：网络冲浪——管理理论的应用与发展

**【实训内容与要求】**

上网查询，或通过其他信息渠道，搜集一个所学管理理论在实际中应用的事例，或反映最新管理动态的资料。

**【成果与检测】**

1. 每个学生将自己搜集到的资料整理成书面材料；
2. 由教师批改并评估。

## 本章讨论案例

### 案例应用一：万里长城

我国北方辽阔的土地上，东西横亘着一道绵延起伏、气势雄伟、长达一万多里的长墙，这就是被视为世界建筑史上一大奇迹的万里长城。万里长城是我国古代一项伟大的防御工程，它凝聚着我国古代人民的坚强毅力和高度智慧，体现了我国古代工程技术的非凡成就，也显示了中华民族的悠久历史。长城是中国也是世界上修建时间最长、工程量最大的一项古代防御工程。

自公元前七世纪开始，长城延续不断修筑了2 000多年，分布于中国北部和中部的广大土地上。如此浩大的工程不仅在中国，就是在世界上，也是绝无仅有的。与罗马斗兽场、比萨斜塔等列为中古世界七大奇迹之一。

万里长城是中国古代管理思想的一大杰作。在管理上，沿线设九个镇，每个镇设总兵，上受兵部指挥，每镇之下分级设“路”“关”及城堡、墩台。这是一个多级管理系统，结构似“金字塔形”，命令自上而下层层下达，遇有敌情，信息由烽火台到城关守备，再到各种军校首领、总兵，一直报到朝廷。建造如此复杂的工程，需要严密的管理系统。可见，万里长城的建造、建造中的管理、长城的使用以及设施、机构的配备，充分体现了系统管理的思想。

**讨论：**

1. 谈谈你对中国古代管理思想的认识，这对现代的企业管理有何启示？
2. 如果你是公司的首席执行官，你会采用哪种管理理论指导你的管理活动？说说理由。
3. 你认为未来对管理影响最大的挑战是什么？

### 案例应用二：联想——学习型组织

联想集团创建于1984年，现已发展成为拥有19家国内分公司，21家海外分支机构，近千个销售网点，职工6 000余人，净资产16亿元，以联想电脑、电脑主板、系统集成、代理销售、工业投资和科技园区六大支柱产业为主的技工贸一体、多元化发展的大型信息产业集团。1997年销售总额达125亿元人民币，并在各主要业务领域都取得了显著成绩，其中联想电脑闯入亚太十强，排名第五，联想QDI主板跻身世界板卡供应第三位，联想系统集成公司成为国内优秀系统集成企业之一。1995年至1997年连续三年在全国电子百强企业中排名第二，全国高新技术百强企业中排名第一。

联想的成功原因是多方面的，但不可忽视的一点是，联想具有极富特色的组织学习实践，使得联想能顺应环境的变化，及时调整组织结构、管理方式，从而蓬勃发展。

早期，联想从与惠普（HP）的合作中学习到了市场运作、渠道建设与管理方法，学到了企业管理经验，对于联想成功地跨越发展中的管理障碍大有裨益；现在，联想积极开展国际、国内技术合作，与计算机界众多知名公司，如英特尔（Intel）、微软、惠普、东芝等，保持着良好的合作关系，并从与众多国际大公司的合作中受益匪浅。

除了能从合作伙伴那里学到东西之外，联想还是一个非常有心的“学习者”，善于从竞争对手、本行业或其他行业优秀企业以及顾客等各种途径学习。

柳传志有句名言：“要想着打，不能蒙着打。”这句话的意思是说，要善于总结，善于思考，不能光干不总结。

**讨论：**

1. 联想是一个什么样的公司？阅读相关资料进行详细分析。
2. 联想有几种学习方式？举例说明。
3. 联想是如何取得成功的？对于你的启发是什么？

# 第 3 章　企业环境与组织设计

**本章学习中，你的学习目标：**

1. 分析影响企业发展的一般环境因素与具体环境因素。
2. 运用五种竞争力量模型进行组织环境分析。
3. 运用波士顿矩阵进行组织经营分析。
4. 描述组织结构设计的原则与方法。
5. 解释按照组织职能设计的要点。
6. 学会运用组织整体优化的方法。

任何企业的经营活动，都是在市场中进行的，而市场又受国家的政治、经济、技术、社会文化的限定与影响。所以，企业从事生产经营活动，必须从环境的研究与分析开始。

环境对企业的生存发展及对管理的决定与制约作用，要求管理者必须重视环境因素，能动地适应环境，谋求内部管理与外部环境的动态平衡。

企业与环境之间有着密切的联系。一方面，环境是企业赖以生存的土壤。企业要从外部环境中获取，如人力、材料、能源、资金、技术、信息等资源，这些都是企业经营的关键要素，没有这些要素，企业就无法进行生产经营活动。同时，企业的产品和服务也必须通过外部市场进行营销策划，没有市场，企业的任何产品和服务就无法得到社会认可、接纳，企业也就无法生存和发展。同时，环境能给企业带来机遇，也会造成威胁。问题在于企业如何去认识环境、把握机遇、避开威胁，有效利用优势弥补劣势。另一方面，企业是一种具有活力的社会组织，它并不是只能被动地为环境所支配，而是在适应环境的同时也对环境产生影响，推动社会进步和经济繁荣。企业与环境之间的根本关系，是在局部与整体的根本架构之下的相互依存和互动的动态平衡关系。

因此，企业必须研究环境，主动适应环境，在环境中求得生存和发展。

**走进管理**

**【案例】**

**乔森家具公司五年目标**

乔森家具公司是乔森先生在 20 世纪中期创建的，开始时主要经营卧室和会客室家具，取得了相当大的成功，随着规模的扩大，自 70 年代开始，公司又进一步经营餐桌和儿童家具。1975年，乔森退休，他的儿子约翰继承父业，不断拓展卧室家具业务，扩大市场占有率，使得公司产品深受顾客欢迎。到1985年，公司卧室家具方面的销售量比1975年增长了近两倍。但公司在餐桌和儿童家具方面的经营一直不得法，面临着严重的困难。

乔森家具公司自创建之日起便规定，每年12月份召开一次公司中、高层管理人员会议，研究讨论战略和有关的政策。1985年12月14日，公司又召开了每年一次的例会，会议由董事长兼总经理约翰先生主持。约翰先生在会上首先指出了公司存在的员工思想懒散、生产效率不高的问题，并对此进行了严厉的批评，要求迅速扭转这种局面。与此同时，他还为公司制定了今后五年的发展目标。具体包括：

1. 卧室和会客室家具销售量增加20%；
2. 餐桌和儿童家具销售量增长100%；
3. 总生产费用降低10%；
4. 减少补缺职工人数3%；
5. 建立一条庭院金属桌椅生产线，争取五年内达到年销售额500万美元。

这些目标主要是想增加公司收入，降低成本，获取更大的利润。但公司副总经理托马斯跟随乔森先生工作多年，了解约翰董事长制定这些目标的真实意图。尽管约翰开始承接父业时，对家具经营还颇感兴趣。但后来，他的兴趣开始转移，试图经营房地产业。为此，他努力寻找机会想以一个好价钱将公司卖掉。为了能提高公司的声望和价值，他准备在近几年狠抓一下经营，改善公司的绩效。

托马斯副总经理意识到自己历来与约翰董事长的意见不一致，因此在会议上没有发表什么意见。会议很快就结束了，大部分与会者都带着冷淡的表情离开了会场。托马斯有些垂头丧气，但他仍想会后找董事长就公司发展目标问题谈谈自己的看法。

**分析的问题：**

1. 乔森家具公司的市场经营情况怎么样？
2. 乔森家具公司内部存在哪些问题？
3. 你如何看待约翰先生提出的目标及与托马斯的分歧？
4. 你能为解决这一问题提出建议吗？

## 3.1 影响企业的环境因素

企业发展离不开环境。管理科学把组织看成一个由许多子系统组成的系统，而这个系统又是环境大系统中的一个子系统，它与环境系统进行各种资源的交换。作为管理者，就要使组织内部的子系统互相协调，同时又要使组织系统适应环境，获得生存和发展。

企业外部环境又分为宏观环境和微观环境两个层次。宏观环境因素包括：政治环境、经济环境、技术环境、社会文化环境。这些因素对企业及其微观环境的影响力较大，一般都是通过微观环境对企业间接产生影响的。微观环境因素，包括市场需求、竞争环境、资源环境等，涉及行业性质、竞争者状况、消费者、供给商、中间商及其他社会利益集团等多种因素，这些因素会直接影响企业的生产经营活动。归纳起来，企业环境因素及其构成如图 3－1 所示。

- 企业外部环境
  - 宏观环境（间接环境）
    - 政治环境
    - 经济环境
    - 技术环境
    - 社会文化环境
  - 微观环境（直接环境）
    - 市场需求
    - 竞争环境
    - 资源环境

**图 3－1　企业环境因素及其构成**

企业外部环境有三个显著的特征：

（1）波动性，即外部环境经常发生变化而且难以预测；

（2）不可控性，即外部环境的变化不受单个企业的控制；

（3）差异性，即外部环境对不同类型的企业影响各不相同。

### 3.1.1　影响企业的一般环境因素

影响企业的一般环境又叫宏观环境、间接环境，包括：政治环境、经济环境、社会文化环境、技术环境等。

另外还有自然环境，即一个企业所在地区或市场的地理、气候、资源分布、生态环境等因素。由于自然环境各因素的变化速度较慢，企业较易应对，因而不作为重点研究对象。

#### 一、经济环境

经济环境是指社会整体的发展形势和状况，构成企业生存和发展的社会经济状况及国家的经济政策。社会宏观经济的发展状况和趋势，常常成为组织决策的重要依据，其对组织的影响主要表现为从资金来源、人员供给、市场需求等方面影响着组织的投入和产出，从而制约管理活动的进行。如国家的经济制度、经济体制与经济政策，政府对各类组织活动的干预程度，直接决定着管理的社会属性，并对整个管理产生影响。如果国家宏观经济政策实施紧缩，企业融资就会发生困难，从而影响生产的投入。再如社会的经济规模与经济发展水平，包括国民生产总值、国民收入、就业水平、制造业产值及其增长趋势、国家的城市化发展程度、国际收支状况、利率、通货供给量、政府支出、汇率等国家财政货币政策等，直接决定着一些组织的经营状况，进而对管理提出不同的要求。

经济环境对组织的影响是最为直接的，对管理的影响也是最大的。管理者应有宏观视野，善于分析和把握所在国家或地区的国民经济运行情况和发展态势、国家产业政策，以及国际经济情况和发展态势等内容。

二、政治环境

政治环境是指一个国家的政治制度、执政党的纲领、政府的方针政策，以及国家的法律法规所构成的对组织的影响因素。政治环境的好坏影响着宏观政治经济形势，从而也影响着组织活动的开展。世界上不同的国家有着不同的政党体制，如多党制、两党制、一党制等，不同的政党体制、不同的政党有着不同的哲学思想和奋斗纲领，其对政府的政策必然会产生不同的影响。而国家的政策，关系到资源状况、居民的收入水平、消费与市场需要、组织内部制度与政策以及人员心理等，这些对组织的管理均有重要的影响作用。再如法律是由国家制定并以国家强制力保证实施的各种行为规则的总和。法律和法规对组织的活动起着制约的作用，规定了组织可以做什么、不可以做什么。

在稳定的政治环境中，企业能够通过公平竞争获取正当权益，得以生存和发展。国家的政策法规对企业生产经营活动具有控制、调节作用，相同的政策法规给不同的企业可能会带来不同的时机或制约。政治环境对组织的影响是不容忽视的，组织的管理者，如果对政治不关心，缺乏政治敏锐性，就很难驾驭组织，捕捉机遇，谋取成功，促进发展。

三、社会文化环境

社会文化环境是指组织所在国家或地区的社会结构、价值取向、教育程度、风俗习惯、行为标准、生活方式、文化水平、人口规模与地理分布等构成的环境因素。社会文化环境对企业的生产经营有着潜移默化的影响，如文化水平会影响人们的需求层次；风俗习惯可能抵抗或禁止企业某些活动的进行；人口规模与地理分布会影响产品的社会需求与消费等。社会因素一般是指一个社会在长期的发展中，虽未明确成文，却是无形中制约着每一个人的习惯的因素。由于社会组织是由人组成的，而且，人既是管理者又是管理对象，这就决定了社会组织及其管理离不开人与人之间的关系，离不开人们的社会心理因素。社会上的各种人文环境及心理氛围必然对社会组织的成员及管理产生广泛而深刻的影响。如教育水平与人口素质，包括国家的教育制度和结构、教育的普及程度、教育与社会的结合程度、国民对教育的态度、人口结构等方面。一个国家的教育水平往往与其经济水平是统一的，教育水平的高低也反映人们的文化素养，从而影响着组织的发展水平，乃至对人才的需求。再如社会心理，包括人们的价值观念，对物质利益和物质分配的态度，对新事物的态度、对经营和风险的态度，以及民族心理、民族意识等。这些社会心理因素决定着人的是非观念、善恶观念、主次观念等，决定着人的行为。

管理者必须高度重视这些社会文化环境的影响，并能主动地通过思想教育、激励与沟通，做好适应、协调工作，并因势利导，使其能为实现组织目标服务。

四、技术环境

技术环境主要指组织所在国家或地区的技术进步状况，以及相应的技术条件、技术政策和技术发展的动向与潜力等。当今无论是国内，还是国际，领先的企业，无不是靠先进技术取得优势的。技术环境已成为组织环境中的关键因素。技术环境对组织管理的影响是显著的，它对组织业绩的影响主要表现在促进组织劳动生产力水平的提高，变革组织的运行方式和管理方式上。如企业新技术、新产品的开发，新的管理方法和手段的应用等，都是离不开不断发展的客观技术环境因素的。如技术因素从劳动力、劳动资料和劳动对象三个方面影响着组织劳动生产力的提高。先进技术的采用，可以使组织的人员技术素质得到提高，可以增强组织的物质技术基础，从而提高组织的经济效益。

### 3.1.2　影响企业的具体环境因素

我们在这里所讲的具体环境也叫微观环境、直接环境因素。微观环境是企业生存与发展的具体环境。与宏观环境相比，微观环境因素更能够直接地给一个企业提供更为有用的信息，同时也更容易被企业所识别。

对大多数组织而言，其具体环境因素主要包括资源供应者、服务对象、竞争对手，另外还包括政府管理部门和社会特殊利益代表组织。这些因素对组织的影响更为具体，直接关系着组织目标的实现以及实现的程度。

#### 一、资源供应者

资源供应者是指向组织提供各种资源的人或单位。这里所指的资源不仅包括设备、人力、原材料、资金，也包括信息、技术和服务等。对大多数组织来说，金融部门、政府部门、股东是其主要的资金供应者，学校毕业生分配部门、劳动人事部门、各类人员培训机构、人才市场是其主要的人力资源供应者，各类媒体、咨询服务机构、政府部门是主要的信息供应者。由于组织在其运转的每一个阶段中，都依赖于供应者的资源供应，一旦主要的资源供应者发生问题，就会导致整个组织运转减缓或中止。这种影响主要表现在组织能否有稳定的资源供应渠道，以保证组织活动的顺利进行。如企业原材料供应的可靠性，直接影响着企业产品的质量和生产的连续性。

#### 二、服务对象

服务对象是指组织为其提供产品或劳务的人或单位。如企业的客户、商店的购物者，都可称其为相应组织的服务对象。顾客是组织赖以生存的基础，任何组织之所以能够存在，是因为有需要该组织的服务对象的存在，如果一个组织失去了其服务对象，该组织也就失去了其自身存在的基础。如一个企业如果其生产的产品无人问津，就必然走向破产。组织的服务对象是影响组织生存的主要因素，组织业绩最终表现为能否很好地满足顾客的需求，使组织具有一个广泛而稳定的顾客群体。

#### 三、竞争对手

组织的竞争对手是指与其争夺资源、服务对象的人或组织。任何组织，都不可避免地会有一个或多个竞争对手。这些竞争对手不是相互争夺资源，就是相互争夺服务对象。基于资源的竞争一般发生在许多组织都需要同一有限资源的时候，最常见的资源竞争是人才竞争、资金竞争和原材料竞争。基于顾客的竞争一般发生在同一类型的组织之间，或许这些组织提供的产品或服务方式不同，但它们的服务对象是同一的，就同样会发生竞争。例如航空部门与铁路运输部门之间、铁路与公路运输部门之间就可能为争夺货源和乘客而展开竞争。竞争也不仅限于国内，随着经济全球化的发展，国内的各类组织不仅面临着来自国内组织的竞争，而且将直接面临来自国外组织的竞争。没有一个组织在管理中可以忽视竞争对手，否则就会付出沉重的代价。竞争对手是管理者必须对其有所了解并及时作出反应的一个重要因素。

四、政府管理部门

政府管理部门主要是指各级政府及其相应机构，如工商行政管理部门、税收部门、卫生防疫部门等。政府政策是指政府部门制定的包括经济、财政与税收政策以及各种重大的管理规定和法规等。政府管理部门拥有特殊的权力，可制定有关的政策法规、规定价格幅度、征税、对违反法律的组织采取必要的行动等，而这些对一个组织可以做什么和不可以做什么以及能取得多大的收益，都会产生直接的影响。如政府的法规直接规范着企业的经营行为；国家经济政策的调整，可能直接涉及企业的经营发展方向等。

五、社会特殊利益代表组织

社会特殊利益代表组织是指代表着社会某一部分人的特殊利益的群众组织，如妇联、工会、消费者协会、环境保护组织等。这些组织虽然没有像政府部门那么大的权力，但却同样可以对各类组织施加相当大的影响。如消费者协会借助各种舆论对生产质量低劣产品的企业进行曝光，可以导致企业生产经营陷入困境；环保组织的呼吁可以促使政府制定法规，约束企业的生产经营行为等，可以通过直接向政府主管部门反映情况，通过各种宣传工具制造舆论以引起人们的广泛关注。

## 3.2 企业环境分析

组织企业分析是企业管理必不可少的内容。没有环境就没有企业。组织制定战略决策，实施战略管理，从根本上说，就是要依据自身的环境，为自已获得生存和发展的空间。

走进管理

【阅读资料】

**管理学中的自然法则——青蛙现象**

把一只青蛙直接放进热水锅里，由于它对不良环境的反应十分敏感，就会迅速跳出锅外。如果把一个青蛙放进冷水锅里，慢慢地加温，青蛙并不会立即跳出锅外，水温逐渐升高的最终结局是青蛙被煮死了，因为等水温高到青蛙无法忍受时，它已经来不及、或者说是没有能力跳出锅外了。

启示：青蛙现象告诉我们，一些突变事件，往往容易引起人们的警觉，而易置人于死地的却是在自我感觉良好的情况下，对实际情况的逐渐恶化，没有清醒的察觉。

我们的组织和社会生存的主要威胁，并非来自突如其来的事件，而是由缓慢渐进而无法察觉的过程形成。人们目光短浅，只看到局部，而无法纵观全局。我们不要单纯的，只能面对突如其来的危险，而忽视那种缓慢而又微小甚微的危险。因为，那种缓慢而又微小甚微的危险，才是最可怕的！最终会带给我们更加严重的危害。

### 3.2.1 五种竞争力量模型

五种力量模型分析，是由哈佛大学迈克尔·波特教授（Michael Porter）于20世纪80年代初提出的行业结构分析模型，也称五种竞争力量模型，是组织在制定战略过程中对行业竞争环境进行分析的重要工具。这种分析思想主要是针对企业组织而言的，但其分析原理对于许多其他类型的组织是有借鉴意义的。

波特认为，行业中存在着决定竞争规模和程度的五种力量，这五种力量综合起来影响着产业的吸引力。影响行业内竞争结构及其强度的主要有潜在竞争者、供应商、客户、替代品生产者以及行业内现有竞争对手五种环境因素，如图3-2所示。

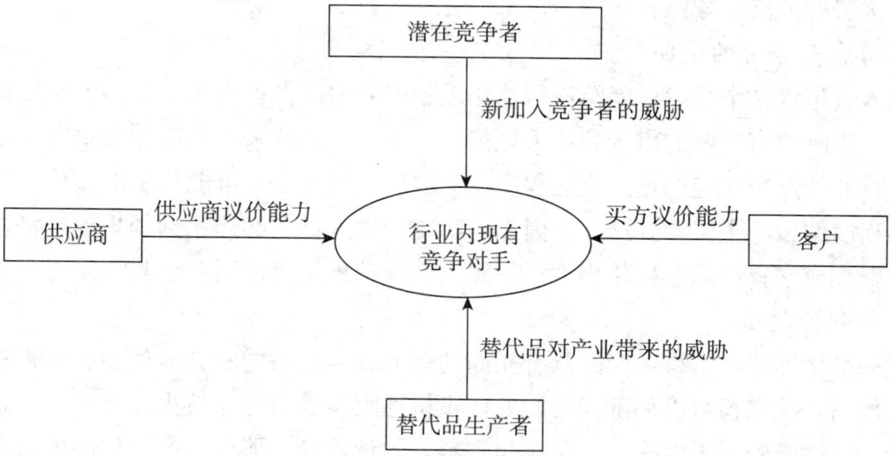


**图3-2 五种竞争力量模型**

下面对波特的五种竞争力量模型进行具体分析。

一、行业内竞争者的竞争程度

大部分同行业中的企业，相互之间的利益都是紧密联系在一起的，各个企业的竞争战略，其目标都在于使得自己的企业获得相对于竞争对手的优势，所以，在实施中就必然会产生冲突与对抗现象，这些冲突与对抗就构成了现有企业之间的竞争。现代企业之间的竞争常常表现在产品、价格、广告、售后服务等方面，其竞争强度与许多因素有关。

一般来说，出现下述情况将意味着行业中现有企业之间竞争的加剧，这就是：行业进入障碍较低，势均力敌的竞争对手较多，竞争参与者范围广泛；市场趋于成熟，产品需求增长缓慢；竞争者企图采用降价等手段促销；竞争者提供几乎相同的产品或服务，用户转换成本很低；一个战略行动如果取得成功，其收入相当可观；行业外部实力强大的公司在接收了行业中实力薄弱的企业后，发起进攻性行动，结果使得刚被接收的企业成为市场的主要竞争者；退出障碍较高，即退出竞争要比继续参与竞争代价更高。在这里，退出障碍主要受经济、战略、感情以及社会政治关系等方面的影响，具体包括：资产的专用性、退出的固定费用、战略上的相互牵制、情绪上的难以接受、政府和社会的各种限制等。

行业中的每一个企业或多或少都必须应付以上各种力量构成的威胁，而且客户必须面对行业中的每一个竞争者的举动。除非认为正面交锋有必要而且有益处，例如要求得到很大的市场份额，否则客户可以通过设置进入壁垒，包括差异化和转换成本来保护自己。当一个客户确定了其优势和劣势时（参见 SWOT 分析），客户必须进行定位，以便因势利导，而不是被预料到的环境因素变化所损害，如产品生命周期、行业增长速度等等，然后保护自己并做好准备，以有效地对其他企业的举动做出反应。

行业内竞争激烈的程度往往取决于这几个因素：企业间的实力是否相当；市场增长的快慢；固定成本的高低；产品差异程度；退出市场障碍的大小等。

行业内企业间的竞争往往是五种竞争力量中最重要的一种。企业只有制定出比竞争者更具竞争优势的战略，才能获得成功。

二、潜在竞争者的威胁

新进入者进入某个行业，能给该行业注入新的活力，促进市场竞争，但也给原有企业造成压力，影响原有企业的市场和竞争地位。对于一个行业来说，潜在竞争者威胁的大小既取决于行业特点所决定的进入难易程度，又取决于现有企业可能作出的反应。进入某个行业难易程度的大小主要受到这几个因素的影响：进入行业必须达到的规模经济；新行业所需要的资金成本；产品差异化程度；资源供应与销售渠道；原有企业的反应等。

三、替代品的威胁

替代品是指那些与本行业产品具有相同功能的或类似功能的其他产品。如糖精从功能上可以替代糖，洗衣粉可以局部代替肥皂，飞机远距离运输可能被火车替代，人造纤维与天然织物、人造橡胶与天然橡胶、金属与塑料等的竞争等，那么生产替代品的企业本身就给客户甚至行业带来威胁，替代品产生威胁的根本原因往往是它在某些方面具有超过原产品的优势，如价格低、质量高、性能好、功能新等。假设替代品的盈利能力强，对现有产品的压力就大，会使本行业的企业在竞争中处于不利地位。替代竞争的压力越大，对客户的威胁越大，决定替代品压力大小的因素主要有：（1）替代品的盈利能力；（2）替代品生产企业的经营策略；（3）购买者的转换成本。

两个处于同行业或不同行业中的企业，可能会由于所生产的产品是互为替代品，从而在它们之间产生相互竞争行为，这种源自替代品的竞争会以各种形式影响行业中现有企业的竞争战略。首先，现有企业产品售价以及获利潜力的提高，将由于存在着能被用户方便接受的替代品而受到限制；第二，由于替代品生产者的侵入，使得现有企业必须提高产品质量，或者通过降低成本来降低售价，或者使其产品具有特色，否则其销量与利润增长的目标就有可能受挫；第三，源自替代品生产者的竞争强度，受产品买主转换成本高低的影响。总之，替代品价格越低、质量越好、用户转换成本越低，其所能产生的竞争压力就强；而这种来自替代品生产者的竞争压力的强度，可以具体通过考察替代品销售增长率、替代品厂家生产能力与盈利扩张情况来加以描述。

四、供应商的议价能力

供应商主要通过其提高投入要素价格与降低单位价值质量的能力，来影响行业中现有企业的盈利能力与产品竞争力。供应商力量的强弱主要取决于他们所提供给买主的是什么投入要素，当供方所提供的投入要素价值构成了买主产品总成本的较大比例、对买主产品生产过程非常重要，或者严重影响买主产品的质量时，供方对于买主的潜在讨价还价力量就大大增强。

供应商在以下情况下更有讨价还价的能力：

（1）供应商提供的产品对企业生产流程很重要。

（2）供应商提供产品的成本低于企业自己生产的成本。

（3）供应商提供的产品对企业产品质量的影响大。

（4）供应商所在行业的集中化程度高。

（5）供应商产品的标准化程度低。

（6）供应商所提供的产品在企业整体产品成本中的比例低。

（7）企业原材料采购的转换成本高。

（8）供应商有前向一体化的战略意图。

### 五、买方的议价能力

买方总是企图压低价格，要求较高的产品质量，并索取更多的服务项目，从而获得更多的利益。这会影响行业中现有企业的盈利能力。买方讨价还价能力的大小主要取决于这几个因素：买方集中程度；有无其他供货来源；企业产品在用户产品形成中的重要程度等。

根据上面对于五种竞争力量的讨论，企业竞争性的分析应该有全方位的意识，要把各种影响企业竞争力的因素系统地加以考虑，这样才可能制定出更为有效的竞争战略和策略。

**知识链接**

**SWOT分析法**

所谓SWOT分析，即基于内外部竞争环境和竞争条件下的态势分析，将与研究对象密切相关的各种主要内部优势、劣势和外部的机会与威胁等，通过调查列举出来，并依照矩阵形式排列，然后用系统分析的思想，把各种因素相互匹配起来加以分析，从中得出一系列相应的结论，而结论通常带有一定的决策性。

运用这种方法，可以对研究对象所处的情景进行全面、系统、准确的研究，从而根据研究结果制定相应的发展战略、计划以及对策等。

S（strengths）是优势、W（weaknesses）是劣势、O（opportunities）是机会、T（threats）是威胁。按照企业竞争战略的完整概念，战略应是一个企业“能够做的”（即组织的强项和弱项）和“可能做的”（即环境的机会和威胁）之间的有机组合。

在SWOT分析中，管理人员对组织的优势（strengths）和劣势（weaknesses）、环境中的机会（environmental opportunities）和威胁（threats）进行确定。这种分析方法就是参照企业的各种技术、产品等重要因素及其水平进行细致的定量评价。

SWOT 分析的第一步就是明确公司的优势与劣势。管理人员所面临的任务就是明确公司在当前环境下所具有的优势与劣势。

SWOT 分析的第二步就是对公司所处环境中的当前或将来可能出现的机会或威胁进行全面分析。必须加以考虑的机会和威胁。

| | | |
|---|---|---|
| 优势与劣势 | 潜在优势 | 潜在劣势 |
| | 设计良好的战略？<br>强大的产品线？<br>宽的市场覆盖面？<br>良好的营销技巧？<br>品牌知名度？<br>研发能力与领导水平？<br>信息处理能力？…… | 不良战略？<br>过时、过窄的产品线？<br>不良营销计划？<br>丧失信誉？<br>研发创新下降？<br>部门之间争斗？<br>公司控制力量薄弱？…… |
| 机会与威胁 | 潜在机会 | 潜在威胁 |
| | 核心业务拓展？<br>开发新的细分市场？<br>扩大产品系列？<br>将研发导入新领域？<br>打破进入堡垒？<br>寻找快速增长的市场？…… | 公司核心业务受到攻击？<br>国内外市场竞争加剧？<br>未设置进入堡垒？<br>被兼并的可能？<br>新产品或替代产品的出现？<br>经济形势的下滑？…… |

在 SWOT 分析完成，公司所具有或面临的优势和劣势、机会和威胁都已确定后，管理人员就可以开始计划的工作过程，制定实现公司使命和目标的战略。

### 3.2.2 波士顿矩阵

依据组织在行业中的发展状态，确定发展战略，业务（或产品）组合分析法是一种重要的分析工具，其由美国波士顿咨询公司提出，因此也称波士顿矩阵。这种分析方法认为，企业在确定各类业务发展方向时，应考虑企业在市场上的相对竞争地位和业务增长情况。相对竞争地位往往反映为企业的市场占有率，业务增长情况往往反映为该类业务的市场增长率。

将市场增长率和相对市场占有率分别按一定的水平划分为高低两种状况，从而在坐标系中形成四个象限，可以将企业所有业务分为四种不同类型，如图3－3 所示。然后根据每种类型业务的不同特征，选择相应的对策。

在图 3－3 中，圆圈分别代表企业的各项业务，圆圈在图上的位置表示各项业务的市场增长率和相对市场占有率，而圆圈的大小则表示各项业务销售额的大小。

一、“问号”业务，即高增长/低竞争地位的业务

这类业务通常处于最差的现金流状态。一方面，所在行业市场增长率极高，企业需要大量的投资支持其生产经营活动；另一方面企业市场份额较低，能够生成的资金较少。因此，企业对于此类业务的投资需要进一步分析，判断使其转移到“明星”业务所需要的投

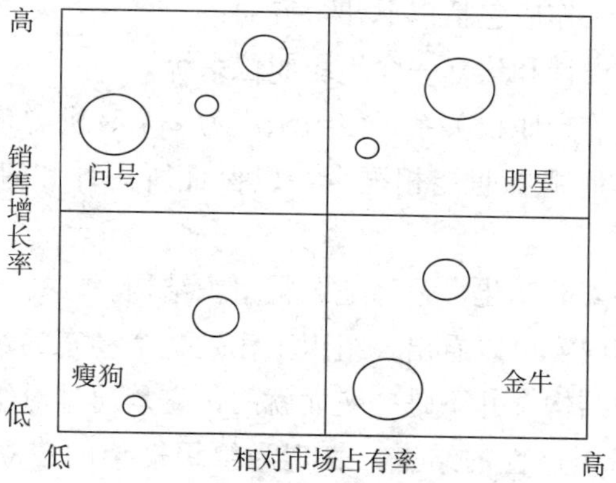


**图 3-3　业务（或产品）组合分析法**

资量，分析其未来是否盈利，研究是否值得投资的问题。

二、“明星”业务，即高增长/强竞争地位的业务

这类业务处于迅速增长的市场，具有很大的市场份额。在企业的全部业务中，“明星”业务在增长和盈利上有着极好的长期机会，但它们是企业资源的主要消耗者，需要大量的投资。为了保护明星业务在增长的市场中占据的主导地位，或扩大明星业务的发展优势，企业应在短期内优先供给它们所需要的资源，支持他们继续发展。

三、“金牛”业务，即低增长/强竞争地位的业务

这类业务处于成熟的低增长市场中，市场地位有利，盈利率很高，本身不需要太多投资，反而能为企业提供大量资金，用以支持其他业务的发展。

四、“瘦狗”业务，即低增长/弱竞争地位的业务

这类业务处于饱和的市场当中，竞争激烈，可获利润极小，不能成为企业主要资金的来源。如果这类业务还能自我维持，则应缩小经营范围，加强内部管理。如果这类业务已彻底失败，企业应当及时采取措施，清理业务或退出经营领域。

波士顿矩阵将企业不同经营领域内的业务综合到一个矩阵中，具有简单明了的特点。企业可以通过波士顿矩阵判断自己各经营业务的机会和威胁、优势和劣势，判断当前的主要战略问题和企业未来的竞争地位，从而为企业确定自己的总体战略提供分析依据。

## 3.3　组织工作与组织结构设计

组织工作是对现代社会人们从事的各种社会活动进行组织、协调的过程。组织工作作为管理的一项基本职能，是指在组织目标已经确定的情况下，把目标、人、财、物、信息等在一定时间和空间进行合理调配，将实现组织目标所必须进行的各项活动加以分类、组合，进行管理部门和管理层次的划分，并将完成目标所必需的某种职权授予给各部门、各层次的相应职位，进行指挥、监督和控制的活动过程。它是由于人类在劳动中需要合作而产生的。为了达到目标，就必须进行合作，而合作之所以能有更高的效率，都是因为组织工作的结果。因此，我们说，组织工作就是设计、建立并保持一种有活力的组织结构的活

动过程。具体来说，组织工作应包括以下几个方面：

（1）根据组织目标，设计和建立一套组织职位系统；

（2）根据组织机构，确定职权关系，使组织成为一个有机的统一体；

（3）通过与管理的其他基本职能相配合，以保证所设计和建立的组织机构能有效地运转；

（4）根据组织内外要素的变化，适当地调整组织结构。

通过组织工作的工作内容可以看出：组织工作是一个动态的过程。设计、建立并维持一种科学的、合理的组织结构，并不是一蹴而就的，它是通过对组织目标的分析而进行的一系列活动过程。组织工作过程的结束，表现为组织框架的建立及相应职责的明确。同时，建立起的组织结构也并不是一成不变的，它会随着内外因素的变化而需要适当地调整与变革。

### 3.3.1 组织工作的任务

组织工作是管理的重要职能，其在管理中具有不可忽视的地位和作用，对提高组织生存与发展的能力有着极其重要的影响。

#### 一、规定组织中每个人的责任

现代组织是众多人在分工协作的基础上共同劳动的产物，组织中的每个人都应围绕组织的共同目标各负其责。组织工作的任务就在于通过组织结构的建立，明确组织各部门各单位的划分，明确每个组织成员的职责范围。

#### 二、规定组织成员之间的关系

现代组织中人们的劳动都有着紧密的联系，这里面既有上下级之间的权力命令关系，也有着横向的分工协作关系。组织工作的任务就在于通过组织结构和权责关系的确立，使组织成员之间明确相互之间的关系，以使人们的共同劳动能够协调地进行。

#### 三、调动组织中每个成员的积极性

组织作为共同劳动的产物，其整体效能的发挥有赖于组织每个成员积极性的发挥。组织工作的任务就在于使组织成员明确自己的目标和责任，明确自己在组织中的地位，从而增强组织的凝聚力。

### 3.3.2 组织工作的一般原则

企业组织是一个有机系统。要把许多人组合起来，形成一个有机的分工协作体系，这并不是一件十分容易的事情，需要遵循一系列基本的原则。从确保组织正常运转，建立和完善组织结构，到健全组织机制，组织工作至少应遵循如下一些原则。

#### 一、战略目标导向原则

战略目标导向原则是指组织结构的建立和工作的开展，要有明确的目的，要以实现组织战略为基本着眼点。战略是组织全体员工在一定时期内共同活动所要达到的最终目的，并规定着组织活动的基准和方向。战略的有效实施，取决于组织结构的合理性和效能。组织不是一个松散的自由组合成的群体，而是人们为了实现共同的目标而建立的。共同的目

标是组织产生和发展的基础和原因，它规定并制约着组织的其他要素。正是因为存在着组织的共同目标，组织成员才会有效地进行分工协作，并最终实现共同的目标。共同的目标是维系组织成员的纽带，是组织管理工作的依据，所以组织工作要善于根据战略目标的要求，将组织的各种业务工作进行分工和组合，划分部门和单位，以便有助于员工明确自己的工作目标和岗位要求，为实现战略目标作出各自的贡献。

### 二、顾客满意原则

顾客满意原则是指组织结构的层次与部门的划分，职责和权限的分配，管理规范的确立要以顾客满意为基本出发点。顾客满意强调企业要将顾客视为经营目标，而不是一种经营手段。顾客是否对企业经营满意主要体现在两个方面，一是产品，二是服务。在激烈的市场竞争环境中，能否在需要的时间内，为顾客提供质优价廉的产品和服务，以赢得市场，取决于组织是否具有以顾客为中心的业务流程，而业务流程的运转是以与之相适应的组织结构为支撑的。因此组织结构的设计和运作也要以顾客满意为评价标准，要始于顾客需求，终于顾客满意。

### 三、有效管理幅度原则

管理幅度是指一个上级领导直接指挥的下属人员的人数。由于一个人的精力和体力有限，这就决定了管理者的管理幅度是有限的。管理幅度过小，会导致机构臃肿，人浮于事，造成人力资源的浪费；管理幅度过大，会造成管理人员的工作过多，易导致工作的失控。有效的管理幅度是组织结构设计应考虑的重要因素。有效管理幅度，一方面取决于管理者的素质和能力；另一方面取决于管理者所从事的管理工作的范围和性质。一般高层管理者从事着组织的战略决策与管理工作，管理幅度应小一些；中层和基层管理者从事执行性管理职能较多，因而管理幅度可大一些。

### 四、分工与协调原则

组织的大量信息和复杂的管理工作，需要分门别类进行专业管理，专业分工有利于提高管理工作效率和水平。但是仅有分工是不够的，组织各个部门既要有专门的职责范围，每个部门的工作又必须在其他部门的协调配合下才能顺利完成。组织各部门和各环节彼此相互联系、相互配合，专业管理的作用才能发挥出来，组织才能正常运转。组织工作贯彻专业分工和协调配合的原则，一方面要合理划分组织各个专业职能部门的范围，分工应适应组织外部环境的变化，切实反映组织活动的客观需要和组织现有条件的可能性；另一方面要明确专业分工之间的相互关系，明确上下管理层次之间、左右管理部门之间的协调方式和控制手段，这样才有利于从组织上保证目标的实现。

### 五、相对稳定和适时调整与变革原则

组织内的部门设计、分工以及部门间的协作关系应具有一定的稳定性，组织人员安排也要保持相对稳定。组织结构的稳定，有利于组织正常运转和协作关系的稳固；人员的稳定，有利于各项工作持续正常地开展，也利于专业化、标准化的管理。组织适时调整与变革，主要是对组织机体与外部环境的适应关系而言。它要求根据环境的变化，相应地调整组织结构的内部构成，合理专业分工，强化组织功能，从而增强组织的适应能力。

### 3.3.3　组织结构设计工作的内容

组织结构设计工作，具有涉及面广、内容繁杂的特点，其对组织未来运行的效率和效果有着重要的影响。为保证组织结构设计的成功，其工作必须科学、有步骤地进行。如图3－4所示。

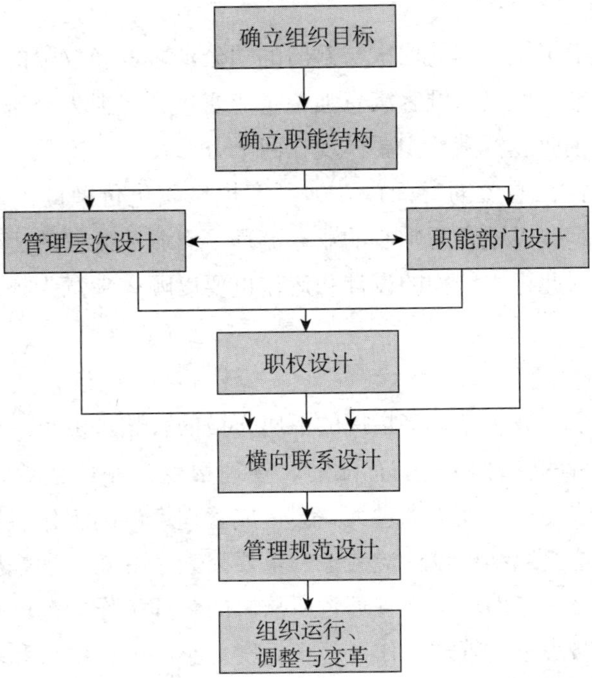


**图3－4　组织结构设计程序**

组织结构设计的一般工作内容包括以下几点。

一、明确组织目标

组织结构设计的首要环节，是要明确组织的目标和总体发展战略的要求，认清组织所在的外部环境及自身条件，明确组织结构设计要解决的问题及要达到的目的，确定组织结构设计的基本思路与原则。

二、确定职能结构

分析组织为实现目标和任务，使管理和业务流程顺利运作所需要的各项管理业务职能，在分解和合并的基础上，确定组织的职能业务工作体系。

三、确定组织结构框架

根据实现组织目标的要求，以及相应的职能业务工作体系的要求，确定组织自上而下的纵向管理层次结构、横向职能管理部门结构，以及反映纵向管理层次之间、横向职能部门之间和纵横两套结构之间权责关系的权力关系结构。

四、确定组织结构内部的协调方式和控制手段

根据组织结构系统性的要求，为保证组织结构整体效能的发挥，确定组织内部上下管理层次之间、左右职能部门之间的相互关系、联系方式和协调控制手段。

五、确定组织运行的标准

根据组织结构正常运转的要求，制定组织结构内各项管理业务的工作程序、工作标准和工作方法，用以规范组织成员的工作行为。

六、确定组织的人员结构

组织结构内不同性质的工作，需要不同才能的人来承担，为了使部门人员能够协调一致地工作，必须根据需要合理配置组织成员。

七、组织运行、反馈与修正

组织结构设计是一个动态的工作过程，其应保证组织结构的正常运转，并在运转过程中能够及时反馈信息，根据组织结构内外条件的变化，及时作出修正与调整。

## 3.4　组织结构设计方法

随着组织规模的扩大和组织业务关系的日益复杂化，组织结构设计在组织工作中的作用日益显著。在小规模的组织内，分工简单，业务单一，可以不需要完整而严密的组织结构，管理者完全可以凭个人的经验从事管理活动。当组织规模越来越庞大时，为了提高工作效率，科学管理之父泰勒第一个提出要把计划职能与执行职能相分离，主张实行专业化分工以充分发挥专业人员的作用，并设计出第一个职能式的组织结构。

从人们认识到组织结构的重要作用以来，组织结构的类型不断发展变化。虽然组织结构的类型很多，但任何一个组织结构在设计过程中，都存在着三个相互联系的基本问题：管理层次与管理宽度的确定；部门的划分和职权的划分；组织结构的类型。

组织结构设计，是对组织的运作流程及管理业务进行总体设计，以确定组织各项管理职能及其结构。

### 3.4.1　职能结构设计

组织设计是设计组织框架的基础和前提，只有先理清组织的运作流程及各项职能，才能科学地划分管理层次、部门及其结构。职能设计应建立在组织目标体系的基础之上，组织的目标体系主要包括以下三个部分：

（1）总体目标，反映组织基本功能的目标；

（2）职能目标，对完成组织总体目标应从事哪些工作的规定，本质上反映了实现组织整体功能应具备的工作职能；

（3）工作目标，是对为完成组织总体目标而开展的各项职能工作应达到什么程度的规定。

上述三类目标是逐层分解的关系，如图3-5所示，总体目标规定了组织的发展方向；职能目标规定了组织内部各职能的工作性质；工作目标则规定了各职能的职责任务。因此，组织结构实质上反映了组织目标体系的要求。

职能目标设计应注意以下两方面的问题：

（1）职能目标的形成应是由粗到细的分解过程，经过分解，可能形成多级的职能目标

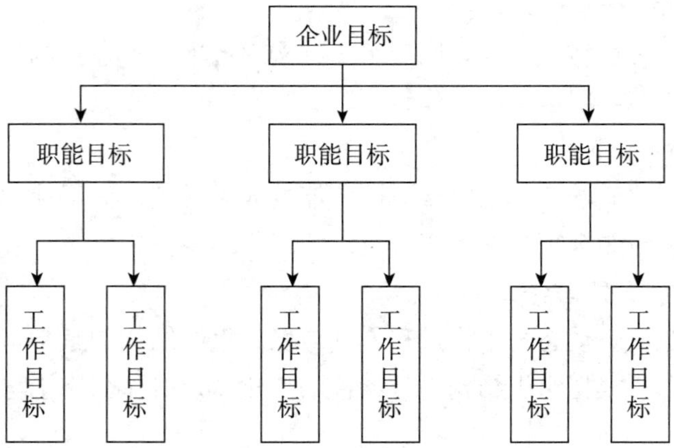


**图 3－5　组织目标的分解**

体系。例如，一个在国内外市场上从事生产经营活动的企业，其粗略的职能目标可分为国内市场和国际市场两个方面，若组织的生产规模大，则可进一步将职能目标细分，如按地区或按产品将国际市场或国内市场的职能目标进一步细化。

（2）职能目标的粗细应适度。职能目标的划分可有两种基本方式，即专业性划分方式和综合性划分方式。专业性划分方式是建立在专业化分工的基础之上，把职能目标进行较细的划分。细分的优点在于能够提高管理专业化水平和管理工作的效率，但是细分过度，会导致机构的膨胀，造成部门间沟通的复杂化，导致协调困难。综合性划分方式是指在管理职能目标细分的基础上，再根据职能目标之间的相互关系加以综合分类，从而形成一套较为综合性的少量的职能目标，每一职能目标又包含较为广泛的工作内容。综合性划分方式有利于管理机构的简化，有利于各项管理工作之间的协调，但是综合过度，会导致目标不明确，工作效率降低。

**知识链接**

**企业管理职能分类**

1. 按管理范围和权限分类，企业管理职能可分为对外的经营职能和对内的生产管理职能两大类。

2. 按管理层次划分，企业管理职能可分为高层（决策层）、中层（管理层）和基层（作业层）三个层次的职能。

3. 按管理工作过程的不同阶段分类，企业管理职能可分为决策、计划、指挥、协调、控制、监督、反馈等职能。

4. 按管理专业分工来划分，企业管理职能可分为计划管理、技术管理、营销管理、人力资源管理、财务管理等职能。

5. 按业务工作的性质划分，企业管理职能可分为专业性、综合性和服务性职能。

6. 按照在实现企业战略任务过程中的重要性划分，企业管理职能可分为关键职能和非关键职能。

7. 按制定和贯彻落实企业经营决策的不同作用划分，企业管理职能可分为决策性、执行性和监督保证性三类。

8. 按照对生产活动有无直接指挥关系划分，企业管理职能可分为直线职能和参谋职能。

### 3.4.2 管理层次设计

管理层次是指组织在纵向分级管理的基础上形成的组织层次。组织有着众多的员工，组织领导者不可能对每一个员工进行指挥和管理，这就需要设置管理层次，在各管理层次上进行逐级指挥和管理。

一、管理层次的划分

一个组织往往有多个管理层次，它既存在于组织的直线指挥系统中，如工厂、车间、工段、班组等组织层次；也存在于组织的职能参谋系统中，如厂部、专业职能部、职能科室等组织层次中。一般而言，组织的管理层次可分为高层管理层、中层管理层和基层管理层，不同管理层次在组织中的地位不同，其职能和权限也不同。这在第1章已作过介绍，这里不再重复。

二、管理幅度的确定

所谓管理幅度，又称管理宽度，是指在一个组织结构中，管理人员所能直接管理或控制的部属数目，其对组织结构的最终形成有着重要的影响。

有效管理幅度是划分组织纵向管理层次的理论，其含义是一个主管人员所能直接而有效地管理和指挥其下属工作人员的数量，或者是指一个上级机构所能直接有效管理其下级机构的数目。换句话说，管理幅度指的是有多少人共同向同一上司汇报工作。任何一个领导者所能管辖的下属人数必定有个限制和限额，因为任何人的知识、经验、能力和精力等都是有限度的。因此居于权力中心的领导人，绝不可能无限制地直接管理和指挥很多人而又使他们的活动配合无间。

管理人员控制幅度的大小显然影响着组织单位或部门的数量与分布，以及组织机构内行政层次的数量。一般来说，在一定的组织规模条件下，管理者管理幅度的多少，在很大程度上制约着组织层次的多少。管理幅度与组织层次的关系是反比例关系，即在组织成员数量一定的条件下，管理幅度加大，组织层次就会减少；反之，管理幅度缩小，组织层次就要增加。

实践证明，以下几个因素很大程度上决定着管理者幅度的大小：

（1）领导者及其下属的能力与素质。

（2）面对问题的性质。

（3）授权的明确性。

（4）计划的完善程度。

（5）政策的稳定性。

（6）组织沟通渠道的状况。

那么，管理幅度多大为好呢？对于这个问题长期以来有许多学者和实业家进行过大量的研究工作。传统或古典管理学派对待领导人管辖人数问题的态度和研究方法，一直是倾向于把有效的管辖人数普遍化，就是想找出一个通用方案，并加以普及推广。但长期调查研究结果表明，并未找出一个理想的通用方案，不同人的说法仍然不一致。

由于管理幅度的限制，当组织的人员规模达到一定程度时，即当组织的人员规模突破管理幅度的限度时，就需要而且必须划分出不同的管理层次。这样，组织就由有阶层的单位组织构成，即形成了组织的纵向层次结构。当层次较多之后，人们便形象地称其为“金字塔”式的组织结构。

上述分析可知，若在企业人力规模大致一定的情况下，组织层次与管理幅度在数量上是一种反比例关系。在组织管理过程中要正确处理好管理幅度与组织层次之间的关系问题。有的企业用扩大管理幅度和减少组织层次的方法，构成扁平式组织结构（Flat Organization）；有的企业则采用缩小管理幅度和增加组织层次的方法，形成垂直式组织结构（Tall Organization），如图 3-6 所示。

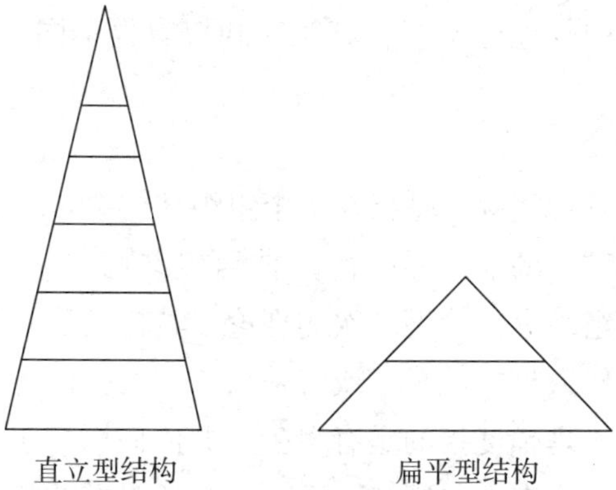


**图 3-6　管理幅度与组织层次的关系**

相对来说，垂直式组织结构属于集权型组织。它具有高度的权威性和统一性，决策和行动都比较迅速。其缺点和不足是不便于纵向联络沟通，缺乏灵活性和适应性，所需管理人员多，管理费用大。减少管理幅度，建立直式组织结构，在下述条件下显得有效：（1）工作任务要求不明确；（2）下属人员自由处置权太大；（3）工作责任重大，绩效衡量期限长；（4）成果不易测定或测量；（5）部属之间工作依赖性强。在此情况下，缩小管理幅度，以便实行有效控制。

扁平式组织结构属于分权型组织。它层次少，便于上下信息交流，有利于发挥下级人员的才干，灵活而有弹性，所需管理人员少，管理费用开支低。其缺点和不足是不便进行有效监督和控制，加重了交叉联络的负担，容易突出下属的特权和部门的利益。

选择合适的管理幅度是至关重要的，首先，它会对一个部门的工作关系产生影响，较宽的管理幅度意味着管理者异常繁忙，结果组织成员得到较少的指导和控制；与此相反，过窄的管理幅度意味着中基层管理人员权力有限而难以充分发挥工作的能动性。其次，对组织决策活动产生影响。如果组织层次过多，将减缓决策速度，这在环境迅速变化的今天是一个致命的弱点。

组织纵向管理层次的形成，其意思就是组织结构上的横断面的分割，使各个管理职务有所区别，由此形成组织的权力阶层结构。因此，在明确了管理幅度和组织层次之后，下一个任务就是科学地授权。为此，管理者必须识别哪些任务可以授权，其中一个非常有效的方法就是管理者首先对其如何分配时间进行分析，从而进一步确定哪些职能和责任可以授权他人来完成，由哪些下属来完成，然后授予下属完成任务所必需的权力和资源。最后，在明确下属责任的基础上对授权进行监督和控制。

对一个组织而言，管理幅度过大或过小都是不好的。首先，若管理幅度过小，则会导致组织层次过多，这会有明显的缺点：一是要大量增加管理人员，导致管理费用的增加；二是会导致上下级关系的复杂化，致使信息沟通迟缓，易失误；三是会导致计划工作和控制工作的复杂化；四是不利于下属人员积极性的发挥。管理幅度大，组织层次少的组织，一般能够克服上述缺陷，具有减少管理人员和费用，信息沟通迅速，易于管理的特点。其次，若管理幅度过大，也有其不利之处，一是管理人员管理的下属越多，则对下属提供的具体指导就会越少；二是可能由于管不过来，而导致对下属管理的失控。

一个组织的管理层次设置多少个为好，各个层次的管理幅度究竟以多大为宜，要受多种因素的综合影响。一般的影响因素有：领导者的能力、下属人员的素质、上级对下级授权的明确程度、计划的完整程度、组织政策的稳定程度、考核标准的明确程度、信息沟通的效率、组织的凝聚力等。

**【案例】**

### 梁山泊英雄排座次

梁山泊英雄好汉到梁山后的第一件事就是排座次。梁山的组织结构很有特色：地位是由座次决定的，职能则是由个人的特长决定的。梁山职能分为临时职能和固定职能两部分。所有能战斗的头领分为马军、步军和水军三类，比如马军五虎上将豹子头林冲、霹雳火秦明、双鞭呼延灼、大刀关胜、双枪将董平；步军头领包括黑旋风李逵、行者武松、花和尚鲁智深等；水军统领是阮氏三雄等人。他们平时负责操练和统辖军队，战时则组成临时的任务组，采取点将的方式指派任务。梁山的固定职能都是根据人物特长来定。整个梁山就是一个由权力、职能（包括固定职能和临时任务组）构成的完善的大型“企业”。

如果我们把梁山看成一个大公司，通过它的成长可以看到公司创业过程中的几件事：

(1) 长本事。要在梁山这个公司中发挥作用，必须自己有一定的本事，没有特长就没有位置。

（2）交朋友。在长本事的过程中要交朋友，为将来一起合作建立信任基础，梁山公司里每人都有一帮朋友。

（3）扯大旗。把所有的人聚在一起排座次后，就要立一个纲领、建一个宗旨来增强号召力。

（4）拉队伍。这包括定结构、定职能、分配权力，不断扩大队伍、扩张势力。

（5）闯天下。有了队伍之后，组织要从外部得到资源，创建成果，才能保持稳定和发展。比如梁山打祝家庄、曾头市、大明府，闯东京，征辽国，征方腊，它通过这个来实现组织的价值并保持组织的稳定发展。

（6）谋战略。梁山在这件事上是有一定问题的，梁山只反贪官不反皇帝，接受招安，把一切事情交给朝廷，任由人摆布，最后导致了悲惨的结局。

从管理的角度看梁山的高层管理团队也很有特色。以宋江为核心的团队里面，有抡板斧的李逵，他脾气较暴躁，好动粗，但特别忠于宋江，好几次说到东京杀了皇帝让宋江坐天下，一旦有谁要反对宋江，他就会瞪起眼睛，所以这是一个有勇气的角色；另一个是军师吴用，他总是扮演幕后咨询、出主意的角色，事情分析得很透彻，安排得也很好；还有一个是宋江自己，心软有同情心，讲仁义，关心兄弟们的生活，名声在外。还有一些敢承担责任、关键时候敢于下手的，比如林冲、武松。所以梁山领导团队的角色分工很齐整，大事来时，有依靠个人魅力号召下属的，有出主意的，也有勇于冲锋的，而且一旦下属出问题也有扮黑脸的。简单概括起来就是有勇、有谋、有德、有力，这样“四有”的团队管理力量当然很强。

### 3.4.3 部门结构设计

部门结构是按照水平专业化分工的原则，将每个管理层次划分为若干个管理单位。部门化是建立组织结构的基本途径，其在组织管理中具有重要意义。

部门划分是根据组织目标任务的需要，把工作和人员分成若干管理单元并组建相应的机构。这是建立组织结构的首要环节和基本途径。部门划分的实质，是对管理劳动的分工，即将不同的管理人员安排在不同的管理岗位和部门，通过他们在特定环境和特定相互关系中的管理工作，使整个管理系统有机协调地运转起来。部门划分的过程，也是组织机构建立的过程，在这个过程中，应该遵循如下原则：

（1）有效实施组织目标原则。即部门的划分必须以有利于组织目标的实现为出发点和归宿。

（2）专业化原则。即按专业化分工，将相同或相似的职能、产品集中到一个部门。

（3）满足社会心理需要原则。即部门的划分不宜过度专业化，应按照现代工作设计的原理，努力使组织成员的工作扩大化、丰富化，尽可能使其满足自己的工作。

遵循以上原则进行部门划分，有利于通过规定各部门的工作内容和上下级的关系来明确权力和责任；有利于整个组织内部的沟通、交流和控制；有利于对不同的部门规定不同的政策，以便使其成员能根据各自不同的情况，主动而灵活地开展工作。

一、职能部门化

职能部门化是指按管理职能划分管理单位，即将具有相同管理职能的人集中在一个部门工作，如企业将组织结构划分为研究开发、生产、销售、财务等部门。见图3-7。这是部门划分中采用最为广泛的一种方法。它的优点在于能充分反映专业化分工的原则，有利于提高各职能部门的工作效率，有利于提高管理人员的专业化水平。它的缺点在于部门的局部利益有可能导致部门间的协调困难，从而降低组织整体效能的发挥。

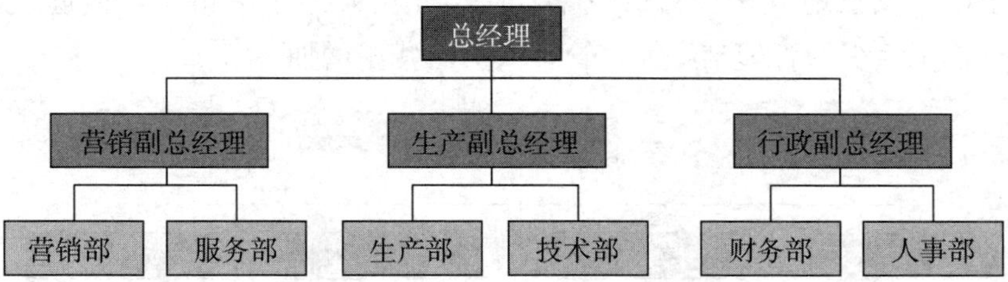


**图3-7　按职能划分部门**

按职能划分部门有许多优点：

一是按职能划分活动类型从而设立部门是最自然、最方便、最符合逻辑的方法，有利于强化各项职能；

二是符合业务专业化的原则，能提高职能部门专业化程度，有利于提高工作效率；

三是有利于强化专业权力的集中，有利于专业人员的培训和交流，有利于领导者加强对组织整体活动的控制。

二、产品部门化

随着组织规模的扩大和组织业务的多样化，有必要按业务分工对组织进行改组，按产品来划分部门。产品部门化是指按行业或产品划分管理单位。即根据一个产品或一类产品建立部门，把涉及该产品的所有生产经营活动组织在一起，并给予相应的责权。这种部门划分方法实用于业务有差别的组织，能使组织多元化经营和专业化经营结合起来。当然，这种部门划分方法，由于组织总部和各分部中的职能部门可能重叠而导致管理费用的增加，并且由于各部门的负责人具有较大的决策权，他们可能过分强调本部门的利益而影响组织的统一指挥。见图3-8。它的优点是符合专业化生产的原则，有利于发挥各类专业技术力量的特长，提高产品专业化生产的工作效率和效益，其缺点是需较多的具有全面管理能力的人才，总公司与产品部门的职能机构设置重叠，加大管理成本。

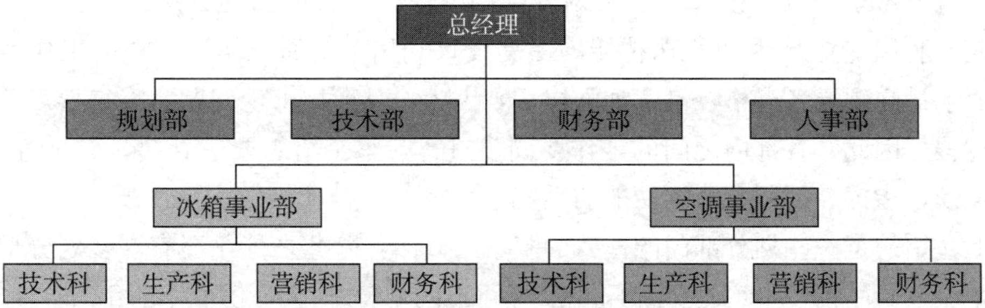


**图3-8　按产品划分部门**

三、地区部门化

地区部门化是指按照地理位置划分管理单位，即在组织活动涉及的地区范围较大时，按地理位置划分若干个部门，以便各部门能够根据本地区的特点，有针对性地开展经营活动。对于组织业务范围空间很广的组织，把一个特定地区的业务活动集中起来形成一个部门，有利于各部门根据各地区的社会文化特点来开展业务；同时可以减少费用；还可以通过分权给各部门，调动各部门的积极性，改善各部门内各种活动的协调难度。见图 3－9。它的优点在于可以谋求地方化经营的效果，使组织更好地了解市场，接近顾客，适应市场。它的缺点在于组织的管理难度大，管理人员与费用增加。

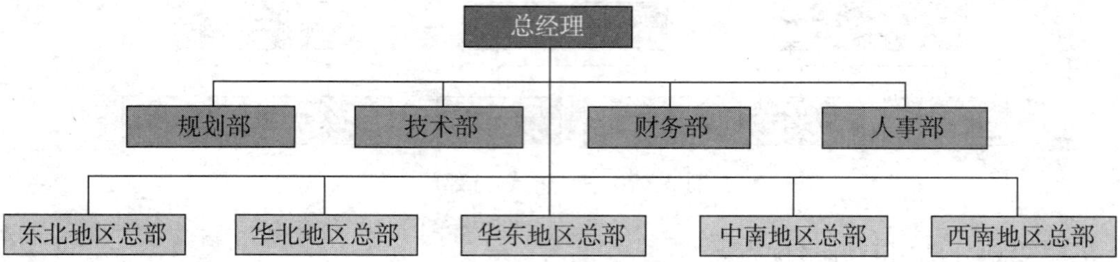


**图 3－9　按地区划分部门**

四、服务对象部门化

服务对象部门化是指按组织不同的服务对象划分管理单位。即针对具有不同性质要求的服务对象，分别设置部门，以便于各个部门能更好地满足服务对象的要求。如按不同的顾客类别划分，可以有效地迎合不同顾客的要求，为不同的顾客提供分门别类的服务。

在社会生活中，许多组织为了满足不同顾客的需要而提供不同的服务，因为不同的服务对象对服务的内容、质量与价格有不同的要求，为了提高工作效率，可以按服务对象的不同来划分部门，这有利于更好地满足不同服务对象的各种特殊要求；有利于工作效率的提高；还有利于培训费用的减少。

五、工艺过程部门化

工艺过程部门化是指按照生产技术工艺特点划分管理单位，即将具有相同工艺特点的人员、设备、工作业务集中在一个部门内，以便提高工艺专业化水平，提高工作效率。这是许多生产型企业组织科学管理的一个重要措施，它是按照生产技术工艺特点把完成任务的过程分解成若干阶段，按各阶段来划分部门。这种划分部门的方法最符合专业化的原则，可充分利用专业技术和特殊技能，提高设备利用率、简化培训、提高工作效率。当然，这要求最高领导者严格控制、加强协调，因为一旦衔接出现问题，将直接影响组织整体活动过程。因此，各部门之间的工作要同步进行，整个组织要建立起具有良好的监督、沟通、反馈、指挥、控制和协调功能的系统。

以上介绍的是一些划分部门的主要的基本的方法，除此之外，还有许多划分部门的方法，如企业按产品销售渠道划分部门，按时间不同划分部门（轮班制的组织），按人数划分部门（最典型的是军队中传统的班、排、连、营的划分和学校中某一年级的不同班级的划分）等。在更多的情况下，常常采用混合的方法来划分部门，即在一个组织中或在同一组织层次上同时采用几种不同的部门划分方法。如一所大学，在中层管理层次上，一方面要按照职能划分各个职能处室，如教务处、人事处、学工处、财务处、保卫处等；另一方面要按照专业不同划分为不同的系或院，如人文学院、理工学院、医学学院等；还要按照服务对象的不同划分为研究生院、成人教育学院等。随着组织规模的扩大，组织业务的不断扩展，只有这种混合划分的方法才能有利于更好地实现组织目标。

部门划分的各种方法，最终都是为了实现组织的目标。每种方法都有其优缺点，每个组织的横向部门结构都可能是多种方法的综合。组织结构设计时，应综合考虑，慎重选择。

**【案例】**

**部门是如何划分的**

一家以物业经营为主要业务的企业，目前有写字楼租户 272 家，公寓租户 426 家，商场租户 106 家。公司在总经理下设有物业部、市场部、财务部、人事部、公关部、业务发展部等部门。物业部下设置了写字楼管理部、公寓管理部、商场管理部以及其他配套部门。

讨论：整个公司和物业部内部的组织结构设计分别采取了何种部门化或部门划分形式？试分析这种方法的好处和弊端。

### 3.4.4　职权结构设计

职权结构是与组织的管理层次结构和部门结构相对应的。职权结构将不同类型的职权合理分配到各个层次和部门，明确规定组织上下级之间和同级之间的权力关系，为组织各部门认真履行职责，实现组织目标提供保证。

一、职权的划分

组织内部的各种职权按其性质划分，主要有直线职权、参谋职权和职能职权，三种职权由各种不同类型的人所拥有，并在管理中有着不同的作用。

第一，直线职权是指上级指挥下级工作的权力，表现为上下级之间的命令权力关系。直线职权主要存在于组织内的各个层次及各个部门中有着上下级领导与被领导者之间关系的场合，是指由上级领导者为达到目标而负有直接责任的权力。直线职权主要表现为命令和指挥的职权。

第二，参谋职权是指在组织活动中的顾问性、服务性、咨询性、建议性的权力。参谋职权一般是组织的职能部门及组织其他成员所普遍拥有的权力。组织中的任何成员都具有参谋职权，他们可以就组织发展中存在的问题发表自己的意见，而组织职能参谋系统的成员则是专职的参谋人员。参谋职权的行使旨在协助直线职权有效地完成组织目标。

第三，职能职权是指组织的职能参谋机构和人员在高层管理的授权下，允许其在一定的职能工作范围内，向下一级直线部门或其他部门和人员发布命令、提出要求的权力。如企业中的生产计划调度部门对各生产单位下达生产计划指令，财务部门要求各部门遵守财务管理规定等。职能职权的实质是组织的直线主管人员将本属于自己的一部分直线职权分离出来，授予职能参谋机构和人员。这种授权适应了现代组织管理复杂化、专业性强、领导工作负担重、部门和层次增加等对管理工作提出的要求，有利于发挥专业管理职能的作用，减轻直线领导人员的工作负担，加快信息传递的速度，提高管理工作效率。

职权划分应该保证组织内部管理指挥的集中统一。若统一性遭到破坏，就会出现多头领导、多头指挥，管理将产生混乱。因此职权设计中必须处理好直线职权、参谋职权和职能职权的关系。

第一，直线职权与参谋职权的关系可概括为："参谋建议、直线命令。"确定这一关系主要是为了在组织的活动中贯彻命令统一性的原则。在组织活动中，若是所有的职能部门都拥有直线命令的权力，就会出现政出多门、多头领导的局面，从而导致管理上的混乱。因此在组织中只有各层次的直线人员才应拥有直线职权，掌握命令和指挥的权力。而参谋人员所拥有的参谋职权，只是建议权而不是指挥权，参谋人员提出的建议只有被直线人员采纳后，作出决定，并由直线人员向下发布命令后才能有效。

第二，职能职权的授予应注意把握一定的限度。高层管理人员将一些职能职权授予一些部门和个人，使这些部门和个人拥有了对下级直线组织的指挥权力，当这些职能职权扩大到一定程度时，就可能使下级管理人员失去对本部门工作的控制。因此，从维护权力的统一性而言，职能职权在组织中应限定其职能范围和作用的层次范围。

### 二、集权和分权

不同组织在管理层次之间的权力分配上有着不同的要求和表现，从而构成了组织权力系统的不同类型。组织权力系统的基本类型可以根据决策权的集中与分散程度划分为集权型与分权型两种基本类型。

#### 1. 集权型组织

集权型组织是把组织的决策权限较多地集中在组织最高领导层的一种组织形式。此类组织决策权一般由高层领导掌握，中下层管理人员只有一般业务决策权，上级对下级的控制较严，一切行动听上级指挥；组织具有统一对外经营、统一核算的特点。其优点是利于集中领导，统一指挥，提高职能部门的管理专业化水平和工作效率。缺点在于限制了中下层人员积极性的发挥，延长了信息沟通的渠道，使组织缺乏对环境的灵活性和适应性。

#### 2. 分权型组织

分权型组织是把组织决策权限适当分散在组织中下层的一种组织形式。此类组织的重大决策权仍由高层领导掌握，但中下层可有一般的决策权，上级对下级的控制较少，以考核目标为主，不干预其日常工作过程，使下级能够在一定的权限范围内，自主地决定问题，自行履行工作职责；中下层在一定程度上有对外独立经营、独立核算的权力。分权的依据主要有职能、地区或产品划分，其优点在于可充分调动中下层人员的积极性，使高层领导免于陷入日常事务，组织对市场环境的适应性强，其缺点在于不利于部门间的协调，管理难度大。

集权与分权反映了组织领导层在权力分配上的两种不同做法，在相同的组织技术条件下，集权制还是分权制的组织体制往往反映出不同的管理效果。因此必须正确地认识和把握好集权与分权的关系。

首先，应认识到集权与分权都是开展组织管理活动所必不可少的手段。一方面集权是组织行动统一性的要求。组织有着统一的目标，要使组织成员的行动达到协调一致，则集权下的统一命令和指挥是必不可少的。另一方面也应看到如果分权是组织分工的必然要求。组织成员的共同劳动是以分工为基础的，要为组织成员创造履行分工职责的条件，这就要求给予下级履行职责的充分权力。

其次，应认识到集权与分权是相对的，而不是绝对的。在组织中若是集权过度，领导者权力集于一身，独断专行，其结果常常会妨碍组织成员工作的正常开展，制约人们积极性的发挥。另外也应看到如果分权过度，乱派权力，任其下属各行其是，其结果则会导致管理上的失控，造成组织的混乱。因此，正确处理好集权与分权的关系，应注意把握好集权与分权的度。集权的程度应以不妨碍下属履行职责，有利于调动下属积极性为准；分权的程度则应以下级能够正常履行职责，上级对下级的管理不会失控为准。

最后，还要考虑多种因素对集权与分权的制约。集权与分权程度要受多种因素的影响，其中主观方面受组织领导者的个性特征的影响，但更重要的是客观因素的影响，如决策的风险程度、下级人员的素质、组织政策的统一性要求、控制系统的健全程度，以及组织环境的不同特点、组织规模的大小、各管理职能的不同要求等因素。

**【案例】**

**权力分配的原则**

曾任美国通用汽车公司董事长和总经理的艾尔弗雷德·斯隆在任职期间，提出了“政策制定与行政管理相脱离”“分散经营和协调控制相结合”的组织管理体制。这种体制的总体精神是：集中保证整个公司的巩固和成功所必需的重大政策和规划的决策权，在此前提下，实行最大程度的职权分散化。

**讨论：**

这种组织体制的好处是什么？如何保证这种职权分散化下的有效控制？

### 3.4.5 横向协调设计

管理作为一个整体系统，各个组成部分之间必然有着相互联系和相互制约的关系，各部分之间只有在相互协调的基础上，才能发挥各自的效能，以及组织的整体效能。因此，搞好部门间的协调，是组织结构设计的重要内容。

一、组织结构的协调

组织结构的协调是指针对组织结构自身的缺陷，而需要进行的协调。在组织活动中，常常出现由于组织结构设计不合理导致的问题，如由于管理层次或部门划分的不合理，导致出现管理真空或管理重复的问题；由于缺少保证横向联系的部门和人员，从而无人解决因部门分工而产生的矛盾；或者由于机构设置和职权关系存在自身缺陷，妨碍了横向关系的协调等，此时就需要进行调整。

涉及组织结构的协调方式，一般需要对组织结构作出调整。常见的方式有：

（1）设置联络员、临时性或永久性的任务小组或委员会，保证主管部门之间的横向联系和协调；

（2）建立职能部，将工作联系较为密切的职能科室划归职能部领导；

（3）建立事业部，把与某类业务有关的所有部门集中统一领导；

（4）建立矩阵结构，围绕某项任务的完成，将职能部门进行纵横交错的组织等。

二、组织运行的协调

组织运行的协调是指针对组织的动态工作过程出现缺陷的问题，而需要进行的协调活动。如在组织活动中，由于工作流程不科学、管理标准不合理，或者管理规范不全，常常导致工作人员的业务活动得不到必要的指导和约束，工作的主观随意性强，从而造成工作的混乱，此时就要作出调整。组织运行的协调，目的在于调整和改善组织的动态工作过程，并不涉及组织结构的调整。一般常见方式有：

（1）明确岗位工作标准，制定科学的管理工作规范，以利于各部门统一标准，协调配合。

（2）定期召开工作例会，提出和研究解决工作中存在的矛盾和问题。

（3）跨部门直接沟通，部门之间直接联系解决问题。

（4）联合办公和现场调度等。

三、人际关系的协调

人际关系的协调是指为了防止或解决人际关系缺陷，而需要作出的协调活动。在组织活动中，管理人员是组织结构和组织运行的主体，如果人员之间的人际关系不合，如互相抱有成见，彼此存在误解等，就会使部门之间的横向联系受阻。因此良好的部门之间的协调，还有赖于良好的人际关系的支持。人际关系方面的协调对于组织的运转具有一种长期的、潜在的“润滑”作用。一般常见方式有：

（1）推行大办公室制，实行集体办公，加强员工之间和部门之间的沟通，创造和谐的环境和氛围。

（2）建立员工联谊组织，组织跨部门的横向联谊活动，增进员工之间的感情。

（3）为各级人员建立疏通反映意见的正式渠道。

（4）建立基层运营组织，成立各种自我管理的委员会，实现基层自主管理，培养员工的管理能力，增进他们之间的交流与感情。

（5）倡导人际关系和谐的组织文化等。

### 3.4.6 组织优化

现在，国内外各种类型的组织（包括企业、事业单位、政府部门和学校）都在进行深化改革。改革的最终目标是追求组织优化。但是，组织优化是一个不断追求卓越的过程，而不是一次性的任务，公司要维持其在当今竞争激烈的市场环境中的生存和发展，就必须不断优化，追求卓越。

一、组织优化概述

实践证明，仅仅依靠简单的在组织中某一个或某几个部门的优化组合是不可能提高组织竞争能力的。一个部门优化的业绩很有可能是以其他部门中尚未被人察觉的损失为前提的。因此，即使所有部门各自做到优化，组织业绩并不一定能得到提高，相反很可能是下降的。这就需要组织从整体的角度来思考如何提高组织的竞争力与经营业绩。

突破传统职能型的模式，以过程的方式来审视组织的经营活动是组织优化的一大特点。为了充分理解经营过程并确定改进的机会，我们就需要对管理过程进行分析。过程分析会涉及质量管理中的ISO9000系列的质量体系，分析的同时参照全面质量管理原则建立起来的质量标准（如美国国家质量奖标准、欧洲质量奖标准）或组织自有的标准进行自我评审也是十分必要的。

经过过程分析和自我评审，下一步就可以确定改进的机会，其中可能需要组织进行人力开发、人员培训和教育。对于确定出来的改进机会，肯定是具有不同的过程特点，因此就需要确定各自的改进方式。对于那些运行得相当不错的过程要进行持续的渐进性改进，而对于那些被认为进行得很糟的过程就必须对它们进行激进性的改进，包括彻底审查和重新设计等。当然，所有过程都必须经过业绩的衡量，衡量的结果将反馈到管理过程和战略制定中去，以利于新一轮的提高。

二、组织优化的内容

组织的经营过程再设计、组织结构的改变和协调机制的调整都应该服从一个共同的目的：实现组织经营管理的最优化。组织优化的内容主要包括以下几点。

1. 经营过程优化

经营过程可以广义地理解为做任何事情的过程。这里的“事情”可以根据所遇到的或设想的具体情况而定，如人事安排、后勤服务、行政管理、新产品开发等。经营过程就是在客体的支持下，经过主体的工作得以完成的。过程就是将投入转变为产出。投入的是客体（包括物质和信息），经过主体（包括人和机器）的工作，完成转变过程，将投入变成产出。产出可以是产品或服务，它们是客体经过转换过程之后产生的结果。一般来说，大部分产品都是有形的、可以存储和运输；而大部分服务则是无形的，不可存储或运输。转换过程是客体和主体工作的结合，所以说客体和主体工作是所有经营过程的两个基本要素。

2. 组织结构优化

任何组织结构都包括三个方面，即工作过程结构、组织框架结构和组织边界结构。经营过程的改变会同时引起所有这三个方面的改变。工作过程结构的简化肯定会引起组织框架结构的改变。组织框架结构的变化趋势是由纵向结构向横向结构改变。经过再改造后，公司的组织结构会变得更加精练和扁平化。根据组织的特点和具体情况，优化边界结构可以采用如下一些做法：

（1）缩小边界。如库存外包，公司通过一个系统将它所有的贸易和产品信息提供给各个独立的销售代理商，将其库存管理完全交给推销商，使本公司实现无库存管理。学校的后勤工作社会化也是缩小组织边界的一个例子。

（2）扩大边界。如公司根据自己的实力和具体需要，兼并零部件制造公司，这就是常见的一种扩大边界的做法。

（3）边界融合。采用这一做法可以有多种不同形式，如与供货商建立起密切的伙伴关系；将企业经营过程与外界活动集成起来，特别是售后服务过程，因为这些过程只有通过与外界的进一步密切合作才能真正简化和集成。

3. 经营管理优化

任何组织的管理都可以分为三个领域：战略、战术和运营。组织经营管理整体最优化的含义就是要使这三个领域的管理既有明确的分工，又有科学和有效地相互配合和协作的关系。

（1）高层管理人员的工作。在战略中发挥领导作用，决定着"我们将是什么"，即企业的发展方向。在这一领域他们的主要工作有：依据当前公司的主要业绩制定战略任务和愿景规划，并确定实现这些任务和规划的实施路径和具体步骤；亲自参与公司管理体制的制定和实施，并根据需要不断修改；参与顾客、合作伙伴和社会的活动；激励、支持和肯定公司人员的工作，关心和参与人员管理。负责对关键业绩的评价和论证，并将从结果中得到的信息、发现的问题、得到的启示，反馈到战略部门，推动中层和基层的学习和创新，实现公司战略的提高。

（2）中层管理人员的工作。根据高层制定的任务和规划，制定具体的工作方针和战略；根据方针和战略的需要进行人力资源规划、管理和培训；根据工作方针和战略进行信息、知识、设备、物料等的资源管理，并发展与供货商、顾客等的外部合作和合伙关系，力求提高资源利用的效率和效益。他们的这些工作直接影响着基层的运营过程，决定着"我们将如何做"，也就是决定着公司未来的运营状况。负责对顾客结果、人员结果和社会结果的监督和审定。在这些过程中发现的问题是对公司整体工作的运行情况的"报警"，这些方面的问题发现得越早，解决得越及时，越有利于公司关键业绩的实现和提高。

（3）基层管理人员的工作。他们根据中层制定的工作方针和战略，提供的人力资源、信息、物质资源和与外界的关系，进行具体运作。他们的工作体现了"我们正在如何做"，即公司现有的运营状况。

## 本章重点知识归纳

环境对组织的生存发展及对管理的决定与制约作用，要求管理者必须抓好环境管理，能动地适应环境，谋求内部管理与外部环境的动态平衡。

组织一般环境因素是指可能对企业的活动产生影响但其影响的相关性及程度并不十分清楚的各种因素，一般包括政治、经济、技术、社会文化、自然环境等因素。具体环境因素是指对组织目标的实现有直接影响的外部环境因素，主要包括资源供应者、服务对象、竞争对手、政府管理部门和社会特殊利益代表组织。

组织环境的竞争性分析是组织环境分析时必不可少的内容，主要有组织环境分析的五种竞争力量模型、组织经营分析的波士顿矩阵。

组织工作的原则：战略目标导向原则、顾客满意原则、有效管理幅度原则、分工与协调原则、相对稳定和适时调整与变革原则。

组织结构设计需要遵循结构、职能、层次、职权等原则，职能职权不一样，也就有不同的设计方法。

组织优化是一个不断追求卓越的过程，任何一种组织优化都包括三个方面，即经营过程优化、组织结构优化和经营管理优化。

## 思考讨论题

1. 简述影响企业的各种环境因素。

2. 如何运用五种竞争力量模型对组织环境进行分析？

3. 如何运用波士顿矩阵对组织经营进行分析？

4. 组织结构设计的原则与方法是什么？

5. 比较组织走向全球化的各种方式的优点和缺陷。全球经济给管理者创造什么样的机会和挑战？

6. 无国界组织对管理造成的潜在影响是什么？

7. 一位从美国调往中国管理一家位于上海市的制造工厂的管理者可能遇到哪些挑战？对于一位从中国派往美国的管理者来说，是否会遇到相同的挑战？试讨论之。

## 实践与技能训练

### 项目一：企业环境分析

**【实训目标】**

1. 培养初步运用环境分析方法的能力；

2. 培养发现威胁、主动地规避风险的能力；

3. 培养分析、归纳与讲演的能力。

**【实训内容与要求】**

根据所学知识与对实际企业调查访问所获得的信息资料，完成以下任务。

1. 利用课余时间实地调查一家企业，或搜集一家企业的系统资料。6～8人为一组；

2. 运用“五种力量模型”分析法，分析该企业的外部环境；

3. 运用SWOT分析矩阵，分析该企业的内外部环境。

**【成果与检测】**

1. 课后小组讨论题，每个小组提交一份报告；

2. 班级组织一次交流，制作课件并每组推荐一名成员发言；

3. 由教师与学生对各组情况进行评估打分。

### 项目二：系列实训——建立组织结构与公司制度

**【实训目标】**

1. 培养组织结构的初步设计能力；

2. 培养制定制度规范的基本能力。

**【实训内容与要求】**

1. 设置公司组织机构。运用所学知识，根据所设定的模拟公司的目标与业务需要，研究设置模拟公司所需的组织机构，并画出组织结构框图：

(1)“公司”建立的是何种组织结构形式；

(2)“公司”设置哪些机构或部门；

(3)“公司”的基本业务流程。

2. 建立公司的制度规范，包括公司的企业专项管理制度、部门（岗位）责任制和生产技术标准、生产技术规程等。

**【成果与检测】**

1. 公司的组织结构图；

2. 公司的基本业务流程；

3. 公司的主要制度规范；

4. 班级组织一次交流，每家公司推荐 2 名成员介绍其起草的管理制度；

5. 由教师与学生为各公司和学生评估打分。

以上任务均以小组为单位进行，各小组在讨论的基础上，每个同学把自己参与的部分如照片、文字材料、影音资料等相关佐证资料收集整理好后由小组组长收齐交老师保存。

## 本章讨论案例

### 西门子公司的组织管理创新

西门子公司是德国也是欧洲最大的电气工业公司，同时也是世界上最大的电气电子公司之一，享有“电子帝国”的美称。为扩大企业的生产规模，适应日益激烈的市场竞争，西门子公司实行了职能与业务相结合的组织管理体制。公司首先进行组织机构调整，公司董事会下设人事部、财务部、企业生产部、研究与开发部、销售及市场拓展部五大职能部门，并组成总管理部。根据公司的经营业务，公司分设六大业务部门：电子元件部、动力工程及自动化部、电气设备部、通信和信息部、医疗设备部、数据与信息系统部。公司董事会只决定公司的重大决策，公司的行政管理业务由公司单设的职能部门管理，统归总公司指挥和领导。公司的总管理部负责向下面的六大业务部门提供有关研究和技术发展、销售和市场拓展、企业管理、人事管理、财务管理等方面的意见，并协助公司的管理层落实有关政策。各业务部门负责各相关产品的业务，并负责一切有关发展、生产、销售和市场拓展等的活动。各控股公司的业务，与总公司下的职能部门直接挂钩。公司的国外业务由国外地区公司代表机构协调，并与总公司的销售和市场拓展部门合作。

公司增设业务部以后，虽然开始了初步的分散管理，但是企业的大部分权力仍然过分集中在董事会及总管理部，不利于企业的发展。为了使管理体制更紧凑、更灵活，管理费用更少，并且要适应企业内外的变化，如市场和成本的变化等，西门子公司不断对公司的部门结构和管理体制进行调整。首先是缩小中央组织机构，加强董事会的领导，以提高工作效率。由董事会和监事会推选出以海因茨·卡斯克等10人组成的执行董事会，该执行董事会首先应该对公司的总体发展战略负责，并提出公司的目标和方针、政策。

基于公司发展的需要，总公司及下属公司的业务部门由原来的7大部门改为15大部门，即工业装备工程部（ANL）、驱动及标准化产品部（ASI）、汽车技术部（AT）、自动化部（AUT）、数据和信息技术部（DI）、输电和配电部（EV）、半导体部（HL）、能源部（KWU）、医疗设备部（MED）、公共通信系统部（OEN）、用户通信系统部（PN）、无源元件和电子管部（PR）、外围和终端仪表部（PE）、电子防御设备部（SI）、交通技术部（VT）。另外还有两个独立的经营部门：电机部件部（EC）和广播电视工程系统部（AV）。

进入新世纪，西门子公司的新领导又对公司的组织机构进行了调整。调整后的业务部门是：能源部（KWU）、输电和配电部（EV）、工业装备和工程系统部（ANL）、驱动及标准化产品部（ASI）、自动化部（AUT）、用户通信系统部（PN）、公共通信系统部（OEN）、网络系统部（VS）、广播电视系统部（AV）、交通技术部（VT）、汽车技术部（AT）、医疗设备部（MED）、半导体部（HL）、无源元件和电子管部（PR）、西门子利多富信息系统股份公司（SNI）、欧司朗股份有限公司、西门子家用电器股份有限公司。

**讨论：**

1. 西门子公司组织结构大调整的原因是什么？
2. 西门子公司组织结构调整的特点是什么？

# 第 4 章　计划

本章学习中，你的学习目标：

1. 描述计划的含义、本质、目的。
2. 解释计划在管理中的重要性。
3. 描述计划的基本内容、步骤。
4. 解释计划的多样性、复杂性。
5. 比较设定目标、计划和制定方案的各种方法。

走进管理

**【案例】**

**小赵有计划吗?**

个体户小赵得知近来某高档啤酒销售的差价利润丰厚，就托关系以预付 30%款项的方式从厂家批发 5 000 箱。同时招一批临时工以每瓶 2 角回扣的报酬组织促销队伍，并安排饮食店和宾馆代销。但因促销不力及市场变化等原因，2 000 箱啤酒积压在库房。小赵的爱人骂他做事没有计划，小赵感到很委屈。

1. 你认为小赵有计划吗?
2. 讨论、分析当代企业做计划会遇到哪些问题。

## 4.1　计划概述

俗话讲：凡事预则立，不预则废，这个“预”也就是“计划”。计划是组织管理中最主要、经常性的工作，它贯穿于组织各部门和各方面工作之中，是一项全面性、综合性的管理工作，企业的生产经营活动必须在计划的指导下进行。计划通过信息收集和分析事先明确管理的目标，并设计出一整套保证目标实现的方案。计划显示了组织存在的目的性。

计划是管理的首要职能，既是管理活动的出发点，又是管理活动的归结点，是确定管理目标的首要步骤，是实现组织、领导、控制等职能的前提，它使组织的经营管理活动具有方向性、目的性和自觉性。没有计划的管理是无序的、盲目的管理，因此，计划职能对于管理活动具有至关重要的作用，与其他管理职能有密切的联系。

只有确定了组织和部门的计划和目标，主管人员才能围绕着计划规定的目标，去从事组织、领导以及控制工作等活动，以达到预定的目标。

对于一个管理者来说，计划既是其从事管理工作必需的一种行事习惯，也是一种管理能力，即做出一份计划必需的能力。对组织的存在和运行而言，计划不是万能的，但没有计划则是万万不能的。所以，从提高组织的效益来说，计划工作是十分重要的。

### 4.1.1　计划的定义

计划有广义与狭义之分。广义的计划包括计划的制订、执行和检查三个不可或缺的工作环节；狭义的计划则是指制订计划。

计划的存在使组织运行在目标指引和活动既定的基础上，降低了组织运行的不确定性风险，提高了实现组织目标的效率。传统的管理观念认为，计划应尽可能稳定；当代的管理观念认为，在计划期内，与计划目标和方案制定有关的一些因素可能发生重大变化，足以使原定计划失去合理性，因此要不失时机地对计划进行修订，更多地强调计划的灵活性。

计划工作让组织的目标明确化、方案具体化，为组织各部门及个人在一定时期内需要做什么、如何做指明了方向和可行的途径，并事先筹划好人力、财力、物力等资源供应，因而使组织的各项活动都能有序地展开，提高了组织运行的效率。

**【自我评估】**

**你是一个称职的计划人员吗？**

提示：对下列的每一个问题只需回答是与否。

1. 我的个人目标能以文字的形式清楚地说明
2. 多数情况下我整天都是乱哄哄的和杂乱无章的
3. 我一直都是用台历或约会簿作为辅助
4. 我很少仓促地做出决策，总是仔细研究了问题之后再行动
5. 我利用“速办”或“缓办”卷宗对要办的事情进行分类
6. 我习惯于对所有的计划设定开始日期和结束日期
7. 我经常征求别人的意见和建议
8. 我想所有的问题都应当立刻得到解决

根据问卷设计者的观点，优秀的计划人员可能的答案是：

2 和 8 答案为“否”，其余为“是”。

### 4.1.2　计划的基本特点

计划的基本特点可以概括为五个方面。

一、未来性

计划强调事先，是针对未来的。未来充满了不确定性，计划就是要尽可能降低这种不确定性，实现既定的组织目标。因此，计划建立在预测基础上，要用动态的眼光分析问

题，确定可行的行动方案。计划的未来性为制订计划者指明了思维的正确方向，即思考企业未来的目标以及思考如何实现企业未来的目标。

二、首要性

在管理过程中，其他职能都是为了支持、落实、保证计划的实现，往往是先有计划，才有组织和控制。计划是管理者第一需要完成的管理工作。如果在计划工作中得出可能导致项目不可行的结论，则其他行动都将是没有必要的。

计划工作在管理职能中处于首要地位，一方面，这主要是由于管理过程中的其他职能都是为了支持、保证目标的实现，计划职能在时间顺序上处在计划、组织、领导、控制四大管理职能的始发位置。因此这些职能只有在计划工作确定了目标之后才能进行。一位厂长只有在明确目标之后才能确定合适的组织结构、下级的任务和权力、伴随权力的责任，以及怎样控制组织和个人的行为不偏离计划，等等。所有这些组织、领导、控制职能都是用计划作标准的。没有计划工作，其他工作就无从谈起。

计划工作的首要性的另一个方面是，有些情况下，计划可能是唯一需要完成的管理工作。计划工作的最终结果可能导致一种结论，即没有必要采取进一步的行动。比如，原打算在某地建立一个新的钢铁厂，首先要做的工作是进行可行性分析，如果分析的结果表明在此地建立钢铁厂是不合适的，那么所有工作也就结束了，无须实行其他的管理职能。

三、目的性

计划是组织目的性的要求。任何组织和个人制订计划都是为了有效地达到某种目标，不是为了计划而做计划的。计划中确立的目标本身反映了组织的性质和目的。因此，每项计划都应根据组织的性质和目的来制定组织的目标和实施方案，以保证组织目标的顺利实现。然而在计划工作开始之前，这种目标可能还不具体，计划工作就是让这些目标具体化，以便执行和完成。在计划工作过程的初始阶段，制定具体的、明确的目标是其首要任务，其后的所有工作都是围绕目标进行的。例如，某家百货公司的经理希望明年的销售额和利润额有较大幅度的增长，这就是一种不明确的目标，为此，需要制定计划，根据过去的情况和现在的条件确定一个可行的目标，比如销售额增长 20%，利润额增长 15%。这种具体的、明确的目标不是单凭主观愿望能确定的，它要符合实际情况，是以许多预测和分析工作为基础的。

计划的目的性体现在：

(1) 计划是一种协调过程，它给管理者和非管理者指明了方向，当所有人明确目标后，可协调他们的活动，使他们团结协作。

(2) 计划工作促使管理者预测未来，考虑变化因素的冲击，制定相应对策，可以降低不确定性。

(3) 计划工作设定的目标和标准便于进行控制，通过计划设立目标，在实际管理过程中可以将实际成绩与目标进行比较，及时发现偏差和问题，采取必要的校对和调整。

四、普遍性

虽然计划的特点和范围由于管理层次不同而有所不同，但所有管理者都有制定计划的共同职能，只不过是粗细、时间范围等不同而已。高层管理者不可能也不必要对自己组织内的一切活动做出确切的说明，这也是有效的管理者所必须遵循的一条原则。最常见的情况是高层管理人员仅对组织活动制定结构性的计划。也可以这样说，高层管理人员负责制定战略性的计划，而那些具体的计划由下级完成。这种情况的出现主要是由于一个人的能力是有限的，现代组织的工作是如此繁杂，即使是最聪明、最能干的领导人，也不可能包揽全部计划工作。此外，授予下级某些制定计划的权力，有助于调动下级的积极性，挖掘下级的潜在能力，这无疑对贯彻执行计划，高效地完成组织目标大有好处。

计划的普遍性表现在两个方面：一是指各项管理工作都要根据已制订的计划来安排具体的工作活动，计划是一切行动的指南，计划渗透于各项管理活动中。二是指计划作为一项管理职能，是一切管理者无法回避的职能工作。无论处于哪一层次、哪个部门的管理者，都需要制订计划。

五、经济性

计划的经济性也表现在两个方面：一方面是指计划作为一种事先的筹划，本身就有对各种资源统筹安排、综合利用、提高资源使用效益的作用；另一方面计划工作本身也要有开支费用，所以经济性又指本着少花钱多办事的原则，开展计划工作。

计划的经济效益可用计划的效率来衡量。计划的效率是指实现目标所获得的利益与执行计划过程中所有耗损总和的比率。换句话说，计划效率是指制定计划与执行计划时所有的产出与所有的投入之比。如果一个计划能够达到目标，但它需要的代价太大，这个计划的效率就很低，因此不是一份好的计划。在制定计划时要时时考虑计划的效率，不但要考虑经济方面的利益和耗损，还要考虑非经济方面的利益和耗损。

计划的效率性主要体现在三个方面：一是有效地实现组织与外部环境的协调，最大限度地减少由于这方面不协调给组织带来损失的可能性；二是有效地实现组织内部的协调，使投入产出比率最佳；三是有效地实现组织目标与组织成员个人目标的协调。因此，计划工作的任务不仅是要确保实现目标，而且要从众多的方案中选择最优的，以求资源的合理利用和提高效率。

### 4.1.3 计划的重要性

没有计划的管理，一定是没有效率的，即没有计划就没有管理。

一、计划是目标实现的保证

通过计划工作，为组织制定出未来的目标和行动方案，就可以使组织的各项活动都围绕着组织的目标和既定方案进行。在计划中，组织的整体目标将会被分解成各个部门、各个环节的目标，并最终在组织中建立起一个相互关联的目标体系。与此同时，组织中的各个部门、各个环节将根据各自分解来的目标确定各自的行动方案。这些目标和方案之间相互配合、协调，以各自方案的实施及目标的实现保证组织整体目标的实现。

二、计划是管理活动的纲领

计划是管理的首要职能，是一切管理活动的纲领。只有依据计划，才能使组织运行按时间、有步骤地进行。离开了计划，其他管理职能（组织和控制）的作用就会减弱甚至不能发挥，整个组织当然也就难以进行有效的管理。所以说，计划是组织运作的依据，组织的指挥、协调、沟通等各项活动都是围绕计划方案进行的。组织的各项活动结果有可能达到了组织预期的目标，也有可能与预期的目标存在着一定的偏差。这时，组织只有发挥管理的控制职能才能消除这种偏差。要进行控制首先要有个标准。计划所确立的组织目标体系是进行控制的基本标准之一。没有计划目标，就没有标准；没有标准，就难以评估，也就无所谓控制。所以，计划是控制职能的基础。

三、计划有助于合理利用一切资源，实现高效优化

计划强调综合平衡，强调统筹兼顾，强调协调优化，以便于提高组织各项活动的效率。计划用共同的目标、明确的方案统一了组织运行中众多独立和分散的活动，用明晰的工作流程规划了工作节奏，用深思熟虑的科学决策代替仓促草率的经验判断。组织如果没有以计划工作为基础，组织内部的各个部门、各个环节就会陷入各自为战的混乱之中，浪费资源，降低组织运行效率，影响组织目标实现，组织也不可能为未来的变化做好准备。计划能通过经济核算，合理地利用信息、人力、物力和财力等要素资源，因而能有效地防止可能出现的盲目性和紊乱，使管理工作取得最佳效益。

**【管理故事】**

**小狗战斑马**

在非洲大草原上，三只瘦弱的小狗正与一只高大的斑马进行一场生死搏斗。

乍一看来，三只弱小的小狗很难是大斑马的对手。但实际情况是，一只小狗咬住斑马的尾巴，任凭斑马的尾巴如何甩动，也死死咬住不放；一只小狗咬住斑马的耳朵，任凭斑马如何摇头，也决不松口；一只稍显强壮的小狗咬住斑马的一条腿，任凭斑马如何踢弹，一点也不敢懈怠。

不一会，在三只小狗的齐心攻击下，“庞然大物”斑马终于体力不支瘫倒在地，成为三只小狗的盘中餐。

启示：只要计划周全，措施得力，麻雀撞坏飞机。在组织内部，管理者一个很重要的职能就是科学分工，详细计划，根据实际动态对人员进行最佳配置。只有每个员工都明确本身的岗位职责，各司其职，才不会产生推诿、扯皮等不良现象。相反，如果队伍中有人滥竽充数，给企业带来的不仅仅是工资的损失，还可能导致公司工作效率整体下降，甚至在激烈的竞争中会像斑马一样颓然倒下。

### 4.1.4 计划的表现形式

计划活动的结果可以表现为各种具体的计划形式。美国的管理学家孔茨和韦里克从抽象到具体把计划分为宗旨、目标、战略、政策、程序、规则、规划和预算八层体系。

一、宗旨（Purposes/Missions）

宗旨是指社会赋予组织的目的或使命，即一个组织是干什么的和应该干什么。比如，学校的使命是教书育人，法院的使命是解释和执行法律，医院的使命是治病救人等。不同

的组织有不同的宗旨，这也是一个组织存在的基本理由。

二、目标（Objectives）

目标是宗旨的具体化，组织的目标是围绕组织存在的使命而制定的，它说明了组织从事这项事业的预期成果。管理者将组织目标细化，从而得出各方面的目标，从确定目标到目标分解，直至形成目标体系，构成了组织全部计划的基础。目标不仅是计划工作的终点，而且也是组织、领导和控制职能所要达到的最终结果。

三、战略（Strategies）

宗旨、目标仍不能清楚地描述一个组织的具体实际情况，因此，战略是为了达到组织的长远目标所采取的行动方针和资源利用的总计划，是实现组织目标的途径。它表现为一种总的方案，指出工作的重点和顺序以及人、财、物等各种资源分配的方法。

四、政策（Policies）

政策是组织在决策或处理问题时用来指导和沟通思想与行为的文字规定。政策作为计划，有助于将一些问题的解决事先确定下来，减少对某些例行事件的处理成本，并给其他派生计划以一个全局性概貌，从而使主管人员能够控制全局。制定政策应酌情考虑下级在一定范围内的自由，使下级在不违背政策的前提下，较好地处理问题。

五、程序（Procedures）

程序是制订处理未来活动的例行方法和时间顺序的计划，它规定了解决例行问题的方法、步骤。程序也可以看作是一种经过优化的计划，是日常工作过程和工作方法的提炼和规范化。通俗地讲，程序也就是办事手续。程序与战略不同，它是行动指南，而非思想指南。程序与政策不同，它没有给行动者自由处理的权力。在实践工作当中，程序一般表现为组织的规章制度。

六、规则（Rules）

规则是指根据具体情况采取或不采取某种特定的行动的规定。通常是一种最简单形式的计划。规则与政策的区别在于规则在应用中不具有自由处置权，而政策在决策时则有一定的自由处置权；规则与程序的区别在于规则是指导行动但不说明时间顺序，可以把程序看作是一系列规则的总和，但一条规则可能是或可能不是程序的组成部分。

七、规划（Programs）

规划是一个组织比较全面的长远发展计划，它包括目标、政策、程序、规则、任务分配、采取的步骤、要使用的资源以及为完成既定行动方针所需要的其他因素。组织的规划是一份综合性的，同时，也是粗线条、纲要性的计划。通常情况下，规划需要资金和预算的支持。

八、预算（Budgets）

预算是用数字表示的预期结果，也可以被理解为数字化的计划。一般用货币单位来表示，也可以用诸如工时、机时、产品单位或其他的数字指标来表示。预算是一种主要的控制手段，因为数字化的预算是计划与控制的连接点，也是控制的衡量标准。

## 4.2 计划的类型

计划的普遍性意味着计划以多种形式存在于组织管理的各个层次和各个部门中。长期计划与短期计划之间是相互配合的，战略计划与战术计划及作业计划是互相协调的。战略计划往往具有长期性、综合性，短期计划常常是战术计划或作业计划。

### 4.2.1 按计划制订者的层次划分

一、战略计划

战略计划是对组织重大的、全局性的、长期的工作任务的筹划。如企业战略通常涉及企业的成长（或发展）战略、竞争战略等。战略计划一般由组织中的高层管理者制订。不同类型或规模的组织，战略计划的复杂性和制订难度也不一样。一些大规模的组织（如大型企业）或环境因素不确定性较高的组织（如新技术企业），可能因为高层管理者自身不具备把握未来变化的能力，而往往委托专业机构（如管理咨询机构）完成战略计划制订工作。战略计划具有以下特点。

1. 方向性和长期性

战略计划往往涉及较长的计划周期，一般为3～5年。正因为如此，战略计划实际上规划了一个组织的未来，它要回答组织存在的意义是什么、组织的使命是什么、组织将来要达到一个什么样的长期目标、朝哪个方向走才能实现这一目标等问题。战略计划的实现，表明组织的发展进入了新的境界。

2. 概括性和弹性

由于战略涉及的周期较长，期间变数较大，战略计划对未来的规划只可能是粗线条的、原则性的和概括性的。战略计划不可能详细，必须要有一定的应变空间，以应对实际情况的变化。

3. 单值性

战略针对的是组织未来长期发展的问题，一旦出错，就会全盘皆输，所以，战略计划的失误造成的损失对组织而言有可能是致命性的。战略计划不具备可复制性，一般只能使用一次。

二、战术计划

战术计划是指导组织如何具体运作的计划，也可以称之为实施计划，是实现战略计划的具体安排。战术计划一般涉及的是局部的、部门的或阶段性的具体工作，通常由组织中的中层管理者负责制订。战术计划具体规定了组织各部门及其内部在一定时期内需要完成的内容，即通常所说的“5W1H”。什么（What）、何时（When）完成、何地（Where）完成、用哪种（Which）资源完成、由谁（Who）负责，如何（How）完成。5W1H就是对工作进行科学地分析，对某一工作在调查研究的基础上，就其工作内容（What）、责任者（Who）、工作岗位（Where）、工作时间（When）、怎样操作（How）以及用哪种（Which）资源完成，进行书面描述，并按此描述进行操作，达到完成职务任务的目标。

5W1H 分析法为人们提供了科学的工作分析方法，常常被运用到制定计划草案上和对工作的分析与规划中，并能使我们工作有效地执行，从而提高效率。5W1H 分析法广泛应用于企业管理、生产生活、教学科研等方面，这种思维方法极大地方便了人们的工作、生活。

战略计划以问题为中心，战术计划以时间为中心，作业计划以操作为中心。战略计划对战术计划和作业计划有指导作用，战术计划和作业计划则是实现战略计划的保证。战术计划一般按年度分别拟订。

三、作业计划

作业计划是由企业基层管理部门制定的计划，是操作执行性的计划，也属于资源分配和利用的计划，它确定了组织各机构和部门更具体的目标和工作内容，如工作流程、任务分派和资源调配等，比战术计划更具体、更详细，以便于具体执行和检查。一般由基层管理者制订。

作业计划的制订首先要以战略计划和战术计划为依据，以保证战略计划和战术计划的实现为目的。同时，作业计划还应在上层计划允许的范围内，根据自身条件和客观情况的变化灵活安排。作业计划的对象是例行的重复性工作。

### 4.2.2 按计划的时间界限划分

一、长期计划

长期计划一般是指 3 年或 5 年以上的远景规划设想，是纲领性、轮廓性的计划。由于计划期限较长，不确定因素较多，有些因素是人们事先难以预料的，所以它只能以综合性指标和重大项目为主，并且必须有中、短期计划来补充，以使计划目标具体化。

长期计划主要回答两方面的问题：一是组织的长远目标和发展方向是什么；二是怎样达到组织的长远目标。

制订长期计划要遵循远粗近细原则。长期计划是组织未来 3～10 年的远景（期）规划，一般要采用纲要形式粗略地对组织前景予以描绘；对 3 年左右的中长期规划，则要粗细得当、突出重点，如商业机构的中长期规划就一般要给出各项技术、产品、市场、财务、效益、规模等方面的规划指标；对 1 年左右的短（近）期规划，则需进一步细化，除了总体规划外，一般应有相应的分项专业规划。

长期计划是从整个企业的全局出发，确定在较长时间所要达到的目标和为实现这一目标应采取的各种具体措施。不仅考虑了企业的当前利益，而且考虑了长远的经济效果。因此，这种计划带有战略意义。有了长期计划，可以使企业的全体员工的眼光不被眼前走出的第一步所限制，从而更好地激励全体员工不断提高企业的生产水平、技术水平和管理水平。

由于长期计划的时间跨度比较大，在这个较大的时间跨度内，企业内外的技术经济条件通常会发生较大的变化，很难做出精确的判断。因此，长期计划通常是比较难以概括全面的。

二、中期计划

中期计划一般是指 1 年以上、3 年以下的计划。中期计划来自长期计划，并按长期计划的执行情况和预测的具体条件的变化而进行编制。中期计划是对长期计划的分解，是长期计划的具体化，为短期计划指明了方向，具有衔接长、短期计划的作用。

三、短期计划

短期计划一般是指1年以内的计划，比中期计划更具体，能够满足具体实施的需要。短期计划比较详细、具体地规定了企业在计划年度内的任务，是指导企业生产经营的主要计划，包括企业年度内各个生产环节和各个方面的活动，如生产、技术、财务等的活动。短期计划的特点是各计划指标分类、分月制订，使企业经济计划的各组成部分具体化和各项落实措施具体化。短期计划的内容，在不同的行业、不同规模的企业是不尽相同的。

根据企业现有的计划内容和经济体制改革后的发展情况，短期计划通常包括以下主要内容：

（1）生产与销售计划。它规定企业计划年度内生产的各种产品的数量、生产期限、生产能力的利用程度，以及可供销售的产品数量等。

（2）新产品试制与科研计划。它规定企业在计划年度内的新产品试制、老产品的改进，以及主要的科学研究项目。

（3）产品质量计划。它规定企业在计划年度内为提高产品技术方面所要达到的目标及主要指标。

（4）劳动工资计划。它规定企业为保证完成生产任务所需要的各类人员数量、所要达到的劳动生产率水平，以及职工的工资总额和平均工资水平。

（5）物资供应计划。它根据生产计划规定各种原材料、燃料、动力、工具以及外购件等各类物资的需要量、储备量和供应期等。

（6）机器设备维修计划。它规定在计划期内主要机器设备的大修、中修、小修的台数、期限、工作量，以及备品配件制造任务等。

（7）成本计划。它规定企业为完成生产计划需要支出的生产费用、生产计划成本，以及实现可变成本降低的任务等。

（8）财务计划。它规定企业为完成生产计划所必需的财务收入和支出，主要包括固定资产、流动资产、产品成本和利润计划等。

（9）技术组织措施计划。它规定为了保证全面完成企业计划任务所采取的改进生产技术、生产组织和劳动组织等方面的措施，以及实施这些措施的效果、期限、负责单位和费用来源等。

短期计划、中期计划、长期计划三者之间并没有严格的时间跨度规定。长期、中期、短期的判断要根据具体情况而定。

### 4.2.3 按计划的对象划分

计划的对象是指计划所涉及的执行部门和任务。据此，可以把计划划分为综合计划、局部计划和项目计划。

一、综合计划

综合计划是指对组织各方面的活动所作的全面规划和安排。综合计划可以是战略性的，如组织发展规划；也可以是战术性的，如年度生产经营计划编制中需要有的综合经营计划。综合计划往往涉及多方面内容和多个组织部门，也被称为整体计划。

二、局部计划

局部计划限于指定范围的计划，内容专一，涉及部门不多，是综合计划的一个子计划。如企业中的销售计划、融资计划、设备维修计划等；政府中的财政计划、维稳计划等。

三、项目计划

项目计划是指针对组织的特定课题制订的计划。通常会指定组织中的某个部门或机构作为项目计划的执行主体，也可以抽调组织资源组成新项目小组来执行项目计划，如软件开发、办公楼设计、产品开发、饭堂扩建、网球场翻修、扶贫等项目计划。项目计划多为一次性的，如应急计划、危机公关计划等。

## 4.3 计划的制订过程

计划的成果表现为一些文本，这些文本虽然也需要坐在书桌前书写出来或者用电脑打出来，但这并不意味着计划工作是坐在办公室里想想就可以完成的。制订计划意味着管理者需要做大量的工作。这些工作包括在计划的基本过程之中。不同的计划，复杂程度不一样，对这一过程中不同环节所要求的详尽程度也不一样，但不论是什么样的计划，其制订过程都应包括以下步骤：机会估量、目标确定、方案寻拟与评估、方案选定、拟订引申计划、用预算量化计划。

### 4.3.1 机会估量

机会估量是对与组织相关的环境因素在未来可能出现的变化加以估计，在判断这些变化对组织意味着到底是机会还是挑战的基础上，结合组织条件进行初步探讨。对管理者而言，机会的估量就是通过对组织外部环境及其变化的研究和预测，明确外部环境可能提供的机会和威胁；通过对组织内部条件的分析，弄清本组织的优势和劣势，对未来的情况作出预测。有时候，“问题”就是机会，或者说机会来自组织面临的危机之中。机会估量的主要工作包括以下内容。

一、调查情况，收集信息

调查是为了收集信息。调查首先要明确的是调查对象和调查主题。对具体组织而言，调查对象和调查主题是与其相关的各种环境因素及其变化趋势。一般来说，组织的环境因素包括政治、经济、社会和技术等宏观因素，和顾客、股东、供应商、销售商、竞争对手、债权人、政府相关部门、社会公众等利益相关者微观因素。不同的组织对不同的环境因素重视程度不同。调查就是要收集与组织密切相关的环境因素的过去和现在的信息，并对其未来的变化进行预测和判断。调查和预测都必须采用科学方法才能取得理想的结果。

信息收集的方法有一手信息收集法和二手信息收集法。一手信息是通过调查的方法从被调查对象那里直接得到资料。二手信息是通过查阅相关信息发布中心、网站、报纸、杂志、研究报告、论文等收集调查对象的资料。对这些资料的准确性需要做一些核实和勘验工作，而且有些是需要付费才可以得到的。值得强调的是，对于二手信息，不论付费与否，在引用时都需要注明其出处。

（1）按调查的范围，调查的方法可分为普查法和抽查法。普查法，即对调查对象进行普遍调查。当调查对象不多或调查对象在一个地区比较集中时，可采用此法。抽查法，即抽样调查，就是从调查对象总体中抽查一部分，然后推算总体状况。当调查对象太多而无法普查时，可用此法。多数调查属于抽样调查。

（2）按调查的方式，调查的方法可分为直接调查法、观察法和实验法等。

直接调查法是面对调查对象直接收集信息的方法。包括当面询问、会议调查、发函调查、电话调查。四种调查方式各有优缺点，应结合使用。

观察法是在调查对象不知情或被告知的情况下通过观察其行为反应收集信息的方法。如企业常常在推销会、交易会、经销店、门市部、柜台等销售现场观察顾客的反应，听取顾客的意见，了解顾客对其产品或服务的态度。

实验法是在设定条件下通过测试调查对象的反应收集信息的方法。如企业为了确认同类产品的不同花色、品种、规格等受欢迎的不同程度，就将它们分别在同一市场投放，进行试销，记录顾客反应，掌握一些数据，判断顾客对不同特征产品的欢迎程度，以便最终确定哪些产品该投产、产多少，哪些产品该减产或停产等。

## 二、进行预测

预测是根据调查得来的资料，通过分析研究，对相关因素的未来状况作出估计和判断。简言之，预测就是根据已知推断未知；根据过去和现在推断未来。预测要说明的问题是：将来会怎样，即在一定条件下，如果不采取措施和行动，估计将会发生什么样的变化。

### 1. 预测的类型

按内容不同，预测可分为社会未来预测和技术经济预测。社会未来预测主要包括人口预测、自然资源预测、社会事业发展预测等。技术经济预测又分为技术预测和经济预测两大类。技术预测是研究与技术发明、技术应用有关的一系列问题。经济预测是对和经济活动相关的各种指标，如国民收入、价格、需求、供给、汇率等目前水平和未来变化趋势的判断，它是为制定经济发展规划、产业规划、经济政策服务的。一般企业的经济预测主要是市场预测、销售预测、原材料预测、设备投资预测和人力预测等。

按时间不同，预测可分为长期预测、中期预测和短期预测。一般在5年以上的属于长期预测；中期预测的时间在3个月到2年；短期预测的时间在3个月以内，一般是一周或一个月。微观预测以中、短期预测为主，宏观预测以长期预测为主。不同期限的预测要采取不同方法。中、短期预测常用时间序列法，长期预测常用因果关系法。

### 2. 预测的步骤

科学的预测是一个逻辑严谨的分析过程。这一过程包括以下步骤：第一步，提出课题和任务。根据组织的要求、一般的情报基础和创造性思维，提出预测的课题，规定目标和任务、对象、基本假设，确定研究方法、结构和组织工作等。第二步，调查、收集和整理资料。把与预测对象有关的过去的、现在的资料尽量收集齐全。此外，还要大量收集背景材料及国内外同类预测研究的成果。第三步，建立预测模型。对于计量经济模式分析，应建立表示因果关系的模型；对于时间序列分析，则应通过抓住主要变动的成分找出数学模型。第四步，确定预测方法。可采取几种预测方法，以互相验证。第五步，评定预测结果。对预测结果再次征询专家意见，以检验预测结果，并进一步检验预测模型。第六步，将预测结果交付决策。

### 4.3.2　目标确定

目标确定主要是根据预测的结果，确定组织在一定时期内所要达到的成果。组织的目标是一个体系。这一体系由组织的整体目标及其分解而来的部门目标、长期目标与短期目标、战略目标与战术目标等构成。这一步骤还要明确说明达成目标的基本方针，说明制定战略、政策、规则、程序和预算等任务的工作重点。

目标本身是计划的一种表现形式，所以确定目标本身就是一项计划工作。它同样要经历计划工作过程的所有步骤，因而可以把它看成一个大循环中的小循环。

一、目标的特点和要求

1. 确立目标应立足组织宗旨与价值观

确立的目标应对组织宗旨有明确的意义，并与之所包含的价值观相一致，这是对计划目标的基本要求。价值要求意味着组织需要确立与之相关的各种价值指标，如科学价值、经济价值及社会价值指标，并进行综合权衡，构成价值系统，以此作为评价标准。价值要求要贯彻到建立近期、中期与远期，整体与局部，战略与战术等各种计划的目标体系之中。

2. 目标应该明确、可度量、可实现及具有相关性、时限性，这就是所谓的 SMART 原则

明确，即目标的表达应是单义的，使执行者能够明确地领会其含义。可度量，即目标的各种指标应尽可能明确、具体，并尽可能定量化。对于不能直接量化的目标，也应尽可能地间接量化。可实现是指其通过努力是可以实现的，目标不可过高或过低。相关性是指目标往往对多个相关联的指标加以描述。时限性是指任何目标都应该有实现的时间限定。

3. 分清主次

组织目标是一个包含多部门、多层次的系统。该系统中的多个目标之间是协调一致的。但有时候它们之间也可能会发生矛盾，甚至是相互冲突。在这种情况下，一般应遵循两条原则：第一，在满足决策需要的前提下尽量减少目标的个数，因为目标越多，选择的标准就越多，选择方案越多，选择的难度就会越大。第二，要分析各个目标的重要程度。不同目标的优先顺序不同将导致不同的行动内容和资源分配的先后顺序。因此，应恰当地确定优先目标，分清主次，先集中力量实现重要目标。

4. 搞清楚目标的约束条件要求

目标可以分为有条件目标和无条件目标两种，凡给目标附加一定条件者称为有条件目标，而所附加的条件则称为约束条件；不附加任何条件的决策目标称为无条件目标。无条

件目标一般不多见。目标的约束条件一般分为两类：一类是客观存在的限制条件，例如一定的人力、物力、财力条件；另一类是主观要求，例如目标的期望，以及不能违反国家的政策、法令等。凡是有条件目标，只有在满足其约束条件的情况下达到目标才算真正实现了目标；不顾约束条件，即使达成目标，后果也可能适得其反。在确定目标时一定要说明目标的约束条件，否则，就降低了目标的明确性和具体性，不利于以计划为标准的控制工作的进行。

二、确定目标的步骤

目标是为组织解决问题服务的，所以首先必须认清所要解决的问题的性质、特点、范围，找到问题的症结所在及其产生的原因。寻找问题症结的办法是以差距的形式把它反映出来，即通过分析内部和外部情况，把需要和现实之间所有的差距摆出来，进而抓住关键性的差距，并找出产生差距的原因。

决策者之所以要订立决策目标，是因为发现现实与要求之间存在着差距，并且这种差距达到不能满意的程度，才值得付出代价去消灭或缩小它。决策者在决策时应全面考虑各个方面的需求和可能，应当估计是否有条件来实现这个目标，否则目标将成为空想。

对于初步设想的目标，仍需要进行正反两面的论证，然后审慎地把目标确定下来。

### 4.3.3 方案寻拟与评估

目标确定后，就要根据目标拟订各种可能的方案并对这些方案加以评估。

拟订方案阶段的主要任务是，对信息系统提供的数据、情报进行充分的系统分析，并在这个基础上制定出多种备选方案；评估方案则意味着对各种方案所涉及的条件、时间、步骤、资源、费用等因素进行相互比较，指出每种方案的优缺点。

可行的方案是实现目标的具体方法，它将详细回答所谓 5W1H 的问题。管理者的主要任务是尽可能寻求所有可行的备选方案，保证备选方案的全面性和多样性，以便提供尽可能广阔的思考和选择余地。

从理论上说，拟订可行方案应做到既不重复又不遗漏。因为如果所拟订出来的各个可行方案之间在执行时会相互重叠交叉，就很难对各个方案的优劣进行独立的评价。而如果不能找出所有的可行方案，就可能会遗漏某些好的计划方案，从而影响所确定的计划方案的质量。但实际上由于认识能力、时间、经验和费用等原因，管理者并不可能找到所有的可行方案，而只能是拟出若干个比较有利于预期目标实现的可行方案以供评价。

### 4.3.4 方案选定

方案选定是从诸多备选方案中选定一个较优的方案作为未来需要执行的方案。选择一个好的方案是计划决策全过程中最核心、最关键的一步。

对备选方案的选择是对一个方案相对优劣的判断。这种判断涉及价值标准问题，即对同一个方案，采用不同的价值标准进行判断，结论大不相同。其次是选择方法问题。

### 4.3.5 拟订引申计划

引申计划，即由各个业务部门和下属单位拟订细节计划。完成选择之后，计划工作并没有结束，还必须帮助涉及计划内容的各个下属部门制订支持总计划的引申（派生）计划，引申计划就是总计划下的分计划。几乎所有的总计划都需要引申计划的支持和保证，完成引申计划是实施总计划的基础。如资金筹措计划、劳动计划、人员培训计划、采购计划等。这些计划都要围绕着总计划来制订。

### 4.3.6 用预算量化计划

在确定计划的最后环节，要把计划包括的所有内容尽可能进行量化，这就是预算。预算需要用统一的价值衡量单位（通常是用货币）对计划中的各项指标进行量化估算。预算与计划的层次和构成是一一对应的。但有时，预算也会自成体系与计划相配合。因为预算要用货币计量，往往与组织管理中的财务核算相重叠，所以被看成财务管理的一部分。而实际上，预算是计划的一部分，其意义远远超出财务管理。

## 本章重点知识归纳

计划是管理的首要职能，既是管理活动的出发点，又是管理活动的归结点。

计划通过信息收集和分析事先明确管理的目标，并设计出一整套保证目标实现的方案。计划显示了组织存在的目的性。

计划有广义与狭义之分。广义的计划包括计划的制订、执行和检查三个不可或缺的工作环节；狭义的计划则是指制订计划。

计划的存在使组织运行在目标指引和活动既定的基础上，降低了组织运行的不确定性风险，提高了实现组织目标的效率。

计划工作让组织的目标明确化、方案具体化，为组织的各部门及个人在一定时期内需要做什么、如何做指明了方向和可行的途径，并事先筹划好人力、财力、物力等资源供应，因而使组织的各项活动都能有序地展开，提高了组织运行的效率。

计划以多种形式存在于组织管理的各个层次和各个部门。计划按不同标准，可以分为不同类型：长期计划与短期计划之间是相互配合的，战略计划与战术计划及作业计划是互相协调的。战略计划往往具有长期性、综合性，短期计划常常是战术计划或作业计划。

计划制订过程的步骤包括：机会估量、目标确定、方案寻拟与评估、方案选定、拟订引申计划、用预算量化计划。

## 思考讨论题

1. 计划和绩效之间有什么关系？请说明解释。

2. 讨论影响计划的权变因素有哪些？

3. 在未来，计划工作对管理者是更重要还是更不重要？为什么？

4. 管理者如何制定计划？为什么有些管理者不做计划？你应该给这些管理者什么建议？

5. 很多人说今天你所做的决策会影响你的未来，你赞同这个观念吗？计划工作会影响决策过程吗？计划如何体现在决策过程？

6. 在非营利性组织中如何制定计划？它与营利性组织的计划有何不同？

7. 选择一家公司（规模和类型不受限制），假设自己在这家公司负责制定一个项目为这家公司完成一项年度任务。请你设定目标并根据设定的目标制定计划方案，并做好概述这些目标和方案的计划书给你的主管。

## 实践与技能训练

### 项目一：系列实训——活动策划

**【实训目标】**

1. 培养创新能力与策划能力；

2. 实际运用编制计划的方法。

**【实训内容与要求】**

1. 在调研的基础上，运用创造性思维，策划一项活动，制定计划书。要求：

（1）所策划的活动的内容与主题，既可以由教师统一指定，又可以由学生自选。

（2）需要通过调研，收集较为充分的材料。

（3）要运用创造性思维，所策划的活动一定要有创意。

（4）要科学地规划有关要素，计划书的结构要合理、完整。

2. 在每个人分别进行策划的基础上，以模拟公司为单位，运用“头脑风暴法”等方法，组织深入研讨，形成公司的创意。

3. 进行系统的活动策划，编制公司的活动策划书或计划书。

**【成果与检测】**

1. 每个人都要起草一份策划书；

2. 公司的策划书或计划书；

3. 由教师与学生共同对各公司的策划创意与计划编制进行评估，确定成绩。

### 项目二：角色扮演——晋升的可能

依照下列脚本，扮演总裁以及现任助理销售经理的角色。老师将同学分为五组，每两个同学一组分别扮演总裁和助理销售经理，同学先在课下准备，然后在课堂上表演，最后由同学讨论看看哪一组同学演得好！

ABC公司的助理销售经理已担任现职六个月了。由于过去十八个月以来，销售业绩一直不好，销售经理已经被解雇。现在销售部人心浮动，业绩大幅下滑。ABC公司总裁决定暂时将该项工作交给助理销售经理，并要他遵守下列约定：

1. 你不能增加广告预算；

2. 你必须继续让部门业绩在短时间内有所提高；

3. 你不能做任何人事的更动；

4. 你必须对本会计年度的销售业绩，负起完全的责任。

这个角色扮演，以模拟总裁和助理销售经理会谈的方式，开展上述谈话。你可以以自己所想的必要情况，来扮演你被指定的角色。

## 本章讨论案例

### 计划让S公司插上成功的翅膀

S公司是中国东部地区的一家企业，原有的计划管理水平低下，粗放管理特征显著，计划管理与公司实际运营情况长期脱节。为实现企业计划制订与计划执行的良性互动，在管理咨询公司顾问的参与下，S公司开始推行全面计划管理。

首先，S公司以全面协同量化指标为基础，将各年度计划分解为4个独立的、相对完整的季度计划，并将其与年度计划紧密衔接。在这个过程中，S公司充分运用了动态管理的方法，即在公司年度计划执行过程中对计划本身进行三次定期调整：一是在第一季度的计划执行完毕后，对计划执行情况与原计划进行比较分析，同时研究、判断企业近期内外环境的变化情况，根据得出的结论对后三个季度计划和全年计划进行相应调整；二是在第二季度的计划执行完毕后，使用同样的方法对后两个季度的计划和全年计划进行相应调整；三是在第三季度的计划执行完毕后，仍然采取同样方法对最后一个季度的计划和全年计划进行调整。

S公司根据近细远粗、依次滚动的原则又制订了季度计划，即每年年初都要制订一套繁简不一的四季度计划：第一季度的计划率先做到完全量化，计划的执行者只要拿到计划文本就可以一一遵照执行。第二季度的计划要至少做到50%的内容实现量化；第三季度的计划至少要做到20%的内容实现量化；第四季度的计划只要做到定性即可。同时，在计划的具体执行过程中对各季度计划进行定期滚动管理——第一季度的计划执行完毕后，将第二季度的计划滚动到原第一计划的位置，按原第一季度计划的标准细化到完全量化的水平。第三季度的计划则滚动到原第二季度计划的位置并细化到至少量化50%的内容的水平，依次类推。第二季度或第三季度计划执行完毕时，按照相同原则将后续季度计划向前滚动一个阶段并予以相应细化。本年度四个季度计划全部都执行完毕后，下一年度计划的周期即时开始，如此周而复始，循环往复。

其次，S公司以全面协同量化指标为基础建立了三年期的跨年度计划管理模式，并将其与年度计划紧密对接。跨年度计划的执行和季度滚动计划的思路一致。这样，公司就将季度计划、年度计划、跨年度计划环环相扣，前后呼应，形成了独具特色的企业计划管理体系，极大地促进了企业计划制订和计划执行相辅相成的功效，明显提升了企业计划管理、分析预测的水平，为企业整体效益的提高奠定了坚实的基础。

**讨论：**

结合所学的知识，分析S公司制订计划所采用的方法的优点。

**【管理游戏】**

**制定行动计划**

**目的：**在本游戏中，假设学生是某公司的服务人员，先回顾服务人员所必需的技巧，评价自己的能力，并制定提高自己这方面能力的行动计划。该游戏可以帮助学生掌握制定计划的步骤及内在逻辑关系。

**时间：**15～20分钟

**所需材料：**向学生分发材料（见附录）

**步骤：**

1. 将材料分发给学生，限他们5～10分钟内完成第一页上的选择内容。

2. 完成第一页上的选择内容后，要求每个学生在第二页写出自己需要改进的两项服务技巧，并制定一份行动计划工作表。

3. 如果有时间，将每两人分成一个小组，让每个学生在行动计划工作表上以“你的技巧”为题，写上他或她想要改进的技巧。然后让大家与自己的搭档交换工作表。

4. 每个参与者将为其搭档制定一个行动计划，以帮助其在工作表列出的领域内成为超级明星。这部分游戏限时5分钟。

**小提示：**教师可将这些行动计划张贴在教室内，并对做得好的学生进行表扬。

**讨论题：**（现场回答）

1. 让另外一些人利用头脑风暴法为你出主意有帮助吗？

2. 你的搭档是否想到了一些你不曾想到过的观点？

# 第 5 章　决策

本章学习中，你的学习目标：

1. 描述决策的定义。
2. 解释决策在管理过程中的地位和作用。
3. 区分不同类型的决策。
4. 描述决策应遵循的原则与方案优选的标准。
5. 描述决策过程的步骤。
6. 识别有效的决策技术。

决策在管理活动中的重要性无论怎么强调都不过分。原因不仅是因为决策几乎渗透于管理活动的全过程，更在于决策正确与否是管理成败的关键。决策活动是一个完整的过程，其中包括识别问题或机会、设计和拟订备选方案、比较评价备选方案、选择方案、实施方案以及评价与反馈等主要步骤。其中，西蒙提出的方案优选标准是满意标准。管理中的问题千差万别，所以决策也就多种多样。应该说，每一种决策方法都有其科学的一面，同时也存在一定的局限性。把握决策类型的特点，掌握科学决策方法是提高决策正确性及决策效率的重要保证。

## 走进管理

**【案例】**

**经营决策**

行　业：饮食业

主　题：经营决策；创业

中国平安保险公司广州分公司（寿险）

1997 年，赵亚平大学毕业加入中国平安保险公司广州分公司（寿险），在基层锻炼了六个月后被安排到人事部。分公司总经理十分欣赏赵亚平的才干，两年后提升他为培训部新产品推广室主任。赵亚平富有成效的工作和创新精神受到分公司上下的一致好评。2001 年 10 月，分公司销售处经理职务空缺，他成为分公司同类位置上最年轻的经理。2002 年 1 月，中山支公司销售经理跳槽，赵亚平被任命为中山支公司的销售经理。3月，中山支公司总经理辞职，赵亚平又被任命为中山支公司总经理兼任销售经理。部分骨干员工跳槽使中山支公司销售队伍发生信心危机，人心浮动，公司已走到崩溃的边缘！赵亚平应该怎么办?

## 5.1 决策的内涵

决策自古有之，在人类历史上，不乏著名的决策范例。

“决策”一词最早出现于《韩非子·孤愤》，“智者决策于愚人”，意思是决定某种策略或计谋。“决策”作为现代管理学上的一个用语，最早是从英语 decision 翻译过来的，意为“作出决定”，后来为了文字的精练和表达的准确，把它译为“决策”。但是，那时候的决策，多属于政治和军事方面的，而且这种决策，从本质上讲，是依靠个人经验来决断的，是一种经验决策，它与小生产方式相适应，与现代科学决策有着根本的不同。

科学决策是现代管理理论的组成部分，它是在 20 世纪才出现并逐渐得到发展的。美国管理学家赫伯特·西蒙创立了决策理论，且以西蒙为首形成了管理理论的一个新学派，即决策理论学派。

西蒙对决策理论的贡献主要是：(1) 突出决策在管理中的地位；(2) 对决策原理提出了许多新见解，如用“满意标准”来代替传统的“最优标准”；(3) 既强调在决策中采用定量方法、计算技术等新的科学方法，又重视心理因素、人际关系等社会因素在决策中的应用。决策理论的产生是管理理论本身发展的自然结果，也是资本主义经济发展对管理理论的要求。

在现代社会中，决策的优劣关系到组织的兴衰成败，提高决策的科学性和准确性对组织的经营和发展是至关重要的。

### 5.1.1 决策的定义

一般情况下决策是人们在行动之前，作出决定、选择的意思。人们任何有目的的行动，都有一个如何决策的问题，决策是否正确，是其行动成败的关键。

决策是指管理者为实现组织目标从各种备选方案中作出选择的活动。管理决策，从广义上讲，包括调查研究、预测、分析研究问题，设计与选择方案，直至付诸实施等一系列活动。

在狭义上，决策仅指对未来行动方案的抉择行为。

在组织管理工作中，决策就是组织为了实现某一特定组织目标，运用科学理论和方法，从若干个可行性方案中选择或综合出优化满意方案，并加以组织实施的活动全过程。也就是在组织对其内部条件及其有关的外部因素进行综合的科学分析之后，确定组织活动的目标，并选择最佳的行动方案，然后付诸实施的全过程。

### 5.1.2 决策的地位和作用

决策在管理活动中占据着非常重要的地位。美国卡内基梅隆大学教授、第十届诺贝尔经济学奖得主西蒙认为："管理就是决策。"这一论断使决策在管理中的地位和作用跃然而出，尽管我们不能就此从字面上把管理和决策两个概念等同起来，但是，很显然，西蒙之所以声称"管理就是决策"，其目的和本意是强调决策是管理的核心内容，决策贯穿于管理活动的全过程。

美国管理学教授斯蒂芬·罗宾斯指出："决策对管理者每一方面工作的重要性是怎么强调也不过分的，因为决策几乎渗透于所有主要的管理职能中。"管理的各种职能活动是同决策密切联系的，如计划工作中，无论是确定发展的方向和速度，还是规定品种结构和产品质量，都需要作出周密的决策。在计划的执行、检查过程中，一旦发现偏离原定的要求时，必须采取合理措施加以纠正，这就要求及时作出决策。

管理学上有一句名言：对一个错误的决策，100个行动也无法挽救。决策不仅仅渗透于管理活动的各个方面，同时，其正确与否直接关系着管理活动的成败，关系着一个组织的生存与发展。不断地正确决策会引导组织走向成功，相反，连续的错误决策必然使组织毁灭（见图5-1）。

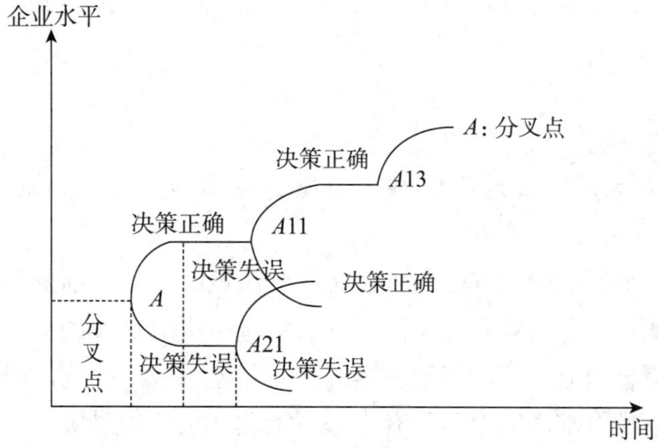


**图5-1 管理决策与分叉理论**

现实生活中许多正面的和反面的例子都已经证实，决策正确与否，是管理成败的关键。对于实际管理者而言，一旦决策失误，尤其是一些重大战略性决策的失误，往往导致全盘皆输的结局。国内外众多企业由盛到衰的过程，很大程度上从反面印证了科学决策在企业发展过程中的地位和作用。美国《财富》杂志根据对CEO失败原因的长期分析，认为这些企业家的失败有六大原因，其中之一就是决策的失误。我国企业家在决策方面所犯的错误也不少。正如一位企业家曾经说过："失败的企业家70%～80%都是投资失败，而投资失败的主要原因则是决策失败。"这些决策问题主要表现为：决策的独断和无制约、决策的随意性、一夜暴富的投机性。20世纪末，大批红极一时的民营企业纷纷陨落，从巨人集团，到沈阳飞龙、三株集团、山东秦池、广东爱多，等等。这些企业曾经在中国市场上创造了一个个神话，取得了令人瞩目的成绩。但是仅仅在几年之间，它们就从人们的视线中消失了，其中最主要的原因就是决策的失误。飞龙的老总姜伟在总结自己失败的教训时，归纳出了“总裁的20大失误”，其中前三条分别是决策的浪漫化、决策的模糊化、决策的急躁化。三株总裁吴炳新在总结经验教训时也就决策问题进行了分析，他认为，由于决策权过分集中、缺乏“智囊团”而使决策出现了一些失误，对公司影响很大。总之，一个个失误的决策，给我国的企业造成了无法估量的损失。所以，如何进行正确决策是企业必须解决的一大问题。

### 5.1.3 决策的特征

（1）目标性。决策是为了实现特定目标的活动，没有目标就无从决策，目标已经实现，也就无需决策。

（2）预见性。决策是决策者为达到想象中未来事务的一种状态，对未来事物发展可能的一种认识。未来对任何人来说都是未知的领域，人们只能通过推理、预测来把握事物的发展趋势，然后做出相应的决策，使自己的行为合乎事物发展的规律。

（3）选择性。决策选择就是在两个以上备选方案中进行选优的过程。如果只有一个方案或人类面对的是自己无能为力改变的情况，也就谈不上选择。

（4）实施性。任何决策都必须付诸实施。决策的目的在于付诸实施，不准备实施的决策是多余的。

### 5.1.4 决策的原则

决策原则是决策者在决策过程中必须遵循的基本准则与行为规范，主要包括以下几点：

（1）信息充分原则。准确而齐全的信息是科学决策的基础、前提和依据，从某种意义上讲，决策的过程就是信息收集和加工的过程。信息原则对决策的要求是：建立和健全信息处理机构，保证信息沟通渠道的畅通，建立多元信息系统。决策的科学性取决于决策者掌握的各种情报资料是否准确齐全。只有掌握了准确齐全的信息资料，并对它进行系统的筛选、归纳、整理和去粗取精、去伪存真、由此及彼、由表及里的加工制作，才可能制定出正确的决策方案。信息不明确、不真实、不对称只会导致错误的决策。

（2）对比择优原则。领导者决策时必须根据主客观条件，运用系统科学的理论和方法，对各个预选方案进行分析比较，本着利中取大、兴利除弊、化弊为利的原则，从中选出最优方案或组成最满意新方案。因此，从一定意义上讲，决策就是从若干个方案中选择最优方案或综合成新方案并有效实施的过程。

（3）系统分析原则。任何一项决策都不是孤立的，都会牵涉许多其他方面的因素。现代科学决策所要处理的问题比过去任何时候都复杂，彼此之间盘根错节，互为因果。如果孤立、静止、片面地看待它们，那么就不能准确、全面、正确地认识和把握它们，也不能作出正确的决策。系统分析原则要求把决策对象看作一个完整的系统，研究它们在整个大系统中的地位和作用，弄清系统中各部分、各层次的主次关系、先后关系，达到系统的完整与平衡。这就要求领导者在制定决策时必须要有系统观念，树立全局观念，从整体把握部分，不能把某一部分、某一指示作为总体决策的依据，要充分考虑决策所涉及的整个系统和相关系统之间的关系，运用系统分析的方法对决策活动进行系统分析、系统设计和系统选择。

（4）灵活性原则。领导决策事关重大，没有过硬的原则保障必定会出现严重问题。然而，所作的决策、所处理的问题以及所依托的领导环境总是错综复杂、千变万化的，即情况时时都会有所不同。因而，领导主体在决策时不能只看其一不看其二，不能僵硬、绝对地看待事物，而应总揽全局，进行决策。这样才能在变化的形势中找到有利的位置和角度，从容地采取措施，逐步解决问题。领导决策不仅要有原则性，而且要有灵活性。

（5）可行性原则。可行性原则要求，一项正确的决策必须在现有的主客观条件下能够顺利实施。所以在决策过程中，必须要对现有的人力、物力、财力、科学技术能力以及可以借助的有关力量作出具体分析，对在实施决策过程中可能发生种种变化的前因后果作认真细致的预测、推论和严密分析。决策的可行性是衡量决策正确性的重要标志，领导决策必须切中要害、切实可行，凡是没有足够条件来保证实施的决策的正确性，都是不可行的。

（6）集体决策原则。现代决策的复杂性决定了决策对单个决策者来说是难以胜任的。因此，出现了决策者和决策研究者之间的分工与合作，以及从个人决策发展到集体决策的趋势。集体决策不是指简单的集体讨论，也不是少数服从多数的简单表决，而是由专家学者和管理工作者组成的智囊团，经过周密的调查、研究、对比、分析，提出有定量依据的、切实可行的方案。因此，集体决策原则也可以说是集体智慧的体现。

## 5.2 决策的基本内容

决策是管理活动中最频繁、最主要、最基本的一种主体性活动，也是一切决策中最重要的决策。决策是指领导者在领导活动中，为了解决重大的现实问题，通过采用科学的决策方法和技术，从若干个有价值的方案中选择一个最佳方案，以此实现管理目标的活动过程。

### 5.2.1 决策的条件

具体地说，领导决策应该具备以下几个方面的条件：

第一，决策要有明确的目标。决策是为了解决某一问题而作出的决定，它是有目标地面向未来的认识活动。没有目标，就无从决策；目标不明确，将会造成决策的失误。

第二，决策要能够付诸实施。决策是为了正确地指导人们认识和改造世界，它以实践为基础和目的，又是实践的准备和指导，制定决策后必然要付诸实施。

第三，决策要追求优化。以最少的消耗获得最佳的效果是领导决策追求的理想境界，不追求优化，决策就没有意义。

第四，决策是一种选择活动。决策是在若干个方案中选择一个最佳方案的过程。只有一个方案，就无从选择；没有选择，就无从优化。

知识链接

**企业决策常见病**

1. 独断决策：国内知名企业失败的主要原因

一些企业的决策往往由总裁垄断，即“总裁”成了“独裁”的代名词。一个人说了算，一个人包打天下，个人素质决定企业命运，可谓“成也萧何，败也萧何”。

2. 急进决策：企业不要重蹈“大跃进”覆辙

企业在发展顺利时，往往无法客观、全面地把握现实，决策常常比较冒进，决策目标不是建立在客观实际的基础上，而是主观想象的基础上，决策目标超过了企业自身的能力。

3. 跟风决策：人云亦云最终只能是害自己

不是全面衡量企业内外各方面的条件进行创新，而是简单模仿，望风而动，盲目跟进。

4. 空想决策：以主观设想为基础，失败在所难免

决策不是以客观事实为基础，而是以主观想象代替客观事实，先入为主，把自己习以为常的东西作为决策的基础，其失败在所难免。

5. 经验决策：没有放之四海而皆准的真理

企业遇到问题，只用老经验来解决问题，很多时候，过去成功的经验变成了未来失败的根源。

6. 迟滞决策：企业决策的反应迟钝症

企业的生存环境复杂多变，决策者必须时刻有高度的危机感，若对外界变化麻木不仁，视若无睹，或者轻视各种不利的变化，不及时采取相应对策，则可能祸至不远矣。

7. 感性决策：不见棺材不掉泪

很多企业领导决策的依据就是感觉、直觉。凭着“大概”“估计”“大致”“好像”等非理性判断，进行决策，这种决策方式必然会导致灾难性的后果。

### 5.2.2 决策的类型

依据特定的标准，我们可以将决策区分为不同的类型。了解各种不同类型的决策可能具有的共同点，有助于管理者把握决策活动的规律性，从而提高决策的效率和效果。

一、按照决策的性质不同，可以分为战略决策、战术决策和业务决策

（1）战略决策是指与企业发展方向和远景有关的重大问题的决策。战略决策对组织而言是最重要的，通常包括组织目标与方针的确定、技术革新和技术改造、产品的更新换代等，这些决策涉及组织的方方面面，一般由企业的高层管理者作出，具有长期性、方向性、全局性的特点。

(2) 战术决策是为实现战略目标所采取的决策，也称为管理决策，主要涉及企业组织机构的设计和变更，各种规章制度的建立和改革，企业内部人力、物力、财力的协调与控制等。战术决策一般由企业的中层管理者作出，具有局部性、短期性的特点。

(3) 业务决策是为提高日常生产经营活动的工作效率而作出的决策。业务决策涉及的范围相对较窄，只对组织的局部产生影响。其主要内容有：1）生产决策；2）存货决策；3）销售决策等。在企业外部环境相对稳定时，业务决策特别重要。但在企业外部环境不断变化时，战略决策就显得特别重要。

二、按照决策活动表现的形式不同，可以分为程序化决策和非程序化决策

(1) 程序化决策是指常规的、重复的、例行性的决策，即当问题发生时，不必重新作出决策，可以按原来设立的方式进行的决策。例如，材料与工具出入库问题、工资发放问题等。由于这些问题经常地、重复地出现，解决对策可参照以往的经验，甚至可以把这些不断重复的工作方法编成固定的工作规则和程序，使这类工作有章可循。程序化决策往往由企业中、下层管理人员来执行。

(2) 非程序化决策通常是指那种独一无二的、不重复发生且无先例可循的决策。在现实中，当管理者面对新的问题或机会需要进行决策时，他们对这一决策是否会带来预期的结果并不能确定，在此情形下，不可能形成处理相关问题的程序和规则，而必须尽可能收集相关信息，并借助个人的直觉和判断从各种备选方案中作出选择。

三、按照决策的方法不同，可以分为确定型决策、风险型决策和不确定型决策

(1) 确定型决策是指一个方案只有一种确定的结果，即无论这个决策存在多少种备选方案，每一种备选方案都只有一种确定无疑的结果，决策只是将各个方案的结果进行比较，选择一个最好的方案。确定型决策是一种理想化的情形，现实中这种情形很少会出现。

(2) 风险型决策是指由于存在不可控制的因素，一个方案有可能出现几种不同的结果，对每一种结果出现的概率可以预先作出估计。由于概率的估计可能是基于个人的经验与判断，所以存在一定的风险。例如，某企业计划生产一定数量的新产品，由于无法控制市场的变化情况，销售难以预测，因此，盈利与亏本这两种可能性都存在，到底生产还是不生产，很难作出决策，需要冒点风险，对该问题的决策就是风险型决策，风险型决策更接近现实情况。

(3) 不确定型决策与风险型决策所面对的情况是相同的。不同之处是：该类型决策对各种可能的结果无法确定一个概率，只能靠决策者的经验和心理因素来确定。

在上述分类中，一般来讲，高层的、战略性的决策非程序化、不确性的特征较明显，决策中定性分析的程度较高；相反，基层的、战术性的决策与业务决策问题程序化、确定性的成分较突出，定量决策应用较多。

四、按照决策的主体不同，可分为群体决策与个人决策

群体决策就是指多个人一起作出决策。个人决策就是单独一个人作出决策。

(1) 个人决策。

1）影响决策过程的个体因素：

个人的感知方式，特别是经验。

个人的价值观、道德标准、行为准则。

2）个体决策的优缺点：

优点：决策速度快；责任明确。

缺点：容易出现因循守旧、先入为主等问题。

（2）群体决策。

1）影响决策过程的群体因素：

特有的群体心理现象：如舆论、从众现象、默契、情绪、士气等。

2）群体决策的优缺点：

优点：可以掌握更多的信息；更多的可选方案；参与决策使参与者更好地了解制定的决策方案，使满意度提高，利于决策的实施。

缺点：决策所用的总时间一般比个人决策要长；过多地依赖群体决策，会限制管理者采取迅速、必要行动的能力；容易出现责任不清的问题。

### 5.2.3 决策的标准

什么是有效的和正确的决策？其判断标准是什么？对于这些问题，有三种颇具代表性的观点。

第一种是“科学管理之父”泰勒提出的“最优标准”。在泰勒看来，任何一种管理工作，都存在一种最佳工作方式，而追求最佳决策是管理者一项非常优秀的心理品质。事实上由于主客观条件的限制，并不总是能达到这样的结果。

第二种是西蒙提出的“满意标准”。从实际情况来看，满意往往成为决策所依据的标准，而不是所谓的最优标准。这是因为对管理者而言，要使决策达到最优，需要同时具备以下条件：

（1）能够获得有关决策的所有信息；

（2）能够判断所有信息的价值所在，并据此拟订出所有可能的备选方案；

（3）能够准确预测每一种方案在未来的执行结果。

但是，现实的情形通常不可能完全满足上述条件。由于组织所处环境的复杂性和变动性，管理者不仅很难收集到反映这些情况及其变化的全部信息，而且即使收集到有限信息，由于受管理者自身处理和利用信息能力的限制，他们往往也只能拟订出数量有限的方案而不是全部可能的方案。同时，由于任何方案在未来实施的过程中，都会受到各种不确定因素的影响和干扰，其实施结果并非完全可以控制。因此，现实中的管理者在有限理性的前提下，通常难以作出最优决策，只能遵循满意标准作出相对满意的决策。

第三种是美国管理学家哈罗德·孔茨提出的“合理性标准”。孔茨强调决策过程各阶段的工作质量最终决定了决策的正确性与有效性，而不是仅仅在于进行决策时采用了“最优”还是“满意”标准。合理性就是以符合目的为根本标准，其实质是强调各决策阶段的效果与工作质量。

### 5.2.4 决策的影响因素

任何决策都是在一定的条件下进行的，都会受到一些因素的影响和制约。一般来说，影响决策的因素主要有以下几个方面。

一、环境因素

环境对决策的影响表现为，推动决策和制约决策。首先，环境的变化使组织面临新的问题，为应付这些问题，需要决策；其次，管理者进行决策时，要考虑各种环境因素并受其制约，否则，决策就可能失误。

二、组织文化

组织文化影响着组织及其成员的行为和行为方式，它对决策的影响也是通过影响人们对组织、对改革的态度而发挥作用的。涣散、压抑、等级森严的组织文化容易使人们对组织的事情漠不关心，不利于调动组织成员的参与热情；团结、和谐、平等的组织文化则会激励人们积极参与组织的决策。因此，任何一个决策都会受到组织文化的影响。

三、决策者的个人因素

在决策活动中起决定作用的是决策者，决策者个人的能力、知识与经验、战略眼光、民主作风、偏好与价值观、对待风险的态度、个性习惯、责任和权力等都会直接影响决策的过程和结果。其中，决策者的个人能力以及对待风险的态度是决策成败的关键。该能力主要来源于渊博的知识和丰富的实践经验，一个人的知识越渊博、经验越丰富、思想越解放，就越乐于接受新事务、新观念，越容易理解新问题，也就能拟订出更多更合理的备选方案。

四、时间因素

时间敏感型决策是指那些必须迅速作出的决策，战争中军事指挥官的决策多属于此类。时间敏感型决策强调了时间对决策的影响，这种决策对速度的要求远甚于质量。例如，当一个人站在马路当中，一辆疾驶的汽车向他冲来时，关键是要迅速跑开，至于跑向马路的左边还是右边，相对于及时行动来说则显得比较次要。知识敏感型决策则对时间的要求不是非常严格，这类决策的执行效果主要取决于其质量，而非速度。

五、过去的决策

在管理实践中，现在的决策大多都是建立在过去决策基础之上的，过去的决策总是有形无形地影响现在的决策。这种影响有利有弊，利是有助于实现决策的连贯性和维持组织的相对稳定，并使现在的决策建立在较高的起点上；弊是不利于创新，不适应剧变环境的需要，不利于实现组织的跨越式发展。一般来说，过去的决策对现在决策的影响程度，取决于它们与决策者的关系，这种关系越紧密，现在的决策受到的影响就越大。

## 5.3 决策的程序与方法

现代企业管理之父德鲁克说：不论管理者做什么，他都是通过决策进行的。德鲁克甚至断言：管理始终是一个决策的过程。

### 5.3.1 决策程序

正确的决策是建立在科学程序基础上的，实践证明，决策虽然不一定按固定的程序实施，但不按程序决策，常常会导致决策失败。

一、发现问题——决策的开始

决策的第一步是认识决策的需要，因此，决策过程开始于一个存在的问题，或者是为了利用一个潜在的机会。

发现问题的困难在于，现实管理中的问题很少是显而易见的，有时候问题本身并不明显，导致问题产生的原因也可能是错综复杂的。由于问题的识别通常带有很强的主观性，在同一种状态下，有的经理人员可能认为是个“问题”，而另一个经理人员则可能认为是一种“满意状态”。所以，识别问题或者发现机会，对于管理者作出有效决策而言，既非常重要，也相当困难。

二、确定目标——决策的前提

目标体现的是组织想要获得的结果。决策目标是根据所需要解决的问题确定的。因此，必须把需要解决的问题的性质及其产生的原因分析清楚，目标才能确定。

决策目标的确定要符合一些要求：一是目标必须具体明确，不能含义不明；二是目标必须落实，并可以确定其责任；三是明确目标的约束条件；四是多目标问题的处理。当目标之间相互矛盾时，要以总目标为基准，进行协调。

三、拟订方案——决策的基础

在目标确定之后，就要探索和拟订各种可行的方案。为了更好地达到解决问题或充分利用机会的目的，需要设计出尽可能多的备选方案以供评价和筛选。如果备选方案只有一个便谈不上选择，也就无所谓决策了。管理专家们认为，没有推出不同的备选方案并对它们进行比较分析，是管理者作出错误决策的重要原因之一。

备选方案既可以是标准化和常规性的，这可以借助于过去的做法与经验，也可以是独特的和富有创造性的，这就要求管理者彻底放弃固有的思想观念，转而使用一种全新的思维方式，大胆设想，勇于创新。如可充分发挥智囊技术的作用，在国外常用“头脑风暴法”“对演法”“哥顿法”等。

四、方案选优——决策的关键

在拟订方案工作完成之后，就要对这些方案进行比较评价，从各种可供选择的方案中，权衡利弊，选择其一。因此，管理者必须具备评价各种备选方案的价值的能力，也就是识别每一种备选方案的优点和缺点的能力。一些较差的管理决策产生的原因，可以追溯到对备选方案不良和错误的评价上。

要保证对备选方案进行正确的评价，最重要的是要能够确定出评价标准。西方学者认为，通常有四个基本标准可以用来对备选方案进行正反两个方面的评价，它们是：合法性、合乎伦理道德、经济可行性和实用性。当然，很多时候，管理者需要收集更多的补充信息，以保证评价的正确性。

五、典型试验——决策的试点

方案选定后，要进行典型试验，以验证其方案的可靠性。典型试验也称为“试点”，是一种科学的步骤，科学地进行，才有实际效果。为此，一方面被试验的点必须具有典型性条件，并严格按照决策方案实施；另一方面，简单地、走过场式地搞试点或有意给试点单位以优厚条件，以证明决策正确，均是错误的。如果试点成功，即可转入全面实施。否则，必须反馈回去，进行决策修正。

六、普遍实施——决策的落实

通过上一阶段的试验，如果证实可靠，即进入决策执行阶段。这就是把决策目标落实到每一执行单位，明确各自的责任，并及时掌握执行过程中的具体情况。

七、跟踪控制——决策的检查

决策付诸执行以后，在执行过程中可能会发生这样或那样与目标偏离的情况，因此，必须注意跟踪检查。如果偏离了原定的目标，就应及时反馈并进行控制，不断修正方案，以便实现原定的目标。如果有的方案几经修订，仍达不到预期结果，就要对决策本身进行分析，发现问题，及时改正，重新进行跟踪决策。

决策是一个动态过程，不一定机械地按顺序一步接着一步地做，这中间会有反馈，这种反馈不仅存在于各个大步骤之间，而且在各个大步骤之内的各个小步骤之间也同样存在，结果就会形成大大小小的反馈环，以及大环套小环的复杂情况，如图 5－2 所示。

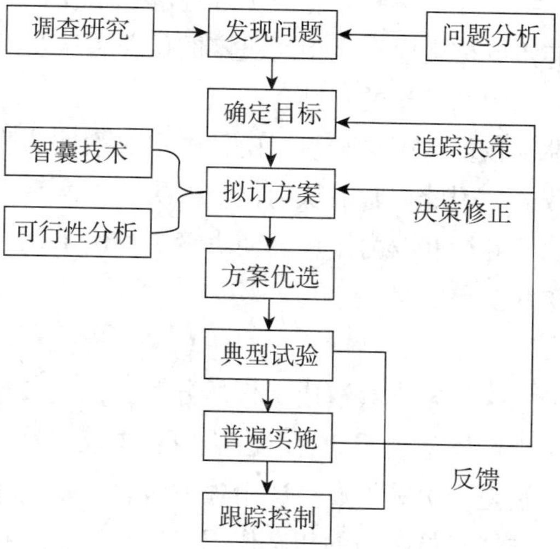


**图 5－2 决策的程序**

### 5.3.2 决策方法

一、群体决策

一般来看，群体决策具体包括两种形式：一是领导群体决策；二是群体参与决策。所谓领导群体决策不是指领导个人拍板决策，而是指一个领导集体共同进行决策，决策代表了领导集体的共同意志。群体参与决策是指较低层次的群体成员参与较高层次决策的情况，集中表现在群体成员参与领导决策的过程，并对决策的形式、内容和执行施加影响。

群体决策与个体决策各有其优缺点，它们在不同的管理情境下可以发挥各自不同的作用。在现代社会中，仅凭个人经验来拍板，决策的成功率已经越来越低，而群体决策常常要比个体决策可靠和正确。在群体活动中，有些时候需要进行个体决策，而更多的时候则需要进行群体决策。

与个体决策相比，群体决策有其利弊之处。我们可以从解决问题的准确性、创造性和效率等方面进行比较。

1. 群体决策的主要优点

第一，更完全的信息和知识。在群体决策条件下可以比个体决策获得更多的信息，并能更充分地运用知识与专长解决问题。尤其在多样化程度比较高的群体中，将会在决策时有更多的机会诱发、利用和处理信息，决策的创造性更高。群体成员参与决策，加强了多种信息的横向和纵向交流，能够更好地了解决策的内容和任务，有利于提高随后的工作效率。

第二，更多的备选方案。群体决策能够给决策过程带来异质性，这就为多种方法和多种方案的讨论提供了基础。群体成员的不同背景可以使群体具有个人难以具备的创造性、多种经验和不同的观点，在决策过程中可以集思广益，博采众长，互相启发，有助于产生更多的备选方案，并作出更多选择，提高了决策的正确性。

第三，更高的可接受性。决策本身并非目的，其关键在于决策方案能否按决策者的意图顺利实施。群体决策的结果更易得到所有成员的理解和接受，因而在群体成员中形成对决策方案的高承诺度，群体成员更愿意承担所决定的任务和接受所需要的变革。取得下属或群众的支持是使决策得以顺利实施的基础。

第四，更具有合法性。在多数国家和组织中，民主决策被认为更具有合法性。群体决策过程与民主思想是一致的，因此，其被认为比个人决策更合乎法律要求。群体决策避免了个人决策可能带来的独断专行和权力滥用，使决策更加民主化，能够更充分地反映受该决策影响的所有人的愿望和要求。

2. 群体决策的主要缺点

第一，责任不清。群体决策常常会造成责任的分散。在决策过程中，个体喜欢分析情况、提出方案，但倾向于规避决策责任，有时会滥用表决权，将责任推给大家，造成决策结果无人承担的局面，特别是当决策失误或决策失败时。

第二，决策成本高。群体成员之间的相互作用、反复讨论往往导致低效率，有时会产生相当大的分歧甚至发生争吵。这样要达成一致意见就会耗费许多时间，从而限制了管理者在必要时作出快速反应的能力，而且群体决策所需的费用一般比个体决策要多。

第三，从众压力大。在一个群体中，个人由于担心受到其他成员的排斥或指责，思想往往会受到束缚。群体成员希望被群体接受和重视的愿望可能会导致不同意见被压制，在决策时使群体成员都追求观点的统一。特别是在由不同层级的人员组成的群体中，下级往往不能真正参与决策，甚至会表现出为迎合上级意图而不提出自己真实意见的倾向。

第四，少数人控制。少数成员因其特殊的身份、地位、权力或声望等因素，可能控制着决策的过程和意见的导向，对群体决策产生不良影响，群体决策有可能变成了个人决策，从而影响决策的质量。

上述缺点会影响群体决策的效果。不过，一般来说，群体决策失误的代价常常比个体决策低。从长远来看，群体决策的效率高于个体决策。

**【案例】**

**群体决策的困境**

按理群体在一起能够集思广益，应该发挥出超常的智慧，就像中国古话所说："三个臭皮匠，顶个诸葛亮。"但是绝大多数时候，臭皮匠就是臭皮匠，多少个臭皮匠也成不了诸葛亮。《第五项修炼》的作者彼得·圣吉，曾调查了4 000 家企业，发现了一个现象：很多团队，个人智商都很高，120 分以上，但团队智商却很低，只有 62 分。有位教授经常讲，在各国企业里，很多情况下是三个诸葛亮在一起，结果变成了一个臭皮匠，而不是三个臭皮匠变成了一个诸葛亮。

**讨论：**

为什么会出现这种现象？如何避免这种现象，以提高群体决策的效率和效果。

二、头脑风暴法

头脑风暴法（Brain-storming）又叫畅谈法、集思法，是一种集体决策方法，其特点是，针对需要解决的问题，相关专家聚集在一起，在一种宽松的氛围中，敞开思路，畅所欲言，以形成多样化的决策思路和方案。该方法强调以下四个基本原则：

（1）勿评优劣：各自发表自己的意见，任何人不得对他人的建议发表评论或提出批评；

（2）畅所欲言：建议越多越好，而各种建议不必经过深思熟虑；

（3）大胆创新：鼓励独立思考和奇思妙想；

（4）集思广益：所有的建议都当场记录下来，留待稍后通过进一步讨论和分析加以补充和完善。

头脑风暴步骤共分三个阶段：

1. 准备阶段

（1）准备会场，安排时间。

会议时间以 1 小时为宜，最长不宜超过 2 小时，时间过长与会人员会产生疲倦，少有创意，失去兴趣。

（2）组织者明确议题与目的。

会议组织者应创造良好活跃的氛围，激发与会人员发表自己意见与看法的积极性，做到"知无不言，言无不尽"。

（3）准备必要的会议用品。

如：白纸、笔、记录本等

2. 引发和产生创造思维的阶段

（1）与会人员一律平等，无领导与被领导之分。

（2）与会人员发言。

（3）与会人员发言结束后可以相互补充各自的观点，但不能评论批驳别人的观点，创意或发言的内容无论正误、好坏、合理还是不合理均不能对意见进行批评与指正。

（4）发言思路不能限定，欢迎从不同的角度提出不同的想法。

（5）记录人要将各种观点进行全面记录，不允许有遗漏。

（6）持续到无人发表为止。

（7）将每个人意见重复一遍。

3. 整理阶段

汇总、整理、评价、论证、分类归纳。

评价、论证时注意的问题：是否还有另外更好的方法；是否可借用过去相似的创意；是否可以变更；是否可以代替。

头脑风暴法是一种被广泛运用于群体决策的有效方法，其最大的特点在于鼓励创新思维。

**【管理游戏】**

**头脑风暴法**

**目的：** 运用头脑风暴法，培养学生的创新能力。

**时间：** 20～30 分钟

**要求：** 组成三个或四个小组，指定一位发言人在老师提问时向全班报告你们小组的发现与结论。运用头脑风暴法确定将开办饭店的类型。

**主要内容：** 你和你的同学试图决定在购物中心开设一家什么样的饭店。困扰你们的问题是，这个城市有了很多的饭店，这些饭店能够提供各种价位的不同种类的餐饮服务。你们拥有开设任何一种类型饭店的足够资源。你们所面对的题是决定什么样的饭店是最成功的。

**步骤：**

1. 小组集体花 5～10 分钟时间，来决定你们最可能成功的饭店类型。每位小组成员都要尽可能地富有创新性和创造力，对任何提议都不能加以批评。

2. 指定一位小组成员把所提出的各种方案写下来。

3. 再用 10～15 分钟时间讨论各个方案的优点与不足。作为集体，确定一个使所有成员意见一致的最可能成功的方案。

4. 在做出你们的决策后，对头脑风暴法的优点与不足进行讨论，确定是否有产生阻碍的现象。

三、德尔菲法

德尔菲法（Delphi Technique）又名专家意见法或专家函询调查法，采用背对背的通信方式征询专家小组成员的决策意见，经过几轮征询，使专家小组的意见趋于集中，最后作出选择。所以，德尔菲法是一种利用函询形式进行的集体匿名思想交流的过程。其基本步骤是：

（1）根据特定的问题，选择并确定一组具有相关经验的专家名单。

（2）针对问题仔细设计调查问卷，将问卷分发给所有专家，并要求每一个专家独立地、以匿名的方式完成问卷。

（3）收回问卷并对问卷的结果进行编辑和汇总，将第一轮问卷的结果反馈给所有专家，以激发他们的创意或促使他们调整和改变原来的看法。

（4）再次请求专家提出新一轮的意见或方案，并重复前面的步骤至第三轮、第四轮甚至更多，直到获得相对一致的意见。

与其他专家决策方法相比，德尔菲法有三个明显的特点：

（1）匿名性。即专家组成员不直接见面，只通过函件交流，这样就可以消除权威的影响。

（2）反馈性。即需要若干轮信息反馈，使得最终结果基本能够反映专家的想法和对信息的认识，所以结果较为客观、可信。

（3）统计性。即对诸多专家的意见进行统计学处理，并以概率的形式反映专家意见的集中度。

德尔菲法使用过程中需要我们注意两点：

（1）并不是所有被预测的事件都要经过四步。可能有的事件在第二步就达到统一，而不必在第三步中出现。

（2）在第四步结束后，专家对各事件的预测也不一定都达到统一。不统一则可以用中位数和上下四分点来作结论。事实上，总会有许多事件的预测结果都是不统一的。

德尔菲法的优点主要是简便易行，具有一定的科学性和实用性，可以避免会议讨论时产生随声附和等的弊病，同时也能较快形成易接受的结论，在一定程度上具有综合意见的客观性。

这种方法的缺点：一是由于决策主要依靠专家，因此，仍属专家们的集体主观判断；二是在选择合适的专家方面比较困难；三是决策速度太慢。

### 四、电子会议

电子会议（Electronic Meeting）是一种较新的群体决策方法，它是将群体法与计算机技术结合起来的一种方法。参与会议的所有人拥有一个计算机终端，通过大屏幕将问题显示给所有参会者，每一个成员都将自己的意见打在计算机屏幕上，个人意见和评论以及票数统计结果都实时显示在会议室大屏幕上，由此进行决策讨论。

电子会议的主要优点是匿名、诚实和高效。它鼓励群体成员大胆地表达自己的想法而不必担心会受到惩罚，同时也避免了闲聊和讨论偏题的问题，并且不需要担心打断他人的“讲话”。电子会议的缺陷是，那些打字速度快的人使得那些打字速度慢的人相形见绌；电子会议方法缺乏面对面的口头交流所传递的大量丰富的信息。可以预见，随着电子技术的日益成熟，电子会议在群体决策领域中将得到越来越广泛的运用。

## 本章重点知识归纳

决策是领导者众多活动中最频繁、最主要、最基本的一种主体性活动，也是一切决策中最重要的决策。在现代社会中，决策的优劣关系到组织的兴衰成败，提高决策的科学性和准确性对组织的经营和发展是至关重要的。

领导决策是指领导者在领导活动中，为了解决重大的现实问题，通过采用科学的决策方法和技术，从若干个有价值的方案中选择一个最佳方案，以此实现领导目标的活动过程。

领导决策原则是决策者在决策过程中必须遵循的基本准则与行为规范，主要包括信息充分原则、对比择优原则、系统分析原则、灵活性原则、可行性原则、集体决策原则。

决策程序分为七个步骤：发现问题、确定目标、拟订方案、方案优选、典型试验、普遍实施、跟踪控制。

决策方法包括群体决策、头脑风暴法、德尔菲法、电子会议。

## 思考讨论题

1. 为什么决策通常被描述为管理者工作的实质？请说明。

2. 组织文化可能会对管理者制定决策的方式产生什么影响？

3. 影响决策的因素有哪些？

4. 决策方案优选的标准是什么？

5. 描述决策过程的每一个步骤？

6. 成功的管理者有时也会作出错误的决策，针对这种情况，你认为作为管理者应该如何提高决策技能？

7. 很多人在制定决策时都会带有某种程度的偏见，你认为管理者在管理过程中会有什么类型的偏见？带有偏见的决策会造成什么样的结果？决策过程中有倾向性是否也有一些优点？试做说明。

8. 有人认为，管理者应该经常使用电脑和软件工具进行决策，只有有效利用电脑和软件工具他们才能够制定出更理性化的决策，你是否同意这种说法？为什么？

## 实践与技能训练

### 项目：丛林生存决策

**【实训目标】**

让学生体验决策过程，了解个体决策与群体决策的优劣势。

实训材料：纸笔

**【实训内容与要求】**

（1）情景介绍。

你是一名飞行员，但你驾驶的飞机在飞越非洲丛林上空时突然失事，这时你连同其他四名成员必须跳伞。与你们一起落在丛林中的有14项物品：药箱、手提收音机、手枪、一瓶驱虫剂、大砍刀、蛇咬药箱、一盒轻便食物、一张防水毛毯、一个热水瓶、打火机、一支高尔夫球杆、一个大绿色垃圾袋、指南针（罗盘）、蜡烛。为了你的生存，请你将上述14项物品，根据对生存的重要性加以排列。将最重要的项目写上“1”，次要的写上“2”，以此类推，将最不重要的写上“14”。

（2）分析并作决策。

将学生分组，每组5～6人，先每人进行个体决策，给出个人的物品排列顺序和分值，然后每组成员进行讨论并进行小组决策，给出小组的物品排列顺序和分值。

（3）老师给出专家的物品推荐排列顺序及总分值，并解释这种物品排列决策的原因。

（4）对比分析个体决策与专家决策的优劣和差距，判断自己的生存能力是强、较强、一般还是很差。

（5）对照个体决策与专家决策的优劣和差距，评判小组决策的效果是否比个体决策的效果好些。

**【成果与检测】**

班级组织一次交流，每小组推荐2名成员讲解他们的决策过程，并与大家分析。

## 本章讨论案例

### 公司的会议

佳爽公司是近年来快速发展起来的一家饮料公司。几年前，经理王刚力排阻力，果断决策购买了国外淘汰的二手生产设备，使得佳爽饮料销路大开，公司也因此挤入国内同行业强手之林。

一天王经理通知各部门主管及负责人晚上8点在公司会议室开会，有重要问题讨论。晚上8点会议准时召开，王经理严肃地讲道：“我有一个新的想法，我将大家召集到这里是想听听大家的意见和看法。我们公司比起4年前已经发展了很多，可是，相比国外同类行业的生产技术、生产设备，我们的差距还很大。我想，我们不能满足于现状，应该力争世界一流水平。当然，我们的技术、人员等诸多条件还差得很远，但是我想为了达到这一目标，我们可以先从硬件条件入手，即引进世界一流的设备，这样一来，就会带动我们的人员、技术等一起前进。我想这也并非不可能，4年前我们不就是这样做的吗？现在公司的规模扩大了，内外事务也相应地增多了，大家都是各部门的领导及主要负责人，我想听听大家的意见，然后再作决定。”

会场一片肃静，大家都清楚记得，4年前王经理宣布引进二手设备的决定时，有近70%的成员反对，尽管王经理详细介绍了他对市场、政策、公司技术人员、公司资金等内外环境的一系列调查研究结果，但仍有半数以上的人持反对意见，10%的人持保留态度。因为当时很多厂家引进设备后，由于存在设备不配套和技术难以掌握等问题，使高价引进的设备成了一堆闲置的废铁。但是王经理在这种情况下仍采取了引进二手设备的做法。事实表明这一举措使佳爽公司摆脱了当时由于设备落后、资金短缺所陷入的困境。因为当时二手设备的价格已经很低了，但在我国尚未被淘汰。因此，佳爽公司也由此走上了发展的道路。

王经理见大家犹豫不决的样子，便说道："大家不必顾虑，今天这一项决定完全由大家作出，我想这也是民主决策的体现，如果大部分人同意，我们就宣布实施这一决定；如果大部分人反对的话，我们就取消这一决定。现在大家举手表决吧。"于是会场上有近70%的人投了赞成票。

**讨论：**

1. 王经理的两次决策过程合理吗？为什么？
2. 如果你是王经理，在两次决策过程中应做哪些工作？
3. 结合本案例，请说明影响决策的主要因素有哪些？

# 第 6 章　领导

**本章学习中，你的学习目标：**

1. 阐述领导者和领导的内涵。
2. 解释领导者的责任与义务。
3. 描述领导的不同风格与类型。
4. 运用领导授权的方法。
5. 认识领导创新的必要性与方法。

领导是管理工作的重要职能之一，领导职能贯穿于管理的整个过程之中。“领导”在日常使用中有两种含义，其一是指领导过程、领导活动；其二是指领导者。领导者作为领导活动的主角在组织发展中的作用十分重要。

## 走进管理

**【案例】**

**看球赛引起的风波**

东风机械厂发生了这样一件事。金工车间是该厂唯一进行倒班的车间。一个星期六晚上，车间主任去查岗。发现上二班的年轻人几乎都不在岗位。据了解，他们都去看电视现场转播的足球比赛去了。车间主任气坏了，在星期一的车间大会上，他一口气点了十几个人的名。没想到他的话音刚落，人群中不约而同地站起几个被点名的青年，他们不服气地异口同声地说：“主任，你调查了没有，我们并没有影响生产任务，而且……”主任没等几个青年把话说完，严厉地警告说：“我不管你们有什么理由，如果下次再发现谁脱岗去看电视，扣发当月的奖金。”

谁知，就在宣布“禁令”的那个星期的周末晚上，车间主任去查岗时又发现，上二班的 10 名青年中竟有 6 名不在岗。主任气得直跺脚，质问当班的班长是怎么回事，班长无可奈何地从工作服口袋中掏出三张病假条和三张调休条，说：“昨天都好好的，今天一上班都送来了。”说着，班长瞅了瞅大口大口吸烟的车间主任，然后朝围上来的工人挤了挤眼儿，凑到主任身边讨了根烟，边吸边劝道：“主任，说真的，其实我也是身在曹营心在汉，那球赛太精彩了，您只要灵活一下，看完了电视大家再补上时间，不是两全其美吗？上个星期的二班，据我了解，他们为了看电视，星期五就把活提前干完了，您也不……”车间主任没等班长把话说完，扔掉还燃着的半截香烟，一声不吭地向车间对面还亮着灯的厂长办公室走去。剩下在场的十几个人，你看看我，我看看你，都在议论着这回该有好戏看了。

请思考如何处理这件事。在学完有关管理理论后，将进行案例分析。在课下要做好准备。

## 6.1 领导概述

我们常说，“一群狮子被一头绵羊率领就会变成一群绵羊，一群绵羊被一头狮子率领就会变成一群狮子”，这说明领导者的作用至关重要，尤其在变革的时代，领导是一个组织发展与衰败的关键因素。

领导是管理工作的一个重要组成部分，它是任何社会组织共有的一种现象。在任何社会，无论在正式组织还是在群体中，都离不开领导。大量事实证明，大到一个国家，小至一个企业、班组，领导者的领导水平决定着组织运行与发展的方向和水平。

关于领导概念的定义，管理学中有许多不同的解释。美国管理学家斯道戈迪尔和巴纳德编辑的《领导学手册》中，在总结各种学派和观点的基础上提出以下的界定：

领导意味着群体过程的中心；

领导意味着人格及影响；

领导意味着劝导服从的艺术；

领导意味着影响力的运用；

领导意味着一种行动或行为；

领导意味着一种说服的形式；

领导意味着一种权力关系；

领导意味着一种互动中逐渐形成的效果；

领导意味着一种分化出来的角色；

领导意味着结构的创始；

领导意味着一种实现目标的手段。

美国管理学家孔茨、奥唐奈和韦里奇认为，领导是一种影响力，是对人们施加影响的艺术或过程，从而使人们情愿地、热心地为实现组织或群体的目标而努力。首先，它揭示了领导的本质即影响力。影响力是影响和改变他人心理和行为的能力，它是由职权影响力（强制性的，如决策、指挥、用人、奖惩等法定权力）和自然影响力（如品德、素质、能力、行为方式等威望或威信）构成，拥有影响力的人才称得上是真正的领导者。其次，它指出了领导是对人们施加影响的过程，它具有艺术性。第三，它指出领导是一项目的性非常强的行为，它的目的在于使人们情愿地、热心地为实现组织或群体的目标而努力。

本书将领导定义为：领导就是在社会共同活动中，具有影响力的个人或集体，在特定的结构中通过示范、说服、命令等途径，动员下属实现群体目标的过程。它涉及领导活动的前提、主体、结构、手段和目标。领导活动是存在于群体之中的，一个人不能形成领导，群体活动成为领导诞生的前提。领导活动的主体是由领导活动的发动者、组织者与执行者共同组成的，领导活动的主体包括两个要素即领导者与被领导者。领导活动的结构是领导者发动和组织领导活动所依存的体制或规则，任何组织中的领导活动都是在一种制度化的规则中展开的。领导活动的手段是领导者调动和激励下属的方式。领导活动的目标是领导活动的归宿，没有目标的领导活动不仅没有成效，而且会迷失方向。

在谈到领导与管理时，我们常把领导者与管理者混为一谈，其实它们并不是完全相同的。领导与管理的最大区别体现为：领导是一种变革的力量，领导从根本上讲是一种影响力，是一种追随关系。而管理则是一种程序化的控制工作。领导与管理的联系主要体现在领导是从管理中分化出来的，领导活动和管理活动在现实生活中具有较强的复合性和相容性。近10年来，一些学者对领导者和管理者的不同进行了详细的研究，他们认为二者的区别在于：管理者是负责把事情做正确，而领导者是率领大家做正确的事情；管理主要侧重于对人员的控制，而领导更看重对人的激励；管理者的任务是按照既定的程序和流程进行计划、组织、协调和控制，而领导者首要的任务是率领部属对现有的程序和流程进行变革；成功变革的驱动力来自领导者而不是来自管理者。

### 6.1.1 领导工作的原理和原则

对人们通过实践已经认识了的领导活动的规律从理论上加以概括、提炼，就形成了领导科学中的原理和原则。领导原则是从相应的领导原理中引申出来的，是领导者在领导工作中应当遵循的行为规范和准则。领导原理是领导原则的灵魂，它决定着相应的领导原则，领导原则是领导原理的具体体现。两者相辅相成，共同为领导活动提供了基本的理论依据。

一、领导职能

1. 领导的一般职能

领导的一般职能包括引导、指挥、组织、协调、监督、教育。

领导的具体任务是规定组织的发展方向，主要体现于正确地规划目标、提出任务和制定实现任务的方法。正确地规划目标是领导的核心，领导是为实现某种组织目标而提升的活动，目标应该被视为是领导的导引；正确地提出任务是领导的中心环节。提出任务就是提出计划，计划活动包括确立行动方案、组织落实、评价和修正计划；科学地选择和确定领导方法和领导方式是领导的重要内容，即通过系列技术化的手段保证组织目标的实现。

指挥活动是领导者通过与组织层级相一致的权力线或指挥链，实施上级对下级组织和个人的领导。它是领导者运用组织权责，发挥领导权威，推动下属为实现既定目标任务而努力。

组织就是按照目标合理地设置机构、建立体制、分配权力、使用人员等。这是实现领导任务的可靠保证。

协调就是通过及时地调整，使各个方面、各个部分的工作配合得当。

控制就是从外部对执行者和执行组织的活动和运行状况进行宏观把握，对其偏离未来目标的行为及活动进行监控、校正、引导，以保证其组织在实现未来目标的过程中保持相对的稳定和有序运动，从而高效能地实现组织目标。

监督就是经常检查规划目标任务完成的情况，及时发现问题，纠正偏差，确保组织目标的实现。

2. 领导的基本职能

领导的基本职能是指贯穿于领导一般职能始终的职能，它包括决策、用人、思想政治工作。

决策是领导者为了达到预定目标而在几个可供选择的行动方案中选择一个合理方案的过程。正确决策是成功领导者必须具备的本领，决策在领导活动中占据首要地位，是领导者的重要职能。决策是领导过程的起点，是领导活动的中心环节，也是事业成功的关键。如我国杭州东方通信公司的总裁史志清力排众议，做出了与摩托罗拉合作生产手机的决策，从而取得了很大成功。

领导者制定和规划了组织的目标以后，他必须依靠用人并调动被领导者的积极性来实现这个目标。西蒙说，领导者是决策者，而真正开枪打仗却要靠士兵，没有士兵，长官的决策便无法实现。另外，在任何一个较大的组织内部，领导者不可能事必躬亲，他只能是通过层层管理骨干去领导整个组织。所以对领导者来说，“用人”是最基本的职能。这里所说的用人，包括两方面的内容：一是选拔管理骨干，二是挑选本组织的成员。领导者用人既要遵循符合社会发展规律的一些公认的原则，又要讲究一些方法和技巧，也就是说要道术并用。

思想政治工作着重对人的思想政治观念、世界观、工作态度和生活态度施加影响，以便调动积极性，服务于组织的生产经营。

领导职能是领导的职责和社会功能，它是领导本质的具体表现。领导的职能主要是处理三方面的关系。一是处理与人的关系，领导工作首先是做人的工作，通过一系列的措施，了解、掌握人的需要，从而有目的地引导、指挥和协调人的行为，千方百计地通过提高员工的满足度来调动人的积极性。二是处理与事的关系，作为一个组织或群体是有一定的存在目的的，领导就是在完成制定各种决策，进行现场指挥等大量工作中实现组织的目的。三是处理与时间的关系，一方面领导需合理安排个人和组织的时间，有计划、有条理地安排组织的各项活动，另一方面领导要面向未来，预测未来，真正做到把握时机，使组织持续发展。

## 二、领导原理

1. 人本原理

人本原理，就是把人的因素当作领导活动诸要素中的根本因素，把人的因素当作领导工作的主题，这是由领导活动的特点决定的。领导工作作为一种特殊的社会活动，是在领导者与被领导者相互作用的过程中进行的，领导者的基本职能主要是对人的工作，目标要通过人的活动去实现，领导的成功与否也主要取决于对人的行为、活动的认识，即如何调节人与人之间、人与环境之间的关系。

2. 统筹原理

领导是一个组织或团体运营机构的最高层次，它站在这个组织或团体活动的顶端，统御和筹划着这个组织或团体的活动，使它得以成为相对独立的，能产生整体功能的，并不断完善和发展的社会系统。这就是统筹原理。统筹原理告诉领导者必须明确自己的职责任务是为了组织或团体的发展，并协同与社会大系统的关系而筹谋、筹划，不断地设计规划未来，谋求更大的社会效益和经济效益，推动组织或团体乃至整个社会的进步。

3. 调控原理

为了使领导活动始终围绕着确定的决策目标运转，保证领导目标的实现，领导者必须对动态的领导过程，进行不间断的监察和及时有效的全程调节和控制，这就是调控原理。调控原理要求每一个领导者必须明确，领导系统是一个动态系统，领导过程是一个动态过程，既要保护领导系统的相对封闭，一环扣一环，又要重视收集信息，经常注意反馈，随时进行控制和调节。

4. 绩效原理

引用绩效的概念，以强调领导工作必须提高实绩和效益，这就是绩效原理。绩效原理要求每个领导者必须时刻不忘领导工作的根本目的，创造出更多更好的、最终可见的实绩和效益，为社会做出有价值的贡献，满足人们日益增长的物质和文化的需要。

三、领导原则

领导原则是指领导者在进行领导活动的过程中所必须坚持和遵循的标准或法则。

领导的总原则包括党的基本路线原则、实事求是原则、民主集中制原则、群众路线原则。

领导的基本原则包括统一领导原则、分层领导原则、系统整体原则、权责一致原则、民主公开原则、集体领导和分工负责相结合原则。

### 6.1.2 领导的作用

领导的作用主要体现在实现组织目标和在满足组织需要的同时尽可能地满足组织成员的需要。具体表现在以下几方面。

一、指挥引导

领导者是领导活动的主体，对领导活动的成败起着决定性的作用。领导活动启动的标志是领导目标的确定，而领导目标及其实施方案主要是在领导者的提出和指导下制定的。有了明确的方向，就可以在领导者的领导下，为实现目标而努力奋斗。领导者作为领导活动的组织者和指挥者。在领导活动启动后，要把领导目标和方案变成现实，必须通过被领导者的实践活动，充分发挥人的能动性和首创精神，这就需要领导者进行组织和指挥，统一思想和行动，形成一股强大的合力，才能顺利实现领导目标。

二、协调作用

领导协调是指领导者为实现领导目标，采取一定的措施和办法，使其所领导的组织同环境、组织内外人员等协同一致，相互配合，高效率地完成工作任务的行为过程。简单地说，领导协调是实现领导活动中人与人、人与事、事与事之间的协调配合，发挥最佳整体效能的活动。领导协调的本质在于解决各方面的矛盾，使整个组织和谐一致，使每个部门、单位和组织成员的工作与既定的领导目标保持一致。

领导协调一般由四个要素构成，即领导者、协调对象、协调手段和协调目标。通过协调可以减少内耗、增加效益；实现组织巩固、人员团结；同时也能有效地调动员工的积极性。

三、激励作用

领导激励是指领导者通过科学的方法来激发人的动机，开发人的能力，充分调动人的积极性和创造性，使被领导者焕发出旺盛的工作热情的活动过程。

首先，激励是调动人的积极性的重要方法。哈佛大学心理学家威廉·詹姆士在对员工激励的研究中揭示，按时计酬的职工仅能发挥其能力的20％～30％，受到充分激励的职工其能力可发挥至80％～90％，其中50％～60％的差距是激励的作用所致。其次，激励是提升人的价值的有效措施，从心理学的一般理论来讲，人的需要和动机是有层次的，一般是由低层次向高层次发展的。领导者的任务就是通过有效的激励，提升人们的价值观，实现人的价值的最大化。最后，激励是增强组织凝聚力的根本途径。领导者运用正确的激励，可以培养组织成员的集体荣誉感，增强组织的向心力、凝聚力。

领导激励的过程包括：满足需要、激发动机、鼓励行为、引导目标四个方面。

当然，作为领导者在发挥领导的作用时，首先必须坚持原则。最成功的领导者首先是坚持原则的领导者，如对人文领域中的公正、服务、平等、正义、诚实、完美和信任等不可违背的规律的遵循。只要一个人或组织坚持原则，他就会成为其他人或其他组织的典范，才能最大限度地发挥领导的作用。

### 6.1.3 领导者的责任和义务

在管理活动的整个过程中，领导工作也包含于其中，它是一个组织的管理者在管理过程中的行为活动，任何一个组织都离不开领导，否则组织将是一盘散沙，无法实现自己的目标与战略。领导者的责任和义务可以这样概括：

（1）计划和组织：制订短期计划，决定可用资源的分配和使用；将长期计划分解为短期的可行目标；开发可操作的政策和程序。

（2）决策：在无准备的情况下毫不迟疑地作出业务决策，授权对既定过程做微小的或重要的改变，以适应新的或特殊情况。

（3）关注指标：监督影响公司的内部和外部力量，包括绩效指标、公司的金融和资产、市场条件，以及文化、社会和政治氛围。

（4）监督：通过共同工作分析他们的长处和弱点，提供训练，发展技能，安排他们的工作，确立绩效目标，从而改进下属的绩效。

（5）协调：与公司内部的非直接控制的人们沟通，从而分享信息，实现先前既定的计划，解决问题和达到目标；与同级保持通畅的工作关系；缓解关键人物之间的分歧和冲突。

知识链接

有一项研究，从4 000个在这期间取得成功的管理人员中挑选了1 782名进行研究，发现一个成功的管理者一般具有这20种能力：工作效率高；有主动进取精神，总想不断改进工作；逻辑思维能力强；富有创造精神；有很强的判断能力；有较强的自信心；能帮助别人提高工作能力；能以自己的行动影响别人；善于用权；善于激发别人的积极性；善于利用谈心做工作；热情关心别人，能使别人积极而又乐观地工作；能实行集体领导；能自我克制；能自行作出决策；能客观地听取各方面的意见；对自己有正确的评价，能以人之长补己之短；勤俭耐劳；具有灵活性；具有技术和管理方面的知识。

### 6.1.4　领导的有效性

在企业管理中，领导有效性是一个综合性概念，是领导水平的总体反映。它指通过领导活动实现企业预定目标的程度。由于不同企业或同一企业不同职位的领导活动内容复杂，形式多样，因而难于用固定、机械的同一标准衡量有效性的高低。一般意义而言，一个企业或群体的领导是否有效，可以从以下方面反映出来：

(1) 下级的支持。下级员工主动而非被迫地支持领导者，不论这种支持是出自感情还是利益上的考虑。

(2) 相互关系。领导与下级员工之间保持密切、和谐的交往关系，并鼓励群体成员之间发展亲密的、相互满意的关系，企业内部关系处于协调状态。

(3) 员工的评价。绝大多数员工都能高度评价所在企业或群体，并以成为该企业或群体的一员而感到自豪。

(4) 激励程度。员工因自身需要获得满足而焕发出较高的工作热情和积极性，个人的潜能得到充分发挥。

(5) 沟通的效果。领导者与下级员工之间能够及时、顺畅地沟通信息，并以此作为调整领导方式、协调相互关系的依据。

(6) 工作效率。在领导者的引导、指挥和率领下，企业的各项资源得到合理配置，生产经营活动得以高效率地进行。

(7) 目标的实现。领导活动的效能或效果最终要通过是否实现企业的预定目标，以及实现的程度反映出来，其中既包括经济效益目标，也包括社会效益目标。

领导活动是领导者、被领导者和环境三方面因素相互影响、共同作用的过程。这一过程能否有效进行，直接取决于三方面因素的契合或适应程度。因此，提高领导有效性的关键，在于最大限度地促成领导者、被领导者与环境之间的相互适应和协调。具体来说，可以采取以下两种基本途径：一是根据领导者的素质特性，选择和配置与之相适应的被领导者及组织环境；二是根据现有员工状况和企业条件，采取适合的领导作风和领导方式。

**【案例】**

**下属是威胁吗?**

朱杰是一家公司财务部经理。他手下有9名会计人员和办事员。最近他招聘了一位商学院最优秀的毕业生赵斌。

在一段不长的时间后，办公室中的每个人都觉得赵斌是一个友善、开朗的人，易于相处，而且对会计也相当在行。不多久，赵斌就成了这些同事的朋友。朱杰注意到，许多会计人员开始将他们出现的疑问和问题向赵斌征询意见。而他似乎总有解决的办法，并且很乐意花时间帮助他人。他个人的一切工作也完成得十分出色。

赵斌工作独立性很强，他的到来使朱杰的工作轻松多了。只有在涉及本部门外要求的决策时，他才会来询问朱杰。在某种意义上说，朱杰很为这里情况的变化感到欣慰。但有两件事使他担忧。一是，部门内有些人员甚至开始同赵斌谈个人的事情。朱杰比赵斌大20岁，他觉得在这些方面他更有经验。二是，赵斌在本部门以外也交了不少朋友，尤其是与同公司的两位资深经理有很好的关系。对此，朱杰感到很不安。他想赵斌在职务上超过他只是早晚的事。

朱杰决定采取行动。他开始寻找机会在同事面前批评赵斌。当有人有问题或疑问找赵斌时，他就会提醒他们说我是你们的直接上司。而且，朱杰会想法更改或贬低赵斌的建议。没多长时间，办公室的人都了解到这一信号。朱杰的策略终于奏效了，赵斌辞职走了。但一段时间后，朱杰部门的其他三个会计人员也提出了辞职，整个部门陷入了混乱之中。

**讨论：**

在何种程度上赵斌对朱杰构成了威胁?

### 6.1.5 领导职能

领导职能是指领导的活动及其功能。关于领导的职能，管理学教授斯蒂芬·罗宾斯指出，“每个组织都包含人，于是指导和协调这些人就成为管理工作，这就是管理的领导功能。当管理者激励下属、指导别人的活动、选择最有效的沟通渠道或解决成员之间的冲突时，他们就卷入了领导工作。”哈罗德·孔茨和海因茨·韦里克指出：“当我们分析有关领导方面的知识时，我们将重点集中在人的因素、激励、领导和信息沟通四个方面。”

这说明，领导的职能是同人打交道，处理各种人际关系；同各种事情打交道，决定各种事务；同时间打交道，保持高效率。这其中处理人事事务是核心内容。也有人认为，领导的职能就是“出主意，用干部”，也涉及人事事务工作。

处理人事事务的具体手段是激励、沟通与协调。因此，领导职能的主要内容应当是激励、沟通、协调。激励是指一个人去做某事的愿望，并以行为能力满足个人的需要为条件。激励能够促使员工努力工作。沟通是意义的传递与理解，沟通使人们之间的分歧与误解得以消除。协调是指使组织成员的思想和行动保持一致的行为。组织内部的协调是组织目标实现的重要保证。

领导的主要活动就是进行激励、沟通与协调，做好了这些工作，就做好了大部分领导工作。此外，领导还要运用权力，鼓励积极因素，限制消极因素，同时以身作则，做好奖励、处罚与示范工作。

知识链接

**成功领导者应具有的10点特质**

1. 成就欲强烈，把工作当成乐趣和兴奋点，对其关注和追求超过对金钱报酬和职位晋升的关注和追求；

2. 敢于承担责任，干劲大，希望迎接工作的挑战；

3. 尊重上级，认为上级水平高、经验多，能够帮助自己上进和提高，与上级关系好；

4. 组织能力强，把混乱的事组织得很有条理；

5. 决断力强，能在较短的时间内对各种备选方案加以权衡，并迅速作出决断；

6. 思维敏捷，有较强的预测能力，能从有限的材料中预测出事物的发展动向；

7. 自信心强，对自己的能力有充分的自信，目标坚定，不受外界干扰；

8. 极力避免失败，不断接受新任务、树立新目标，驱使自己前进；

9. 讲求实际，重视现在，而不大关心不肯定的未来；

10. 忠于组织，忠于职守。

### 6.1.6 领导理论

领导活动要讲究效益，即以较少的投入获得较大的产出，有效性是领导活动的主要衡量标志，它反映了领导的总体水平。在企业管理中，领导有效性是指通过领导活动实现企业预定目标的程度，其反映形式包括：(1) 下级的支持；(2) 相互关系；(3) 员工的评价；(4) 激励程度；(5) 沟通的效果；(6) 工作效率；(7) 目标的实现。领导理论研究的目的就在于探讨什么样的企业领导者素质、领导方式方法更能提高领导工作的有效性。

一、领导理论发展的三个阶段

把领导活动纳入科学的研究程式中，通过一些实证式的研究和逻辑化的推理，得出一些普遍性的结论，是领导理论的重要特色。在领导理论的形成和发展中有以下三种对领导的不同理解：

(1) 从领导特质的角度去理解领导。以领导者为中心，探讨领导者不同于其他人的特质，成为人们理解领导的历史起点和理论起点。

(2) 从人际关系、感情因素的角度去观察领导。持这种观点的人认为，领导是对组织内群体或成员施加影响的活动过程，是一门促使下级满怀信心地完成其任务的艺术，是一种说服他人热心于一定目标的努力。

（3）从组织所处的环境这一角度去观察领导。持这种观点的人认为，领导是使行政组织有效地适应外在环境以维持存续和发展的一项活动。

由于对领导的理解不同，形成了领导学理论研究的三种类型，即“领导特质理论”“领导行为理论”和“领导权变理论”。

1. 领导特质理论

领导特质理论是研究领导者的个人素质与其影响力和领导有效性的关系的理论。早期的领导特质理论假设：不管在什么样的情境下，所有的领导者都具有相同的素质，所以，有效领导者有一定数量的相同素质与特性，在很大程度上是先天的，与生俱来的，不具备天生领导者特质的人是不能当领导的，我们把这个时期的领导特质理论称为“天才论”或“伟人论”。

特质论继承了20世纪初出现的“天才论”的许多传统，但它在研究方法上因为拥有心理学的支持，从而超越了天才论。特质论对领导者先天具有和后天养成的独特性给予了充分的研究，以此探讨领导的有效程度。特质论抓住了领导现象中最为基本的要素——领导者，因此，特质论的研究几乎贯穿领导学发展过程的始终。

2. 领导行为理论

领导行为理论是研究领导者的领导行为及其结构、组成要素与领导有效性的关系的理论。

行为论主要体现在美国的俄亥俄州立大学和密执安大学的研究成果之中。其大致观点是，有效的领导者应该是那些适应性强的人，就是那些能考虑到自己的能力、下属的能力和需要完成的任务，将权力有效下放的人。

3. 领导权变理论

20世纪60年代之后，进入“权变论”阶段。提出这一理论的菲德勒认为无论领导者的人格特质或行为风格如何，只有领导者使自己的个人特点与领导情境因素相“匹配”，他才能成为一个优秀的领导者。权变论把客观情况与领导行为的相互作用视为领导活动能够成功的关键所在。

对于领导活动来说，并不存在一种永恒的、永远处于决定性地位的要素。领导既是一门科学，又是一门艺术。领导活动的成败取决于多重要素在特定状态下的有机组合。

二、领导特质理论

1. 伟人说（天才论）

早在20世纪30年代，心理学家们进行了大量的研究，希望发现领导者与非领导者在生理、心理、素质、能力等个人特质等方面的差异，以寻求理想的“伟人”式的领导。如，有人专门对林肯、罗斯福等著名领导人进行研究，得出结论说领导者的特质主要是由先天性的因素所造就的，也就是说领导者必须具备某些天赋，这就是“伟人说”理论。理论预设即理想的领导是天生的，而非后天造成的。到了20世纪40年代，理论界已经基本上否定了“伟人说”的观点，也就是说领导者的才能主要不是天生的。

2. 20世纪40年代到70年代对领导者特质的研究

在这一阶段，人们摒弃了伟人说，但学者们普遍认为优秀的领导者的确具备一些异于常人的特质。这些学者通过实地调查对领导者的如下要素进行研究：诸如年龄、身高、体重、体格、外貌、精力、健康、语言表达能力、智力、学问、知识、洞察力、创造力、适应能力、性格、积极性、坚韧性、志向、责任感、诚信、自信心等许多方面。

如美国的斯托格第尔认为：领导者应有五种生理特质（精力、外貌、身高等）、四种智慧（果断性、知识广博等）、十六种个性特性（适应性、进取心、特质积极性、自信心等）、六种和工作有关的特质（成就欲、持久性、主动性等）、九种社会特质（合作性、交际能力、行政管理能力等）。

3.20世纪70年代以后对领导特质的研究

对领导特质的研究在很长一段时期内，并没有给出一些确定性的答案。原因是：(1) 它忽视了下属的需要；(2) 它没有指明各种特质之间的相对重要性；(3) 它没有对因与果进行区分；(4) 它忽视了情境因素。因此，20世纪70年代以后对领导特质的研究已经不再成为主流学派，但是许多著名学者认为优秀的领导者必须具备某些素质。例如管理学大师德鲁克认为，有效的领导者必须具备五项学习习惯（善于利用时间；确定自己的努力方向；善于发现和发挥别人的长处；集中精力；有效决策）。

哈佛商学院在其《总经理学》教材里提出，优秀的总经理必须具备以下基本素质：(1) 领导能力；(2) 决断力；(3) 预见力；(4) 说服力；(5) 创造力；(6) 洞察力；(7) 体力、魄力；(8) 勇气与自信；(9) 吸引力等。

美国管理学家皮特则把难以胜任领导者的品质归结为十二点：对别人麻木不仁，吹毛求疵；冷漠、孤僻、骄傲自大；背信弃义；野心过大；管头管脚；缺乏建立一支同心协力的队伍的能力；心胸狭窄，挑选无能之辈当下属；犟头犟脑，无法适应不同的上司；目光短浅，缺乏战略头脑；偏听偏信，过分依赖一个顾问；懦弱无能，不敢行动；犹豫不决，缺乏决断力。

**【管理故事】**

**管理学中的自然法则——鲶鱼效应**

以前，沙丁鱼在运输过程中成活率很低。后有人发现，若在沙丁鱼中放一条鲶鱼，情况就有所改观，成活率会大大提高。这是何故呢？

原来鲶鱼在到了一个陌生的环境后，就会“性情急躁”，四处乱游，这对于大量好静的沙丁鱼来说，无疑起到了搅拌作用；而沙丁鱼发现多了这样一个“异己分子”，自然也很紧张，加速游动。这样沙丁鱼缺氧的问题就迎刃而解了，沙丁鱼也就不会死了。

启示：“鲶鱼效应”是企业领导层激发员工活力的有效措施之一。它表现在两方面，一是企业要不断补充新鲜血液，把那些富有朝气、思维敏捷的年轻生力军引入职工队伍甚至管理层中，给那些故步自封、因循守旧的懒惰员工和领导带来竞争压力，才能唤起“沙丁鱼”们的生存意识和竞争求胜之心。二是要不断地引进新技术、新工艺、新设备、新管理观念，这样才能使企业在市场大潮中搏击风浪，增强生存能力和适应能力。

三、领导行为理论

领导行为理论的研究是从领导者的风格和领导者的作用入手，把领导者的行为划分为不同类型。然后分析各类领导行为的特点、优缺点，进行相互比较，从而归纳出各种不同的领导方式和领导方法。它在经济和企业管理中影响深远。由于其研究重点是对领导行为进行研究，以找出何种领导行为和领导方式最为有效。特质理论与行为理论在实践意义方面的差异源于两者深层的理论假设不同：如果特质论有效，领导者从根本上说是天生造就的，相反，如果领导者具备一些具体的行为，则我们可以培养领导者，它意味着领导者的队伍可以不断壮大。

1. 勒温和怀特定义的三种领导方式

著名心理学家勒温和他的同事们从30年代起就进行了关于团体气氛和领导风格的研究。归纳出领导方式分为三种：（1）权威（专制）式；（2）民主式；（3）放任式。

专制型的领导者只注重工作的目标，仅仅关心工作的任务和工作的效率。但他们对团队的成员不够关心，被领导者与领导者之间的社会心理距离比较大，专制式的领导方式虽然通过严格管理能够达到目标，但组织成员没有责任感，情绪消极，士气低落。

民主型的领导者注重对团体成员的工作加以鼓励和协助，关心并满足团体成员的需要，营造一种民主与平等的氛围，领导者与被领导者之间的社会心理距离比较近。民主式领导工作效率最高，不但能完成工作目标，而且组织成员之间关系融洽、工作积极主动，有创造性。

放任型的领导者采取的是无政府主义的领导方式，对工作和团体成员的需要都不重视，无规章、无要求、无评估，工作效率低，人际关系淡薄。放任式的领导方式工作效率最低，只能达到组织成员的社交目标，但完不成工作目标。

2. 领导四分图

领导四分图理论也叫二元理论，是美国俄亥俄州大学研究小组在大量调查研究的基础上，于1945年提出的一种领导方式理论。他们在研究过程中，将一千多种描述领导行为的因素最终归结为对人的关心——体谅和对组织效率的关心——主动状态两大类。领导的体谅行为主要表现为尊重下属意见，重视下属的感情和需要，强调建立相互信任的气氛。领导的主动状态行为主要表现为重视组织设计，明确职责关系，确定工作目标和任务。这两类行为的不同组合，就构成了四种不同的领导方式。见图6-1。

从图6-1中可以看出，（1）型领导既不关心人，又不重视组织效率，是最无能的领导方式。（2）型领导对组织的效率、工作任务和目标的完成都非常重视，但忽视人的情感和需要，是以工作任务为中心的领导方式。（3）型领导对人十分关切，对组织效率却缺乏关心，是以人为中心的领导方式。（4）型领导把对人的关心和对组织效率的关心放在同等重要的地位，既能保证任务的完成，又能充分满足人的需要，是最为理想的领导方式。“四分图理论”的提出者认为，一位两方面都高的领导人，其工作效率与领导的有效性必然较高。

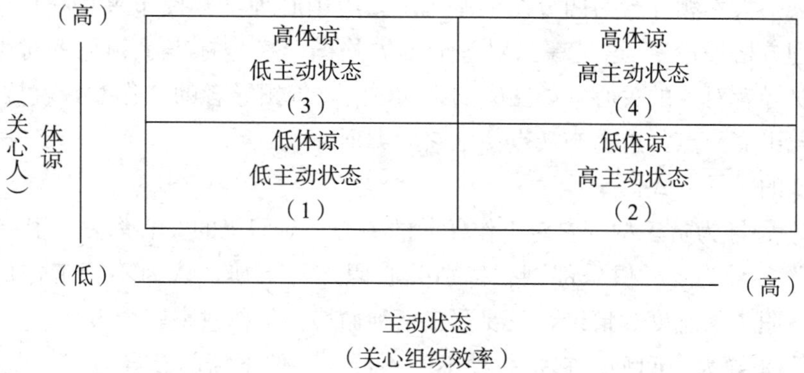


**图6－1　领导四分图**

3. 领导连续模型

领导连续模型是美国学者坦南鲍姆和施密特在1958年提出的一种领导方式理论，坦南鲍姆和施米特的“领导方式连续统一体”理论认为，领导方式的基本要素是领导者运用权威的程度和下属制定决策的自由权限，在以领导者为中心的专制式领导和以下属为中心的民主式领导的两极之间，存在着以上两个要素各种不同程度组合的多种领导方式，也就是说从专制到民主之间的领导方式构成了连续体。这就构成了一个连续模型，如图6－2所示。坦南鲍姆和施密特认为，权威式的领导和民主式的领导只是两个极端，在这两者之间存在着若干种各式各样的领导方式，根据领导把权力授予下属的不同程度而形成一系列不同风格的领导方式，即有效的领导者应该根据自己的能力、下属的能力、工作的性质和任务要求等因素，灵活选择最为适当的领导方式。坦南鲍姆和施密特认为领导者主要应考虑三个方面的因素：领导本人的因素（经历、知识、经验、个性等）；被领导者的因素

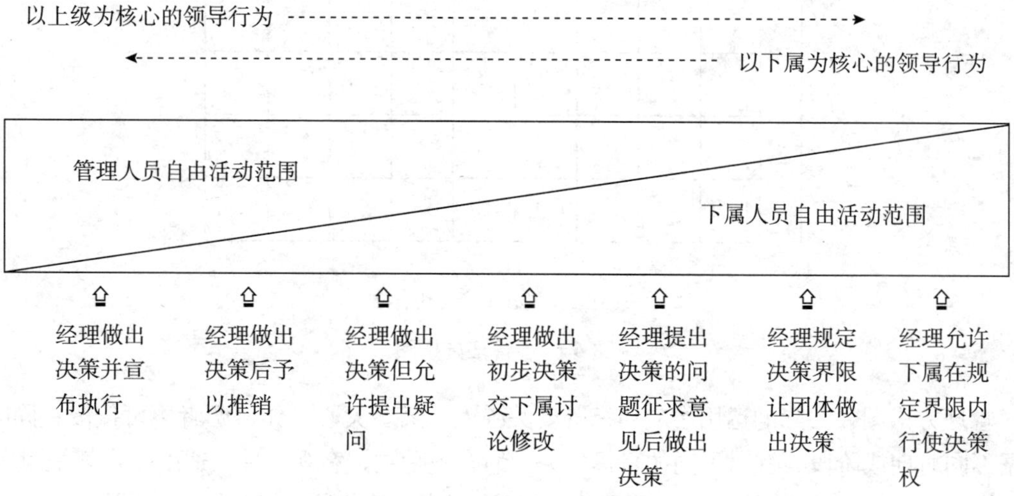


**图6－2　领导连续统一体模型**

（基本素质、对参与管理的愿望和需求、对组织目标的认识和理解程度）；环境方面的因素。在综合考虑这三方面的因素以后，领导者才可以选择最恰当的领导方式。

4. 管理方格图

在俄亥俄州大学领导行为四分图的基础上，美国心理学教授布莱克和莫顿于 1964 年提出了“管理方格理论”。这是一张对等分的方格图，横坐标表示领导者对生产的关心，纵坐标表示领导者对人的关心（如图6－3 所示）。评价领导者的工作时，就按其两方面的行为在图上找出交叉点，这个交叉点便是它的类型。

五种典型的领导方式。

“1.1 型”领导为贫乏型。它对工作任务的关心和对职工的关心都做得很差。

“1.9 型”领导为乡村俱乐部型。特别关心职工与下属，认为不管工作成绩好不好，都要首先重视职工的态度和情绪，只要职工精神愉快，工作效率就会很高。

“5.5 型”领导为中间型。它是一种不高不低、不偏不倚的领导方式，既不过分偏重人的因素，也不过分偏重任务，努力保持和谐的妥协，以免顾此失彼。

“9.1 型”领导为任务型。这种领导方式也被称作“权威—服从型管理”。只注重任务的完成，而不注重人的因素，下级只能奉命行事，一切都受到上级的监督和控制。这种领导是一种独断型的领导。

“9.9 型”领导为团队型。它对任务和职工的关心都达到了最高点。

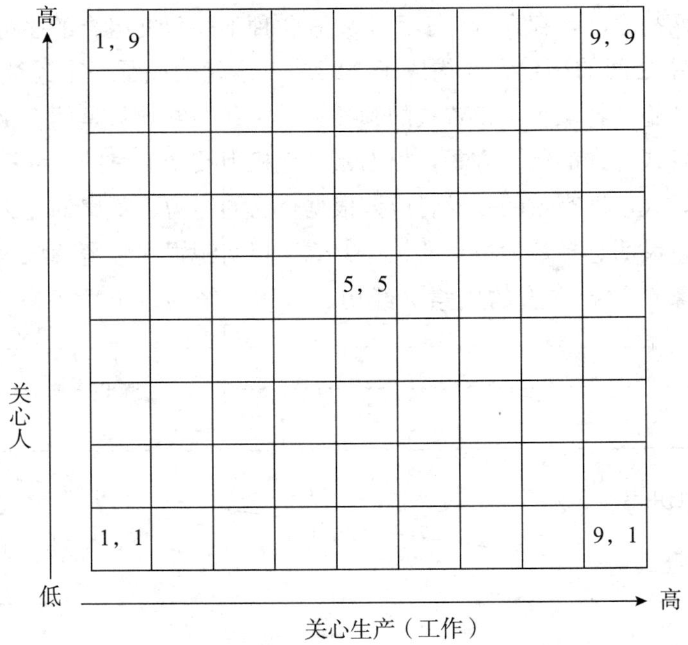


**图 6－3　管理方格图**

管理方格图在实际的运用中应注意既要关心人，又要关心工作，两者不可偏废；同时应根据不同时期或阶段，针对不同的目标任务，结合各种主、客观条件，适度强化某一因素。

总体来说，领导行为理论在领导行为类型与群体工作绩效之间的一致性关系上达成了共识，研究也取得了有限的成功。行为理论的缺陷在于，对影响成功与失败的情境因素没有给予重视。

5. 利克特的四种领导体制：“专权独裁式”“开明专制式”“协商式”“参与式”

利克特的管理新模式以密执安大学社会研究所自 1947 年以来进行的数十项研究成果为依据，总结了美国企业经营管理环境的变化趋势和部分成绩出众的管理特点，提出了一种“新型管理原则”，并且比较详细系统地阐述了“支持关系理论”和以工作集体为基本单元的新型组织机构。在此基础上，利克特于 1967 年提出了领导的四系列模型，即把领导方式分为四类系统：剥削式的集权领导、仁慈式的集权领导、协商式的民主领导和参与式的民主领导。

剥削式的集权领导。权力控制在最高一级，下属无任何发言权。管理者对其下属不信任。决策与组织目标的设置，大致均由管理阶层做出，然后下达一系列命令，必要时以威胁及强制方式命令执行。上下级之间极少的交往在互不信任的气氛下进行，下级被恐惧和不信任所笼罩，不能满足其生理上、安全上的低层需要。机构中若有非正式群体，则对正式组织的目标通常持反对态度。

仁慈式的集权领导。权力控制在最高一级，但授予中下层部分权力。管理者对其下属有一种类似主仆间的信任，有一种较谦和的态度。一般决策是由高层管理人员所制订，但下级也可做出一定限度的决策。下级还有恐惧警戒心理，交往是在上级屈就和下级畏缩的气氛中进行，采用奖、惩进行激励。机构中的非正式群体，对正式组织的目标基本上持反对态度，但有时也不反对。

协商式的民主领导。重要问题的决定权在最高一级，中下层在次要问题上也有决定权。管理者对下属有相当程度的（但不是完全的）信任。上下级之间具有双向的信息沟通，大致均能互相信任。采用奖、惩进行激励，也参与制订某种程度的计划。机构中的非正式群体有时对正式组织的目标表示支持，有时也会做出轻微的对抗。

参与式的民主领导。让职工参与管理，管理者对下属有完全的信任，上下级处于平等地位，有问题互相民主协商讨论。决策是以各部门广泛参加的形式进行，但由最高领导做出最后决策。不仅有上下之间的双向沟通，还有平等沟通。在激励方面，让工人参与制订经济报酬，设置目标，改进方法，评估目标的进展。

他认为只有第四系统——参与式的民主领导才能实现真正有效的领导，才能正确地为组织设定目标和有效地达到目标。

四、领导权变理论

领导行为的好坏不仅取决于领导者本身的素质和行为，而是受很多因素的影响，如果用数学公式来表示就是：

领导＝f(领导者,被领导者,领导环境)

从领导学看来，权变论就是指领导者应该根据情境因素选择有效的领导方式。这种理论认为，没有一种“最好”的领导行为，一切要以时间地点和其他环境条件为转移。领导方式的正确与否，领导效能的有无和高低并不仅取决于领导者及其行为，还与被领导者和领导环境有很大关系。

领导权变理论的两大贡献在于：第一，它使领导具有更强的艺术化色彩；第二，它使对领导的判断不再局限于道德标准。

1. 菲德勒领导理论

菲德勒模型指出，有效的群体绩效取决于以下两个因素的合理匹配：与下属相互作用的领导者的风格；领导环境给领导者提供的控制和影响结果的程度。

影响领导效果好坏的环境因素包括三方面：

（1）领导者与被领导者的关系。这主要是指领导者对其下属的信任、依赖和尊重的程度，以及下属对其领导人的信任、喜爱、忠诚和愿意追随的程度与领导者对下属的吸引力。

（2）工作结构，即对工作明确规定的程度或规范化程度。

（3）地位权力，即领导者职权的强弱。这是与领导者相关联的职权，取决于领导者从上级和整个组织各方面所获得支持的程度。职权是由领导者对其下属的实有权力所决定的（包括聘用、解雇、指导、晋升、加薪等）。

菲德勒模型认为，领导者的风格是不能改变的，一旦领导风格与情景发生冲突，可以采取的措施是：更换领导者；改变情景以适应该领导者。

2. 目标途径领导理论

目标途径领导理论是在激励的期望理论基础上，由马丁·埃文斯首先提出，并经罗伯特·豪斯及其他人进一步发展而开发的一种领导权变模型。这种理论是以期望理论和管理四分图理论作为依据的。基本观点是：要求领导者不仅要阐明对下属工作任务的要求，还要帮助下属排除实现目标的障碍，使其能够顺利达到目标，在工作过程中给予职工多种满足需要的机会。因为领导者的效率取决于他给下属达成组织目标并在其工作中得到满足的能力。豪斯的“途径—目标理论”（1971年）认为领导者的效率是以能够激励下属达成组织目标，并在其工作中使下属得到满足的能力来衡量的。所以应根据不同的情景选择不同的领导方式。对于不同的情景他提出了四种领导方式：（1）指导型领导方式；（2）支持型领导方式；（3）参与型领导方式；（4）以成就为目标的领导方式。

豪斯认为领导者的风格应该是灵活的，同一领导者可以根据不同的情景选择不同的领导风格。

路径—目标理论认为，领导者的工作是利用结构、支持和报酬，建立有助于实现组织目标的工作环境。其内容包括五个方面，即领导过程、目标设置、路径改善、领导风格（四种，即指令型、支持型、成就指向型、参与型）和权变因素。

3. 领导生命周期理论（适应性领导理论）

生命周期理论的背景是取自二维模式中的“四分图”，同时吸取了阿吉里斯的成熟—不成熟理论。阿吉里斯认为，大型企业的管理常常无视雇员的社会和自我需求，而雇员之间又不可能互相激励。这样，雇员的个人生活就可能表现出许多不成熟的特点。阿吉里斯认为，帮助职工从不成熟转向成熟可以更好地为组织服务；而生命周期理论则认为，领导的风格应与下属的成熟度相适应，在下属逐渐成熟的过程中，领导的风格应当逐渐调整。

总体要求：对于不同成熟度的下属要采取不同的领导方式；同一下属，在不同的成熟时期，采用不同的领导方式；同一下属在同一时期，针对不同的工作采用不同的领导方式。

领导生命周期图如图 6-4 所示。

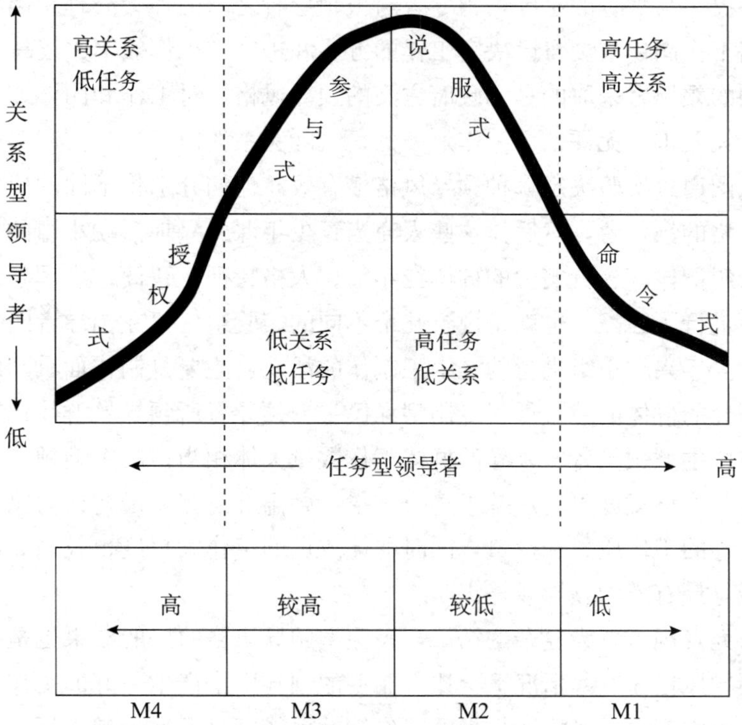


**图 6-4 领导生命周期图**

### 6.1.7 领导风格

领导并不是以同样的方式表现他们的领导角色，这些不同的领导风格对团体成员的工作绩效和工作满意度有着不同的影响。领导风格分为三种：

(1) 专制方式，即由领导规定团体目标、安排活动、制定工作步骤、分配工作任务，他们不参与团体活动，但可以通过个人的表扬与批评来控制团体成员的活动。

(2) 民主方式，即由团体成员和领导者共同参与政策、活动以及工作步骤的讨论和决策，充分发挥各成员的参与意识和工作积极性，团体气氛民主、自由，并表现出团体精神。

(3) 放任自流方式，即领导者只负责布置任务，对成员的活动不参与、不干预、不协调、不介入等，也不为成员提供任何帮助与指导。

研究结果表明，在民主型领导风格下团体成员的积极性高，成员具有较高的创造性，并且这种领导风格有利于提高成员的工作成效。勒温认为，这三种不同的领导风格会产生三种不同的团体氛围和工作效率。

(1) 专制型的领导者只注重工作的目标，仅仅关心工作的任务和工作的效率，他们对团队的成员不够关心，被领导者与领导者之间的社会心理距离比较大，领导者对被领导者缺乏敏感性，被领导者对领导者存在戒心和敌意，容易使群体成员产生挫折感和机械化的行为倾向。

（2）民主型的领导者注重对团体成员的工作加以鼓励和协助，关心并满足团体成员的需要，营造一种民主与平等的氛围，领导者与被领导者之间的社会心理距离比较近。在民主型的领导风格下，团体成员自己决定工作的方式和进度，工作效率比较高。

（3）放任型的领导者采取的是无政府主义的领导风格，对工作和团体成员的需要都不重视，无规章、无要求、无评估，工作效率低，人际关系淡薄。

勒温等人试图通过实验决定哪种领导风格最有效。他们分别将不同的成年人训练成为具有不同领导风格的领导者，然后让这些人充当青少年课外兴趣活动小组的领导，让他们主管不同的青少年群体。进行实验的群体在年龄、人格特征、智商、生理条件和家庭社会经济地位等方面进行了匹配，也就是说，几个不同的实验组仅仅在领导者的领导风格上有所区别。这些青少年兴趣小组进行的是手工制作的活动，主要是制作面具。结果发现，放任型领导者所领导的群体的绩效低于专制型和民主型领导者所领导的群体；专制型领导者所领导的群体与民主型领导者所领导的群体工作数量大体相当；民主型领导者所领导的群体的工作质量与工作满意度更高。基于这个结果，勒温等研究者最初认为民主型的领导风格似乎会带来良好的工作质量和数量，同时群体成员的工作满意度也较高，因此，民主型的领导风格可能是最有效的领导风格。

进一步的研究发现了更为复杂的结果，民主型领导风格的好的效果也是有一定的条件的。民主型的领导风格在有些情况下会比专制型的领导风格产生更好的工作绩效，而在另外一些情况下，民主型领导风格所带来的工作绩效可能还赶不上专制型领导风格所带来的工作绩效，或者仅仅与专制型领导风格所产生的工作绩效相当。而关于群体成员工作满意度的研究结果则与以前的研究结果相一致，即通常在民主型的领导风格下成员的工作满意度会比在专制型领导风格下的工作满意度高。

在实际的组织与企业管理中，大多数领导都是介于专制型、民主型和放任型之间的混合型，很少有极端型的领导风格。领导风格对组织氛围和工作绩效产生影响，然后区分出不同的领导风格和特性，并以实验的方式加以验证，这对实际管理工作和有关研究具有重要意义。领导者的行为是否有效不仅仅取决于其自身的领导风格，还受到被领导者和周边的环境因素影响。

**【案例】**

**是否有最好的领导方式**

有学者做了个试验，将一群儿童分为三个组，堆雪人。各组组长事先分别被训练成三种领导作风进行领导。试验结果表明，放任式领导下的第一小组工作效果最差，质量和数量都不如其他小组；专制式领导的第二小组，数量最多，说明工作效率最高，但质量不如民主式领导下的小组；最后一个是民主式领导下的小组，由于儿童们积极主动发表意见，显示出很高的工作热情和创造性思维，小组长在旁边引导、协助和鼓励，结果堆的雪人质量最高，但效率不如第二组，因为商量、发表意见、达成一致意见花去了大量时间。

**讨论：**

这一试验对于现实中领导者的领导行为有何启示？

### 6.1.8　领导素质论

一、领导者素质的概念及特征

领导者素质就是指作为组织的领导者所具备的身体素质、科学文化素质与领导技能、思想道德素质的总称，是作为充当领导者角色的个体为完成特定的领导职责，发挥其特定的影响和作用所必须具备的用来从事领导活动的自身条件，是得自于先天和后天的、凝结在领导者身上的、有利于完成领导职责的个体特征。领导者的素质具有以下特征：

1. 综合性

由于领导活动涉及组织、决策、协调、指挥、沟通等各个方面的复杂过程，因而产生对领导者素质的全面综合性要求。必须要具备政治、思想、道德、知识、心理、身体素质与决策、组织、沟通、激励、用人等各方面的能力。

2. 阶级性

领导者总是处于某一特定社会中，代表着一定阶级的利益。承担着重要而特殊的社会角色，其权力运用会对社会产生深刻、广泛的影响。

3. 动态性

随着时代的不断发展和变化，决定领导者素质的因素在内容和深度上也会不断地发生变化。因此，领导者素质是一个动态的体系，具有明显的时代特征。

4. 层次性

这是由组织结构中不同层级的领导职位决定的。一般来说，领导层级越高，对领导者的决策力、创造力的素质要求就越强；层级越低，对领导者的技术能力、业务素质的要求也就越强。

二、领导者的素质要求

在探讨领导者素质与领导绩效之间的相关性问题中，领导者素质理论对实践具有一定的指导作用。为了发挥领导的有效作用，领导者应具备以下素质：

1. 政治素质

领导者的政治素质，是指领导者在政治上应当具备的基本素质。领导者必须具备较高的政治思想素质，准确把握组织发展的方向，确保组织发展的方向与国家和政府指引和鼓励的方向一致。同时领导者较高的政治思想素质也是对组织员工进行政治思想教育的基础。

政治素质包括：正确的世界观、价值观与人生观；强烈的事业心、高度的责任感、正直的品质和民主的作风；实事求是，勇于创新；现代化的管理思想。

2. 知识素质

现代组织的生命力是创新，培养创新能力是领导者的基本职能，创新的基础是知识的获取，因此一个成功的领导者必须具备相应的知识文化素养与领导技能素养，这是培养创新能力的基础。而且现代组织正在向知识型组织转换，知识型员工将成为组织的主力员工，这对现代组织的领导者产生了更高的知识要求。具体包括：

（1）业务素质：懂得马克思主义政治经济学的基本原理，掌握社会主义基本经济理论；懂得组织管理的基本原理、方法和各项专业管理的基本知识；懂得思想工作、心理学、人才学、行为科学等方面的知识，以便做好政治思想工作，激发职工士气，充分调动人的积极性。

（2）业务技能：较强的分析、判断和概括能力；决策能力；组织、指挥和控制的能力；沟通、协调组织内外各种关系的能力；不断探索和创新的能力；知人善任的能力。

3. 心理素质

心理素质是指人的动机、兴趣、态度、情绪、个性、气质等方面内在因素的总和。领导者在领导活动中展示出来的心理现象的总和，就是领导者的心理素质。领导者是否具有稳定的、正常的心理素质，会对组织产生重要的影响。

心理素质包括：成就动机；积极、乐观的个性；充分的自信与顽强的意志；丰富的想象力和创造性思维。

4. 身体素质

身体素质是个体道德与智慧的载体，是个体成功的基本物质基础，没有了身体一切就变得毫无意义。领导者必须有强健的体魄，充沛的精力。

身体素质包括体力因素、年龄因素等。

## 6.2 领导类型

### 6.2.1 支持型领导

支持型领导帮助建立和保持有效的个人关系。一个关心的和对人友好的领导，更可能赢得人们的友谊和忠诚，所形成的感情纽带能更容易地获得人们的合作和支持，这是经理做好工作所必须依赖的。与待人友好、合作性的和支持性的人一起工作，比与那些冷淡的和不近人情的、坏的、讨厌的和不合作的人一起工作更为令人满意。一些形式的支持行为能降低工作中的紧张程度，其他的形式则帮助人们应付紧张。

一、支持型领导的工作习惯

支持型领导者的下属通常更满意他们的领导者及其工作。这些发现认为，支持型行为对下属绩效的影响很少是一致的，尤其是在控制其他诸如发展和认同这样的个人导向行为的影响时。虽然得不出确切的结论，支持型领导对下属的绩效有正相关影响。支持型领导可以增加下属的自信，加强韧性，增强对领导的接受及对领导的信任和愿意为领导者做额外的事情。

（1）显示接受和主动地问候。

（2）亲切的和关心的，不要傲慢和粗鲁。

（3）分别地对待每个下属。

（4）记住个人的重要细节。

（5）在作解释或指示时，是耐心地和有帮助性地。

（6）当人们焦虑或沮丧时，提供同情和支持。

（7）在任务困难时，表达对个人的信任。

（8）在必要时提供工作协助。

（9）愿意帮助解决个人的问题。

二、支持型领导工作指南

从帮助他人的成长和发展中，领导者也能获得一种满足。对组织的潜在利益包括：更高的雇员忠诚度，更高的绩效，以及当空缺发生时人们更好地准备以填补组织中责任更大的位置。用提问题或建议的方法做更仔细的考察，帮助人们分析他（她）的绩效。

（1）对个人展示的有效和无效的行为，提供建设性的反馈。

（2）提出能够帮助改进个人绩效的特殊的事情。展示更好的方式，去做一个复杂的任务或程序。

（3）对人们能做一个更复杂的任务或程序表示信任。

（4）显示个人如何解决一个问题，而不仅仅是提供答案。在它们用于工作之前，为人们提供操作困难程序的机会。

（5）显示对每个人发展的关心。

（6）帮助个人确认技能的缺陷。帮助人们发现获得必要技能的方式。

（7）鼓励参加相关的训练课程。提供在工作中发展技能的机会。

（8）提供有益的职业建议。

（9）提升个人的声誉。

（10）作为一个角色楷模。

**【案例】**

### 比尔·盖茨的人才观

微软公司可以说是世界上最赚钱的公司。有人问比尔·盖茨，微软公司为什么发展速度那么快，成功的关键是什么，最重要的方法是什么。比尔·盖茨每次总是会说一句话：我又请了比我更棒、比我更优秀的人来加入微软公司。

有一次，比尔·盖茨看中了一个非常优秀的技术开发人才，可是这位人才非常地不喜欢微软公司，不想加盟。比尔·盖茨就把这个人所在的公司买了下来，让他继续在自己的公司工作，当然也等于为微软公司工作。但是这个人脾气非常地古怪，不愿意离开他生活的那个小镇，比尔·盖茨就提出，技术工厂可以不建在总部，建到那个小镇里去。

这里涉及一个问题：你是一个人才级的人，或仅仅是一个人手，还是一个人物级的人物。一个优秀团队的人员的构成必定非常优秀，如果把其中的人才进行置换，这个团队就会发生变化，所以一流的企业总是由一流的人才构成。一流的企业选择一流的人才。在工作当中，你有没有把自己变成一个优秀的人才，进而成为一个人物级的人物呢？

一流的企业绝不接受第二流的工作表现，所以它对人才的选拔和考核非常重视。在一流的企业工作，各方面的要求会非常严格，不仅要求员工具备良好的心理素质，还要求具备外在多方面的能力。设想，如果一个成员的不良表现被企业接受了，就会有下一个人表现出同样的行为，如果企业又接受了，那这家企业的品质就会越来越下降，会由一流的企业变成二流的企业，进而变成三流的企业，甚至是不入流的企业。

### 6.2.2　参与型领导

参与型领导涉及使用多样化的决策过程，允许其他人对领导决策有一些影响。其他通常用于表示参与型领导的词汇包括：咨询、联合决策、权力分享、非中心化和民主管理。参与型领导也被认为是一种独特类型的行为，尽管它与特殊的任务和关系行为联系密切。例如，与雇员协商共同设计一个弹性工作体制，也许同时就涉及更好的工作安排和显示对雇员需要的关心。

一、参与型领导的形式

参与型领导能采取多种形式，发挥自身的领导作用。

(1) 咨询。领导询问一些人的观点和想法，在慎重考虑他们的建议和关心之后，独自作出决策。咨询常常以非正式的形式发生在与其他人反复的交流过程之中，而不是一个既定时间的正式会见。咨询可能发生在大厅里、会议或社会活动之后，以及午餐或高尔夫课程的短暂接触中。真实的行为涉及对各种不同决策程序因素的综合，诸如咨询对问题的诊断，但不是诸多解决方案的最终选择。参与型领导具有动态的性质，可能随着时间的流逝而变化。例如，由于下属明显同意领导的预先选择，最初的咨询可能变为一个联合决定。最初是一个团体的决定也可能变为咨询，当团体之间分歧明显时，领导必须作出最后的决定。

(2) 联合决策。领导与其他人讨论决策问题并一起作出决策；领导并不比其他人对最终决策有更多的影响。在作出一个决策时，让其他人参与有可能提高一个决策的质量，这个前提是参与者有更多的领导所缺乏的信息和知识，以及他们愿意合作去发现一个决策问题的好的解决方案。

合作和分享知识取决于参与者对领导者信任以及视该过程为合法和有益的程度。如果参与者和领导者有冲突的目标，合作就不可能发生。在缺乏合作的情况下，参与可能降低而不是提高决策的质量。甚至在很高的合作中，也不能确保参与会导致更好的决策。团体所用的决策过程将决定成员能否达成一致，它将决定任何成员决策所需的专业和知识的范围。当成员对问题有不同的见解或对各种结果有不同的倾向性时，就很难发现一个高质量的决策。这个团体或许不能达成一致，或是达成一个很糟糕的妥协。最后，决策情景的其他方面，如时间压力、参与者的数量和正式的政策等，都可能使一些形式的参与难以实现。

二、参与型领导工作指南

(1) 确认具有相关知识或专业的人。当领导缺乏诸如下属、同级或外部人员这样一些人所拥有的信息时，参与型决策程序是合适的。有可能出现决策问题是复杂的，以及解决问题的最好方法不能从数据或者领导以前处理相同问题的经验中找到依据的情况。当它涉及许多可能的选择方案、每个选择方案的结果难以预料以及选择方案涉及几个重要标准之间的取舍时，决策就更为复杂。对于复杂的决策，确认具有相关知识和专长的人员很重要，一个好的关系网络对确认这些人员有一定价值。

(2) 评价参与者合作的可能性。除非未来的参与者愿意合作去发现决策问题的好的解决方案，否则参与不可能成功。当决策对于追随者是重要的并且他们认识到参与将真正对最终决策有一些影响时，他们更有可能合作。如果人们认识到一个领导者试图操纵他们，这时咨询就不可能提高决策的质量或决策的接受程度。如果潜在的参与者的目标与经理的任务目标不一致，合作也是不可能的。当对潜在参与者的动机存在疑问时，最好分别咨询他们中的几个人，以确定一个团体的会议是不是建设性的。主持一个充满不满情绪的团体会议是不明智的，他们将会利用会议这个机会作出与经理相对的决策。当具有相关信息的人们有不同的目标时，这时一些咨询是有用的，可以去诊断问题的原因，确认可能的选择方案，但方案的最终选择必须保持在领导手中。缺乏合作的另一个原因在于，潜在的参与者不愿意参与决策，他们认为这是领导的责任。参与也许为那些工作负担已经很重的追随者所拒绝，尤其是当决策不会以任何重要的方式影响他们时。正如许多人拒绝参加地方选举一样，并不是每个人都对参与组织决策的机会具有热情。

(3) 评价没有参与下的接受的可能性。如果领导有能力作出好的决策，它可能为下属或其他必须执行它或受它影响的人所接受，否则一个费时的参与程序就没有必要。如果领导具有相当的地位和个人权力，或者具有劝导的技能去成功地“推销”决策，一个专断的决策更可能被接受。如果决策是去做那些人们愿意去做的事情，或在危机情景下该决策明显是一个理性的反应，专断决策的被接受也是可能的。最后，当人们拥有强调对权威服从的文化价值观时，对专断决策的接受更为可能。

(4) 鼓励人们表达他们关心的问题。在作出对人们产生重要影响的决策之前，咨询他们是有用的和慎重的。这个指南可用于下属，也可用于同级和外部人员。一种常见且合适的咨询形式是：同受到变化影响的不同的人们会见，以确认他们的关心和处理这些关心。

(5) 寻求构建想法和建议的途径。很多人很快注意其他人所提想法或建议的弱点，而不是充分考虑它的长处。有意识地去发现一个建议的积极方面，并在指出它的消极方面之前指出它们是有用的。许多时候，初始的想法都是不完备的，但通过有意识的努力，它就能变成很好的想法。因此，与其不自觉地排斥一个带有明显缺点的建议，不如讨论如何去克服弱点和考虑其他的建立在初始想法之上的更好想法，这也是有用的。

(6) 表示对建议的欣赏。如果人们觉得他们的建议和想法受到赏识，他们在决策和解决问题中将更为合作。赞赏人们好的想法和见解，感谢人们并显示对有用建议的欣赏是很重要的。解释一个想法或建议是如何在最终决策中被采用的。解释目标或计划是如何被修正的以适合一个人的建议或反映他（她）的关心。如果一个建议没有被采用，也要感谢建议者并解释没有采纳建议的原因。

### 6.2.3 魅力型领导

魅力型领导者描绘吸引人的愿景，可能影响追随者将态度和信念内在化，而信念和态度是实现组织使命的内在鼓动源泉。由于他们的战略远见、强烈的说服力、自信、不同寻常的行为以及充沛的精力，魅力型领导者明显是超常的，下属将这些领导者偶像化并希望变得和他们一样。魅力型领导者的许多下属认为：追求领导者的赞许是他们动机的主要来源。与此同时，下属明显地害怕被领导者批评和抛弃，因而也受到激励。

一、魅力型领导的表现

领导者以非常规的方式实现愿景，被认为有魅力。达到理想目标的领导方法必须不同于常规的做事方式，它给下属的印象是：领导者不同寻常。运用创新战略产生了成功的结果会使追随者归因于领导者超常的专长。

如果领导者作出自我牺牲、采取个人冒险、花费很高的代价去取得他们所主张的愿景，领导者就更可能被认为是有魅力的。信任显然是魅力的重要因素，追随者对这样的领导者更加信任，因为他不为自己的利益而为追随者的关心所激励，他真正冒着个人在地位、金钱、领导职位或组织成员的巨大损失等方面的风险。

与那些明显被怀疑和混乱的领导者相比，对目标明显自信的领导者更可能被看作是有魅力的。除非领导表达自信，否则创新战略的成功可能更多得益于幸运而不是专长。领导者的自信和热情可能具有感染力。追随者相信领导者知道如何达到分享目标就将更努力工作，因此增加了成功的实际可能性。

与那些运用权威或参与决策过程的领导者相比，追随者更可能将魅力归于运用愿景和劝导诉求的领导者。领导者运用权威去执行创新战略以达到重要的目标。如果战略是成功的，就可能获得专业的权力。但是，除非他们清晰表达了使这个战略合法化的吸引人的愿景，否则他们不可能是有魅力的。同样，一个领导者要求追随者组成一个团体发展一致的战略，可能使追随者感到满意和受到鼓动，但这样的领导者不可能被认为是超常的。创新战略中存在的内在风险，使得领导者拥有技能和专长去对实施战略的环境约束和机会作一个现实的估计变得非常重要。时间是至关重要的：同样的战略在某个时间可能成功，但如果执行得过早或过晚，就可能完全失败。领导者需要敏锐观察追随者的需求和环境，以确认一个创新的、相关的、及时的和吸引人的愿景。

二、魅力型领导的关键品质和行为

领导者的品质和行为是魅力型领导的关键决定因素。魅力型领导者可能有强烈的权力需求，高度的自信，以及对自己信念和思想的强烈说服力。领导者影响追随者的态度和行为的领导行为包括如下方面：

（1）描绘一个吸引人的愿景。

（2）在描绘愿景时以强烈的感人的形式沟通。

（3）采取个人冒险和自我牺牲的方式去达到愿景。

（4）表达更高的期望。

（5）表达对追随者的信任。

（6）行为的角色榜样与愿景一致。

（7）控制追随者对领导者的印象。

（8）建立团体或组织的认同。

（9）授权追随者。

魅力型领导的主要理论强调正面结果，但一些社会科学家也考虑魅力的“黑暗方面”。

（1）对领导者的敬畏，阻碍了追随者提出好的建议。

（2）追求领导者的认可，妨碍了追随者的批评。

（3）追随者的奉承，制造了不会出错的幻觉。

（4）过于自信和乐观，使领导者无视真正的危险。

（5）否认问题和失败，减少了组织的学习。

（6）冒险和庞大的工程，更可能失败。

（7）过分追求成功而疏远了一些关键的追随者。

（8）冲动的、非常规的行为，培植了追随者，也制造了敌人。

（9）对领导者的依赖，抑制了继承者能力的发展。

（10）培养继承者的失败导致了一个最终的领导危机。

与负面魅力的领导者相比，追随者可能从正面魅力的领导者那里得到更多。他们更可能获得精神的成长和能力的发展，组织更可能适应变动的、不利的和竞争的环境。正面的魅力型领导者通常创造一个“成就导向”的文化、一个“高绩效系统”或一个“传递价值驱动”的组织。这个组织清楚地理解包含社会价值的、超越单一利益或增长的使命，所有层级的成员都有权去作出如何执行战略和做他们自己工作的重要的决策，沟通是公开的，信息是分享的，组织结构和制度支持这个使命。

**知识链接**

**大事精明，小事糊涂**

新希望集团老板刘永好曾说：“在企业管理上，作为一个集团企业，我们新希望集团的60多家企业分布在全国各地，有些我去了，有些我还没有去过，我们的员工我认识一部分，大多数我不认识；我们公司每天都有好消息报上来，当然也有坏消息。有的事情明明是坏事，我本可以去制止它，但我没有，为什么？因为我认为应该如此，这叫大事精明，小事糊涂。要留有空间，你什么事都管完了，留什么给你的下属做？你的总经理做什么？这是一个现代企业应该考虑到的，有时候装糊涂是有好处的，能够培养一批人。当然装糊涂并不等于真糊涂，要是真的糊涂了，真的变成‘二百五’，那就麻烦了。”

这番话体现了一位企业家对如何管理好企业的感悟。人才是企业之本，这道理知易而行难。管理的科学性就在于用人的科学性，管理的艺术就在于用人的艺术。无论是管理者还是企业家，培养下属是领导者思想和行动的延伸。

### 6.2.4 变革型领导

变革型领导的本质是激励、发展和授权下属。变革型领导者可能更多地授权下属，使下属更少取决于领导者。例如：委托相当大的权威给个人，发展下属的技能和自信，创造自我管理团队，提供对敏感信息直接接触的机会，减少不必要的控制，建立强烈的支持授权的文化。

一、变革型领导行为识别

变革型领导行为是一种领导向员工灌输思想和道德价值观并激励员工的过程。在这个过程中，领导除了引导下属完成各项工作外，常以领导者的个人魅力，通过对下属的激励刺激下属的思想。对下属的关怀会改变员工的工作态度、信念和价值观，使他们为了组织的利益而超越自身利益，从而更加投入于工作之中。该领导方式可以使下属产生更大的归属感，满足下属高层次的需求，获得高的生产率和低的离职率。

变革型领导行为的前提是领导者必须明确组织的发展前景和目标，下属必须接受领导的信任。其主要特征为：

（1）通过对员工的开发和智力激励，鼓励员工为群体的目标、任务以及发展前景超越自我的利益，实现预期的绩效目标；

（2）关注较为长期的目标，强调发展的眼光，鼓励员工发挥创新能力，改变和调整整个组织系统，为实现预期目标创造良好的氛围；

（3）引导员工不仅为了他人的发展也为了自身的发展承担更多的责任。

二、变革型领导行为对员工的影响

变革型领导行为的每一个因素，包括领导能力、智力激励和个人化考虑，都与工作绩效有紧密的联系，并能预测员工的工作绩效。变革型领导行为鼓励下属完成较为困难的目标，从全新的和多种不同的角度去解决问题，同时促进了员工的自我发展。作为领导影响力的一个结果，员工出于对领导的承诺，从发自内心的工作动机出发，根据自身的发展水平以及目标实现和任务完成的潜在意义，会加倍努力工作，最终导致其超额完成预期的绩效。也就是说，变革型领导行为通过引导下属超越自我利益，向下属灌输共同的组织价值观，帮助下属达到最大的绩效水平。

研究结果显示，下属对领导的信任度作为中介变量，可以较好地解释领导魅力对员工组织公民行为的影响。而变革型领导行为对下属的角色和任务分配知觉有直接的影响，这些知觉随后影响到下属对领导者的效能认识，变革型领导者的效能认识依赖于在整个组织目标的完成过程中领导者的沟通能力以及员工的角色知觉、任务明晰度和沟通开放性。

三、变革型领导工作指南

虽然变革型领导仍然有许多需要研究的东西，从不同类型的研究中还是有足够的发现，可以对那些寻求激励和鼓动追随者的领导者提出一些尝试性的指南。

（1）描绘一个清晰的和吸引人的愿景。变革型领导者加强现存的愿景或建立对一个新愿景的支持。组织能够实现的愿景能帮助人们理解组织的目标、目的和重要性。它使得工作有意义，成为自尊的一个来源，培育共同目标的意识。最后，这个愿景有助于指导组织每个成员的行动和决策。当个人或团体在他们的工作决策中具有相当的独立性和自由度时，这就显得特别重要。

（2）解释如何达到愿景。仅仅描绘一个吸引人的愿景还不够，领导者还必须使追随者相信这个愿景是可行的。重要的是在愿景和达到它的可信的战略之间建立明确的联系。如果这个战略有几个清楚的要点与组织成员的共同价值相关，就更容易建立这个联系。这些要点提供了明显的标志帮助人们理解事件和问题。这些要点的数量应当足够大从而能够关注关键的事务，但也不能过大以至于引起混乱和耗散能量。提供一个具有详细行动步骤的精致的计划，有时也是必要的。领导者不应当假装知道所有的关于如何达到愿景的答案，而应当告诉追随者他们需要什么样的在特别行动上起关键作用的角色。

（3）自信和乐观地行动。除非领导者展示自信和可信，否则追随者不准备忠诚于愿景。重要的是保持对组织达到它的愿景的可能成功保持乐观，特别是面临着道路上的障碍和反复时。一个领导的自信和乐观，可能是具有高度感染性的。最好是强调到目前为止所取得的成就，而不是还有多少工作去做。最好是强调愿景的积极方面，而不是前面的障碍和危险。自信以语言和行动表达。缺乏自信反映在尝试性的虚假语言上（如我猜想，可能，希望），以及一些非语言的迹象上（如皱眉，缺乏眼睛接触，姿态紧张，体态虚弱）。

（4）榜样领导。行动比语言更有说服力。领导者影响下属支持的一个方式是在日常与下属交流中建立一个榜样的行为。榜样领导有时称为“角色楷模”。这对于那些不愉快、危险的、不寻常或有争议的行动特别重要。领导者要求下属服从于一个特别标准，自己也应当服从这个标准。领导要求下属去作出特殊的牺牲，自己也应当这样去做以树立榜样。一些最有影响力的军队领导者曾经是率领他们的战士战斗、分享着危险和艰苦的人，而不是停留在相对安全和舒服地方的人。一个负面的例子是：一个经历着金融困难的大公司执行官，在要求雇员打消他们加薪的期望之后，却给自己一个很丰厚的奖励。这个行动在雇员之间制造了抱怨，破坏了他们对组织的忠诚和对使命的支持。一个更有效的建立榜样的方法应当是在要求其他雇员作出牺牲之前，削减领导的奖励。

（5）授权人们去实现愿景。变革型领导的一个基本部分是授权。授权意味着将如何做工作的决策权委托给个人和团队。它要求人们自己决定执行战略或达到目标的最佳方式，而不是详细告诉他们如何去做。它意味着鼓励下属提出解决问题的建议。如果他们要求你帮助，你应该鼓励下属提出解决问题的方案，它意味着支持下属承担解决他们自己问题的责任，即使他们不采取与你相同的方式去做。授权也意味着降低领导对如何去做工作的约束，让人们有更大的自由度。最后，授权意味着给下属提供充分的资源，完成他们正在负责的一个任务。

## 6.3 领导授权

授权涉及给下属指派新的责任和增加执行任务的权威。虽然委派有时被认为是参与型领导的一种，但大量的论断认为授权是一种独立的管理行为类型。一个经理可以咨询下属、同级或上级，但在大多数情况下，授权仅仅适合于下属。

### 6.3.1 授权的潜在优点

如果领导以合适的方式实施授权，它就能提供一些潜在的优点。如同参与和分享权力的其他形式一样，授权的一个潜在优点是改进决策质量。如果一个下属在如何做这个任务上比领导有更多专长，授权可能改进决策质量。如果下属的工作需要对变化的情景作出迅速的反应，而沟通的渠道不允许经理仔细监督和作出迅速调整时，决策质量也可能改进。一个比领导更接近问题和更具有相关信息的下属，就更可能迅速和更好地作出决策。然而，如果下属缺乏作出更好决策的技能，不能理解所期望的事情，或与领导有目标上的冲突，授权就不可能改进决策质量。

授权的另一个潜在优点是下属更有效地去执行政策。增加支持的主要原因是认同使之成功的决策和需要。然而，如果一个下属将授权看作领导的操纵策略，认为这个任务不可能完成，或认为新的授权责任是不公正地增加工作负担，则授权就不可能得到支持。

增加责任和权威的授权，可能使下属的工作更有趣、更有挑战性和更有意义。丰富的工作有时需要吸引和保持有能力的雇员，尤其是当组织只有有限的提升到高层位置的机会时。然而，授权仅仅是提高一个下属的满意度，而他希望承担更多的责任，具有必要的技能承担新的责任，能够在完成挑战性任务中取得一些成功。如果下属常常由于缺乏必要的权威和资源去实现新的责任或缺乏能力去做新的工作而感到沮丧，这时授权可以提高工作的满意度。

授权是一个责任过于沉重的领导管理工作的重要形式。将不那么重要的任务授权给下属，一个领导就有更多的时间留给更重要的任务。甚至在领导能够比下属更好地做所授权的任务时，授权也是更有效的，因为这让领导的时间集中用于那些对领导组织的效能具有最大影响的职能上。如果没有授权，一个领导将没有充分可用的时间去做那些需要大量时间，但并不紧急的重要任务。

授权可能是管理发展的一个有效方法。组织需要发展管理人才以充实更高权威的位置。授权是促进在一个更高位置行使关键责任所必需的技能发展的一种方式。然而，当授权用于发展目标时，领导通常有必要做更多的监督和指导工作。因此，当用于这个目的时，授权不可能过多地降低一个领导的工作负担。

授权从来都不是绝对的，因为一个领导需要对下属的工作活动负责。为避免错误的风险，一个不安的领导可能仅将敏感的任务授权给几个忠诚的下属，或根本不作授权。进一步说，允许一个下属在行使领导职责上展示才能，可能创造一个领导的竞争者。

需要高度成就的领导，常常倾向保留重要和挑战性的任务，而不是将它们授权给下属。以解决疑难问题为荣的领导，也不愿意放弃这种挑战，或承认其他人能有效地去做。不愿意授权也为对观察自己绩效的偏见所支持。一项试验发现，当领导直接涉及监督一个任务时，即使真正的质量与一个所授权的任务的质量相同，领导对自己的绩效评价也会更高。

不授权也与下属的特性有关，比如他的专长和不愿分享目标的特点。领导不愿意将重要的责任授权给缺乏必要专长的下属。即使一个下属拥有这种专长，如果这个人似乎对这个任务不感兴趣，重要的责任也会不予授权。

### 6.3.2　授权指南

虽然对授权的研究仍然非常有限，但关于何时和如何有效地运用授权仍然具有相当大的共识。指南首先涉及授权什么，接着是如何授权。

（1）授权那些下属能够做得更好的任务。对于一些任务，下属可能比领导做得更好。当个人拥有更多的专长时，当个人更接近于问题和能获得关于问题的更及时的资料时，或者当领导仅仅没有必要的时间很好完成这个任务时，下属可能有更好的绩效。如果不考虑目的，这样的任务通常是适宜授权的。

（2）委派那些紧急但并非重要的任务。当目的是降低工作负担时，最好的授权任务是那些紧急但不是很重要的任务。这些任务必须很快完成，但领导又没有足够的时间全部完成。一些任务也许下属做得不如领导那样好，但让下属去做总比不去做要好。这些任务的委派将为一个领导做更重要的任务腾出更多的时间。

（3）授权与下属职业相关的任务。如果授权的目的是发展下属的技能，授权的责任就必须是与下属的职业目标相关的。发展性授权可能包括特殊的项目，它允许下属有机会为挑战性的任务奋斗，从而练习创造力和解决问题的能力。下属准备接手领导的工作或指导另一单位的相同工作时，就需要被授予一些重要的管理责任，包括下属起初做得不如领导好的那种工作。一些授权的任务，也许与下属现在的工作不相关，而且事实上可能占用下属常规工作的时间。

（4）授权适度困难的任务。授权任务应当对下属具有挑战性，但又不是过于困难以致没有希望成功地完成。任务应当有足够的困难，这样能促使发生一些错误，因为错误是学习经验的一个不可分割的组成部分。然而，任务不应当过于困难和重要，那样错误将威胁到下属的自信和损害他（她）的名声。发展性目的的授权应当逐渐地实行。当下属学会如何去控制初始的责任时，才能授权另外的责任。

（5）授权喜欢和不喜欢的任务。一些领导将所有喜欢的任务留给自己，仅仅把那些琐碎烦人的任务授权给下属，这样的任务并不能丰富下属的工作，反而可能降低下属工作的满意度。授权应当包括领导喜欢和不喜欢的两种任务。不喜欢的任务应当为下属分享或在他们之间轮流，以避免工作安排中的偏袒和不平等的感觉。

（6）授权那些不是领导核心工作的任务。那些对领导角色具有象征性和核心的任务，不应当授权。这些责任包括：为工作单位建立的目标及其优先性，在下属之间分配资源，评价下属的绩效，作出对下属提薪和提职的人事决定，指导团体应对危机的反应，以及各种各样期望领导出席的名义首脑活动。在必须提高下属与这些责任相关的技能时，可以使用另一种形式的参与，如咨询和团体决策，而不是授权。例如，战略计划可以在计划会议上实行，下属可以提供想法和建议，但战略决策的责任不能授权给单个下属。

**【案例】**

**如何强化你作为团支部书记的领导地位**

假设你作为一名班级团支部书记已经有6个月。你对自己的工作感到自豪，但是也很吃惊地发现自己越来越没有权力。这个职位不是一块垫脚石，好像是一条死胡同。在你之上的管理者（系团支部书记、校团委书记）都与你的年龄相当，但他们在学校中提升职位的愿望还没有实现，你感到提升无望。你不是组织的中心人物，你感到如果没有出什么乱子，就不会有人注意到你。你被期待成为部下的支持者，但是他们从未回报你的好意。你被期望在没有上面支持的情况下接受他们的想法。

通常，你感到虽然你一直“从两方面来考虑问题”，但你的方法很少有决断权。你对下属的奖励只有很有限的权力，感到自己无力以真正起作用的方式来奖励或惩罚他们。结果，你发现自己越来越习惯于强加规则，使部下按你的要求做事。对于部下取得的任何成功或受到任何赏识，你变得越来越嫉妒，因此常常切断他们与组织上层的联系，阻碍他们得到充分信息。你不再喜欢不拘礼节，愈加僵化地遵循标准的操作程序。可以预言，你的部下将变得越来越低效并充满抵触情绪。

**讨论：**

你如何解决目前的困境，并将权力转化成影响力呢？

### 6.3.3　授权之后应采取的步骤

下面的五个指南描述领导在授权责任给下属之后应当采取的步骤。

一、给需要知道的人以信息

应当给予受到授权影响的人们以及需要对下属做好授权的工作进行配合的人们有关下属新责任和权威的信息。除非你给予有关授权的信息，否则这些人可能怀疑下属的权威和忽视他（她）的要求和指导。那些需要信息的人们也许包括：其他的下属、你的下属的下属、其他单位的同级、客户和供应商等外部人员以及你的老板。

二、以合适的方式监督进展

如同所有任务一样，对于授权的任务，监督进展和提供反馈给下属非常重要。很难在控制和授权之间取得合适的平衡，进展评价会议能使领导监督下属的进展，而不是过于频繁地每天监督。给予下属一定的自由度和不受干扰地处置问题的空间，下属也可以在需要的时候自由寻求建议和协助。当权威授权时，领导和下属应当决定绩效测定的类型和收集的进展指标。

三、安排下属接受必要的信息

通常，最好的是使下属绩效的全部详细信息直接流向下属，而不太详细的总结信息则不过于频繁地流向领导。然而，在对一个缺乏经验的下属的发展性授权的案例中，可能需要更频繁地收集详细的信息以仔细检查下属的进展。在绩效信息之外，下属需要各种类型的技术和信息以有效地实现授权的任务。保证下属得到影响他（她）的计划和安排的有关变化的信息。如果可能的话，安排相关的技术信息直接流向下属，帮助下属建立他（她）自己的必要的信息来源。

#### 四、提供支持和协助，但避免反向授权

领导应当对一个沮丧或受挫折的下属提供心理上的支持，鼓励人们继续向前。对新授权的任务，必须提供更多地去做这个工作的建议和指导。然而，重要的是避免反向授权，因为那样一来就等于以前所授权的任务又重新受自己控制了。当下属要求帮助时，应当要求他推荐一个解决方案。领导应能够帮助下属评价这个解决方案是否可行和合适。

#### 五、从错误中学习经验

重要的是认识到授权任务中错误是不可避免的。错误和失败应当严肃对待，但反馈不应当是一种批评和谴责。相反，当他们讨论错误的原因和确定在未来如何避免同样错误时，该事件应当对双方是一个学习经验。如果下属明显不具备如何去做工作的基本知识，经理应当提供额外的训练和指导。

**【案例】**

### 如何对待这样的下属

李刚前往某分公司担任总经理。在交接班时，前任经理特地对一位副经理的情况作了介绍，说他个性强，不好合作，有时经理决定的事，如果他不同意，决策就很有可能得不到有效实施。前任经理的介绍给李刚的心理造成了较大的负担。

李刚就任后，在与这位副经理的接触中，发现这位副手确实很有个性，如自尊心很强，人很正直，对工作有主见，也敢于负责，好胜心强，总希望自己分管的工作做得比别人好。

试分析对于这位副手，应该如何做，才能既调动积极性，又能实现有效的领导，保证组织目标的实现？

## 本章重点知识归纳

在管理活动的整个过程中，领导工作也包含于其中，它是一个组织的管理者在管理过程中的行为活动，任何一个组织都离不开领导，否则组织将是一盘散沙，无法实现自己的目标与战略。

提高领导有效性的关键，在于最大限度地促成领导者、被领导者与环境之间的相互适应和协调。

领导并不是以同样的方式表现他们的领导角色，这些不同的领导风格对团体成员的工作绩效和工作满意度有着不同的影响。领导风格区分为三种：专制方式、民主方式、放任自流方式。

领导风格分为支持型领导、参与型领导、魅力型领导、变革型领导。

授权可能是管理发展的一个有效方法。组织需要发展管理人才以充实更高权威的位置。授权是促进在一个更高位置行使关键责任所必需的技能发展的一种方式。然而，当授权用于发展目标时，经理通常有必要做更多的监督和指导工作。

领导的本质决定了领导必须是不断创新的。领导只有创新，才能给领导客体和整个事业带来新的生机和活力、新的前途和希望，才能激发出新的生命力、创造力、竞争力和发展力，才能确保先进、带头和率领，才能真正胜任“领导”二字。

## 思考讨论题

1. 简要阐释领导者的责任与义务。

2. 如何做支持型领导、参与型领导、魅力型领导、变革型领导？

3. 如何理解领导创新的制约因素？

4. 领导权力的来源是什么？

5. 领导者的有效性是否会受到下属的影响？请解释说明。

6. 作为大学生可以从事哪些学校活动，让别人感到你是一名具有领袖魅力的领导者？在从事这些活动时，作为学生具体可以怎样做，从而更容易被视为具有领袖魅力的领导者？

## 实践与技能训练

### 项目：校园模拟指挥

**【实训目标】**

1. 培养现场指挥的能力；

2. 培养应变能力。

**【实训内容与要求】**

1. 设定一定的管理情景，由学生即时进行决策或指挥。

2. 管理情景为：晚上11点多钟，男生宿舍三楼的卫生间上水管突然爆裂，此时楼门和校门已经关闭，人们都沉睡在梦中，只有邻近的几个学生宿舍惊醒。水不断地从卫生间顺着东西走廊涌出，情况非常紧急，假如你身处其中，如何利用你的指挥能力化险为夷。

3. 先进行分组讨论，然后各小组分别表述本组应急方案，看看谁的方案最好。

**【成果与检测】**

1. 班级组织一次交流，每组推荐两名成员发言；

2. 由教师与学生对各组的方案进行评估打分。

## 本章讨论案例

### 哪种领导类型最有效

ABC公司是一家中等规模的汽车配件生产集团。最近，对该公司的三个重要部门经理进行了一次有关领导类型的调查。

一、安西尔

安西尔对他本部门的产出感到自豪。他总是强调对生产过程、产出量控制的必要性，坚持下属人员必须很好地理解生产指令以得到迅速、完整、准确的反馈。安西尔当遇到小问题时，会放手交给下级去处理，当问题很严重时，他则委派几个有能力的下属人员去解决问题。通常情况下，他只是大致规定下属人员的工作方针、完成怎样的报告及完成期限。安西尔认为只有这样才能促成更好的合作，避免重复工作。

安西尔认为对下属人员采取敬而远之的态度对一个经理来说是最好的行为方式，所谓的"亲密无间"会松懈纪律。他不主张公开谴责或表扬某个员工，相信他的每一个下属人员都有自知之明。

据安西尔说，在管理中的最大问题是下级不愿意接受责任。他的下属人员可以有机会做许多事情，但他们并不是很努力地去做。

他表示不能理解以前他的下属人员如何能与一个毫无能力的前任经理相处，他说，他们的上司对他们现在的工作运转情况非常满意。

二、鲍勃

鲍勃认为每个员工都有人权，他偏重于管理者有义务和责任去满足员工需要的观点，他说，他常为他的员工做一些小事，如给员工两张下月在伽利略城举行的艺术展览的入场券。他认为，每张门票才15美元，但对员工和他的妻子来说价值却远远超过15美元。这种方式，也是对员工过去几个月工作的肯定。

鲍勃说，他每天都要到工场去一趟，与至少25%的员工交谈。鲍勃不愿意为难别人，他不主张过于死板的管理方式，员工对过于死板的管理方式也并不那么满意，但除了忍耐别无他法。

鲍勃说，他已经意识到在管理中有不利因素，但大都是由于生产压力造成的。他的想法是以一个友好、粗线条的管理方式对待员工。他承认尽管在生产率上不如其他单位，但他相信他的雇员有高度的忠诚与士气，并坚信他们会因他的开明领导而努力工作。

三、查理

查理说他面临的基本问题是与其他部门的职责分工不清。他认为不论是否属于他们的任务都安排在他的部门，似乎上级并不清楚这些工作应该谁做。

查理承认他没有提出异议，他说这样做会使其他部门的经理产生反感。他们把查理看成朋友，而查理却不这样认为。

查理说过去在不平等的分工会议上，他感到很窘迫，但现在适应了，其他部门的领导也不以为意了。

查理认为纪律就是使每个员工不停地工作，预测各种问题的发生。他认为作为一个好的管理者，没有时间像鲍勃那样握紧每一个员工的手，告诉他们正在从事一项伟大的工作。他相信如果一个经理声称为了决定将来的提薪与晋职而对员工的工作进行考核，那么，员工则会更多地考虑他们自己，由此会产生很多问题。

他主张，一旦给一个员工分配了工作，就让他以自己的方式去做。他相信大多数员工知道自己把工作做得怎么样。如果说存在问题，那就是他的工作范围和职责在生产过程中发生的混淆。查理的确想过，希望公司领导听听他对某些工作的意见。然而，他并不能保证这样做不会引起风波并使情况有所改变。他说他正在考虑这些问题。

**讨论：**

1. 你认为这三个部门经理各采取什么领导方式？试预测它们各自将产生什么结果？
2. 你认为三种方式中是否存在最好的领导方式？为什么？

# 第 7 章　管理沟通

**通过本章学习，你的学习目标：**

1. 正确运用管理沟通的方法。
2. 运用有效管理沟通的策略。
3. 能够正确分析判断冲突及其对于组织的利弊。
4. 运用谈判的基本方法。

**走进管理**

**【案例】**

**张经理的沟通经验**

某公司张经理在实践中深深体会到，只有运用各种现代科学的管理手段，充分与员工沟通，才能调动员工的积极性，使企业充满活力，在竞争中立于不败之地。

首先，张经理直接与员工沟通，避免中间环节。他告诉员工自己的电子信箱，要求员工尤其是外地员工大胆反映实际问题，积极参与企业管理，多提建议和意见。经理本人则每天上班时先认真阅读来信，并进行处理。

其次，为了建立与员工的沟通体制，公司又建立了经理公开见面会制度，定期召开，也可因重大事情临时召开，参加会议的员工有员工代表、特邀代表和自愿参加的员工代表。每次会议前，员工代表都广泛征求群众意见，在经理公开见面会上解答。

请你分析张经理与员工在沟通方式上所做的选择，这些方式有何特点？沟通的主要内容是什么？从这个沟通案例中，分析管理者在沟通中所起的作用。

在企业管理实践中，沟通是实现管理职能的主要方式、方法、手段和途径。没有沟通，就没有管理，没有沟通，管理只是一种设想和缺乏活力的机械行为。组织如果没有沟通就无法存在，良好的沟通有利于组织提高工作效率。伟大的管理思想只有通过沟通并获得其他人的理解，才能显现其真正的实践意义。

## 7.1　管理沟通概述

信息的生命在于沟通与传递，为实现组织目标，组织的成员之间、部门之间，都需要沟通来达成共识；一个组织能否顺利实现组织目标在很大程度上取决于组织沟通的有效性。

随着社会经济、科学技术的飞速发展，当今企业的竞争在很大程度上转变为信息的竞争，企业尽早地拥有关键信息就可能占有市场，占据有利竞争地位。沟通是企业组织中的生命线。没有管理沟通，组织就不能正常运作，良好的管理沟通是实现企业目标的保证。沟通就是把组织职能统一起来的手段，它也是一种改变行为、实现变革、使信息发挥积极作用和达到目标的手段。因此，无论是工商企业，还是家庭、个人，有效的沟通可以帮助我们协调系统、改善关系。当然，有效的沟通不仅仅是把信息传递给员工，更需要在一个公开坦诚、相互信任的环境中进行面对面的交流。可见，管理离不开沟通，沟通渗透于组织管理的各个方面。

### 7.1.1 什么是管理沟通

沟通也称为信息交流，是指发讯者把信息（也包括发信息者的思想、知识、观念、想法等）用任何方式或形式传递给收讯者，这种交换或分享任何种类的信息的过程就叫作沟通。简单来说，所有为了达到管理目的而进行的沟通就是管理沟通。如果不把信息或者思想传递出去，沟通就没有源头。成功的沟通不仅仅是信息的传递，更要传递的信息被接受者理解。如果传递的信息不能被接受者所理解，这一过程就不能看成是一种沟通，所以，确切的沟通是把信息传递给对象或客体，并取得对象或客体相应的响应、反应的过程。

沟通应具备以下几个条件：

（1）沟通必须是双方的行为，在两个或两个以上的主体之间进行，既要有主体和客体同时存在，也要有中介媒体。其中客体和主体既可以是人—人，也可以是人—机、机—机。

（2）沟通必须有一定的沟通媒介，如：语言、文字等。

（3）沟通必须是交换或分享信息。

（4）沟通是信息交流过程，这个过程由七个环节构成，分别是：沟通主体、编码、沟通渠道、沟通客体、译码、客体的反应和反馈。

（5）编码、译码和沟通渠道是沟通联络过程取得成效的关键环节。编码和译码不对称，客体就很难理解信息，沟通的目的就难以达到，若沟通渠道不畅通，沟通的效果同样也会受到影响。

按照管理沟通内容的性质、大小和重要程度，管理沟通可以分为以下两类。

一、情感沟通

人具有自我感觉、情绪、情感、兴趣、爱好、偏好、习惯等，这是企业管理者手中的智慧型资源。因为信息、知识、技术以及其他任何资源的生产力的发挥，全都要依靠人的有效工作。而人因为有情绪、情感，具有个人局限和偏好，所以在工作中并不总是理智的。因此，了解和疏导、调节人的情感必然是管理和管理沟通的重要工作。

在企业管理沟通中，向同事致以友好的微笑，轻轻地拥抱或拍打自己亲密同事的肩膀等，都是一种情感沟通。显然，为了创造和维持良好的人际工作环境，更是为了普遍提高企业员工的工作热情和绩效，情感沟通是企业十分基本、日常又重要的基础管理沟通工作。情感沟通表面上似乎与企业管理的职能和目标没有关联，但实践表明，情感管理沟通的威力非常巨大，员工与管理者要学习的首项管理沟通技能，应该是情感沟通技能。没有这项技能，不会成为合格的员工或管理者。

二、信息沟通

信息是企业进行活动的前提，信息的顺畅运转是企业有效运作的保证。因此企业必须重视信息沟通。根据不同信息的特点，我们可以把信息沟通分为以下四个方面：

（1）可操作性业务信息沟通：在业务或者工作层面上，存在的一种基本、经常、重要的管理沟通，就是人们对关于自己怎么工作和应该怎么工作及目前工作得如何等基础的、基本业务信息的沟通。这类管理沟通，按照其内容指向不同，又可分为工作指令、工作意见和工作建议三大类内容的沟通。

（2）决策性业务信息沟通：企业决策性业务信息的沟通在企业中大量、大范围存在，只是它们发生的频次比操作性业务信息沟通少。一方面，决策越重大，需要获取的信息量越大，对企业业务的现在、将来影响越大，决策者必然需要广泛收集一切能够收集到的相关信息，征求具体操作者、协作者的意见，几经反复，才能保证决策的质量，并获得广大管理者和执行者的支持；另一方面，对于部门或者企业的决策，具体执行者并不一定总是能理解或理解透。因此，不仅在作出决策时需要大量沟通，而且在决策做出后，也需要解释和分解决策，将其转化为所有相关部门、人员和所有决策执行者都能够深入理解的业务信息，清晰地传达给应该传达的人员和部门。

（3）制度沟通：企业运行和管理的规章制度是企业管理的常规化部分。这套制度，明确而清晰地规定了企业中各个员工的权利、利益和工作职责，也规定了企业中人与人、部门与部门间协作关系，是企业组织架构、人事、财务、业务等方面的权威文字表述，在企业管理中起着职责划分、行为指导和业务规范、安全运行的重要作用。制度当然有好有坏，制度规定和适应的情形变了，制度本身也应该变。因此，制度的制定还应该是一个动态发展的过程，以防制度变成桎梏。跟企业决策一样，企业制度在制定前、中、后都需要良好沟通。制度沟通的最终目标是企业成员人人知所当知，并为所当为。

（4）企业外部沟通：企业并非生存在商业真空中，而是生存在与客户、顾客、供应商、经销商、政府、竞争对手、金融机构、社会公众共同组成的社会大环境中。企业的资源必须来自外界，而企业的产出必须输出到外界，才能实现企业配置和转化资源并从中取得利润的经济目标。从更深层的意义上来讲，企业是为满足外部需要而存在的，如果企业生产的产品或提供的服务不能满足外界市场和顾客的需要，企业的生存就会产生危机。因此，最终是顾客和市场决定企业的生死，而不是企业自己。因此，企业必须与外界有良好有效的沟通。

### 7.1.2　管理沟通的途径

沟通途径是指在沟通过程中所采取的具体方式与手段。管理沟通的途径有很多种，可分为外部沟通和内部沟通，下面我们将介绍两种典型的沟通途径。

一、外部沟通

（1）广告：广告其实就是企业与客户沟通的形象大使，广告的好坏优劣直接影响到企业与客户沟通的效果。广告与客户的沟通就是企业把产品的信息或企业的信息等融入广告里，通过广而告之的形式向客户传递信息，使客户对企业本身、企业产品、企业品牌等了解并理解，最终选择该企业的产品或服务的过程。

（2）谈判：是有关方面就共同关心的问题互相磋商，交换意见，寻求解决的途径和达成协议的过程。

（3）公关：是指组织机构与公众环境之间的沟通与传播关系。主要从事组织机构信息传播、关系协调与形象管理事务的咨询、策划、实施和服务的管理职能，包括宣传组织的成功，降低组织失败的影响，宣布变更等。

二、内部沟通

（1）发布指示：指示具有强制性和权威性，是上级对下级指导工作时常用的方法。指示明确规定了上下级之间的关系以及各自的职责，它由上级发布，由下级服从并执行。

（2）请示汇报：请示是下级向上级表达要求的一种常用的沟通方法。汇报是下级在执行上级指示及工作任务的过程中，将其所遇到的困难与问题、工作的进展等情况向上级反映并提出设想的一种沟通方式。

（3）召开会议：会议是企业的日常活动之一，企业的运营和重大决策都离不开会议这种形式。通过开会，可以集思广益，与会者可以通过交流达成共识，并密切彼此之间的关系；可以使大家了解共同的目标及彼此之间的工作关系，从而可以更好地确定自己的目标及工作方法；通过开会可以发现未注意到的问题并认真考虑、研究。会议有工作汇报会、专题讨论会、员工座谈会等形式。虽然“会议”是经理人进行沟通的一种重要途径，但决不能完全依赖这种途径，而且，在召开会议或出席会议之前一定要有充分的准备，以免流于形式。

（4）个别交谈：这种形式大都建立在相互信任的基础之上，运用这种方式来沟通容易使双方产生亲切感，这对双方统一认识、体会各自的责任和义务都有好处。在这种情形下，双方往往都愿意表露真实的思想，提出不便在其他场合（如会议上）提出的问题，从而使上级能准确掌握下属的思想动态，并争取在认识、见解等方面取得一致。

（5）内部刊物：企业内部刊物是想向企业员工传达企业高层管理精神、企业文化、企业生产经营进度和目标完成的一种载体，也是企业内部沟通的一个途径，主要有报纸杂志、电子读物等形式。

### 7.1.3 管理沟通的过程

详细了解和掌握沟通的过程，对于深入理解和掌握管理沟通具有重要的作用。而沟通的过程，由于受多种因素影响，非常复杂。经过一些专家和学者不断努力，总结出了沟通过程的一般模型，并将沟通过程恰当地分解成为沟通过程的八大要素：

一、编码和译码

编码是发送者将其信息与意义符号化，编成一定的文字等语言形式或其他形式的符号。发送者在编码过程中必须充分考虑接受者的经验背景，注意内容、符号对于接受者来说的可读性。译码是接受者接到信息后，将信息符号还原成信息，并理解信息内容与含义的过程。而接受者在译码过程中也必须考虑发送者的经验背景，这样才能正确理解收到信息的本来意义。

二、通道

沟通的通道或渠道具有丰富性和多样性。在当今信息经济时代，尤其突出的变化是电子信息通道的出现和多样化。而这些通道都是因为技术的发展才新增加的。如现在已经被企业利用的管理沟通电子渠道有：电子数据库，电子数据交换，个人电子邮件，组群电子邮件，可视电子会议，手机及电脑与网络共同传递的电子短信息，企业内联网，企业独立网站，企业互联网，企业电子刊物，等等。作为管理信息传递的媒介物，沟通渠道的选择是相当重要的。因为渠道会影响信息传送的速度、有效性和完整性。在大量传统与新兴的沟通渠道并存的情况下，沟通的渠道选择和渠道组合有了更大空间，对于管理沟通渠道的选择和设计因而有可能上升到战略层次，即企业管理沟通制度设计的高度来进行。从理论上讲，沟通应该比以前有更快的速度、更大的信息容量、更宽的覆盖面积、更高的准确性和成功率。

三、反馈

完整无缺的沟通过程必定包括了信息的成功传递与反馈两个大的过程。没有反馈的沟通过程容易出现沟通失误或失败。反馈是指接受者把收到并理解了的信息返送给发送者，以使发送者对接受者是否正确理解了信息进行核实。

四、沟通背景

沟通总是在一定的历史、地理、政治、经济、文化背景中发生的。任何形式的沟通，都会受到各种环境因素的有力影响。它们分别是心理背景、物理背景、社会背景和文化背景等等。所谓心理背景，指的是沟通双方的情绪和态度。它包含两个方面的内涵。其一是沟通主体自己的心情、情绪。当沟通主体处于兴奋、激动状态与处于悲伤、焦虑状态下，他的沟通意愿、沟通行为是不同的，前者往往积极、响应，后者往往不愿沟通，思维处于抑制、混乱状态，编码、译码过程受到干扰。其二是沟通主体对于对方的感受和态度。如沟通主体双方是否存在敌意，关系是否友善亲密等等，都会影响沟通的进程与效果。沟通过程常常由于偏见与好恶而出现误差，导致沟通双方无法准确理解对方信息的含义。所谓物理背景，是指沟通发生的物理场所。物理背景会对人们的沟通造成巨大影响。如在上司办公室和自己办公室进行沟通，就会有明显区别。显然，不同的物理背景会造成不同的沟通气氛，特定的物理环境更是能造就特定的沟通氛围，从而影响沟通的过程与结果。社会背景是指沟通主体双方的社会角色关系，与对沟通间接发生影响的其他个体或人群关系。对应于每一种社会角色关系，人们都有一种特定的沟通方式预期，只有沟通方式符合这种预期时，人们才能接纳这种沟通。对不同的社会角色，应当有不同的沟通方法与模式。文化背景是指沟通主体长期的文化积淀，即沟通主体较稳定的价值取向、思维模式、心理结构的总和。由于文化已经转化为人们精神的核心部分而为人们自动保持，是人们思考、行动的内在依据，所以人们最初较少注意到文化对沟通的巨大影响。实际上，沟通需要文化背景，同时文化背景更是潜在而深入地影响每一个人的沟通过程与沟通行为。在现代信息经济时代，多文化、多元化的集团企业，跨国公司的跨地区、跨国家的团队沟通这些沟通问题越来越受到专家的重视。

五、沟通噪音

沟通噪音是指一切影响沟通的消极、负面、阻碍因素。管理沟通噪音存在于管理沟通过程的各个环节，给沟通造成失误、失败、损耗或失真，主要包括发送噪音、传输噪音、接受噪音、系统噪音、环境噪音、背景噪音及数量噪音七大噪音。

（1）发送噪音是指发生在沟通过程当中的信息发送环节的噪音。沟通的信息发送过程主要是信息编码的过程，因此，管理沟通的发送噪音同样也可以叫作编码噪音。发送噪音主要分两大类，一类是编码、发送能力噪音，如编码错误，或编码能力不佳，逻辑混乱等。另一类是选择性知觉编码发送噪音，是信息发送者在信息编码的过程中，受到个人兴趣、情绪、思想、愿望等的影响和制约，而对应该全部发送的信息进行了不恰当的增删、过滤，从而影响了传送信息的完整性、准确性和及时性。

（2）传输噪音是指发生在沟通过程的信息传递过程中的噪音。在传递过程中，有可能出现噪音。如用电话沟通时，电话线路不好，对方无法听清你说得很清楚的话；如用电子邮件进行沟通时，电子邮件设置出现问题，对方无法按时收到你的电子邮件；如一个重要会议纪要在送到总经理办公室的过程中丢失了；如请人传话时，传话者对信息进行了修改或表述不清，等等。

（3）接受噪音是指管理沟通过程中信息接受者在接受管理信息的过程中发生的噪音。接受信息的过程主要是对信息进行接受、解码的过程，因此，也可以称之为解码噪音。接受噪音主要分两大类。一类是选择性知觉接受噪音。即信息接受者受自己个人心理结构、心理需求、意向系统、文化教育水平、理解能力、心理期望、社会角色地位、人生阅历等因素的影响，自觉不自觉地对所接受信息做出了增删、过滤，从而影响准确、全面、及时地沟通。另一类是接受、解码能力噪音。即因接受者接受、解码能力不足而引起的沟通障碍。对于同一个领导下达的同一个指令，在别人均能理解的情形下，有人却由于个人知识、经验、理解能力问题，而不能把握和理解。

（4）系统噪音指的是沟通的信息代码系统噪音。沟通必须借助于一种或多种双方均能破译的信息代码系统如语言、文字等才能进行。一旦管理沟通双方所用的信息代码系统不一致，甚至完全不同，即双方所用系统是平行或有差异的信息代码系统，双方就不可能全面、准确、及时地沟通。

（5）环境噪音指的是在沟通过程中出现的，影响沟通进程和效果的一切客观外在环境干扰因素。环境对人的沟通是有较大、较明显或潜在影响的。不同的客观物理环境，会在客观上造成一定的气氛，当人们在沟通时，就会受其影响和干扰。

（6）背景噪音主要指在沟通过程当中，由于沟通背景因素而产生的沟通噪音。同样地，这里的管理沟通背景也主要是指沟通过程的心理背景、社会背景和文化背景，不把物理背景包括在内。在管理沟通的过程中，背景因素相当重要。不同的心理、社会、文化背景组合，会对应于不同的沟通期望和沟通模式。尤其是在大企业和跨国公司，由于人们的背景差异十分突出，管理沟通又是尤其被迫切地需要并具有更大的重要性，而背景因素又并非是三言两语能说清的。因此，深刻认识背景因素，尤其是文化背景因素对人们沟通行为的影响，具有极端重要性。在沟通双方对对方的沟通背景不清楚、不熟悉的情形下，管理沟通必然出现许多背景噪音。

(7) 沟通的数量噪音是指沟通传递的信息量过大或过小，因而使对方无法恰当接受、理解，或因沟通的信息量小而缺乏必要的沟通内容和意义。文山会海就是典型的数量噪音。芝麻大的事也要开个会，是另一种信息数量噪音。

### 7.1.4　管理沟通的作用

在管理理论中，一个基本观点就是，人作为资源在企业中的作用，是最具有潜力，也是最具有弹性的。只有通过管理者和员工的沟通，使得员工确立共识的理念（对组织的认同），并使全体成员的一切思维、行动都要在此理念的指导下，让组织更有向心力、凝聚力。让每一个成员都能改变工作态度，激发工作热情，更具有战斗力。这就是沟通的目的。

沟通在管理中起十分重要的作用，良好的沟通有如下突出作用。

一、沟通有助于提高决策的质量

任何决策都会涉及干什么、怎么干、何时干等问题。每当遇到这些急需解决的问题，管理者就需要从广泛的企业内部的沟通中获取大量的信息情报，然后进行决策，或建议有关人员做出决策，以迅速解决问题。下属人员也可以主动与上级管理人员沟通，提出自己的建议，供领导者做出决策时参考，或经过沟通，取得上级领导的认可，自行决策。企业内部的沟通为各个部门和人员进行决策提供了信息，增强了判断能力。

二、沟通促使企业员工协调有效地工作

企业中各个部门和各个职务是相互依存的，依存性越大，对协调的需要越高，而协调只有通过沟通才能实现。没有适当的沟通，管理者对下属的了解也不会充分，下属就可能对分配给他们的任务和要求他们完成的工作有错误的理解，使工作任务不能正确圆满地完成，导致企业在效益方面的损失。

三、沟通有助于提高员工的士气

沟通有利于领导者激励下属，建立良好的人际关系和组织氛围，提高员工的士气。除了技术性和协调性的信息外，企业员工还需要鼓励性的信息。它可以使领导者了解员工的需要，关心员工的疾苦，在决策中就会考虑员工的要求，以提高他们的工作热情。人一般都会要求对自己的工作能力有一个恰当的评价。如果领导的表扬、认可或者满意能够通过各种渠道及时传递给员工，就会产生某种工作激励。同时，企业内部良好的人际关系更离不开沟通。思想上和感情上的沟通可以增进彼此的了解，消除误解、隔阂和猜忌，即使不能达到完全理解，至少也可取得谅解，使企业有和谐的组织氛围，所谓“大家心往一处想，劲往一处使”就是有效沟通的结果。

### 7.1.5　管理沟通的类型

沟通作为管理活动中的一个不可忽视的重要方面，已经被越来越多的企业管理者所重视，其带来的影响也越来越大。如何合理的利用各种沟通渠道，采用多种沟通技巧，尽可能地与员工进行全方位的交流，已经成为企业内部管理研究的一个重要课题。良好的内部沟通机制不仅能够充分体现企业对员工的尊重与重视，同时也能够及时发现企业在生产管理方面的问题。平等、互相尊重、有人情味的关系氛围是企业保持稳定和持续发展的必要保障。要改善企业内部的沟通状况，建立好全方位的沟通机制，首先要了解沟通的种类。

## 一、按沟通的组织系统分类

### 1. 正式沟通

正式沟通是指在组织系统内，依据一定的组织原则所进行的信息传递与交流。例如组织与组织之间的公函来往，组织内部的文件传达、召开会议，上下级之间定期的情报交换等。另外，也包括团体所组织的参观访问、技术交流、市场调查等。

正式沟通的优点是，沟通效果好，比较严肃，约束力强，易于保密，可以使信息沟通保持权威性。重要的信息和文件的传达、组织的决策等，一般都采取这种方式。其缺点是由于依靠组织系统层层的传递，所以较刻板，沟通速度慢。

### 2. 非正式沟通

非正式沟通渠道指的是正式沟通渠道以外的信息交流和传递，它不受组织监督，自由选择沟通渠道。例如团体成员私下交换看法，朋友聚会等都属于非正式沟通。非正式沟通是正式沟通的有机补充。在许多组织中，决策时利用的情报大部分是由非正式信息系统传递的。同正式沟通相比，非正式沟通往往能更灵活迅速地适应事态的变化，省略许多烦琐的程序；并且常常能提供大量的通过正式沟通渠道难以获得的信息，真实的反映员工的思想、态度和动机。因此，这种沟通往往能够对管理决策起重要作用。

非正式沟通的优点是，沟通形式不拘，直接明了，速度很快，容易及时了解到正式沟通难以提供的信息。非正式沟通能够发挥作用的基础，是团体中良好的人际关系。其缺点表现在，非正式沟通难以控制，传递的信息不确切，易于失真、曲解，而且它可能导致小集团、小圈子的产生，影响人心稳定和团体的凝聚力。

现代管理理论提出了一个新概念，成为“高度的非正式沟通”。它指的是利用各种场合，通过各种方式，排除各种干扰，来保持他们之间经常不断的信息交流，从而在一个团体、一个企业中形成一个巨大的、不拘形式的、开放的信息沟通系统。实践证明，高度的非正式沟通可以节省很多时间，避免正式场合的拘束感和谨慎感，使许多长年累月难以解决的问题在轻松的气氛下得到解决，减少了团体内人际关系的摩擦。

## 二、按沟通的流动方向分类

### 1. 上行沟通

向上沟通渠道主要是指团体成员和基层管理人员通过一定的渠道与管理决策层所进行的信息交流。它有两种表达形式：一是层层传递，即依据一定的组织原则和组织程序逐级向上反映。二是越级反映。这指的是减少中间层次，让决策者和团体成员直接对话。

向上沟通的优点是：员工可以直接把自己的意见向领导反映，获得一定程度的心理满足；管理者也可以利用这种方式了解企业的经营状况，与下属形成良好的关系，提高管理水平。

向上沟通的缺点是：在沟通过程中，下属因级别不同造成心理距离，形成一些心理障碍；害怕“穿小鞋”，受打击报复，不愿反映意见。同时，向上沟通常常效率不佳。有时，由于特殊的心理因素，经过层层过滤，导致信息曲解，出现适得其反的结局。

2. 下行沟通

就比较而言，向下沟通比较容易，甚至可以利用广播、电视等通信设施；向上沟通则困难一些，它要求基层领导深入实际，及时反映情况，作细致的工作。一般来说，传统的管理方式偏重于向下沟通，管理风格趋于专制；而现代管理方式则是向下沟通与向上沟通并用，强调信息反馈，增加员工参与管理的机会。

向下沟通渠道的优点是，它可以使下级主管部门和团体成员及时了解组织的目标和领导意图，增加员工对所在团体的向心力与归属感。它也可以协调组织内部各个层次的活动，加强组织原则和纪律性，使组织机器正常地运转下去。向下沟通渠道的缺点是，如果这种渠道使用过多，会在下属中造成高高在上、独裁专横的印象，使下属产生心理抵触情绪，影响团体的士气。此外，由于来自最高决策层的信息需要经过层层传递，容易被耽误、搁置，有可能出现事后信息曲解、失真的情况。

3. 平行沟通

平行沟通渠道指的是在组织系统中层次相当的个人及团体之间所进行的信息传递和交流。在企业管理中，平行沟通又可具体的划分为四种类型。一是企业决策阶层与工会系统之间的信息沟通；二是高层管理人员之间的信息沟通；三是企业内各部门之间的信息沟通和与中层管理人员之间的信息沟通；四是一般员工在工作和思想上的信息沟通。平行沟通可以采取正式沟通的形式，也可以采取非正式沟通的形式。通常是以后一种方式居多，尤其是在正式的或事先拟定的信息沟通计划难以实现时，非正式沟通往往是一种极为有效的补救方式。

平行沟通具有很多优点：第一，它可以使办事程序、手续简化，节省时间，提高工作效率。第二，它可以使企业各个部门之间相互了解，有助于培养整体观念和合作精神，克服本位主义倾向。第三，它可以增加职工之间的互谅互让，培养员工之间的友谊，满足职工的社会需要，使职工提高工作兴趣，改善工作态度。其缺点表现在，平行沟通头绪过多，信息量大，易于造成混乱；此外，平行沟通尤其是个体之间的沟通也可能成为职工发牢骚、传播小道消息的一条途径，造成团体士气涣散的消极影响。

三、按沟通的方法分类

1. 书面沟通

当组织或管理者的信息必须广泛向他人传播或信息必须保留时，报告、备忘录、信函等文字形式就是口语形式所无法替代的了，采用文字进行沟通的原则有以下几个方面：(1) 文字要简洁，尽可能采用简单的用语，删除不必要的用语和想法。(2) 如果文件较长，应在文件之前加目录或摘要。(3) 合理组织内容，一般最重要的信息要放在最前面。

2. 口头沟通

口头沟通要有一个清楚明确的标题，利用口语面对面地进行沟通是管理者最常用的形式，有效的口语沟通对信息的输出者而言，需要具备正确的编码，以有组织有系统的方式传递信息。至于输出者具备什么样的条件能够有效地增进沟通的效果，有关研究表明，知识丰富、自信、发音清晰、语调和善、有诚意、逻辑性强、有同情心、心态开放、诚实、仪表好、幽默、机智、友善等是有效沟通的特质。

3. 非口语沟通

非口语沟通可以强化口语所传递的信息，也可以混淆歪曲口语所传达的信息，因此了解非口语的沟通十分重要，非口语的信息可以用多种方式表达。利用空间沟通，人与人之间的距离远近，是站着还是坐着，以及办公室的设备和摆设等等，均会影响到沟通。在各种组织中，不同的地位和权力通常由空间的安排显示出来，高层管理者一般拥有宽敞、视野良好以及高品位摆设的办公室，不同档次的宾馆及餐饮业也可以通过空间的信息表达出来。利用衣着沟通，人们衣着的不同可给对方传达一定的信息。因为衣着可明显影响人们对不同的地位、不同的身份、不同的群体的认知。利用举止进行沟通，人体及各种举止可以传达许多信息，其中面部表情最具有代表性，所以了解人体语言所代表的意义是有效沟通的一个重要组成部分。

4. 电子沟通

电子沟通亦有研究将之定义为计算机网络沟通，指利用计算机作为讯息传送的设备，透过网际网络将数字化的资料与讯息在使用者之间自由地传递与交换，借由计算机中介沟通的应用系统软件让使用者彼此产生实质的互动，使单向、双向、甚至多向的沟通顺利进行。随着科技日益进步，各项新中介沟通媒介不断扩展。一般来说，此类电子中介沟通具有下列特性：（1）互动性，指沟通者双方对话间的响应性，使用双方的讯息内容经由网络传到计算机内并留存记录，让使用者可以自行决定所要接收的讯息及响应的时间，协调双方的沟通活动，达到个别化的效果。（2）非线性，沟通不只有线性的单向模式，沟通双方还可同时扮演多重角色，既可是主动沟通的发讯者，亦可为被动的接讯者；且沟通进行时是可多向性的，即同一发讯者可同时传讯于多位对象。（3）弹性同步，沟通进行相当弹性化，沟通双方不需静待于计算机前，彼此可掌控收发讯息的时间，增进使用者间的运用弹性。移除时间与地理限制，穿透空间和时间限制，穿越等级和部门，改变传统标准化的组织运作程序，再造组织新规范。凝聚组织成员间的关系并增进组织讯息交流。就目前社会体系的组织来说，不论是营利性还是非营利性的，在沟通媒介类型的使用上，还是以传统面对面沟通较为普遍，在电子中介沟通的使用类型上以电子邮件最为常用，但整体而言，电子中介沟通的使用仍未普及。

## 四、按沟通渠道所形成的网络分类

单向沟通与双向沟通

所谓单向的管理沟通，也就是上司主管只用指令和训话与下属员工表达自己的意志意愿，不听也不管下属员工有何种反馈。其特征有以下五个方面：

（1）要做的工作和做好的标准要求，都只是由管理者向被管理者以指令的形式下达，根本不听取下属员工的意见。

（2）当凭自己的主观感觉认定有什么问题时，上司主管也不询问、不核实，就对下属员工进行呵斥和责骂。

(3) 不与被管理者进行工作过程沟通，也不考虑和了解被管理者在承担工作过程中有什么困难，而是到了不满意的结果发生后再算总账。

(4) 朝令夕改，给下属员工下达的工作指令和做出的激励承诺，随心所欲地更改调整，根本不考虑下属员工的接受程度和意愿。

(5) 约束下属员工的规章制度，在拟订形成过程中从不与下属员工进行沟通，不征求下属员工的意见，把约束强加于下属员工。

这种单向的管理沟通，首先会受到被管理者的意志意愿的抵制。如果下属员工没有形成与其要求相对应的意志意愿，这种指令要求对于下属员工的约束作用，就是很弱的。任何一个人做任何一件事，都会有自己的判断。他认为不应该的事，如果是迫不得已地去做，他总可以找到抵制的办法和理由。本来完全可以成为被管理者自我约束的要求，并能轻易做好的工作，往往因为没有考虑下属员工的意志意愿，而最终被下属员工抵制反对，导致无法落实。其次，不沟通也就不可能确切地知晓下属员工是否具备做好工作的能力、是否明了工作做好的标准要求、是否知道承担工作的具体方法程序等一系列的问题。再次，不问青红皂白地对下属员工进行呵斥和责骂，不仅会造成员工工作情绪低落，而且会导致人心涣散，离心离德。如此这样，就不可能让下属员工做好工作，达成管理的目的。

与单向的管理沟通相对应的是，为形成共同的约定而在互动的基础上，进行充分有效地沟通，即双向沟通。也就是说，要被管理者履行的约束，无论其内涵是否与被管理者的意志相违背，也都必须与被管理者进行充分的沟通，以获得被管理者的理解和认同。只有被管理者理解和认同了的约定，才能对被管理者具有充分的约束力。被管理者才会把这种约束当成一种自我约束而严格遵守。同时通过互动基础上的充分有效的沟通，把握让被管理者做好工作的条件的满足情况，并及时采取措施，把尚未具备的条件创造出来，以保证下属员工做好工作。

## 7.2 管理沟通的策略

### 7.2.1 影响沟通的因素

一、个人因素

(1) 人们对人对事的态度、观点和信念不同造成沟通的障碍。知觉选择的偏差是指人们有选择地接受，例如，人们在接受信息时，对符合自己利益需要又与自己切身利益有关的内容很容易接受，而对自己不利或可能损害自己利益的则不容易接受。

(2) 个人的个性特征差异引起沟通的障碍。在组织内部的信息沟通中，个人的性格、气质、态度、情绪、兴趣等差别，都可能引起信息沟通的障碍。

(3) 语言表达、交流和理解造成沟通的障碍。同样的词语对不同的人来说含义是不一样的。在一个组织中，员工常常来自不同的背景，有着不同的说话方式和风格，对同样的事物有着不一样的理解，这些都造成了沟通的障碍。

二、人际因素

人际因素主要包括沟通双方的相互信任程度和相似程度。沟通是发送者与接收者之间“给”与“受”的过程。信息传递不是单方面，而是双方的事情，因此，沟通双方的诚意和相互信任至关重要。在组织沟通中，当面对来源不同的同一信息时，员工最可能相信他们认为的最值得信任的那个来源的信息。上下级之间的猜疑只会增加抵触情绪，减少坦率交谈的机会，也就不可能进行有效的沟通。沟通的准确性与沟通双方间的相似性也有着直接的关系。沟通双方的特征，包括性别、年龄、智力、种族、社会地位、兴趣、价值观、能力等相似性越大，沟通的效果也会越好。

三、结构因素

信息传递者在组织中的地位、信息传递链、团体规模等结构因素也都影响了有效的沟通。许多研究表明，地位的高低对沟通的方向和频率有很大的影响。例如，人们一般愿意与地位较高的人沟通，地位悬殊越大，信息趋向于从地位高的流向地位低的；信息传递层次越多，它到达目的地的时间也越长，信息失真率则越大，越不利于沟通。另外，组织机构庞大，层次太多，也影响信息沟通的及时性和真实性。

### 7.2.2 有效管理沟通的策略

有效的管理沟通包括三个方面：准确性、实时性和效率。准确性是指信息从发送者传递到接收者保持原意（即不失真、不产生歪曲、不遗漏）的程度。实时性则是指信息从发送者传递到接收者的及时程度。沟通的效率则是指单位时间内传递信息的多少。

但管理沟通能否有效进行受很多方面的影响。为了克服来自内外各种因素的干扰，管理人员必须采用一些策略和方法，努力解决沟通中出现的各种问题。

一、沟通者策略

管理沟通具有很强的目的性和针对性，沟通者应该在沟通前明确沟通的目的，并结合自身的可信度，选择相应的沟通渠道。我们应该关注以下几个方面：

（1）沟通的目的。为了确定沟通目的，我们需要对目的进行细分。按照从一般到具体的程度，可分为三个层次：总体目的→行动目的→沟通目的。需要注意的是，每次管理沟通的目的不能太多，只有范围集中，沟通才能有效进行。

（2）应选择的沟通形式。根据沟通内容需要控制的程度和听众需要参与的程度，我们可以选择叙述、说服、征询和参与四种不同的沟通形式。

（3）沟通者的可信度。你要考虑自己的可信度，即听众对你的信任、信心、仰赖。这里的可信度包括两种：初始可信度，在开始沟通之前听众对你的看法，这与你是谁，你代表什么以及你过去与他们的接触有关；后天可信度，在你与听众沟通之后，听众对你所形成的看法。关于这方面的详细内容见表 7－1。

表7-1　影响可信度的因素和技巧

| 因素 | 对初始可信度的强调 | 对后天可信度的加强 |
| --- | --- | --- |
| 身份地位 | 强调你的头衔或地位 | 将你与地位很高的某人联系起来（如共同署名或进行介绍） |
| 良好意愿 | 涉及关系或长期记录 | 通过指出听众利益来建立良好意愿 |
| | 承认利益上的冲突，并作出合理的评估 | |
| 专门技术 | 包括经历或简历 | 将你与听众或认为是专家的人联系起来或引用他的话语 |
| 外表形象 | 强调听众认为有吸引力的特质 | 通过认同你的听众利益来建立你的形象；运用听众认为活泼的非语言表达方式以及语言 |
| 共同价值 | 在沟通开始就建立共同点和相似点，将信息与共同价值结合起来 | |

## 二、听众分析策略

听众分析策略是指根据听众的需求和喜好调整沟通方式的有关技巧。这是沟通过程中最重要的环节。听众策略要解决三个问题：第一，听众是谁；第二，听众了解什么；第三，听众感觉如何。

（1）分析听众中的每一个成员：考虑他们的教育层次、专业培训、年龄、性别以及兴趣爱好，他们的意见、喜好、期望和态度各是什么。

（2）对听众做整体分析：通过分组来进行分析。他们的群体特征是什么？立场如何？他们的共同规范、传统、标准准则与价值观又是怎样的？

## 三、信息策略

在信息沟通发生之前，我们首先要思考如何完善沟通信息的组织结构。因此，信息策略主要在于两个方面：怎样强调信息，如何组织信息。

沟通前，我们要了解沟通的中心主题，在沟通的过程中，我们要掌握一定的技巧。开始要开门见山，切中主题；中间可以用两个典型的事例作说明；结尾，要再次阐明自己的观点。

## 四、沟通渠道选择策略

渠道就是指信息传递的途径和方式。信息除了可以通过面对面的方式直接进行传递之外，还可以借助媒体进行传递，例如：书面媒体、电话、电视、网络等。新的渠道改变了我们对于沟通渠道的传统认识。但研究表明，面对面沟通是影响力最大的沟通方式。图7-1列举了不同沟通渠道的比较。

从图7-1中各种沟通渠道的比较，我们可以看出，最简单、标准化程度最高但反馈最慢的渠道是组织自有的影响手段；电子邮件作为新兴的沟通渠道，出现在曲线中间的位置；而最古老的面谈方式，则是最多样化、最灵活同时反馈最快的渠道。

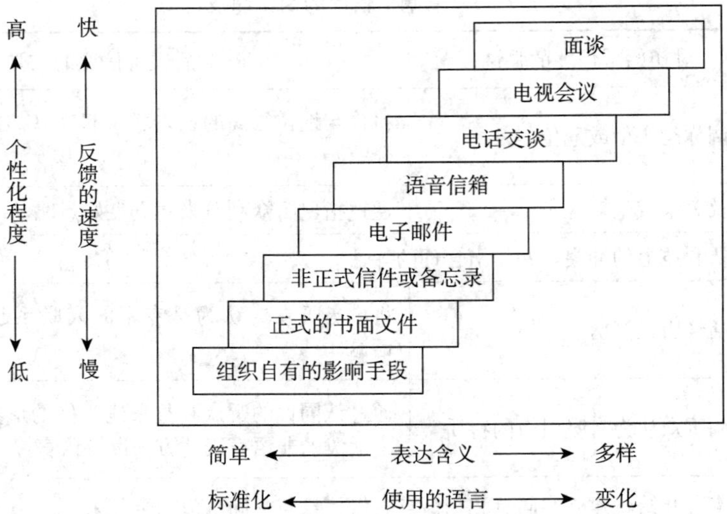


**图 7-1　沟通渠道的比较**

**知识链接**

### 克服组织沟通障碍的八个途径

1. 创造一个相互信任、有利于沟通的小环境。
2. 工作专门化，使用相同的术语，拥有相似的处事风格。
3. 给员工提供完成任务所必需的信息。
4. 增加信息的透明度和公开性。
5. 缩短信息传递链，拓宽沟通渠道，保证信息的畅通无阻和完整性。
6. 建立特别委员会，定期加强上下级的沟通。
7. 建立职工代表大会。
8. 组成非管理工作组。

**【思考分析】：小组讨论**

### 迷失在海上

假设你搭乘私人游艇，漂泊在南太平洋上。由于一场无名火，使得游艇的大部分设备被烧毁。现在游艇正慢慢地下沉。由于重要的航海设备已经被烧毁了，你的位置并不明确；而且你和全体游客正在狂乱地想把这场火熄灭。依你的判断，你正在最接近的陆地的西南方大约 1 000 里的地方。

下面所列的八项物品在这场大火后，并没有损坏。除了这些物品外，还有一艇可用的人工橡胶救生筏和几只船桨，足以负载你和游客。其他所有生存者的口袋里，还有一包香烟、几盒火柴和五张一元的纸币。

为了你的生存，请你将下列八项物品，依其重要性加以排列。将最重要的项目写上“1”，次要的写上“2”，以此类推，将最不重要的写上“8”。

六分仪、五加仑的桶装水、蚊帐、太平洋地图、小型电晶体收音机、逐鲨器、一夸脱的波多黎各Rican酒、钓鱼用箱包。

在每位同学对上面各项加以排列之后，把个人排列结果交给老师保留，请老师将同学们分为几组。各组先在课下进行讨论，取得一致后在课上进行讨论，然后，由老师组织进行全班“公投”，看哪些小组的结果更接近大家的意见。各组采用团体一致的方法，排列出相同的项目。这意味着在团体决策之前，这八项物品的每一项排列，必须经过每位团体成员的同意。要达成一致性是相当困难的。因此，并不是每一项物品的排列，都要每位成员完全同意。然而，作为一个团体，至少要做到大致上的同意。以下是达成一致性的某些原则：

1. 避免为了你自己个人的判断而争论，而要在理性的基础上，来进行这项任务。
2. 避免只为了达成一致性，而改变了你的注意；且应避免冲突。
3. 应避免采用“降低冲突”的技巧，如多数决、平均决、或交换条件。

在决策上，把意见的差异当作是一种助力，而不是一种阻力。

**要求：**

1. 小组讨论。
2. 全班讨论。要准备好发言提纲。

## 7.3 冲突与管理

据一项对中层和高层管理人员的调查，管理者平均要花费20%时间处理冲突；另据调查，大多数的成功企业家认为管理者的必备素质与技能中，冲突管理排在决策、领导、沟通技能之前。由此可见，冲突管理已成为现代企业管理中的一项不可忽视的重要内容，而在企业的各种类型冲突中，高层管理团队的冲突尤为重要，它直接影响着企业的绩效。

### 7.3.1 冲突的定义以及性质

著名管理学家罗宾斯认为：“冲突是一个过程，这种过程始于一方感觉到另一方对自己关心的事情产生消极影响或将要产生消极影响。”管理决策学派的代表人物西蒙把冲突定义为：“组织的标准决策机制遭到破坏，导致个人和团体陷入难于选择的困难。”曾任国际冲突管理协会主席的乔斯沃德教授认为：“冲突是指个体或组织由于互不相容的目标认知或情感而引起的相互作用的一种紧张状态”，他认为一个人的行为给他人造成了阻碍和干扰就会产生冲突，冲突和暴力、争吵是两码事。

### 7.3.2　冲突管理

无论什么地方出现改革的需要，冲突都在所难免，因为总是有人愿意创新，有人想维持现状。有改革就有冲突。冲突管理成功的关键是不出现输方，长远的解决办法是建立共同遵守的游戏规则。

一、冲突的类型

近年来，人们越来越认识到冲突是不可避免的，而且冲突并不一定都是消极的。冲突的存在不是没有好处的。它的潜在好处包括：减少工作的枯燥感；增进自我了解；为了回避冲突，可促使个人做妥工作；冲突之化解可增进个人声望与地位；凸显问题所在；促使决策者对问题做深入的思考；可导致创新或变革。

因此，面对冲突，我们应该先判断其性质，作出定位。冲突应当分为两类，即建设性冲突和破坏性冲突。建设性冲突，处理得当可以明辨是非，促进组织的改革与创新，带来积极的后果；破坏性冲突，使矛盾加剧，造成组织的混乱，给生产造成极大的破坏作用。具体见表 7－2。

**表 7－2　冲突的类型**

| 建设性冲突 | 破坏性冲突 |
|---|---|
| 双方对实现共同目标的关心 | 不愿意听取对方的观点或意见 |
| 乐于了解对方的观点或意见 | 双方由意见或观点的争论，转变为人身攻击 |
| 大家以争论问题为中心 | 双方对赢得观点的胜利最为关心 |
| 双方交换情况日益增加 | 互相交换情况减少，以致完全停止 |

二、冲突的利弊分析

明确了冲突的类型以后，我们要做冲突对于组织的利弊分析，如图 7－2 所示。

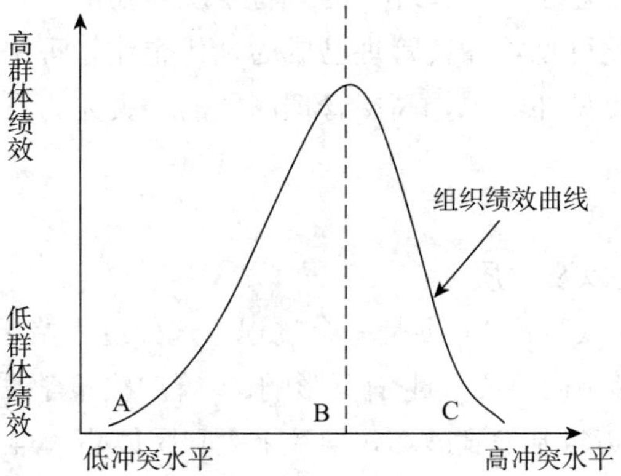


**图 7－2　群体冲突与绩效的关系**

从图 7－2 我们可以清楚地了解到，一个组织或部门的冲突水平低和高的情况下，都会对组织和部门的绩效产生负面影响，使群体成员的满意度水平降低，离职率和缺勤率提高，最终导致生产率下降。但是，当冲突达到最佳水平时，则会使组织中冷漠和自满降到最低程度，它通过创造轻松、愉快的环境，使员工的思维更活跃、更愿意接受有挑战性的工作，使组织能够不断创新，从而增加其适应市场不断变化的能力。具体见表7-3。

**表7-3 群体冲突水平对绩效的影响**

| 情境 | 冲突水平 | 冲突类型 | 内在属性 | 绩效 |
|---|---|---|---|---|
| A | 低或没有 | 破坏性 | 冷漠的、停滞的、对改变没有反应、缺乏新意 | 低 |
| B | 适量 | 建设性 | 有活力的、自我批评的、创新的 | 高 |
| C | 高 | 破坏性 | 破坏性的、无秩序的、不合作的 | 低 |

简而言之，对于有害的冲突我们要设法加以解决或减少，对有益的冲突要加以利用。

三、处理冲突的策略

组织中人际冲突之所以发生，可能是利益相关者对若干议题的认知、意见、需求、利益不同，或是基本道德观、宗教信仰不同等因素所致。组织中的人际冲突是很难来量化的，但一般来说，包括以下几方面：

(1) 组织中权力、利益的争斗。当一个职位低下的员工看着略高于其位的那人的能力并不比他强时，就很可能不服气，与之明争暗斗，同时，各个个体只考虑本位利益而引起利益冲突最终引发冲突。

(2) 职责范围、责任归属不清。由于组织中授予员工的工作模糊不清或是职责范围重叠，人们之间就很容易引发冲突。

(3) 信息传递受阻或谬误。由于人与人之间或群体之间缺乏信息交流、互相不了解而造成隔阂，也会产生冲突。

(4) 知识、观念、价值观的不同。当人们的知识、经验不同，对问题看法存在分歧，或者价值观的不同，对同一事物会存在不同的看法，从而引发冲突。

(5) 工作中存在竞争。人们有表现自己、实现自己价值的愿望，人们总希望自己在组织中有所作为，发表意见展示自己的才能，并希望这些意见为别人所接受，这也是冲突的来源。

(6) 情绪的影响。情绪是很微妙的，它的变化足以使组织平静的生活掀起不小的波澜，也容易导致冲突。

针对冲突产生的原因，我们可以制定不同的处理策略。美国的行为科学家托马斯和他的同事克尔曼提出了一种两维模式（见图7-3），以沟通者潜在意向为基础，认为冲突发生后，参与者有两种可能的策略选择：关心自己和关心他人。其中，“关心自己”表示在追求个人利益过程中的武断程度；“关心他人”表示在追求个人利益过程中与他人合作的程度。以“关心自己”的程度为纵坐标，以“关心他人”的程度为横坐标，来定义冲突行为的二维空间。于是，就出现了五种不同的冲突处理的策略：竞争、合作、妥协、迁就和回避。

回避策略：既不合作又不武断的策略；

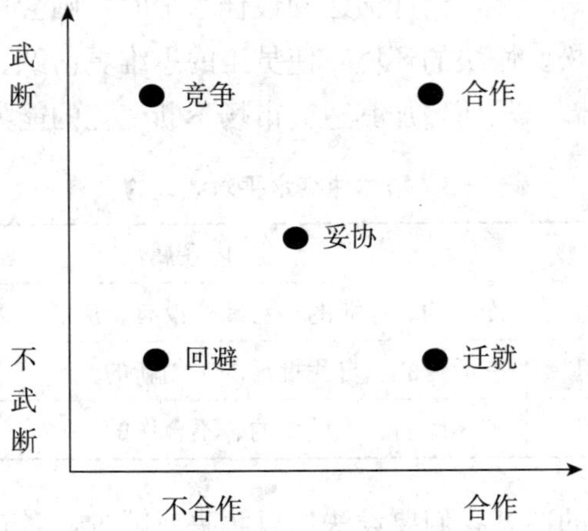


图 7－3　托马斯、克尔曼的人际冲突处理模式

竞争策略：高度武断且不合作的策略；

迁就策略：一种高度合作而武断程度较低的策略；

合作策略：在高度的合作精神和武断的情况下采取的策略；

妥协策略：合作性和武断程度均处于中间的状态。

## 7.4　谈判与管理

谈判几乎渗透到组织和群体中每一个人的相互作用之中。在复杂的人际关系里，人们不可避免地发生各种各样的冲突，谈判是处理冲突的一种有力手段。有一些谈判表现得并不是特别明显，如同事之间的谈判、销售员和顾客之间的谈判。如何有效地利用谈判化解冲突，掌握谈判技能十分关键。

### 7.4.1　谈判概述

一、谈判的定义

谈判是双方或多方互换商品或服务并试图对他们的交换比率达成协议的过程。许多冲突是通过谈判来协调解决的。因此，谈判过程是冲突管理的重要方面。谈判包含四个成分：

（1）谈判各方的相互依存性。

（2）谈判各方的目标或程序冲突性。

（3）谈判各方的动机与影响力。

（4）谈判各方对达成一致意见的信念。

二、谈判的基本要素

谈判包括以下四个要素：

（1）谈判主体：参与谈判的当事人。

（2）谈判客体：谈判的议题及内容。

（3）谈判目的：通过谈判希望得到什么，达成什么共识。

（4）谈判结果：主体通过谈判后最后形成的协议，但不一定和谈判的目的相同。

三、谈判的基本方法

谈判有分配谈判和综合谈判两种基本方法。

（1）分配谈判最显著的特点是在“零和”条件下运作，也就是说，一方所获得的任何收益恰恰是另一方所付出的代价，如劳资双方对工资的谈判，就是典型的例子。在进行分配谈判时主要是试图使对手同意你的具体目标或尽可能接近它。

（2）综合谈判是基于这样的假设解决问题的，即至少有一种处理办法能得到“双赢”的结果。综合谈判建构的是长期关系并推进了将来的共同合作，使谈判双方团结在一起，并使每个人离开谈判桌时都感到自己是胜利者。分配谈判导致胜利者与失败者的对立，并引发憎恨，使得那些需要在持久基础上共同工作的人分离得更远。综合谈判的成功取决于信息的公开与双方的坦诚，信任别人的能力以及双方维持灵活性的期望。

### 7.4.2　谈判的过程

管理心理学把谈判分为四个阶段，如图 7－4 所示。

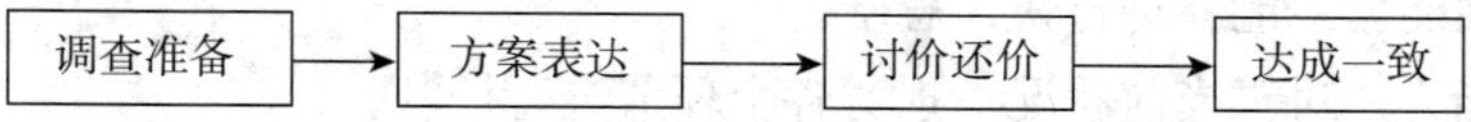


**图 7－4　谈判的过程**

（1）调查准备阶段。这是最重要的谈判步骤之一。首先，我们需要收集问题与方案的事实信息、了解他方谈判风格、动机、个性与目标，分析基本背景；其次，在谈判开始之前，明确本次谈判的目标是什么，评估对方对这个目标的看法；最后，要制订相应的计划，谨慎选择谈判的时间、地点、参与的人员以及谈判的程序和规则等。

（2）方案表达阶段。这个阶段包括提出最初的目标、表达我方需求。双方将对自己的提议进行解释、阐明、论证和辩论。这时，表达能力与沟通能力十分重要，跨文化差异在这一阶段比较明显。

（3）讨价还价阶段。这时，管理人员运用各种公关手段、沟通技能与谈判策略，以便达成原则意见。谈判过程实际上是一个为了达成协议而相互让步的过程，谈判双方毫无疑问都需要作出让步。

（4）达成一致阶段。这一阶段，处于谈判的尾声，通过讨论、达成一致意见或协议。需要注意的是，谈判双方应该将协议正规化，并为实施和监控执行制定出所有必要的程序。

### 7.4.3　谈判行为分析

谈判是人的理性行为，对谈判人员行为的认识是制约谈判的关键因素。谈判人员的行为取决于需要与动机，因此对谈判人员的需要、动机以及行为的研究成为谈判学的基础理论。

一、谈判的需要与动机

需要和对需要的满足是一切谈判的共同基础。动机是促成人们去满足需要的一种驱动和冲动。需要是动机的基础和前提，动机是需要的表现和反映；而谈判又是在需要和动机的基础上产生的理性行为。谈判人员只有了解对方的真正需要和真实动机，掌握动机和需要的特征以及它们之间的关系，才能预测对方的行动，进而采用有效的策略和方法充分发挥自己的主导性去引导对方的行为，调动对方的积极性。

二、谈判的策略

为了使谈判顺利地往自己希望的方向进展，我们需要不断激发谈判人员的成功动机。也需要针对谈判的具体情况使用不同的策略技巧。

在激发对方动机方面，应该遵循着三个原则：第一，有针对性地提出问题；第二，结合对方的动机进行深入讨论；第三，不断强化对对方有利的因素。

谈判是一个过程，存在一些较为普遍的误差。例如，非理性地加大承诺，一方得利、一方受损，以及过分自信等。常用的解决策略是运用多种能力，形成处理方案，主要有以下一些能力：

（1）创造性能力：用多重角度看待问题。

（2）灵活性能力：能够进行快速思维。

（3）控制能力：对于当前状况，拟对各个环节进行控制。

（4）激励能力：主要要求了解自己，关注比较各类其他活动。

（5）否决的能力。

而在制定和使用不同策略的问题上，要根据各种策略的不同特点、不同作用，有选择地加以应用。

管理心理学研究表明，谈判策略可以划分成四大类，如图 7－5 所示。图中表示“信任合作”“开放顺从”“坚定竞争”“主动回避”四种策略，分别属于不同的关系结果与事实结果。

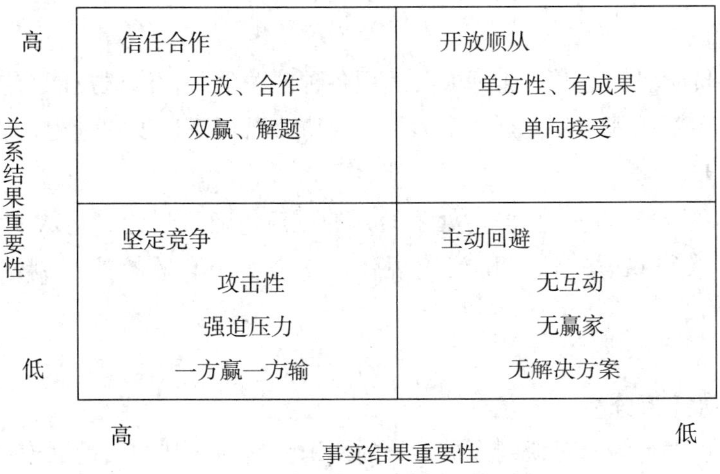


**图 7－5　四种谈判策略**

总之，谈判是人的行为，人是谈判的主体，对主体行为的认识、预测、激励和引导是任何谈判的基本因素。但主体的行为既具有复杂性，又具有规律性。谈判人员应该通晓主体的行为规律，了解影响行为的主要因素，掌握预测行为的方法，善于运用激励行为的技巧，有效地发挥主体的能动作用，以使谈判获得成功。

知识链接

**提高积极倾听的十个关键**

1. 寻找兴趣点。要多想一想发言者说的什么对我有用。

2. 评判内容而不是传送者。不要太关注发言者的性格、特殊习惯、声音或服装等，把注意力放在发言者说的是什么上。

3. 沉着。在完全理解发言者说的是什么以后再作评价，不要被他表面上的言语打动。

4. 注意领会要点。不要太拘泥于事实和细节，把注意力放在中心思想上。

5. 灵活应变。准备多种记录方法并选择适合发言者风格的方法。

6. 集中注意力。排除外界干扰，要离谈话者更近一点，不要看其他材料。

7. 训练自己的大脑。要培养勇于挑战困难的信心。

8. 保持头脑开放。在敏感的问题上不要过于感情用事，不要让情绪影响到对问题的理解。

9. 利用思维速度的优势。人们思维的速度是讲话速度的 4 倍，把省下来的时间用在思考讲话者说了什么。

10. 努力去听。投入一定的精力，不要只是表面上表现出倾听的热情。倾听是一项艰苦的工作，但你得到的会超过你付出的。

## 本章重点知识归纳

管理沟通常见的沟通问题主要来自四个方面：一是组织结构因素形成的沟通障碍；二是人的因素形成的沟通障碍；三是沟通环境形成的沟通障碍；四是沟通手段中的障碍因素。促进有效沟通的对策，一是重视沟通者自身沟通技能的提高；二是健全组织的沟通政策与渠道；三是注重组织沟通环境的改善。

冲突是指个体或组织由于互不相容的目标认知或情感而引起的相互作用的一种紧张状态。组织中人际冲突的发生，是利益相关者对若干议题的认知、意见、需求、利益等因素的不同所致的。五种不同的冲突处理的策略是：竞争、合作、妥协、迁就和回避。

谈判是处理冲突的一种手段，包括主体、客体、目的和结果四个要素。它可以分为分配谈判和综合谈判两种基本方法。谈判分为四个阶段：调查准备阶段、方案表达阶段、讨价还价阶段和达成一致阶段。

谈判人员只有了解对方的真正需要和真实动机，掌握动机和需要的特征以及它们之间的关系，才能预测对方的行动，进而采用有效的策略和方法充分发挥自己的主导性去引导对方的行为，调动对方的积极性。

## 思考讨论题

1. 简述管理沟通的常用方法。
2. 什么叫作冲突？冲突对于组织有什么利弊？
3. 如何解决群体中个人之间或群体与群体之间的冲突？
4. 谈判有哪两种基本方法？它们各自的特点是什么？
5. 为什么有效的沟通并不是达成一致意见的同义词？
6. 管理者可以使用哪些不同的沟通方式？正确表述与积极倾听哪一项对管理者更为重要？为什么？
7. “低效的沟通是发送者造成的。”你同意这种说法吗？为什么？
8. 当代社会管理者面临哪些沟通问题？作为管理者应该如何处理“小道消息”？

## 实践与技能训练

### 项目一：实地交际与沟通

**【实训目标】**

1. 培养与陌生人交际的能力；
2. 培养与别人沟通的能力。

**【实训内容与要求】**

1. 主动同一位相关专业的陌生人士交往，交流某个专业问题；
2. 或者同一位认识的人，通过沟通解决一个难题；
3. 运用交际与沟通理论，讲究交际与沟通的艺术；
4. 事先要有精心的策划；有时候要进行简要的小结。

**【成果与检测】**

1. 班级组织一次交流，每个小组推荐两名成员发言分享；
2. 由教师与学生对各组情况进行评估打分。

### 项目二：管理游戏

**概述：**这是一个角色扮演游戏，在游戏中，参与者需要识别出五种基本的沟通技巧，这些技巧对成功的面对面客户服务至关重要。该游戏特别适用于那些需要提高面对面沟通技巧的员工。

**时间**：10～15分钟

**你需要怎样做**：复印资料各两份。寻找两个志愿者充当演员，在班级中进行角色扮演。给每个演员派一个角色并把剧本发给他们。给他们一段时间来熟悉角色，然后要求他们演绎出他们的客户服务遭遇（场景1）。告诉其他参与者要特别注意演员的所作所为以及它们是如何影响两人间的交流与互动的。

在演绎结束后，询问其他的参与者都注意到了什么。然后让演员演绎场景2，要求其他的参与者找出客户服务代表所做的对客户有积极影响的五件事。

通过要求观众识别五件客户服务代表做得比较好的事来总结这次角色扮演游戏。他们可能会总结出五件以上的事，但他们至少应该识别出以下的几件事：问候客户、进行眼神交流、微笑、使用开放的肢体语言和向客户致谢等。

**讨论题**：

1. 为什么要问候客户？
2. 为什么进行眼神交流很重要？
3. 为什么要微笑？
4. 使用开放的肢体语言的重要性在哪里？能不能举几个开放的肢体语言的例子？
5. 为什么要向客户致谢？

## 本章讨论案例

### 一次战略方案制定引起的风波

天讯公司是一家生产电子类产品的高科技民营企业。近几年，公司发展迅猛，然而，最近在公司出现了一些传闻。公司总经理邓强为了提高企业的竞争力，在“以人为本、创新变革”的战略思想指导下，制定了两个战略方案：一是引人换血计划，年底从企业外部引进一批高素质的专业人才和管理人才，给公司输入新鲜血液；二是内部人员大洗牌计划，年底通过绩效考核调整现有人员配置，内部选拔人才。邓强向秘书小杨谈了自己的想法，让他行文并打印。中午在公司附近的餐厅吃饭时，小杨碰到了副总经理张建波，小杨对他低声说道：“最新消息，公司内部人员将有一次大的变动，老员工可能要下岗，你们要有所准备啊。”这些话恰好又被财务处的会计小刘听到了。他又立即把这个消息告诉他的主管老王。老王听后，愤愤说道：“我真不敢相信公司会做这样的事情，换新人，辞旧人。”这个消息传来传去，两天后又传回邓强的耳朵里。公司上上下下员工都处于十分紧张的状态，唯恐自己被裁，根本无心工作，有的甚至还写了匿名信和恐吓信对这样的裁员决策表示极大的不满。

邓强经过全面了解，终于弄清了事情的真相。为了澄清传闻，他通过各部门的负责人把两个方案的内容发布给全体职工。他把所有员工召集在一起来讨论这两个方案，员工们各抒己见，但一半以上的员工赞同第二个方案。最后邓强说：“由于我的工作失误引起了大家的担心和恐慌，很抱歉，希望大家能原谅我。我制定这两个方案的目的就是想让大家来参与决策，来一起为公司的人才战略出谋划策，其实前几天大家所说的裁员之类的消息完全是无稽之谈。大家的决心就是我的信心，我相信公司今后会发展更好。谢谢！关于此次方案的具体内容，欢迎大家向我提问。”

通过民主决议，该公司最终采取了第二个方案，由此，公司的人员配置率得到了大幅度提高，公司的运作效率和经营效益也因此大幅度增长。

**讨论：**

1. 案例中的沟通渠道或沟通网络有哪些？请分别指出，并说出各自的特点。
2. 试评析邓强对于问题解决的方法。

# 第 8 章　激励

**通过本章的学习，你的学习目标：**

1. 描述激励的概念及基本内容。
2. 解释激励与行为的关系及激励的原则。
3. 阐述不同激励方式及其应用。
4. 能运用激励理论解决实际问题。

## 走进管理

**【案例】**

**用洋葱替代胡萝卜的尴尬！**

一家制药业的巨无霸刚刚获得了一项评审极其严格的质量产品奖。广大的员工废寝忘食，牺牲了个人正常的生活，通过半年多的努力，最终赢得了这个奖项。当宣读获得这个奖项的人员及公司的名称的时候，大家都兴奋不已。公司领导很快就召集全体员工开庆祝会。这之前他们先召开了会议，会议并没有宣布嘉奖事宜。然后，他们把员工召集到自助餐厅开庆祝会，由总裁表达对每位员工的感谢，宣布这个奖项对公司的意义。他总结性地说道："为了庆祝这次巨大的成功，大家都会得到一份很有意义的礼物。"

此时，从后面传来一句："现在就发吧!"大家都笑了，那时大家的心情就像过节一样。

总裁点了点头，示意公关部经理揭开了罩在神秘礼物上的布。啊！竟是由无数塑料杯子搭建起的金字塔造型。会场上先是死一般的寂静，接着爆发出震耳欲聋的喊声。员工们几乎被这个场面所震晕，就像他们看到的是一个巨大的发了霉的圣诞水果蛋糕一样。

后来，大家排着队，陆续领走自己的杯子。在员工摇着头，苦笑着领走奖品时，可怜的总裁好像只剩下最后一点呼吸了。其他员工的表情也让他心凉。随后的几个星期里，杯子就成了公司里新的（令人嘲讽和挖苦的）质量的象征品了。

**思考与提示：**

1. 这次庆功会开"砸了"的原因何在？涉及物质奖励与精神奖励的关系吗？
2. 如何评价用杯子搭成金字塔这种既有纪念意义又省钱的创意？
3. 纪念品价值低就会适得其反，与"千里送鹅毛，礼轻情义重"是何关系？

现代企业管理中，组织如何激发、引导员工完成组织所希望的行为，以及如何约束员工做出组织所不希望的行为，努力实现组织目标和个人目标的一致，是现代组织管理的一项重要任务。因此，选择合适、有效的激励措施是企业成功的关键。运用各种激励理论来激发员工的积极性是管理者的重要职责，也是实现组织目标的必要前提。

## 8.1　激励的理论基础

任何社会组织都是由人组成的，组织的一切活动从根本上来讲都是由人来完成，所以组织目标的实现在很大程度上取决于参与组织活动的人是否始终保持积极的态度和热情。管理活动中的激励就是研究如何依据人的内在特征和行为规律来调动人的积极性。

管理学关于激励的行为科学研究视角和方法，首先关注的焦点是"人性""需要""动机""目标""结果"等这样的个人行为要素及其关联机制，认为这些是决定激励效率的基本要素，是组织激励过程中的基础和关键环节。

激励的核心问题之一就是要弄清楚哪些激励因素能够持续激发人的动机，而内容型激励理论主要集中于分析、探讨影响个体积极性的多种因素，其基本思路是找到这些因素以便有的放矢地采取相应措施去调动员工的工作积极性。内容型激励就是找到影响激励效果的因素及使这些因素对人的行为发生作用的过程。

### 8.1.1　激励原理

一、激励的概念

激励一词在人们的日常生活中被广泛使用，那到底什么是激励？斯蒂芬·P·罗宾斯认为：激励是通过高水平的努力实现组织目标的意愿，而这种努力以能够满足个体的某些需要为条件。

"激励"一词对应的英文"motivation"，译为动机、动力、诱因，指提供一种行为的动机，即诱导、驱使之意。

据此，我们可以将激励定义为组织通过设计适当的外部奖酬形式和工作环境，以一定的行为规范和惩罚性措施，借助信息沟通，来激发、诱导、保持和归化组织成员的行为，以有效实现组织及其成员个人目标的系统活动。这定义包含了以下几个方面的内容：

（1）激励的出发点是满足组织成员的各种需要，即通过设计适当的外部奖酬形式和工作环境，来满足企业员工的外在性需要和内在性需要。

（2）科学的激励工作需要奖励和惩罚并举，既要对员工表现出来的符合企业期望的行为进行奖励，又要对不符合员工期望的行为进行惩罚。

（3）激励贯穿于员工工作的全部过程，包括对员工个人需要的了解、个性的把握、行为过程的控制和行为结果的评价等。因此，激励工作需要耐心。

（4）信息沟通贯穿于激励工作的始末，从对激励制度的宣传、企业员工个人的了解，到对员工行为过程的控制和对员工行为结果的评价等，都依赖于一定的信息沟通。

（5）激励的最终目的是在实现组织预期目标的同时，也能让组织成员实现其个人目标，即达到组织目标和员工个人目标在客观上的统一。

二、激励与行为

心理学家认为人的一切行动都是由某种动机引起的，动机是人类的一种内在精神状态，它对人的行为起激发、推动和加强的作用。例如，一个学生在学校求学，是因为他有学习的动机；一个人拼命工作，是因为他有对成功的渴望；消费者去商店消费，是因为他有购买动机。即使是像睡觉、吃饭、喝水、走路这些简单的动作，也是在不同的动机推动下产生的，而且动机是一种内部心理过程，它不同于外界刺激的作用。

激励手段的运用，赋予了管理活动以主动性的特征。因为激励是激发人的内在动力，使人的行为建立在人的希望、愿望的基础上的。这样一来，人的行为就不再是一种外在的强制，而是一种自觉自愿的行为。

构成激励的主要要素包括动机、需要、外部刺激和行为。其中，激励的核心要素就是动机，需要是激励的起点和基础，外部刺激是激励的条件，而行为则是激励的目的。这四个要素相互组合与作用，构成了对人的激励。从心理学的角度看，人的行为是由动机所支配的，动机是由需要引起的，人的需要是人们积极性的源泉和实质，外部刺激主要指管理者为实现组织目标而对被管理者所采取的种种管理手段及相应形成的管理环境，行为则是在激励状态下，人们为动机驱使所采取的实现目标的一系列动作，行为的方向是寻求目标、满足需要。当人产生需要而未得到满足时，会产生一种紧张不安的心理状态，在遇到能够满足需要的目标时，这种紧张不安的心理就转化为动机，并在动机的推动下，向目标前进，目标达到后，需要得到满足。紧张不安的心理状态就会消除。随后，又会产生新的需要，引起新的动机和行为。由此可见，行为的基本心理过程就是一个激励过程，通过有意识地设置需要，使被激励的人产生动机，进而引起行为，满足需要，实现目标。

三、激励的作用

（一）激励有利于调动人的积极性和创造性

激励是调动员工创造性和积极性，使他们始终保持高昂的工作热情的关键。它的主要作用是通过动机的激发，调动被管理者工作的积极性和创造性，自觉自愿地为实现组织目标而努力，其核心作用是调动人的积极性。

激励的过程直接涉及员工的个人利益，直接影响到能否调动员工的积极性。一般来说，每一位员工总是由一种动机或需求而激发自己内在的动力，努力去实现某一目标。当达到某一目标后，他就会自觉或不自觉地衡量自己为达到这个目标所作的努力是否值得。因此，绝大多数人总是把自己努力的过程看作是为获得某种报酬的过程。如果他的努力得到了相应的报酬，那么，就有利于巩固和强化他的这种努力。因此，激励的目的就是要调动员工的积极创造性，并使这种积极创造性保持和发挥下去。

（二）激励有利于发挥人的能动作用

激励作为一种管理手段，其最显著的特点就是内在驱动性与自觉自愿性。由于激励是起源于人的需要，它的功能就在于以个人利益和需要的满足为基本作用力，使被管理者追求个人需要的满足，因此，激励不仅可以提高人们对自身工作的认识，还能激发人们的工作热情和兴趣，使成员对本职工作产生强烈的积极的情感，并以此为动力，以自己全部精力为达到预定的目标而努力，有利于充分发挥员工的能动性。

（三）激励有利于挖掘人的潜力，提高工作效率

员工的积极性与组织的绩效密切相关，在组织行为学中有这么一个公式：

绩效＝f(能力，激励，环境)

从这个公式中可以看出，组织的绩效本质上取决于组织成员的能力、被激励的情形和工作环境条件。由此可见，激励是提高绩效的一种很重要的有利因素，当然，能力和环境也都是不可或缺的。

（四）激励有利于增强企业凝聚力

企业是由若干员工个体、工作群体组成的，为保证企业作为一个整体协调运行，除了用严密的组织结构和严格的规章制度进行规范外，还需通过运用激励方法，满足员工的多种心理需求，调动职工工作积极性，协调人际关系，进而促进内部各组成部分的协调统一，增强企业的凝聚力和向心力。

### 8.1.2 激励理论

激励理论是管理心理学的范畴，早期的激励理论研究是对“需要”的研究，回到了什么为基础，或者依据什么才能激发员工的工作积极性的问题。激励理论是指通过特定的方法与管理体系，将员工对组织及工作的承诺最大化的过程。激励理论是关于如何满足人的各种需要、调动人的积极性的原则和方法的概括总结。激励理论认为，工作效率和劳动效率与员工的工作态度有直接关系，而工作态度取决于需要的满足程度和激励因素、激励水平。

激励理论主要是研究人动机激发的因素、机制与途径等问题，心理学家和管理学家进行了大量研究，形成了一些著名理论，这些理论大致可划分为三类：

（1）内容型激励理论：所谓内容型激励理论，是指针对激励的原因与起激励作用的因素的具体内容进行研究的理论。主要包括马斯洛的“需要层次论”、赫茨伯格的“双因素论”、麦克利兰“成就需要理论”和奥尔德佛的“ERG 理论”。

（2）过程型激励理论：过程型激励理论重点研究从动机的产生到采取行动的心理过程。主要包括弗罗姆“期望理论”、亚当斯的“公平理论”。

（3）行为改造型激励理论：行为改造理论是以行为后果为对象，研究如何对行为进行后续激励。这里了主要包括斯金纳“强化理论”、海德“归因理论”

### 8.1.3 马斯洛的需求层次理论

美国行为学家马斯洛于 1943 年首次提出需求层次理论，他认为人的需求有不同层次，满足低层次与高层次需求的途径不同。该理论认为，人的需求包括的五个层次如下：

（1）生理需求，如衣、食、住、行、用等方面的需求。这些需要是人们维持生存最基本的需要，他认为，在这些需要没有得到满足以维持生命之前，其他需要都不能起激励人

的作用，因此，这类需要是推动力最强大的需要。

（2）安全需求，如失业保障、医疗保障、养老保障、生产安全、社会治安、生活环境等方面的需求。如生活得到基本保障，不会失业，生病和老年时有所依靠等等。马斯诺将各种形式的保险都统归入这一需要之内。

（3）社交需求，社交需要是指人们希望与别人交往，避免孤独，与人和睦相处、关系融洽、得到别人的友爱的欲望，以使自己在感情上有所寄托和归属。这种需要是感情和归属方面的需要，如在工作上，希望被组织上的人员所承认，能得到别人的帮助，得到友谊，也能对别人进行帮助等。这一层次的需要比前两个层次的需要更难捉摸。但是，对大多数人来说，它往往是一种极为强烈的需要。

（4）尊重需求，尊重的需要是指受人尊敬或地位上的需要，包括自尊（有实力、有成就、能胜任、有信心、独立和自由的）和受人尊重（有威望、被赏识、受到重视、晋升和高度评价）的需求。这类需要的满足程度有很大的差别，也难以得到全面的满足。

（5）自我实现需求，是指人希望最大可能地实现自我、充分发挥自己所能的欲望，每个人都企图实现其全部潜能，包括自我成就、自我发展和创造力的充分发挥的需求。如科学家、艺术家等要工作时往往把自己的工作看作为一种创造性的工作，竭尽全力去做好它，并使自己从中得到满足。

这五种需求像阶梯一样从低到高，按层次逐级递升，如图8-1所示。

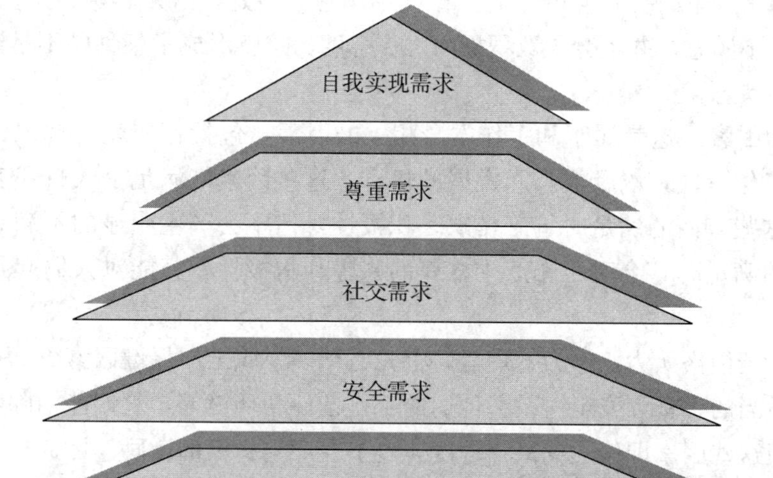


**图8-1 需求层次理论**

在马斯洛看来，上述五种需求可以归为两类：一类是沿生物谱系上升方向逐渐减弱的低级需求，主要是一些本能或冲动；另一类是随着生物进化逐渐显现的潜能与需求，称为高级需求。前者包括生理需求、安全需求和社交需求；后者包括尊重需求和自我实现需求。他认为需求一般按照由低层次到高层次的顺序发展。生理需求是人最基本、优先的需求，自我实现是最高层次的需求。一般来说，人们首先追求满足较低层次的需求，只有在低层次的需求得到满足以后，才会进一步追求较高层次的需求，而且低层次需求满足的程度越高，对高层次需求的追求就越强烈。人在不同的时期、发展阶段，其需求结构不同，但总有一种需求发挥主导作用。因此，管理者必须注意当前对员工起主要作用的需求，以便有效地加以激励。

### 8.1.4 赫茨伯格的双因素理论

激励因素—保健因素理论是美国的行为科学家弗雷德里克·赫茨伯格（Fredrick·Herzberg）于1959年提出来的，又称双因素理论。双因素理论是他最主要的成就，在工作丰富化方面，他也进行了开创性的研究。美国管理心理学家赫茨伯格在马斯洛需求层次理论的基础上提出的“双因素理论”，其理论前提是满意与不满意是两种尺度而非一个尺度上两个相反的极点。以此假设为出发点，对美国的部分工程师和会计人员进行调查访问，以确定“人们想从工作中得到什么”，是哪些工作因素使他们感到满意或不满意。结果他发现，使职工感到满意的都是属于工作本身或工作内容方面的；使职工感到不满的，都是属于工作环境或工作关系方面的。他把能带来满意的因素叫作激励因素，而把能够防止不满意的因素叫作保健因素。赫茨伯格研究后认为，影响员工行为的因素有两种：激励因素和保健因素，它们起着不同的作用。

（1）保健因素。这是属于和工作环境或条件相关的因素，包括公司政策、管理措施、监督、人际关系、职务地位、工资、福利、工作安全等因素。当这些因素恶化到人们认为可以接受的水平以下时，就会产生对工作的不满意。但是，当人们认为这些因素很好时，它只是消除了不满意，并不会导致积极的工作态度，这就形成了某种既不是满意、又不是不满意的中性状态。

（2）激励因素。这是属于和工作本身相关的因素，包括：成就、赏识、挑战性的工作、增加的工作责任，以及成长和发展的机会，这些因素能满足个人自我实现需要。当人们得不到这些方面的满足时，工作缺乏积极性，但不会产生明显的不满意；当人们得到这些方面的满足时，会对工作产生浓厚的兴趣和积极性，就能对人们起到明显的激励作用。

因此，赫茨伯格认为，作为管理者，首先必须确保职工在保健因素方面得到满足，要给职工提供适当的工资和安全、改善他们的工作条件和环境等，它们能消除不满意，防止产生问题，但这些因素即使达到最佳程度，也不会产生积极的激励。因此，管理者必须充分利用激励因素，丰富工作内容，加强职工责任心，进行有针对性的激励，让职工对所从事的工作本身满意，这样才能使人们有更好的工作成绩。

赫茨伯格注意到，激励因素和保健因素都有若干重叠现象，如赏识属于激励因素，基本上起积极作用；但当没有受到赏识时，又可能起消极作用，这时又表现为保健因素。工资是保健因素，但有时也能产生使职工满意的结果。

赫茨伯格的双因素理论同马斯洛的需要层次论有相似之处。他提出的保健因素相当于马斯洛提出的生理需要、安全需要、感情需要等较低级的需要；激励因素则相当于受人尊敬的需要、自我实现的需要等较高级的需要。当然，他们的具体分析和解释是不同的。但是，这两种理论都没有把“个人需要的满足”同“组织目标的达到”这两点联系起来。

有些西方行为科学家对赫茨伯格的双因素理论的正确性表示怀疑。有人做了许多试验，也未能证实这个理论。赫茨伯格及其同事所做的试验，被有的行为科学家批评为是他们所采用方法本身的产物：人们总是把好的结果归结于自己的努力而把不好的结果归罪于客观条件或他人身上，问卷没有考虑这种一般的心理状态。另外，被调查对象的代表性也不够，事实上，不同职业和不同阶层的人，对激励因素和保健因素的反应是各不相同的。实践还证明，高度的工作满足不一定就产生高度的激励。许多行为科学家认为，不论是有关工作环境的因素或工作内容的因素，都可能产生激励作用，而不仅是使职工感到满足，这取决于环境和职工心理方面的许多条件。

但是，双因素理论促使企业管理人员注意工作内容方面因素的重要性，特别是它们同工作丰富化和工作满足的关系，因此是有积极意义的。赫茨伯格告诉我们，满足各种需要所引起的激励程度和效果是不一样的。物质需求的满足是必要的，没有它会导致不满，但是即使获得满足，它的作用往往是很有限的、不能持久的。要调动人的积极性，不仅要注意物质利益和工作条件等外部因素，更重要的是要注意工作的安排，量才录用，各得其所，注意对人进行精神鼓励，给予表扬和认可，注意给人以成长、发展、晋升的机会。随着温饱问题的解决，这种内在激励的重要性越来越明显。

### 8.1.5 麦克利兰成就需要理论

“成就需要理论”是由美国心理学家大卫·麦克利兰于20世纪50年代提出的，他在这一理论中区分了三种需满足的社会性需求，即权力的需求、归属的需求、成就的需求，这是人类行为的三种基本的驱策力。个人会因对这些需要的优先次序的不同而产生多样的行为。很多工作行为可以用人们对成就、权利和归属的需要强度来解释，尤其是成就需要的高低对一个人、一个组织的发展和成长起着特别重要的作用。美国心理学家麦克利兰认为，成就需求强烈的人是一个企业的宝贵财富。他提出人有三种需要，分别是成就、归属和权利的需要。

一、成就需要

成就的需求是指人希望通过自己的努力和能力而达到一定目标、获得成就感需要，是人们追求卓越、追求成就的内驱力。有高度成就需求的人有强烈的成功愿望，同样也强烈担心失败。他们会不断地奋斗，不怕困难的工作，敢于接受挑战，敢于冒风险，对自己树立一定难度（但不是不能实现）的目标，想方设法去实现自己的人生理想，把追求成就和成就的取得看成人生的最大乐趣。对待风险采取一定现实主义的态度，宁愿承担所做工作的个人责任，对他们正在进行的工作情况，希望得到明确而迅速的反馈。他们一般喜欢表现自己。成就需要理论对于我们把握企业中知识型员工的需求具有积极的参考意义。但是，在不同国家、不同文化背景下，成就需求的特征和表现也不尽相同，需要按照实际情况区别对待。

二、归属需要

归属的需求是指对良好人际关系和真挚友情的追求。这种需要是一种渴望被群体接受、能够与人亲密相处的需要。有高度归属感的人，常常因被人喜爱而感到快乐，并尽力避免因被某个团体或社会组织拒绝而带来的痛苦；作为个人他们往往关心维持融洽的社会关系，欣赏人与人之间的亲密和相互了解的乐趣，乐于和他人交往，喜欢安慰和帮助有困难的人，并喜欢与他人保持友善关系。

三、权利需要

权力的需求是指一种想直接影响和控制别人的欲望。权力需要是一种控制和影响他人的需要。这种需要占统治地位的人很期望通过自己的行为来控制其他人的行为，他们追求更高的职位，具有好斗的性格，能够对问题进行全面的分析，喜欢在其他人面前获得地位。这样的人一般坚强、坦率、冷静，善争辩，好健谈，常好教训别人。

按照麦克利兰的理论，正如我们以上所提及的，人们会对那些对他们最有意义的需要产生偏好。这三种驱策力是和管理特别有关系的，其中成就的需求是最为重要的。一些人具有获得成功的强烈动机，他们追求的是个人成就而不是成功的报酬本身。他们有一种使事情做得比以前更好或更有效率的欲望，这种内驱力就是成就需要。通过对成就需要的研究，麦克利兰发现高成就需要者与其他人的区别之处在于他们想把事情做得更好。他们在从事某项挑战性的工作以前，往往是经过一番盘算，然后确定一个在他们看来不太难、经过努力能够达到的目标。如果目标太高，难于达到，固然不能满足他们的成就需要；如果目标太容易，轻易就达到了，也不能满足他们的成就需要。所以他们往往把工作及其条件作恰当的安排，使自己不断地获得一定的成就。

在大量研究的基础上，麦克利兰对成就需要与工作绩效的关系进行了十分有说服力的推断。虽然对权力需要和归属需要的研究相对较少，但其结果是较为一致的。首先，高成就需要者喜欢能独立负责、可以获得信息反馈和中度冒险的工作环境。在这种环境下，他们可以被高度激励。其次，高成就需要者并不必定就是一个优秀的管理者，尤其是对规模较大的组织而言。再次，归属需要与权力需要和管理的成功密切相关，最优秀的管理者是权力需要很高而归属需要很低的人。最后，员工可以通过训练来激发他的成就需要。

麦克利兰的激励理论是否具有普遍性，还值得研究，权力的需求、成就的需求不一定是每一个人的需求。

### 8.1.6 奥尔德佛的ERG理论

奥尔德佛在马斯洛的需求层次理论的基础上，进行了更接近实际经验的研究，提出了新的人本主义需要理论。奥尔德佛认为，人们共存在三种核心的需要，即生存（Existence）的需要、相互关系（Relatedness）的需要和成长（Growth）的需要，因此这一理论被称为ERG理论。

（1）生存需要，涉及满足我们基本的物质生存需要，即生理和安全需要，如衣、食、住、行，关系到人的生存，这需要实际上相当于马斯洛理论中的前两个需要。

（2）相互关系需要，即维持重要的人际关系的需要。这种社会和地位的需要的满足是在其他需要相互作用中达成的，与马斯洛的社会需要和自尊需要分类中的外在部分是相对应的。

（3）成长需要，即一个人发展的内部需要，它表示个人谋求发展的内在愿望，包括马斯洛的自尊需要分类中的内在部分和自我实现层次中所包含的特征。

ERG 理论还认为：多种需要可以同时存在，共同发挥激励作用；对每一层次的需要，满足越少，则越希望得到满足；如果较高层次的需要不能得到满足，那么满足较低层次需要的愿望会更强烈。

ERG 理论不是马斯洛需求层级理论的简化，而是认为较高层次的需要不能得到满足，就会出现倒退现象，对满足低层次需要的欲望会加强。奥尔德佛还认为，关系需要和成长需要得到满足之后，其强烈程度不仅不会减弱，反而会更加强烈。奥尔德佛的需求理论与马斯洛的需求层次理论相比，更加有助于说明在需要的层次当中，文化、个性以及环境等因素的作用与影响。ERG 理论的框架如图 8－2 所示。

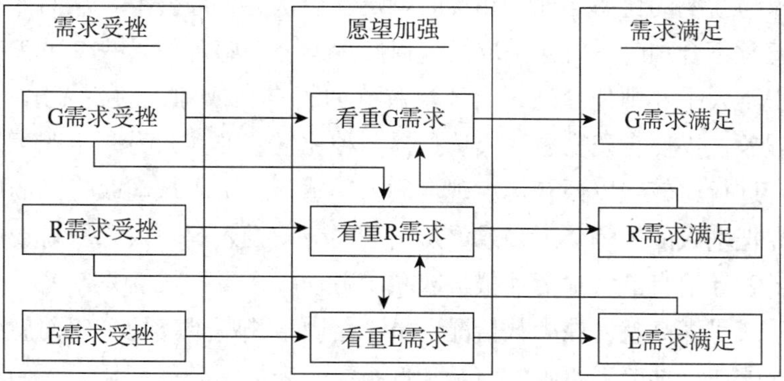


**图 8－2　ERG 理论构成示意图**

**【案例】**

**激励，不是只有薪酬**

山东浪潮集团公司有一面“专利墙”，员工不论职位高低、资历深浅，只要获得专利，他的名字和专利名称就会刻在上面，员工都把这个荣誉当作最高荣誉。其中，赵永东的名字和专利名称就刻在上面。

在电子行业，静电是个无形杀手，生产线的工装板和尼龙轮一旦摩擦，产生的静电常常达到几千伏，敏感器件很容易受损。三年前，赵永东偶然发现静电的强弱与潮湿度有关，就往尼龙轮上喷了点水，用测试仪一测，静电只有 10～20 伏。看到尼龙轮湿润能防静电，他兴奋极了，研制了用吸水海绵和尼龙轮接触的“静电消除器”，装上 24 个成本才 1 600 多元，为公司节约了几十万元的设备费。公司给每个装置都挂了牌子，上面写着“赵永东静电消除器”。16 年间，赵永东坚持不断摸索，改进工作，大小发明有 56 项，得到公司十多万元的奖励。

**【点评】**

山东浪潮集团设置“专利墙”，激励员工进行发明创造，企业有效益、职工得奖励，两全其美。员工搞发明创造的过程，也是提升自身素质的过程。

### 8.1.7 公平理论

美国心理学家亚当斯（J. S. Adams）于1963年发表了题为《对于公平的理解》的论文，1965年又发表了《在社会交换中的不公平》一文，提出了公平理论，以解决工资报酬分配的合理性、公平性以及对工作积极性的影响等问题。

公平理论认为人们有一种保持分配上的公平感的需要，员工的公平感将直接影响其工作动机。员工不仅关心自己经过努力获得的报酬的绝对数量，也关心自己的报酬和其他人的报酬的相对比较，以及与个人的历史收入的比较。对比较结果公平与否的判断会对员工的工作积极性产生影响。

当个人工作与薪酬的比率与他人相等时，员工会认为合理公平，从而保持积极的工作心态；当员工感觉不合理时，就会采取措施以减少不公平感。如果一个员工感到报酬低于其他员工而觉得不公平，则他会通过自我解释（曲解自己或别人的收支比率），主观上造成一种公平的假象，以便自我安慰；或选择另一种比较基准（如另一个职工或自己历史上的另一个时期）进行比较，以便获得主观上的公平感；或采取行动改变别的职工的收支比率，如要求领导把别人的报酬降下来或增加别人的劳动投入等；或采取行动改变自己的收支比率，如要求领导给自己增加劳动报酬或减少劳动投入等；或者发牢骚，讲怪话，消极怠工，制造矛盾或另谋高就。在少数情况下员工会因报酬高于其他员工而感到不公平，他会想办法减少报酬或增加劳动贡献。但是和低报酬带来的不公平相比，人们更能容忍报酬过高带来的不公平，或者说，更能使之合理化。

### 8.1.8 期望理论

心理学家弗罗姆（V. H. Vroom）在《工作与激励》（1964年）一书中提出期望理论，如图8-3所示。该理论认为，人的工作行为是建立在一定的期望基础上的，工作动机与人对于“努力—绩效关系”和工作结果的期望有关。这一理论可以用公式表示：

动机＝效价×期望值×工具性

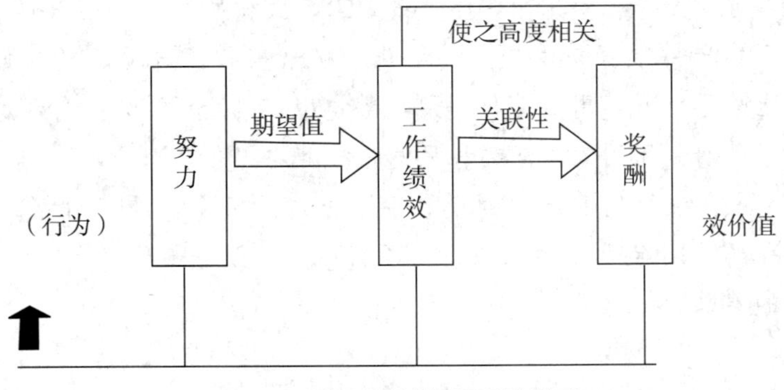


**图8-3 弗罗姆的期望理论模型**

资料来源：韩煜东. 内容激励理论在不同文化下的修正探讨. 成都：四川大学，2004.

具体而言，当一个人对他所追求的目标的价值看得越大，目标能实现的可能性越高，他的动机就越强烈，激励程度越高。期望理论揭示了个人对目标的理解和重视程度直接影响其实现目标的动机和行为。根据这一理论，有效的激励能够满足员工最迫切的需要，同时对员工给予帮助和指导以提高他们完成任务的能力和信心。

目前，各种激励理论的研究不断发展、不断深化，理论之间相互联系、相互补充，尽管每种理论都有一定的局限性，但仍为组织行为学和组织管理中的激励部分提供了丰富的理论依据。

知识链接

**用年终红包强化激励：薪酬就是沟通**

在薪酬管理中，有一个很重要的原则："薪酬就是沟通。"很多企业都会采用年终红包的方式激励员工在这一年内努力工作。但是，如果员工不知道为何拿钱，对员工也起不到激励作用。

国际比较通行的方式，就是CEO、干部与公司股东事先约定好，如果今年做到何种业绩，或是市值达到多少，就可领取相当比例的年终红包，这种红包通常会超过一年的年薪。国内的外企、国有企业主管，也常采取约定制，他们一年的薪酬，每月只拿60%或其他比例，其余到年底看业绩，再发放剩余的薪酬，如果业绩没达到，甚至无法拿到全额工资。愈高层的主管，每月拿的比例愈少。还有更规范的做法，就是与每个管理人员签约，内容非常详细，你今年完成哪些指标就拿多少年终奖。指标定得非常细，有很明确的奖金计算公式，这种方式相对比较公平，特别适合制度比较健全的公司。老板一方面可激励员工，另一方面不担心会失去控制，员工平时对老板很尊敬，年终根据公式计算薪酬，也可以借此了解员工一年的表现。

年终红包代表老板对员工一年工作的认可，也代表一种激励。年终奖金在业绩管理中处于承上启下的位置：第一，与员工沟通公司的战略方向，让员工了解公司的目标，这对于高层领导特别重要；第二，将公司总体目标向下分解，帮助各部门和员工明确具体业绩目标；第三，通过业绩考核与资质评估为员工提供业绩结果与行为方面的反馈；第四，以薪酬手段，包括年终奖金，来强化员工的业绩行为，继而达到公司的总体目标。

### 8.1.9 强化理论

强化理论是由美国心理学家斯金纳（Burrhus Frederic Skinner）提出的，该理论认为人或动物为了达到某种目的，会采取一定的行为作用于环境，当这种行为的后果对他有利时，这种行为就会在以后重复出现；不利时，这种行为就减弱或消失。人们可以用这种正强化或负强化的办法来影响行为的后果，从而修正其行为，这就是强化理论，也叫作行为修正理论。

斯金纳认为，强化指的是对一种行为的肯定或否定的后果（报酬或惩罚），它至少在一定程度上会决定这种行为在今后是否会重复发生。

这一理论运用于管理工作中，可通过如下四种方式进行：

1. 正强化

正强化就是奖励那些符合组织目标的行为，如增加薪金、提升职位、对其工作成果的承认和赞赏等，以便使这些行为得到进一步加强，这样，就会促使其在类似情况下，重复此种行为，从而有利于组织目标的实现。

2. 负强化

负强化是指预先告知人们某种不符合要求的行为可能引起的不良后果，以使人们采取符合要求的行为或回避不符合要求的行为，从而避免或消除不良后果。通过这种强化方式能从反面促使人们重复符合要求的行为，达到与正强化同样的目的。

3. 自然消退

这是指对行为取消正强化，以表示对该种行为的某种程度的否定。一种行为如果长期得不到正强化，就会逐渐自然消退。

4. 惩罚

这是指以某种强制性和威胁性的后果来表示对某种行为的否定，借以消除此种行为重复发生的可能性。惩罚的方式多种多样，如批评、降职、降薪、解雇等。但是，惩罚往往会带来不满、反抗甚至敌意，因此，正强化要比惩罚有效得多，管理者应尽量避免采用惩罚的手段。

斯金纳认为，强化理论的具体应用应遵守如下原则：

（1）要选准强化物，依照强化对象的不同采用不同的强化措施。每个人的需要不同，因而对同一种强化物的反应也各不相同。这就要求具体分析强化对象的情况，针对他们的需要特点确定强化物。只有这样，才能达到强化的目的。

（2）小步子前进，分阶段设立目标，并对目标予以明确规定和表述。要确定强化的目的或目标，明确预期的行为方向，使预期的行为方向同组织的目的或目标一致。同时，强化的目标应尽量明确、具体，使人易于理解，又便于衡量，才能激发起人的行为动机，起到强化的作用。从企业拟定目标来讲，既要制定一个切合实际的总目标，又要把这个总目标分解成一些阶段性的目标。在完成每一阶段性的目标后予以正强化。促使逐步实现总目标。

（3）及时反馈。为了实现强化的目的，就必须通过反馈的作用，使被强化者及时地了解自己的行为后果，并及时兑现相应的报酬或惩罚。

（4）正强化比负强化更有效。斯金纳发现，“惩罚不能简单地改变一个人按原来想法去做的念头，至多只有都教会他们如何避免惩罚”。过多地运用惩罚，往往会由于被惩罚者心理上的创伤，引起对抗情绪，乃至使他们采取欺骗等手段来逃避惩罚。但是，有时又必须运用惩罚的方式。为了尽可能避免惩罚所引起的消极作用，应把惩罚与正强化结合起来。

强化理论有助于对人们行为的理解和引导。因为，一种行为必然会有后果，而这些后果在一定程度上会决定这种行为在将来是否重复发生。那么，与其对这种行为和后果的关系采取一种碰运气的态度，就不如加以分析和控制，使大家都知道应该有什么后果最好。但是强化理论只讨论外部因素对行为的影响，忽略人的内在因素和主观能动性对环境的反作用，具有机械论的色彩。

### 8.1.10 归因理论

归因，字面含义是指“原因归属”，即将行为或事件的结果归属于某种原因。通俗地说，归因就是寻找导致结果的原因。归因是指根据行为或事件的结果，通过知觉、思维和推断等内部信息加工过程而找到造成该结果的原因的认知活动。

归因理论是关于人们如何解释自己或他人的行为，以及这种解释如何影响他们的情绪、动机和行为的心理学理论。归因理论是美国心理学家海德（F·Heider）于1958年提出的，后由美国心理学家韦纳（B·Weiner）及其同事的研究而再次活跃起来。归因理论告诉我们，对行为归因的不同，会影响个体完成任务、解决问题时的行为动力。这一结论在管理工作中有较实在的指导意义。

韦纳认为：能力、努力、任务难度和运气是人们在解释成功和失败时知觉到的四种主要原因。

(1) 努力程度（相对不稳定的内因）。

(2) 能力大小（相对稳定的内因）。

(3) 任务难度（相对稳定的外因）。

(4) 运气和机会（相对不稳定的外因）。

而每一种原因又可以从控制点、稳定性和可控性三个维度进行分析：

(1) 控制点（原因源）：是外在归因，还是内在归因。

(2) 稳定性（稳定程度）：是稳定原因（领导的原因或个人能力的原因），还是不稳定的原因（运气、心境）。

(3) 可控性（可控程度）是可以控制的原因（如努力工作），还是不可控制的原因（任务太难）。

韦纳的归因模型指出：在一个成就情境中，一个人总是要评价自己是成功或失败，并以一般情绪方式（肯定或否定）对这一判断做出反应。这些情绪使人在三个维度（原因源、稳定与不稳定、可控与不可控）上，寻找导致结果的原因，也就是说导致了因果归因。然后产生未来成就期望和更加特殊的情绪反应，如骄傲或羞愧，然后期望和情绪共同决定后继的成就行为。

归因理论认为：一个人解释自己行为结果的原因会反过来影响他的行为动机，导致他的行为、期望和情感反应产生变化。这一模式更多地集中在归因如何影响未来的期望、情绪和实际操作等，它既有动力性的一面，又重视了时间的变化。在这一典型的成就情绪中，人们首先判断自己是成功了还是挫败了，并相应地感到愉快或不愉快，然后对结果进行归因，并由此产生了具体分化的情绪。例如，把成功归结为内部原因，会使员工感到满意和自豪；归结为外部原因，会使员工产生惊奇和感激的心情。把失败归于内部原因，会使员工产生内疚和无助感；归于外部原因，会产生气愤和敌意。把成功归因于稳定因素，会提高工作的积极性；归因于不稳定因素，工作的积极性可能提高也可能降低。把失败归因于稳定因素，会降低工作的积极性；归因于不稳定因素，则可能提高工作的积极性。

在很多情况下，归因总是有意识地进行的。归因的目的，并不只是为了追究事情为什么会产生，更重要的是为了激发员工的工作积极性或控制未来事件的发生。

## 8.2 激励的原则与对象

激励是激发人的工作动机的心理过程，即通过某种内部或外部刺激的作用，使人保持一种兴奋状态，从而调动工作积极性。研究激励问题，实际上是探索人的行为动力。将激励理论应用在管理领域，最大限度地发挥管理领域最主要的因素——人的积极性，这就是激励理论应用的实质。

### 8.2.1 激励的一般原则

一、物质奖励与精神奖励相结合

毫无疑问，金钱等物质激励是提高员工积极性的重要方法，但是仅有物质激励是不够的。根据需求层次理论，物质是较低层次的需要，在社会生活中，人们还希望得到社会和组织的尊重、重视和认可，这就是精神激励。在实践中，物质激励和精神激励是不可分割的两个方面，要把二者有机地结合起来。没有适当的物质激励，精神激励就没有基础，人的积极性就难以长期保持；没有精神激励，就不能使物质激励得到升华和发展，就不可能真正调动员工的积极性。因此，组织要把物质激励和精神激励有机地结合起来，使它们相互补充、相互渗透。

二、正激励与负激励相结合

正激励指的是组织通过认可、赞赏、加薪、升职或创造令人满足的环境来表示对员工行为的奖励和肯定，负激励指的是组织对员工的不良行为采取批评、减薪、降级、处分等方式来表示对员工行为的惩罚或否定。正激励使人受到鼓舞，促进了员工的有效行为。负激励可以阻止或避免不利于组织的行为，做到“防患于未然”。在管理工作中，把正激励和负激励结合起来既可以引导员工实施有助于组织目标的行为，又可以发出明确的指示，预防组织不希望的行为发生。激励要把握最佳时机，该在任务前激励的，要提前激励；该在任务完成后激励的，不要放在任务前，“雪中送炭”所产生的效果远远大于“锦上添花”的效果，选取适当的时机可以以很小的付出得到出乎预料的效果。

三、内在激励与外在激励相结合

外在激励指的是根据员工的绩效给予物质或精神方面的奖励，这种奖励与工作本身并不直接相关，只是作为对员工付出劳动的补偿。内在激励是指工作本身对员工的激励，它包括人对工作本身的兴趣以及从中得到的快乐、工作对人的挑战性、工作中体会到的责任感和成就感、人从工作本身体会到的价值和意义等。当人们把工作本身当作一种享受时，才是激励的最高境界。来自工作本身的激励是对人更直接的激励，它可以激发人们内在的积极性，因而称为内在激励，运用内在激励可以得到更强的动力。在管理工作中，要把外在激励和内在激励有机地结合起来，以取得最大的激励效果。

四、因人而异、按需激励

激励员工的起点是满足员工的需要，而员工的需要因年龄、职务、经济状况、环境、教育程度等不同存在很大的差异。有的员工家庭经济困难，在奖励时发奖金可以取得很好的效果，而对收入很高的员工发奖金则激励作用不大。后进员工有了转变，渴望大家对他有新的评价，这时采取荣誉奖励更能激发他的积极性。因此管理者在对员工进行激励时，应定期调查分析员工最迫切的需要，对不同的人给予不同的激励，在总激励费用不变的前提下获得最好的激励效果。

五、组织目标和个人目标相结合

激励所采取的手段都是从员工自身的目标和需要出发的，而员工之所以能从组织中得到其所需，是因为组织目标的实现。所以，组织目标和个人目标是相互依存的。从激励的角度来说，要贯彻组织目标和个人目标相结合的原则，真正建立组织目标和个人目标之间的正相关关系，让所有的员工都看到，只要自己为组织的目标作出了贡献，就会得到回报，组织的目标实现了，自己的目标也就达到了，这一点对人的激励作用是巨大的、长远的。

### 8.2.2　激励对象的多样化

激励并非是对少数人的激励，传统的激励方法多为奖励极少数有突出贡献者，旨在树立“典型”“楷模”，然而这种激励手段并不是最理想的，因为长期采用此法会使大多数员工失去受奖励的机会，甚至觉得奖励是极少数人的事情而漠不关心。同时，长期以极少数人为对象的奖励还可能在员工中产生逆反心理，可能使“典型”“楷模”在企业内部遭到孤立、嘲讽，甚至打击，所以激励必须考虑到多样化员工不同的需要。

在不同的文化中，激励方法有区别。表 8－1 反映了中国与西方企业在激励方法上的差异。

**表 8－1　中国与西方企业激励方法的差异**

| 中国企业的激励方法 | 西方企业的激励方法 |
|---|---|
| 方法之一：激励下属“士为知己者死”。这是管理者、统治者关心和爱护下属，满足下属生存和发展，特别是心理情感的需要，与之成为知己和至交，从而使下属不遗余力地为自己出力和服务。 | 方法之一：“胡萝卜加大棒。”最初西方产生了以泰勒为主要代表人物的古典管理理论，该理论把人假设为“经济人”，认为人的行为是在追求本身最大的利益，工作的动机只是为了获得经济报酬。 |
| 方法之二：“赏不可不平，罚不可不均。”这是指管理者、统治者要赏罚严明，善于通过奖赏和惩罚这两种正、负强化激励手段，来达到鼓励先进、鞭策后进、提高绩效的目的。 | 方法之二：满足“社会人”的需求。“胡萝卜加大棒”的方法后来逐渐暴露出其局限性。到 20 世纪 20 年代前后，美国梅奥等人依据霍桑试验的材料提出了“社会人”的假设，初创了行为科学。 |

续表

| 中国企业的激励方法 | 西方企业的激励方法 |
| --- | --- |
| 方法之三："任贤律己""身先士卒"。这是说管理者、统治者要知人善任，严于律己，身先士卒，以榜样的作用和力量感染、激励下属。 | 方法之三："寻找人的自我实现。"20 世纪 40 年代末，西方盛行"自我实现人"假设。 |
| 方法之四："上下同欲者胜。"这是目标激励法，即管理者、统治者引导上下心往一处想、劲往一处使。 | 方法之四：多种激励方法并用。20 世纪 60 年代末 70 年代初，美国心理学家和行为科学家沙因提出了"复杂人"的假设。 |

在企业中，有的员工想成为技术专家；有的想到本公司的其他部门工作；有的想发展与现有岗位相关的技能；有的被提升到管理岗位的员工并不想做一个管理人员；还有人认为他们的满足感主要来自群体中的合作精神。可见员工的需要呈现多样化状态。激励要从员工的个性心理特征出发，通过研究个体心理的不同需要，做到因人而异，对症下药。

一般来说，激励员工主要有两种方式：经济激励和精神激励。这种划分是基于哲学将世界划分为物质和精神的，并且经济学家对非货币激励的研究表明其激励效果也重在其中的物质激励部分。如公司直接给员工发放物品；给员工购买健身票不仅可以从大量购买中使员工获得实惠，而且可以增强员工的体质，增加员工之间的感情，有利于增强企业的凝聚力和企业文化的构建。从实际情况看，这些效果都或多或少地存在，但是从本质上说这些激励都属于物质激励，从而属于经济激励的范畴。

**【案例】**

**知名企业的员工激励法**

**创新的刺激元素**

在联想大厅里，作为奥运 TOP 赞助商的联想排摆了 2008 年北京奥运会的五个吉祥物，在不远的一面荣誉墙上，挂着去年和今年在工作中获得奖励的员工照片。每周二中午都会有一个小时的"Saytime""Coffeetime"，这也是员工每周与公司领导无边界交流的时间。在这个时间里，大家都走出办公室，员工可以找到任何一位在公司的领导沟通工作，或者可以去酒吧间看会《老友记》练习一下英语。

为减少所谓的 IT 疲劳综合征、保持员工的创新与活力，百度不仅采取宽松的不打卡制度，更专门聘请了一位有着多年从医经验的医生作为公司的健康辅导师。健康辅导师天天会在员工身边观察、提醒他们，比如不要长期坐在电脑前，比如要怎样进行运动健身。如果预防流感时，他甚至会专程将一杯板蓝根递到员工的桌前。如果有人工作太忙去不了医院，健康辅导师会给大家挂号。这些创新举措让大家感到十分温暖。

**称谓的诀窍**

一个门卫由于长年只干这一份工作而产生倦怠感，他变得应付、得过且过，但不久同事们惊奇地发现他又恢复到曾经的勤快、热情了，后来才知道这个改变竟来源于公司新来的经理的一个简单举动——他将“门卫”称谓改成了“防卫工程师”。这就是称谓的诀窍，同一个岗位变换一个说法，给人产生的感觉截然不同。

**小激励也有大作用**

激励可以来自简单的举动或语言。在星巴克的每一个分店里的墙上，都贴着该店店长或是店员写的好评字条。星巴克甚至用每天、每周咖啡销售的“英雄”有机会与公司主管共进晚餐作为激励。

联想在并购IBM之后学习了IBM的一些激励做法，联想集团人力资源部总裁助理汪舵说：“IBM有个‘ThankWord’文化，是说彼此之间学会互相感激，各部门买个礼物或是买张卡片对某个人的某个行为进行肯定和表扬。”而且联想每个月度销售庆功会上都会有一份蛋糕和水果。

## 8.3 激励的运用

管理人员学习激励理论最重要的是能够将激励理论应用于管理实践。国内外很多优秀管理者运用各种激励理论创造了很多行之有效的激励方法和手段，总的来讲，可以归纳为以下几个方面。

### 8.3.1 目标管理

目标是指在一定时间内人们所期望达到的成就与结果，目标管理就是由上级与下级共同决定具体的绩效目标，定期检查工作进展，并且根据目标的完成情况来确定奖励的一种管理方法。其目的是将组织的目标和个人的目标以及个人的需要结合起来，调动员工的工作积极性，提高组织的工作效率。

目标管理特别强调设定的目标是具体的、可检测的和可测量的，它是一种用目标约束来激励员工的方法，它的特点就在于使组织的总目标与员工个人的目标结合起来，并使员工个人的工作绩效和利益与其目标的完成情况结合起来。目标管理计划有四个组成部分：目标细分、参与决策、明确时间期限和执行反馈。

一、目标细分

目标管理的重点在于把组织的整体目标分解为各部门或个人的具体目标，通过设计一套程序，使目标可操作化，并沿着组织结构把目标分解开来，把组织的整体目标分解为组织中一系列的具体目标，即分部的、部门的和个人的目标，形成一个自上而下的分层目标体系，如图8-4所示。在这个目标体系中，下层目标是上层目标的具体体现，也是实现上层目标的保证。通过这样的目标体系，把各部门以及每个员工的工作合理地组织起来，形成一个围绕组织总目标而协作同步的整体活动。在这个整体活动中，每个员工都为实现各自的目标而努力工作，组织对其完成的情况进行考核、评价和奖惩。

二、参与决策

目标并不是由上级单方面制定然后分派给下属，下级部门和员工也要参与他们自己目标的设定。下级参与目标的制定有以下几方面的好处：便于下属理解上级的意图，加深对

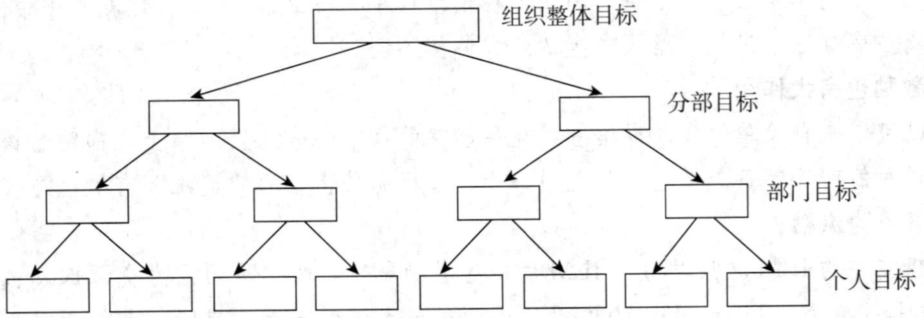


**图 8-4　组织目标分解过程示意图**

全局形势的理解与把握，减少贯彻实施决策时的阻力；由于上下级共同参与，有利于上下左右之间的沟通和衔接，使得制定的目标更加结合实际；使员工看到自己的价值和责任，从实现目标中获得满足感，更好地起到激励作用。所以，目标管理是通过上下级的协商共同将组织的目标分解为部门目标和个人目标的过程。

三、明确时间期限

目标不仅包括具体的指标值，而且有具体的进度、完成的时间要求（如 3 个月、6 个月或 1 年），并且相关部门的目标和进度要协调同步，保持平衡。对于员工个人来说，目标管理提供了个人具体的可执行的目标。如果每一个员工都达到了个人的目标，部门的目标也就达到了，从而整个组织的目标也能得以实现。

四、执行反馈

反馈是目标管理的一个重要环节，为了保证个人目标、部门目标及组织目标的实现，目标管理对目标过程的进展要进行连续反馈，并要进行阶段性评估，以使每个人能控制和纠正他们的行动。所以，当某一任务或者一个工作循环结束以后，必须对总体效果及员工个人的绩效进行考核与评价，达到规定目标的要给予奖励，达不到的要给予必要的惩戒。考核和奖惩过后，并不意味着这个循环已经结束，还必须要对总体效果和员工的工作绩效进行分析，并反馈给各个部门和有关的个人，要求各自对运行效果好的方法制度要坚持，效果不理想的要找出其原因，并加以改进，从而使下一个循环在更高的水平和层次上进行。

需要注意，实施目标管理应注意以下几点：一是目标难易程度得当，既要能对员工起到激励作用和挑战作用，又要切实可行。目标太容易不具有挑战性，也不能提高工作效率；目标太难或实现的可能性很小，也不能起到激励作用。将目标定在经过努力或者艰苦努力后能够实现的位置较为合适。二是目标的内容尽量定量化，以便衡量和考核。目标的表述一定要使用清晰、明确的语言来表达。如不能用“提高产品质量”“达到顾客满意”等定性的语言，要用诸如“将废品率下降 1%”“顾客的投诉率降低 2%”等明确的、定量性的语言表达。三是确定的目标不宜过多，并要分清主次，目标要有强有力的措施保证等。

### 8.3.2 员工参与

松下幸之助曾经说过："领导再强，但员工冷漠，仍难推动工作。必须设法使每个人都认为自己是负责人。"员工参与是发挥员工所有的能力，并为鼓励员工对组织成功做更多的努力而设计的一种参与过程。现代员工都有参与管理的愿望，提供机会让员工参与管理是调动员工积极性的有效方法。参与为员工提供了内在奖励，这会使他们的工作更有趣、更有意义。

员工参与管理是使员工不同程度地参加组织决策，参加各项管理工作的研究和讨论。这样做可以使员工感受到上级主管的信任，从而体验到自己的利益同组织的利益、组织的发展密切相关而产生强烈的责任感。多数人由于参与商讨与自己有关的问题而受到激励，增加了对组织的绩效评价体系、报酬系统、组织利益和发展等问题的认同感，对组织更加忠诚，生产率水平更高，为实现组织目标提供了保证。员工参与的形式主要有三种。

一、参与型管理

共同决策是参与管理的共同特征，也就是说员工从其上司那里分享一定程度的决策权，这种分享越多，参与程度越高；分享越少，则参与程度就越低。但参与型管理并非适用于任何形式的组织。要使参与管理更加有成效，必须至少满足下述条件：员工有充足的时间参与；员工参与的问题必须与其利益有关；员工必须具有参与的能力（智力、技术知识、沟通技巧等）；组织文化必须支持员工参与。

二、代表参与

不少国家的法律都规定，公司必须确保其董事会和监事会成员中有一定比例的员工代表。也就是说，工人不是直接参与决策，而是由工人选举的代表进行参与。代表参与已被认为是"世界上最广泛的以立法形式出现的员工参与形式"。代表参与的目的是在组织内重新分配权力，把劳工放在和资方、股东的利益更为平等的地位上。代表参与最常采用的两种形式是工作委员会和董事会代表。工作委员会是由工人和管理层代表组成的委员会，它在员工和管理层之间建立起了联系，当管理部门作出人事决策时必须与之协商。董事会代表是进入董事会并代表员工利益的劳工代表。在一些国家，法律要求大公司必须确保员工代表和股东代表在董事会中有相同的席位。

三、员工持股方案

员工持股方案是公司建立的一种福利制度，在这种制度下，员工可以从公司的福利中获得公司的股权。员工持有公司的股票，但只要他们受雇于该公司，他们一般不能从公司获得股份所代表的实物，也不能出售自己的股票。由于员工持股方案为员工提供了参与决策的机会，有助于满足员工责任、成就、认可、成长和自尊的需要。研究表明，员工持股方案可以提高员工的满意度，但对提高工作绩效的影响却并不明显。

### 8.3.3 工作再设计

工作再设计就是根据组织需要并兼顾个人需要，规定某项工作的任务、责任、权力以及在组织中与其他职务的关系，并在不影响正常生产经营活动的前提下，对工作进行阶段性调整和再设计，以丰富工作内涵、激发员工的工作热情，从而提高工作效率。

工作激励是一种内在激励，员工要能够从事自己感兴趣和擅长的工作并在工作中表现出自己的才能，才会感到极大的满足。工作激励的关键是改进工作设计，变革工作内容，提高工作动机，使员工体验到工作的意义和赋予的责任，并了解自己工作的成果，满足员工成长和发展的需要。

工作设计的原则有工作职务轮换、工作扩大化和工作丰富化。

一、工作职务轮换

工作职务轮换是指让员工定期轮换所从事的工作，这样可以给员工提供更丰富更多样化的工作内容，减轻工作的单调性和乏味性。工作职务轮换还可以达到其他许多效果：推动员工去学习和掌握多种专业知识和技能，增长他们的才干，当他们取得进步时，也会从精神上获得满足感；增加了工作任务安排的灵活性，如顶替缺勤工人或给瓶颈环节增添人员等；使员工体验到其他岗位的难处和责任，有利于不同岗位之间的沟通、理解和协调配合；有助于扩大员工的视野，便于员工站到全局的高度去考虑问题，有利于发挥员工参与管理的积极性。但是工作职务轮换也存在培训成本增加、管理难度加大等问题。

二、工作扩大化

工作扩大化是指工作任务的横向扩大，即扩大工作范围，增加员工工作的多样性，使每一位员工能够参与完成一项任务的全过程或大部分过程。这样能使员工看到自己更多的工作成果，感受到一种成功的喜悦，对工作产生满足感。

三、工作丰富化

工作丰富化是指工作任务的纵向扩大，即增加工作的深度，授予员工更多的权力和责任，提供更多参与管理与决策的机会。例如，一个车工除了上机床操作外，还让他负责产品检验、设备保养等工作，当他们需要自己去安排几台设备的工作程序，自己制定设备的保养计划和对产品质量进行自检互检时，他们的责任心就会大大增强。当他的工作成果被肯定时，就会产生成就感和满足感并从中受到极大的激励。

### 8.3.4 浮动工资

浮动工资是指随着个人或组织的绩效水平而变动的那部分工资。浮动工资与传统的基础工资方案的区别在于：传统的工资方案是根据工作时间或资历来决定工资水平，而浮动工资是没有保障的，它随着个人或组织的绩效水平而上下波动。

浮动工资对管理人员的吸引力在于以下两个方面：一是浮动工资具有波动性，浮动工资方案把一个组织的固定劳动成本的一部分转变为可变成本，这样在效益降低的情况下可以减少费用。二是浮动工资方案能够把工资与绩效联系起来，使得收入取决于贡献的大小。这样，高绩效者的工资就会随着他们的贡献而相应地增长。

广泛使用的浮动工资方案主要有四种形式：计件工资、奖金、利润分成和收入分成。

一、计件工资

计件工资是按员工的工作效率支付工资，是对员工完成的每一个生产单位付给固定报酬。干得越多，收入就越高。如果员工没有基本工资，仅仅根据他的产量付给报酬时，就是一种纯粹的计件工资方案。我国许多企业在实践中使用一种经过改良的计件工资方案，员工的报酬是基本工资加上计件工资。基本工资以工作时间为基础，按周或月领取一定数量的工资，与实际工作效率没有直接关系。例如，一名推销员每月的基本工资是800元，每推销出去一件产品可再得到50元。这种方案为员工的收入提供了一个底数，使员工的生活有一定的保障，同时也提供了一种生产效率的刺激因素，争取更多收入将成为员工的工作动力。

二、奖金

奖金是组织对员工所作贡献的金钱奖励，它可以是定期的，也可以是不定期的，或者两者结合。奖金的最大特点是它的灵活性，可以随时根据具体情况嘉奖员工。奖金是实行激励的一种手段，本身并不成为独立的报酬形式，一般与基本工资相结合。奖金能够把个体行为、群体行为和组织的绩效结合起来，其实施范围也在不断扩大，奖金可以支付给管理人员，也可以支付给所有的员工，甚至包括更低层次的员工。

三、利润分成

利润分成是根据公司利润制定的、按照某一特定公式进行分配的报酬。这些报酬可以是直接的现金支付，也可以是股权，后者主要针对高层管理人员。利润分成的作用在于发展雇员、管理人员、股东之间的相互关心和合作。

四、收入分成

收入分成是一套基于团体激励的计划，该计划是向指定的团体（通常为业务单位、部门或更小的组织）中的员工提供收益分享，该收益来自生产率的提高、工作过程的改进、成本的减少等。收入分成和利润分成很相似，但不是一回事。收入分成是根据生产效率而不是公司利润，它是对较少受到外部因素影响的具体行为给予奖励，甚至在公司不盈利的情况下员工也可以得到奖励性报酬。

浮动工资方案虽然可以提高激励水平和生产效率，但也存在不足。一是从员工的角度来看，浮动工资具有不可预见性，不能使员工量入为出、有计划地安排生活。二是收入的不稳定性不利于培养员工对组织的“忠诚心”与归属感。三是随着绩效奖金逐年发放，人们会把它看作理所当然的，如果有朝一日减少或取消，员工就会产生不满情绪。

### 8.3.5 股票期权制度

如何有效地解决对公司高层经营管理人员的激励问题以及对吸引高级人才的监督问题，是公司设计激励制度的一个重点和难点。美国企业对高级管理人员一般采取激励合同约定报酬的方案和形式，其中最重要的是股票期权制度，这是企业资产所有者对经营者实行的一种长期激励的报酬制度。这种激励方式在西方国家的企业中得到了越来越广泛的应用。

股票期权是指公司以书面形式授予公司经理人员的一种权利，经理人员可以凭借这种权利，以事先约定的价格（行权价）在未来一定期限内购买一定数量的本公司流通股票（此过程称为行权）。在股票价格上升的情况下，经理人员可以通过行权获得收益（行权价和行权时市场价之差）。

股票的价值反映了企业的盈利状况和发展潜力，所以股票期权的实质就是利用公司股票升值的可能性进行激励。如果公司运行得好，公司股票升值，期权持有人即可获得可观收益；如果公司经营不善，则股票下跌，期权持有人未行权的股票就发生贬值，这使得期权持有人的财富缩水，个人利益与公司的整体利益都将遭受损失。所以，股票期权制度是一种激励与约束对称的制度。

股票期权激励制度的作用是显而易见的。一是能够在较大程度上规避经营行为的短期化。实施股票期权，将经营者大部分的薪酬以期权的形式体现，使经理人员的长远收益与企业的未来发展具有较高的正相关性。购买股票期权就是购买企业的未来，这必将促使经营者注重企业长期价值的创造，对公司业绩有巨大的推动作用。二是有利于更好地吸引经营者并发挥其创造力。一般来讲，期权计划仅限于那些对公司未来成功非常重要的成员，这些核心成员对公司未来的发展至关重要，授予他们期权，能够营造较好的内部竞争氛围，激励经理人创造性地工作，充分发挥自己的才干。同时，由于期权强调未来，公司能够留住绩效高、能力强的高层经营管理人员。所以，在实行股票期权制度的公司，经理人一般都会选择有利于企业长期发展的经营战略，积极主动地挖掘潜力，开拓市场，调整营销策略，加强技术攻关，提高产品质量，降低成本费用，提高企业的盈利能力。三是使经营者与所有者的目标趋于一致。在现代企业里，伴随着所有权与经营权的分离，所有者与经营者成为不同的利益集团，为追求自身效用最大化，经营者可能会冒“道德风险”，做出偏离甚至损害所有者利益的行为。对所有者来说，激励、监督经营者的最大困难来自两者信息的不对称。实行股票期权制，把对经营者外在的激励与约束转化为内在的激励与动力，使得经理人员在很大程度上是为自己工作，这在一定程度上改善了所有者与经营者在目标与利益上的矛盾关系，降低了代理成本。

由于股权激励的良好效果，国外股权激励的范围正在扩大，其中包括普通雇员的持股计划、以股票支付董事报酬、以股票支付基金管理人的报酬等。国内企业的激励对象主要是董事长、总经理等高级经营管理人员。

## 本章重点知识归纳

运用各种激励理论来激发员工的积极性是管理者的重要职责，也是实现组织目标的必要前提。

激励理论主要有马斯洛的需求层次理论、赫茨伯格的双因素理论、奥尔德佛的 ERG 理论、麦克利兰的成就需要理论、公平理论、期望理论等。

激励的一般原则包括：物质奖励与精神奖励相结合；正激励与负激励相结合；内在激励与外在激励相结合；因人而异、按需激励；组织目标和个人目标相结合。

激励的实际应用包括：目标管理、员工参与、工作再设计、浮动工资、股票期权制度。

## 思考讨论题

1. 如何理解激励的概念？激励的理论基础有哪些？

2. 当代社会管理者在激励员工时面临什么样的挑战？

3. 很多人是为谋生而工作，而且工作是日常生活中的重要部分。那为什么管理者还要对员工的激励问题担心呢？

4. 如果你是一家以生产面包和甜点为主的小型公司的管理者，你大部分员工是缺乏技能的工人。如果现在请你为这家公司制定一个员工激励方案，你会选择哪些激励理论里的哪些要素？如果这是一家软件设计公司，大多数员工是专业技术人员，你的选择还会一样吗？

5. 五人一组，选出一个管理者分析下属的需求有哪些，哪些是激励因素，针对这些需求如何去激励下属？其他组员帮助分析并给出合理化的建议。

6. 很多工作设计专家研究了工作的变化特点，他们指出，当人们感到有目标时比当人们追求金钱时工作干得更好。你是否同意这一论点？请解释你的看法。

## 实践与技能训练

### 项目一：激励理论实践运用

**【实训目标】**

1. 培养初步运用激励理论的能力；

2. 培养分析、归纳与讲演的能力。

**【实训内容与要求】**

1. 搜集有关采用激励方式较为成功的例子，小组进行讨论分析；

2. 根据所选的案例中的情景，采用何种激励手段加以解决问题。

**【成果与检测】**

1. 班级组织一次小组交流分享，每个小组推荐两名成员发言分享；

2. 由教师与学生对各组情况进行评估打分。

### 项目二：系列实训——情景剧

**【实训目标】**

1. 培养了解人的心理需求，分析解决复杂管理问题的能力；

2. 培养运用激励理论，调动人的积极性的能力。

**【实训内容与要求】**

1. 本次实训的主要内容是进行情景剧表演与分析。情景剧是指根据教学需要，设计一定的管理情景，由学生扮演角色进行演出，并进行分析的一种实践教学方式。

2. 根据本章内容和实训目标，由学生在课下搜集、选择、编写和讨论预习剧本，并进行必要的排练。

3. 由“演员”按照选择的方案与剧本进行表演。表演分为两部分进行：一是表演需决策事件的基本事实或过程；二是由学生按照自己设计的方案进行分析与决策（由学生分别扮演情景剧中的关人员，提出自己的主张与决策建议，并充分论证，以说服别人；不同的扮演者可以有不同的决策方案）。

4. 由同学们对各成员的表演，特别是管理行为的合理性进行分析与评价。

5. 在表演和讨论的过程中，教师可以随剧情发展进行提问，以引导剧情与讨论的逐步深入，并进行小结。

**【成果与检测】**

1. 每个学生至少搜集一个案例或资料；

2. 每个模拟公司经过优选写一个剧本，并进行表演；

3. 教师及学生观众对各公司的情景剧及“演员”的决策意见与表演评估打分。

## 本章讨论案例

### “懂得使用人才”的李厂长

助理工程师黄大佑，是一名名牌大学的高才生，工作已 8 年，4 年前应聘调到一家大厂工程部负责技术工作，工作负责，技术能力强，很快就成为厂里有口皆碑的“四大金刚”之一，名字仅排在厂技术部主管陈工之后。然而，工资却同普通管理人员的差不多，夫妻小孩三口尚住在来时住的那间平房。对此，他心中时常有些不平衡。

李厂长，一位有名的识才老厂长，4 年前，黄大佑调来报到时，门口用红纸写的“热烈欢迎黄大佑工程师到我厂工作”几个不凡的颜体大字就是李厂长亲自吩咐人事部主任落实的，并且交代要把“助理工程师”的“助理”两字去掉。这确实使黄大佑当时工作更卖力。

两年前，厂里有指标申报工程师，黄大佑属于有条件申报之列，但名额却让给一个没有文凭、工作平平的同志。他想问一下厂长，谁知，他未去找厂长，厂长却先来找他了：“黄工，你年轻，机会有的是。”去年，他想反映一下工资问题，来这里工作的一个目的不就是想得到高一点工资，提高一下生活待遇吗？但是几次想开口，都没有勇气讲出来。因为厂长不仅在生产会上表扬他的成绩，而且，曾记得，有几次外地人来取经，李厂长当着客人的面赞扬他：“黄工是我们厂的技术骨干，是一个有创新的……”哪怕厂长再忙，路上相见时，总会拍拍黄工的肩膀说两句，诸如“黄工，干得不错”“黄工，你很有前途”，这的确让黄大佑兴奋，“李厂长确实是一个伯乐”。此言不假，前段时间，他还把一项开发新产品的重任交给他呢，大胆起用年轻人，然而……

最近，厂里新建好了一批职工宿舍，听说数量比较多，黄大佑决心要反映一下住房问题，谁知这次李厂长又先找他，还是像以前一样，笑着拍拍他的肩膀：“黄工，厂里有意培养你入党，我当你的介绍人。”他又不好开口了，结果家没有搬成。

第二天一早，李厂长办公台面上放着一张小纸条："李厂长：您是一个好领导，我十分敬佩您，但我决定走了。黄大佑。"

**讨论：**

李厂长的激励手段有什么问题？他应该使用什么样的激励方式才能留住黄工？

# 第 9 章　控制

**通过本章学习，你的学习目标：**

1. 描述控制的含义、本质和重要性。
2. 对比分析控制的几种基本类型。
3. 阐述控制的基本过程。
4. 阐述控制的内容。
5. 学会应用常用的控制方法。

## 走进管理

**【案例】**

**哈勃望远镜**

经过长达 15 年的精心准备，耗资 15 亿美元的哈勃太空望远镜最后终于在 1990 年 4 月发射升空。但是，美国国家航天局仍然发现望远镜的主镜片存在缺陷。由于直径达 94.5 英寸的主镜片的中心过于平坦，导致成像模糊。因此望远镜对遥远的星体无法像预期那样清晰地聚焦，结果造成一半以上的实验和许多观察项目无法进行。

更让人觉得可悲的是，如果有一点更好的控制，这些是完全可以避免的。镜片的生产商珀金斯-埃默公司，使用了一个有缺陷的光学模板生产如此精密的镜片。具体原因是，在镜片生产过程中，进行检验的一种无反射校正装置没设置好。校正装置上的 1.3 毫米的误差导致镜片研磨、抛光成了误差形状。但是没有人发现这个错误。具有讽刺意味的是，与其他许多项目所不同的是，这一次并没有时间上的压力，而是有足够充分的时间来发现望远镜上的错误。实际上，镜片的粗磨在 1978 年就开始了，直到 1981 年才抛光完毕，此后，由于"挑战者"号航天飞机的失事，完工后望远镜又在地上待了两年。

美国国家航天局中负责哈勃项目的官员，对望远镜制造中的细节根本不关心。事后航天管理局中一个 6 人组成的调查委员会的负责人说："至少有三次明显的证据说明问题的存在，但这三次机会都失去了。"

**点评：**

哈勃望远镜的例子说明了在一个组织机构中。如果没有控制将发生什么。一件事情，无论计划做得多么完善，如果没有令人满意的控制系统，在实施过程中仍然会出问题。因此，对于有效管理，必须考虑到设计良好的控制系统所带来的好处。

管理工作是一个持续的过程，总会出现这样那样的偏差，管理工作必须有控制，也要不断地防止和纠正工作过程中出现的偏差，才能确保管理工作持续进行，控制贯穿于整个管理的过程。

## 9.1　控制的内涵

### 9.1.1　控制的定义

控制是监视组织各方面的活动，保证组织实际运行状况与组织计划要求保持动态适应的一项管理职能。要全面理解控制职能的含义，需要把控制与计划职能联系起来。

理解控制的概念应从以下几个方面认识：一是控制本质是一个“活动”或“过程”；二是控制的标准和依据是计划；三是控制内容包括检查、监督和纠偏；四是控制的目的是“保证计划目标的实现”。

控制主要体现在计划的执行过程中，是一种不断地对照计划来检查现有的作业状况的活动。控制的目的是要保证实际工作与计划一致，管理活动的控制过程也就是管理人员对下属部门或个人的工作进展、实际结果进行统辖，找出偏差并加以纠正的过程。控制是贯穿于其他各项管理职能之中的，是存在于管理活动的全过程的。

控制往往包括两个方面的内容：对工作的控制（检查和纠正工作中的偏差）和对人员的控制（对下属人员工作表现的考核和评估）。

计划和控制是同一个事物的两方面。一方面，有目标和计划而没有控制，人们可能知道自己干了什么，但无法知道自己干得怎样，存在哪些问题，哪些地方需要改进。另一方面，有控制而没有目标和计划，人们将不会知道要控制什么，也不会知道怎么控制。计划和控制二者密不可分。事实上，计划越是明确、全面和完整，控制的效果也就越好；控制工作越是科学、有效，计划也就越容易得到实施。控制好比是汽车驾驶员的方向盘，它把组织、人员配备、领导指挥职能与计划设定的目标联结在一起，在必要时，它能随时启动新的计划方案，使组织运行的目标更加符合自身的资源条件和适应组织环境的变化。

作为一项重要的管理职能，控制工作就是由管理人员对组织实际运行是否符合预定的目标进行测定并采取措施确保组织目标实现的过程。在广义上，控制与计划相对应，控制是指除计划以外的所有保证计划实现的管理行为，包括组织、领导、监督、测量和调节等一系列环节；在狭义上，控制是指继计划、组织、领导职能之后，按照计划标准衡量计划完成情况和纠正偏差，以确保计划目标实现的一系列活动。

从狭义的角度来看，控制是指继计划、组织、领导职能之后，按照计划标准衡量计划完成情况和纠正偏差，针对出现的偏差情况采取纠正措施，以确保计划目标实现的一系列活动。

从广义的角度来看，控制工作并不仅限于按照既定的计划标准来衡量和纠正计划执行中的偏差，它同时还包含着在必要时修改计划标准，以使计划更加适合于实际情况这进一层的含义。现实中，组织的运行往往是“非零”起步的，这样，上一阶段控制的结果可能导致组织确立新的目标、提出新的计划，并在组织结构、人员配备和领导等方面作出相应的改变。正是在这种意义上，控制职能也可以说是下一阶段管理工作过程的起点。至于管理教科书中概括的以计划职能为起点的“计划—组织—领导—控制”模式，很明显是以组织的运动由“零”起步作为假设。在管理工作的实际过程中，很难区分出计划与控制究竟哪个是开始、哪个是结束。控制可以说既是一个管理工作过程的终结，又是一个新的管理工作过程的开始。而且，计划与控制工作的内容还常常互相交织地联系在一起。管理工作本质上就是由计划、组织、领导、控制等职能有机地联系而构成的一个不断循环的过程。

### 9.1.2 控制的必要性

斯蒂芬·罗宾斯曾这样描述控制的作用：尽管计划可以制定出来，组织结构可以调整得非常有效，员工的积极性也可以调动起来，但是这仍然不能保证所有的行动都按计划执行，不能保证管理者追求的目标一定能达到。其根本原因在于管理职能中的最后一个环节，即控制工作是否有效。由于各种各样的原因，人们在执行计划的活动中总是会或多或少地出现与计划不一致的现象。由此，管理控制也就成为必然。

一、环境的变化

如果组织面对的是一个完全静态的环境，其中各个影响组织活动的因素永不发生变化，例如，市场供求、产业结构、技术水平等。那么，管理人员便可以年复一年、日复一日地以相同的方式进行各种管理活动，工人可以以相同的技术和方法进行生产作业，因而，不仅控制工作，甚至管理的计划职能都将成为完全多余的东西。事实上，这样的静态环境是不存在的，组织外部的环境每时每刻都在发生着变化，这些变化必然要求组织对原先制订的计划作相应的调整。

二、管理权力的分散

只要组织达到一定规模，管理者就不可能直接地、面对面地组织和指挥全体员工的活动。时间与精力的限制要求他委托一些助手代理部分管理事务。由于同样的原因，这些助手也会再委托其他人帮助自己工作，这便是管理层次形成的原因。为了使助手们有效地完成受托的部分管理事务，高一级的主管必然要授予他们相应的权限。因此，任何组织的管理权限都制度化或非制度化地分散在各个管理部门和层次中，组织的分权程度越高，控制就越有必要。

三、工作能力的差异

完善计划的实现要求每个部门的工作严格按计划要求来协调地进行。然而，由于组织成员是在不同的时空进行工作的，他们的认识能力不同，对计划要求的理解可能发生差异。即使每个员工都能完全正确地理解计划的要求，但由于工作能力的差异，他们的实际工作结果也可能在质和量上与计划要求不符。因此，加强对这些成员的工作控制是非常必要的。

### 9.1.3 控制的作用

一、控制是实现计划的保障

控制通过“纠偏”，能使计划执行中的偏差得以及时防止或减少，以保证计划目标的实现，有助于组织保持正确的战略方向；同时，通过“调适”，积极调整原定标准或重新制定新的标准，确保计划运行的适应性，这是控制的最根本作用。

二、控制有助于提高组织的效率

控制可以使复杂的组织活动能够协调一致，有序地动作，以增强组织活动的有效性；控制要解决的不单纯是做什么的问题，还有怎么做的问题。正确的事情以高效的方法来做是难得的，不正确的事情以高效的方法来做是危险的。控制就是要把效能与效率结合起来进行考察，做出评价，尽最大可能改善组织的业绩。

三、控制增加了组织对环境的适应性

一个组织要想生存发展，就必须适应环境。任何组织的计划都是在确定计划前提条件的基础上制定的。控制可以补充与完善初期制定的计划与目标，以有效减轻环境的不确定性对组织活动的影响。组织的内外部环境都充满了不确定因素。一个组织只有不断地适应变化着的环境，才能更好地生存和发展。计划是组织为适应环境而做的准备，但由于环境在不断变化着，使计划会偏离目标，而通过控制活动，管理者可以及时了解环境变化的程度和原因，进行实时纠正，从而采取有效的调整行动，在一定程度上可防止这种偏离的扩大，使得组织与环境相适应，避免和减少管理失误造成的损失。

四、控制是强化成员责任心的重要手段

要使组织成员尽职尽责，切实地负起责任来，就必须让他们知道他们的职责是什么，他们的绩效如何评价和考核，以及在评价的过程中有效的绩效标准是什么。通过控制工作，可以不断地对下级的工作进行评估，给其造成持续不断的压力，并产生连续不断的激励作用，从而使其更好地负起责任来，高效地完成所承担的任务。

### 9.1.4 控制的特点

一、控制具有整体性

这包括两层含义：一是从控制主体上看，完成计划和实现目标是组织全体成员共同的责任，因此参与控制是组织全体成员的职责和共同的任务；二是从控制对象上看，控制涉及组织的各方面，企业的各种资源、各层次、各部门、各个工作阶段甚至各个人的工作都可以是控制的对象。

二、控制具有动态性

管理控制所面临的外部环境和内部环境都在不断地发生变化，所不同的是，有些变化不会引起大的后果，可以忽略，有些变化则会产生重大影响，必须予以重视。控制就是要关注在执行过程中的种种变化，对其做出评估，一旦发现问题能够及时采取行动。因此，其标准、方法不能固定不变，应动态，提高适应性及有效性，一方面，要调整行动本身，利用有利、消除不利；另一方面，要审查计划和目标的可行性，随时做出更正。

三、控制具有目的性

同其他所有的管理工作一样，控制也是围绕着组织的目标而进行的，控制的意义就在于通过发挥“纠偏”“调适”两方面的功能，促使组织目标的有效实现。

四、控制具有人性

控制是用既定的标准作为衡量手段，去评估实际的实施情况，并及时做出回应。管理控制过程中，活动的主体是人，因此，管理控制是对人的行为的控制并有人来控制：首先是对人的控制，要靠人来完成执行。因此，管理控制不能忽视人性方面的因素，它不仅是监督，更重要的是指导和帮助，使之成为提高能力的重要手段。

### 9.1.5　控制的类型

管理中的控制可根据其活动的重点、内容、时间、方式等的不同分为多种类型。

一、前馈控制、现场控制和反馈控制

这是按照控制点的位置或纠正措施的环节来划分的。

1. 前馈控制

前馈控制也叫事先控制，是计划实施前采取预防措施防止问题的发生，而不是在实施中出现问题后的补救。即管理人员运用最新信息，包括上一控制循环中的经验教训，对可能出现的偏差进行预测，采取措施防止偏差的发生，确保目标的实现。

前馈控制的目的是保证高绩效，它在本质上有预防的作用，因此是一种预防性控制，其工作重点不是控制工作的结果，而是克服某些干扰或适应环境的变化，提前采取各种预防性措施，以防止工作过程中可能出现的偏差，保证预期目标的实现。例如，企业为了保证工作的顺利进行而制定的一系列规章、制度，为了生产出高质量的产品而对原材料质量进行的入库检查以及对职工的岗前培训等，都属于前馈控制。

前馈控制具有许多优点：首先，能避免预期问题的出现，有防患于未然的效果；其次，前馈控制适用于一切领域中的所有工作，如企业、医院、学校、军队等，其适用范围很广；最后，前馈控制是在工作开始之前，针对某项计划行动所依赖的条件进行控制，不针对具体人员，因而不会造成心理抵触，易于被职工接受并付诸实施。

但是，由于未来的不确定性，要实行切实的前馈控制也不是一件容易的事情，它需要及时和准确的信息，还要采取措施以保证最后结果合乎需要。由于管理人员不可能完全把握未来会发生的所有事件和可能导致的结果，因而，虽然前馈控制有许多优点，但在管理工作中也不能完全代替其他类型的控制工作。

2. 现场控制

现场控制又称同期控制、过程控制，是指在某项活动或工作进行过程中，在现场发现存在的偏差或潜在的偏差，及时提供改进措施以纠正偏差的一种控制方式。

现场控制一般表现为两种方式：一是主管人员深入现场检查和指导下属的活动，它包括工作方法和工作过程的指导，监督下属工作，发现偏差督促纠正；二是表现为基层工作人员的日常自我工作控制，控制的对象就是自我的操作控制过程。现场控制能及时发现偏差，及时纠正偏差，是一种较经济、有效的控制方法，也是一种难度较大的控制方法。由于现场控制对已经出现的偏差要进行即时纠正，需要对实时信息作出及时的反应，因而，要求控制人员具有敏锐的判断力、快速的反应能力以及灵活多变的控制手段，同时要注意避免凭主观意志进行控制。

虽然现场控制效果明显，纠偏有力，但现场控制也有一些弊端。首先，运用这种管理方法容易受到管理者的时间、精力、业务水平的制约，管理者不能时时事事进行现场控制，只能在关键工作上予以使用。其次，现场控制的应用范围较窄。一般来说生产工作容易进行现场控制，而对那些问题难以辨认、成果难以衡量的工作，如科研工作、行政管理等，几乎无法进行现场控制。最后，现场控制容易在控制者与被控制者之间形成心理上的对立，从而影响被控制者的工作积极性和主动精神。所以，现场控制一般不能成为日常性的主要控制方法，而只能是其他控制方式的补充。

3. 反馈控制

反馈控制是管理控制中最常见的控制类型，其控制作用产生于行动之后，所以，也称之为事后控制或成果控制。它是在活动完成之后，管理人员根据已发生的情况，分析工作的执行结果，将它与控制标准相比较，从中发现已经出现的偏差，在分析原因的基础上采取措施纠正偏差，以防止偏差继续发展或在以后的工作中再次发生。反馈控制还发生在组织内外环境条件已经发生了重大变化，导致原定标准和目标脱离现实时，需要采取措施调整或修正计划。如企业根据业绩对管理人员实施的奖惩，企业对不合格产品进行淘汰，发现产品销路不畅而减产、转产或加强促销等，都属于反馈控制。

反馈控制的优点是：首先，反馈控制可以根据工作的实际结果对工作进行评价，既易于工作人员接受，也有利于管理人员采取有效和有力的措施改进管理工作。如反馈控制可以为管理者提供关于计划效果的真实信息，如果反馈显示标准与现实之间只有很小的和可接受的偏差，说明计划的目标达到了；如果偏差很大，管理者就应该利用这一信息，发现问题，调整计划，追究责任，实施惩戒，使新计划制订和执行更为有效。其次，反馈控制可以增强员工的积极性。员工通过获得评价他们绩效的信息，调整自己未来的行为，进而达到提高工作绩效的目的。

反馈控制的不足是：反馈控制存在时间滞后性，即当管理者获取信息时，可能的失误和损失已经发生，弥补措施只能在新的工作中产生效果。成语“亡羊补牢”就是对反馈效果的很好描述。虽然反馈控制存在这样的问题，但在实际工作中，反馈控制依然是控制活动中运用最多的一种控制方式。在管理中常用的反馈控制有财务报表分析、生产成本分析、产品质量检验和组织成员绩效测评等。

图9-1揭示了三种控制类型的控制重点各不相同：前馈控制重在资源，包括人、财、物等；现场控制重在进行的活动，多为对工作过程的控制；反馈控制是对已结束工作进行的评价，其作用是对下一次活动的开展进行控制。在实际控制过程中，需要根据工作的重要性，结合不同控制的特点，选择恰当的控制方式。

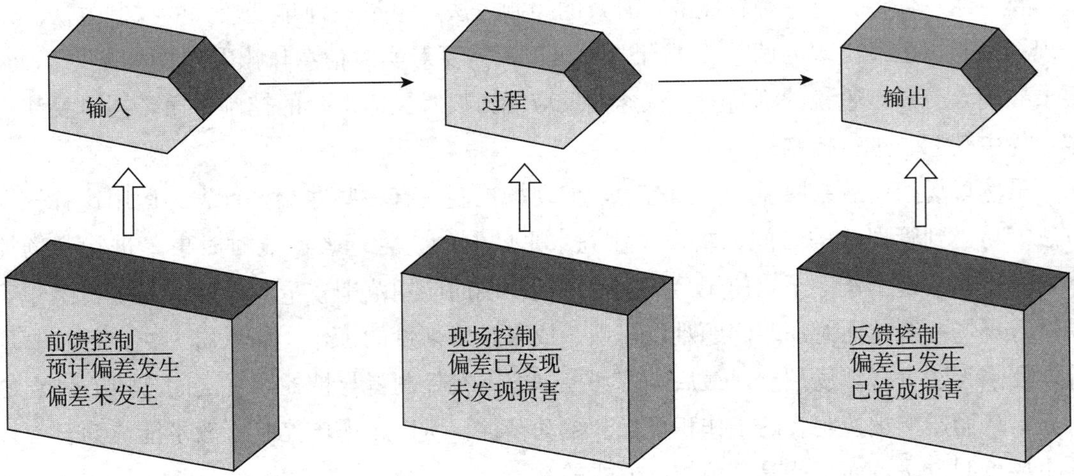


**图 9-1　控制的类型**

**【管理故事】**

魏文王问名医扁鹊说："你们家兄弟三人，都精于医术，到底哪一位最好呢？"扁鹊答说："长兄最好，中兄次之，我最差。"文王再问："那么为什么你最出名呢？"扁鹊答说："我长兄治病，是治病于病情发作之前。由于一般人不知道他事先能铲除病因，所以他的名气无法传出去，只有我们家的人才知道。我中兄治病，是治病于病情初起之时。一般人以为他只能治轻微的小病，所以他的名气只及于本乡里。而我扁鹊治病，是治病于病情严重之时，一般人都看到我在经脉上穿针管来放血、在皮肤上敷药等大手术，所以以为我的医术高明，名气因此响遍全国。"文王说："你说得好极了。"

启示：防火胜于救火。从管理控制角度讲，事后控制不如事中控制，事中控制不如事前控制。

## 二、直接控制与间接控制

1. 直接控制

直接控制是指控制者与被控制对象直接接触，由控制者直接调节、干预被控制对象，从而纠正偏差的一种形式，它是相对于间接控制而言的，其特点是直接性，即控制指令不同于任何中间环节，直接作用于被控制对象。在管理中，直接控制的指导思想认为，合格的主管人员出的差错少，他能觉察到正在形成的问题，并能及时采取纠正措施。因此，直接控制是着眼于培养更好的主管人员，使他们能熟练地应用管理的概念、技术和原理，能以系统的观点来进行和改善他们的管理工作，从而防止出现因管理不善而造成的不良后果。即直接控制是通过提高主管人员的素质来进行控制工作的。

2. 间接控制

间接控制是指控制者与被控制对象不直接接触，而是借助中间工具作用于被控制对象。在管理中，间接控制多见于上级管理者对下级人员工作过程的控制，即管理者根据计划和标准考核员工工作的实际结果，分析出现偏差的原因，并追究责任者的个人责任以使其改进未来工作。

间接控制并不是普遍有效的控制方法，这是因为它建立在以下几方面：

(1) 每个员工的工作成效是可以计量并比较的；

(2) 人们对工作任务负有个人责任，个人责任是清晰的；

(3) 分析偏差和追究责任所需的时间、费用等是有充分保证的；

(4) 出现的偏差可以预料并能及时发现；

(5) 有关责任单位和责任人将会采取纠正措施。

实际工作中，这些假设有时不能成立，因此，我们常常采取直接控制的办法。

比较两种控制方式可知，直接控制的原则就是主管人员及其下属的素质越高，就越不需要进行间接控制。直接控制是必需的，而间接控制则不然。

### 9.1.6　控制的过程

控制是一个有规律的程序化的过程，它贯穿于整个管理活动的始末。在组织目标的实施中，不断地在计划与实施结果之间进行比较，发现两者之间的差距，并找出产生这种差距的原因和制定新的改进措施，这就是控制过程。从管理控制的实施上看，组织的管理控制大致包括确立控制标准、对照衡量实际绩效和采取行动纠正偏差三个阶段，这构成了完整的管理控制过程（见图9-2）。

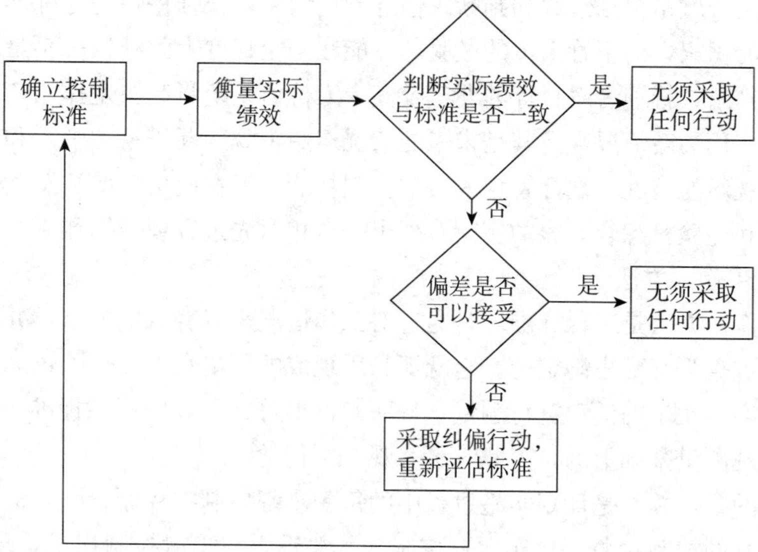


**图9-2　控制的过程**

#### 一、确立标准

（一）拟订标准

标准是指一种作为模式或规范而建立起来的测量单位或具体的尺度。控制的第一步是建立一系列切实可行并已被员工接受的绩效标准，以便确定控制的目标和依据，因而拟定标准是进行控制的基础，管理人员可以对照标准判断绩效和成果。

任何一项具体工作的衡量标准都应该从有利于组织目标实现的总要求出发来加以制定，控制标准是从一个完整的计划中筛选出来的、对工作成果的衡量具有重要意义的关键点。从计划中选择关键控制点的能力是一种艺术，有效的控制取决于这种能力。最理想的控制标准是可考核的标准。

标准的类型有很多，它的建立取决于所需衡量的绩效和成果领域。标准的表现形式很多，大致分为定性标准和定量标准两大类。标准可以是数量上的，如销售额、利润等，也可以是质量上的，如观众看完广告后的印象。

（二）制定标准的方法

制定标准的方法通常有如下几种。

1. 统计计算法

统计性标准，也叫历史性标准，是利用统计方法来确定预期结果，以分析反映企业经营在各个历史时期状况的数据为基础来为未来活动建立的标准。标准所选择的具体统计数字可能是平均数，也可能是高于或低于中点的一个定点。这种方法常用于拟定与企业经济效益有关的标准，能较好地反映过去的平均或一般的水平或状态，为预期未来的行为提供了有益的依据。历史性标准统计资料作为某项工作的确定标准具有简便易行的好处，但是当系统波动较大时，这种方法容易忽视新的情况，特别是未来可能出现的变化，因此其准确性就不是很大了。

2. 经验估计法

经验估计法，就是根据经验和判断来估计预期结果，根据评估建立标准。人们有时缺乏对历史数据的积累，而主管人员的经验，可能在一定程度上弥补这一不足。它实际上反映了一种价值判断，管理者对目标的期望及其个人价值系统将起决定作用；同时管理者需要对已经发生变化的新情况，尤其是未来的情况运用主观判断进行评估。和前一种方法相比较，它更重视新的情况，发挥管理人员的主观技能，但在应用时要注意利用各方面的管理人员的知识和经验，综合大家的判断，列出一个相对先进合理的标准。

3. 工程（工作）方法

工程（工作）方法是工程标准，是通过对工作情况进行客观的分析，并以准确的技术参数和实测的数据为基础来制定的。它既不利用现成的历史数据，也不依靠管理者的经验判断，而是对实际发生的活动进行测量，从而制订出符合实际的可靠标准。这种方法，由于是建立在客观测量基础上的，因此它更客观、更科学。

需要注意的是，并不是计划实施过程中的每一步都要制定控制标准，而是要选择一些关键点作为主要的控制对象。事实上，控制住了关键点，也就控制住了全局。一般来说，关键点都是目标实施过程中的重要组成部分，它可能是计划实施过程中最容易出偏差的点，或是起制约作用的点，或是起转折作用的点，或是变化度大的点等，应根据具体情况进行具体选定。

二、衡量绩效

衡量绩效就是用确立的标准对实际工作绩效和进度进行检查和比较，发现偏离标准的情况，分析产生的原因，制定和采取相应的措施。提交需要纠正的偏差结果，形成管理控制中的纠偏依据。因此，它又可分为两个小步骤：一是衡量实际工作成绩；二是比较实际工作与控制标准，由此发现和提出问题。从管理实务的角度讲，衡量绩效才是控制工作的真正开始。

衡量绩效取决于反映实际工作的信息，所以，要求信息及时、准确、全面。信息的及时性在控制中特别重要，错误的信息会导致错误的行动。这就要求管理人员掌握多方面的信息，做到胸有全局。

### 三、纠正偏差

纠正偏差是在衡量工作绩效的基础上，针对被控制对象出现的偏离程度，及时采取措施予以纠正，使其恢复到正常状态上来。在这个阶段，需要做好以下工作。

#### （一）找出偏差产生的原因

当偏差产生时，应该对许多可能的原因进行调查以发现造成这种偏差产生的诸多原因、条件，并进行深入分析，找出其中主要原因，这样才能有针对性地采取纠正措施，从根本上纠正偏差。

产生偏差的原因，可能是原先计划和标准制定得不科学或计划脱离实际造成的，也可能是由于或者环境发生预料不到的变化，或者是原来被认为正确的计划不再适应新形势的需要。

#### （二）纠偏措施

当实际业绩（产出）与计划（预定）的业绩标准发生重大差异，一旦查出了偏差的原因后，必须采取特殊有效的行动去纠正这些情况。

下面是纠偏措施的重要步骤：

1. 经营阶段

要及时调查偏差原因；决定所需纠偏措施；根据决策，对纠正情况及时予以指导；紧密监督纠偏措施，从而确保它是根据指导的要求得以实行的，并确保其有效性。

2. 行政管理阶段

进一步调查重复出现的问题，确定对此负有责任的人为或物质的基本因素；根据情况的要求，采取积极的或消极的惩罚措施；制定创造性计划防止偏差情况的重复出现；认清所处的环境状况，并引入已计划好的措施。

偏差的产生原因不同，因此其纠正方法也不同。这些方法有：改进工作方法；改进组织领导工作；调整或修改原来计划或标准等等。

第一，对于因工作的失误造成的问题，控制工作主要是“纠偏”，即加强管理、监督，确保工作与目标的接近或吻合；第二，若计划目标不切合实际，控制工作主要是按实际情况修改计划目标；第三，若组织的运行环境发生重大变化，致使计划失去客观的依据，控制措施是启动备用计划或重新制定新计划。

选择和实施过程中应注意的问题：(1) 保持矫正方案双重优化：判断矫正方案的合适性需要考虑两方面的要求：一是矫正工作的经济性。若矫正方案实施的成本大于听任偏差发展可能带来的损失，则放弃矫正行动；二是管理控制工作必须在满足经济性要求的前提下，通过对各种可行矫正方案比较分析，选择投入最少、成本最小、解决偏差效果最好的方案。(2) 充分考虑原先计划实施的影响："追踪决策"，在制定和选择追踪决策方案时，需要充分考虑组织伴随着初始决策的实施已经消耗的资源和这种消耗对客观环境造成的影响以及人员思想观念的转变问题。(3) 注意消除组织成员对纠偏措施的疑虑：要充分考虑和处理组织成员对拟采取矫正措施的各种态度，特别是消除执行者的疑虑，避免方案实施时出现人为障碍。

（三）纠正行动的时间性

为了提高纠正行动的效率和降低纠正行动的成本，就必须尽可能早、尽可能快地纠正偏差。

**【管理故事】**

**好马和骑师**

一个骑师，让他的马接受了彻底的训练，因此他可以随心所欲地使唤它。只要把马鞭子一扬，马就听他支配，而且骑师的话，马句句都听。"给这样的马加上缰绳是多余的。"他认为不用缰绳就可以把马驾驭住了。有一天骑马出去时，他就把缰绳解掉了。马在原野上飞跑，刚开始还不算太快，马仰着头，雄赳赳地高视阔步，仿佛要叫他的主人高兴。但当马知道什么约束也没有的时候，英勇的骏马就越发大胆了，它的眼睛里冒着火，脑袋里充着血，再也不听主人的斥责，越来越快地飞驰于辽阔的原野。不幸的骑师，如今毫无办法控制他的马了，他想用颤抖的手把缰绳重新套上马头，但已经无法办到。完全无拘无束的马儿撒开四蹄，一路狂奔着，竟把骑师摔下马来。而它还是疯狂的地往前冲，像一阵风似的，很快就在骑师的眼前消失了。

启示：有些管理者授权后，由于过于信任下属，缺乏有效控制手段，致使授权失败。授权管理的本质就是控制和督查。授权后，管理者要建立起一套控制程序，通过工作报告、考核、预算审计等渠道获得员工行为的反馈信息，以便及时有效地进行控制。高明的管理者无时不对自己的控制技术作细致的挑选，以使自己能在最恰当的时刻，选择最恰当的方式，把失控的"马"及时地拉回到正确的轨道上来。

## 9.2 控制的内容

### 9.2.1 人员控制

人员控制分直接控制和间接控制。

(1) 人员的直接控制：为了实现组织的目标，管理者使员工按照他所期望的方式去工作是非常重要的。为了做到这一点，管理者最简单的方法就是直接巡视和评估员工的表现，视察、指导员工的工作并纠正出现的问题，这些就成为管理者的日常工作。

(2) 人员的间接控制：是指根据组织发展战略的要求，通过有计划地对员工进行合理配置，搞好员工的培训和人力资源的开发，采取各种措施，激发员工的积极性，充分发挥他们的潜能，做到人尽其才，人尽其用，更好地促进工作效率的提高，进而确保组织战略目标的实现。

### 9.2.2 时间控制

科学准确地做好时间计划是时间控制的第一步，从某种程度上说，计划首先是时间的安排。较好安排时间的计划方法有甘特图法、滚动计划和网络计划技术等，其中网络计划技术对合理安排时间和科学分配资源起到了重要的作用。

20世纪70年代日本丰田汽车公司首先应用的准时生产制（JIT）是一种先进的生产控制和时间控制方法。简单地讲，JIT就是在必要的时间生产必要数量的产品。即为了提高劳动生产率，不是要在劳动中再多使力气，而应是通过尽量减少生产中的各种浪费来提高生产率。这种尽量减少浪费的思想就是JIT生产方式的出发点。

### 9.2.3 成本控制

成本管理的中心是成本控制，即要使经营活动的各环节、各方面达到或低于目标成本，为此，要做好以下工作：

(1) 制定控制标准，确定目标成本。其方法有计划法、预算法和定额法等。

(2) 记录和统计资料，进行成本核算。成本统计所用的原始记录是反映核算期人力、物力、财力等支出的全部原始资料，是进行成本核算和控制的最基本依据。在此基础上，通过成本核算，了解实际成本，并为分析改进成本问题提供数据资料。

(3) 差异分析。将实际成本与目标成本相比较，就会发现差异。分析就是通过比较，找到实际成本与目标成本差异的发展趋势，找出控制和降低成本的措施。差异分析的主要内容有直接材料费用分析、直接人工费用分析、管理费用分析、销售费用分析。

(4) 采取措施，降低成本。一旦发现实际成本高于目标成本，就应积极采取措施，控制成本的上升趋势。一般来说可采用的方法有价值工程、严格投入管理、防止跑冒滴漏、改进产品设计或生产工艺、精简机构等。

### 9.2.4 质量控制

质量控制是企业生产经营活动中一项极其重要的控制活动。质量控制具有两个方面的含义：一是工作的质量；二是产品的质量。二者既有联系，又有区别。产品质量是工作质量的体现，工作质量是产品质量的保证。质量控制既包括对企业产品或服务质量的控制，又包括对工作质量（包括制度、标准等）的控制。

控制工作质量就是企业为了保证和提高产品质量，在经营管理和生产技术方面所要达到的水平。工作质量的好坏是通过企业内各单位、各部门以及企业每一个职工的工作态度、工作绩效、产品质量等反映出来的。工作质量是产品质量的保证，在一定意义上，提高工作质量比提高产品质量更重要。

控制产品质量是企业生产合格产品和减少无效劳动的重要保障。在市场经济中，产品质量控制应达到两个方面的目标：一是使生产出来的产品达到产品质量标准；二是使企业以最低的成本生产出符合产品质量标准的产品。这两个方面是相辅相成的。企业生产出的产品符合质量标准是产品能为市场所接受的必要条件，而只有在低于社会平均劳动时间条件下生产出的合格产品才有竞争力。

### 9.2.5 库存控制

库存控制是对制造业或服务业生产、经营全过程的各种物品、产成品以及其他资源进行的管理和控制，是仓储管理的一个重要组成部分。它是在满足顾客服务要求的前提下通过对企业的库存水平进行控制，力求尽可能降低库存水平、提高物流系统的效率，以提高企业的市场竞争力。

### 9.2.6 审计控制

审计是常用的一种控制方法，根据内容，它包括财务审计和管理审计两大类。根据审计人员的来源，审计还有外部审计和内部审计之分。

一、财务审计

财务审计是由专职机构和人员，依法对审计单位的财务、财政收入及有关经济活动的真实性、合法性、效益性进行审查，评价经济责任，以维护财经法纪，改善经营管理，提高经济效益的经济监督活动。

二、管理审计

管理审计是以管理原理为评价准则，系统地考查、分析和评价一个组织的管理水平和管理成效，进而采取措施克服存在的缺点或问题。管理审计的方法与财务审计的一般方法基本一致，其中查明事实真相是管理审计工作的最基本任务。

三、内部审计与外部审计

内部审计就是企业内部的审计人员对企业的会计、财务和其他业务经营活动所作的定期的和独立的评价。内部审计提供了检查现有控制程序和方法能否有效地保证达成既定目标和执行既定政策的手段。

外部审计是由外部机构选派的审计人员对组织财务报表及其反映的财务状况进行独立的评估。

**【管理故事】**

**地毯下的蛇**

从前有一位经营地毯的商人，对自己地毯店的外观陈设非常在意。他每天总要在店内四处巡视，看看有没有什么不妥当的地方，如果有的话赶紧纠正。

一天，他照例巡视店面，意外地看见自己布置的地毯中央鼓起一块，就上前用脚将它弄平；可过了一会儿，别处又隆起一块，他再次去弄平；然而，似乎有什么东西在专门和他作对，隆起接连在不同的地方出现，他不停地去弄，可总有新的地方隆起。一气之下，商人干脆拉开地毯的一角，一条蛇立刻溜了出去。

启示：管理工作是关系方方面面的细致工作，所以我们要经常关注在哪些地方存在问题，出了问题怎么办，有什么解决问题的方案。但是当出现问题时，我们没有冷静下来找出问题的根本原因，往往头疼医头，脚疼医脚，忙得焦头烂额，却并没有将问题解决好。寓言中的道理，蛇不出去，你没法弄平地毯。

## 9.3 有效控制的原则与方法

控制是按照既定组织目标和标准，对组织活动进行监督、测量，发现偏差并分析原因，采取相应有效的措施使组织活动符合既定要求的过程。计划和环境因素的影响，使得计划在执行过程中难免会与预定目标发生偏离，管理者必须处理各种意外的情况，使组织行动与计划、与环境变化相适应，实现有效控制。

### 9.3.1 有效控制的原则

为了使控制工作做得更好，切实有效，一般需要注意以下几条原则。

一、控制应该同计划与组织相适应

管理的各项职能相互关联、相互制约。控制的目的既然是为了保证计划得到顺利实现，它就需要依靠组织中的各单位、各部门及全体成员来实施。所以，控制系统和控制方法应当与计划和组织的特点相适应。不同的计划具有不同的特点，因而控制所需的信息也各不相同。例如，对成本计划的控制信息主要是各部门、各单位甚至各种产品在生产经营过程中发生的费用；对产品销售计划的控制，则要收集销售产品的品种、规格、数量和交货期的情况。控制工作越是考虑到各种计划的特点，就越能更好地发挥作用。

同样，控制还应当反映组织结构的类型和特征。组织结构既然规定了企业内每个人所担任的职务和相应的职责权限，因而它也就可以成为确定计划执行的职权所在和产生偏差的职责所在的依据。由此也说明了，有效的管理控制必须能够反映一个组织的结构状况并通过健全的组织结构予以保证，否则只能是空谈。健全的组织结构有两方面的含义：一方面，要能在组织中将反映实际情况和工作状态的信息迅速地上传下达，保证联络渠道的畅通；另一方面，要做到责权分明，使组织机构中的每个部门、每个人都能切实担负起自己的责任。否则，偏差一旦出现就难以纠正，控制也就不可能得以实现。

二、控制应该突出重点，强调例外

这一原则要求管理者在一个完整的计划执行过程中选出一定的关键点，把处于关键点的工作预期成果及其影响因素作为控制的重点。在这样的情况下，管理人员不必完全了解计划执行中的全部具体细节，就能达到对工作有效控制的目的。控制要突出重点。管理者不能也没有必要对组织活动的方方面面都进行控制，而是要针对重要的、关键的因素实施重点控制。作为一位负责的管理人员，可能会希望自己对所管制的领域有全面的了解和把握，但组织中工作活动往往错综复杂、涉及面广，谁也无法对每一方面、每一件事均予以控制。因此，根据“关键的少数，次要的多数”的统计规律，找出和确定能反映或体现经营成果的关键因素，并加以控制，这样就可以成为一种有效的控制方法。

控制也应强调例外。管理者将控制工作重点放在计划实施中的例外情况上，可以使他们把有限的精力集中在真正需要引起注意和重视的问题上。不过，例外并不能仅仅依据偏差数值的大小来确定，而要考虑客观的实际情况。在同一个组织中，对于不同类别的工作，一定额度的偏差所反映的事态严重程度并不一样。有时，管理费用高于预算的5%可能无关紧要，而产品合格率下降1%却可能出现产品严重滞销问题。所以，在实际工作中，例外原则必须与控制关键问题的原则结合起来，注意关键问题上的例外情况。

### 三、控制应该具有灵活性、及时性和经济性的特点

灵活的控制是指控制系统能适应主客观条件的变化，持续地发挥作用，控制工作本身是不断变化的，其依据的标准、衡量工作所用的方法等都有可能会随着情况的变化而变化。如果事先制定的计划因为预见不到的情况而无法执行，而事先设计的控制系统仍在如期运转，那将会在错误的道路上越走越远。例如，假设预算是根据一定的销售量制定的，那么，如果实际销售量远远高于或低于预算的销售量，原来的预算就会变得毫无意义，这时就要求修改甚至重新制定预算，并根据新的预算制定合适的控制标准。

控制工作还必须注意及时性。信息是控制的基础，为提高控制的及时性，信息的收集和传递必须及时。如果信息的收集和传递不及时，信息处理时间又过长，偏差便得不到及时矫正。更有甚者，实际情况已经发生了变化，这时采取的矫正措施不仅不能产生积极作用，反而会带来消极的影响。

为了进行控制而支出的费用和由控制而增加的收益都直接与控制程度相关。这就是说，控制工作一定要坚持适度性的原则，以便提高经济性。所以，从经济性角度考虑，控制系统并不是越复杂越好，控制力度也不是越大越好。控制系统越复杂、控制工作力度越大，意味着控制的投入越大，而且，在许多情况下，这种投入的增加并不一定会导致计划的更顺利实施。

### 四、控制过程应避免出现扭曲问题

组织在将规则程序和预算这些低层次的计划作为控制标准时，最容易发生目标与手段相置换的问题。本来，规则程序和预算只是组织实现高层次计划目标的手段，但在实际控制过程中，有关人员对这些手段的关注可能超过对实现组织目标的关注，或者忘记了这些手段性措施只是为实现组织目标服务的，以致出现了为遵守规定或完成预算而不顾实际控制效果的种种刻板、僵硬、扭曲的行为。控制的功能障碍也就由此产生。当人们丧失了识别组织整体目标的能力时，往往会出现“不是组织在运用控制职能，而是控制在束缚着组织”的不正常现象。因此，管理者在控制工作过程中特别要注意次一层级控制标准的从属性和服务性地位，这对成功、有效地实施控制至关重要。

五、控制工作应注重培养组织成员的自我控制能力

广大员工在生产和业务活动的第一线，是各种计划、决策的最终执行者，所以，员工进行自我控制是提高控制有效性的根本途径。比如，要提高产品质量，仅靠工商部门监督和新闻报道是不够的，重要的是企业改善管理、加强控制；而在企业中，光靠管理者重视和完善控制制度也是不够的，广大员工应加强质量意识，并对产品生产的每个环节严格把关，这才是提高产品质量的最终保证。

自我控制具有很多优点。首先，自我控制有助于发挥员工的主动性、积极性和创造性。自我控制是员工主动控制自己的工作活动，是自愿的。这样，他们在工作中便能潜心钻研技术，对工作中出现的问题会主动设法去解决。其次，自我控制可以减轻管理人员的负担，减少企业控制费用的支出。最后，自我控制有助于提高控制的及时性和准确性。实际工作人员可以及时准确地掌握工作情况的第一手材料，因而能及时准确地采取措施，矫正偏差。

当然，鼓励和引导员工进行自我控制，并不意味着对员工可以放任自流。员工的工作目标必须服从于组织的整体目标，并有助于组织整体目标的实现。管理者从整体目标的要求出发，经常检查各单位和员工的工作效果，并将其纳入企业的全面控制系统之中。

### 9.3.2　制定控制标准的方法

任何一项具体工作的衡量标准都应该从有利于组织目标实现的总要求出发来加以制定。制定控制标准常用的方法有三种。

一、统计计算法

即根据企业的历史数据或者对比同类企业的水平，运用统计学方法来确定企业经营各方面工作的标准。用这种统计计算法制定的标准，便成为统计标准。制定该类标准所使用的数据既可以是来自本企业的历史数据，也可以是来自其他企业的统计数据。利用本企业的历史性统计资料制定某项工作的标准，具有简便易行的好处，但据此制定的工作标准可能低于同行业的先进水平，甚至是平均水平。这种条件下，即使企业的各项工作都达到了标准的要求，也可能造成企业经营绩效的相对低下，使企业在生产竞争中处于劣势。为了克服这种局限性，在根据历史性统计数据制定未来工作标准时，通常还需要考虑行业的平均水平，并研究竞争企业的经验。

二、经验估计法

我们把使用经验估计法建立的标准，称为经验标准。现实中，并不是所有工作的质量和成果都能够用统计数据来表示，也不是所有的企业活动都保持着历史统计数据。对于新近从事的工作，或者缺乏统计资料的工作，企业可以根据有经验的管理人员或对该工作熟悉的人员的经验、判断和评估来为之建立标准。利用这种方法建立控制标准时，要注意利用各方面人员如老员工、技术人员、管理人员的知识和经验，在充分了解情况、收集意见的基础上，科学地综合大家的判断，制定出一个相对先进合理的标准。

三、工程方法

使用工程方法建立的标准，称为工程标准。工程标准是通过对工作情况进行客观的分

析，并以准确的技术参数和实测的数据为基础制定的。比如，机器产出标准是其设计者计算出来的正常情况下被使用的最大产出量；工人操作标准是劳动研究人员在对构成作业的各项动作和要素进行客观描述与分析的基础上，经过消除、改进和合并而确定的标准作业方法；劳动时间定额是利用秒表测定的受过训练的普通工人以正常速度按照标准操作方法对产品或零部件进行某个（些）工序的加工所需的平均必要时间。严格地说，工程标准也是一种用统计方法制定的控制标准。

由于控制的对象不同，控制标准的类型很多。企业究竟要以何种方法制定控制标准，取决于所需衡量的绩效成果及其影响因素的领域和性质。

## 本章重点知识归纳

控制是关注组织各方面的活动，保证组织实际运行状况与组织计划要求保持动态适应的一项管理职能。

控制既是一个管理工作过程的终结，又是一个新的管理工作过程的开始。

计划与控制工作的内容常常互相交织地联系在一起。管理工作本质上就是由计划、组织、领导、控制等职能有机地联系而构成的一个不断循环的过程。

管理中的控制可根据其活动的重点、内容、时间、方式等的不同分为：（1）前馈控制、现场控制和反馈控制；（2）直接控制与间接控制。

从管理控制的实施上看，组织的管理控制大致包括制定控制标准、衡量实际绩效和纠正偏差三个阶段。

任何一项具体工作的衡量标准都应该从有利于组织目标实现的总要求出发来加以制定。制定控制标准常用的方法有三种：统计计算法、经验估计法、工程方法。

## 思考讨论题

1. 简述控制的含义与特点。

2. 控制有哪几种基本类型？

3. 控制过程包括哪些阶段的工作？如何进行有效的控制？请详细说明解释。

4. 有效控制的原则是什么？

5. 常用的控制方法有哪些？

6. 比较前馈控制、同期控制和反馈控制。

7. 管理者在管理工作中不得不面对的问题有哪些？作为管理者应该如何控制这些问题？

8. 有人认为组织中的每一个员工都应该参与到控制工作活动中，也有人认为控制工作只是管理者的职责，应该由管理者完全负责，你认同这个理念吗？请解释说明你的观点。

## 实践与技能训练

### 项目一：制定目标管理方案

**【实训目标】**

1. 增强对目标管理的感性认识；
2. 掌握目标管理的实施要领。

**【实训内容与要求】**

1. 为所在班级或小组（寝室）制定一个目标管理方案；
2. 应进行必要的调查研究，正确地确定目标项目与标准，要具有可操作性；
3. 方案必须充分体现目标管理的特点与要求，有完整的结构。

**【成果与检测】**

1. 每人都要起草一份目标管理方案；
2. 每家公司经过优选，确定一份公司的目标管理方案；
3. 班级组织一次交流，介绍、分析与评价各公司的目标管理方案；
4. 由教师与学生共同进行评估与打分。

### 项目二：模拟公司的综合评价

**【实训目标】**

通过本章实训，主要培养学生控制与信息处理的能力。具体包括：

1. 有效控制的能力；
2. 搜集与处理信息的能力；
3. 总结与评价的能力。

**【实训内容与要求】**

模拟公司的综合评价分两个阶段进行：

1. 第一阶段为自评阶段：经过一段时间的实践，由模拟公司的各个部门按工作性质的不同，责成各部门每名成员写出自检评估报告，总经理写出公司全面工作总结。模拟公司每名成员给自己打出自评分数。重点是搜集与整理有关本公司与本人绩效的信息。

2. 第二阶段为互评和总评阶段：各模拟公司互评与教师总评，本着“公平、公正、公开”的原则，各模拟公司之间根据绩效与日常表现，互相评估打分；教师依据绩效及表现对各公司进行综合评估打分；最后将各部分分数进行加权汇总。

**【成果与检测】**

1. 各公司制订评估方案；
2. 总经理写出本公司全面工作总结；
3. 每个公司成员提交自我评估报告或总结；
4. 教师进行成绩汇总与评定。

## 本章讨论案例

### 苏南机械有限公司

苏南机械有限公司是江南的一个拥有三千多名职工的国有企业，主要生产金属切削机械。公司建立于新中国成立初期，当初只是一个几十人的小厂。公司从小到大，经历了几十年的风风雨雨，为国家作出过很大的贡献。公司取得了一系列令人羡慕的殊荣：经主管局、市有关部门及国家有关部委的考核，公司各项指标均达到了规定的要求，因此被光荣地评为国家一级企业；厂里的当家产品，质量很好，获得了国家银质奖。随着外贸体制改革，逐渐打破了国家对外贸的垄断，除了外贸公司有权从事外贸外，有关部门经考核，挑选了一部分有经营外贸潜力的国有大、中型企业，赋予它们外贸自主权，让它们直接进入国际市场，从事外贸业务。公司就是在这种形势下，得到了上级有关部门的青睐，获得了外贸自主权。

进入新世纪，企业上上下下都感到日子吃紧，虽然经过转制，工厂改制成了公司，但资金问题日益突出，一方面公司受“三角债”的困扰，另一方面产品积压严重，销售不畅。为此公司领导多次专题研究销售工作，大部分人认为，公司的产品销不动，常常竞争不过一些三资企业和乡镇企业，问题不在产品质量，而主要在销售部门的工作上。因此，近几年公司对销售工作做了几次大的改革，先是打破了只有公司销售部门独家对外进行销售的格局，赋予各分厂（即原来的各车间）进行对外销售的权力，还另外组建了几个销售门市部，从而形成一种竞争的局面，利用多方力量来推动销售工作，公司下达包括价格浮动幅度在内的一些指标来加以控制。与此同时，公司对原来的销售科进行了充实调整，把销售科改为销售处，以后又改为销售部，现在正式改为销售公司。在人员上也作了调整，抽调了一批有一定技术、各方面表现均不错的同志充实销售公司。这样一来，从事销售工作的人员增加了不少，销售的口子也从原来一个变成了十几个。当初人们担心，这样会造成混乱，但由于公司通过一些指标加以控制，所以基本上没有出现混乱情况，但是销售工作不景气的状况却没有得到根本改变，这是近年来一直困扰公司领导的一大问题。

与此同时，公司的外销业务有了长足的发展。但进出口部成立以来，有三件事一直困扰着王经理：一是外销产品中，本公司产品一直上不去。公司每年下达指标，要求进出口部出口本公司一定量的产品，可结果总是完不成。王经理和外销员都反映，完不成的责任不在进出口部，因为订单来了，本公司分厂不能及时交货，价格也有问题，所以只能让其他厂去做，进出口部做收购，这样既控制价格、质量，又能及时交货。讲穿了，做本公司的产品，进出口部要去求分厂，而做外购是人家求进出口部，好处也就不言而喻了。公司对进出口部完成不了本公司产品的出口任务一直有意见，进出口部与各分厂的关系也搞得很僵，而且矛盾还在激化之中。二是外销员队伍的稳定问题。近几年已有几位外销员跳了槽，而且跳出去的人据说都“发”了，有的自己开公司做贸易，有的跳到别的外贸公司，因为他们是业务熟手，手中又有客户，所以都享有很高待遇，一句话，比在原来公司好多了。这又影响了现在的外销员。公司虽然在工资、奖金上向外销员作了倾斜，但他们比跳槽的人的收入还差一大截，因此总有些人心不定，有的已在公开场合扬言要走，王经理也听到一些消息，说是有的人已在外面悄悄干上了。面对这样的状况，王经理心里万分着急，他知道，培养一个好的外销员不易，走掉一个外销员，就会带走一批生意。他深知问题的严重性，也想了好多办法，想留住人心，比如搞些活动，加强沟通等，但在有些人身上收效很小。该怎么办呢？这是王经理一直在思考的问题。

**讨论：**

为什么公司有大量销售人员外流，应如何留住他们？

# 第 10 章　制度管理与管理创新

**通过本章学习，你的学习目标：**

1. 描述制度化管理的必要性。
2. 解释企业文化的形成、作用。
3. 阐述企业文化建设的要点。
4. 学会运用企业规范化管理的方法。

企业有了一套科学、合理的管理体系框架，只是奠定了有效管理的基础，还不是组织管理的全部。科学确定的组织结构、管理制度和计划控制规范，只有通过组织中纵、横两个方面有效的作用机制，才能成为有活力、有生命力的企业组织。

## 走进管理

**【案例】**

**海尔的 OEC 管理**

1991 年，海尔集团在贯彻 ISO9001 国际标准时，针对内部事务未能及时清理以及生产作业现场存在的质量问题，制定了一种“日日清”的内部管理控制制度，即 OEC 管理。

“OEC”是英文 Overall Every Control and Clear 的缩写，即全方位地对每天、每人、每件事进行清理、控制。具体地说就是企业每天所有的事都有人管，做到控制不漏项；所有的人均有管理、控制的内容，并依据工作标准对各自控制的事项按预定的计划执行，每日把实施结果与计划指标对照，总结、纠偏，达到对事物发展过程的实时控制，确保事物的发展向预定目标前进。

这是一种促使企业及每个员工、每项工作都能走上自我约束、自我发展、良性循环轨道的精细化管理方法。这一管理方法可以概括为：“总账不漏项，事事有人管、人人都管事，管事凭效果、管人凭考核。”

“总账不漏项”是海尔模式实施的基础。它是指把企业内所有事物按事（软件）与物（硬件）分两类，建立总账，使企业正常运行过程中所有的事与物都能在控制网络内，确保体系完整、无漏项。

“事事有人管、人人都管事（物）”是指将总账中的所有的事与物通过层层细化落实到各级人员，并制定各级岗位职责及每件事的工作标准。为达到实时控制的目的，每个人根据其职责建立工作台账，明确每个人的管理范围、工作内容，以及每项工作的工作标准、工作频次、计划进度、完成期限、考核人、价值量等。为确保其完整性，每个人的台账由其上一级主管审核后方可生效。由于每个人的工作指标明确，工作中既有压力又有相对自主权，可以更好地发挥其主观能动性及自主管理的作用，真正树立起以人为本的思想。

"管事凭效果，管人凭考核"是指任何人实施过程中，必须依据控制台账的要求，开展本职范围内的工作。这可使每个人在相对的自由下进行创造性的能力发挥，力求在期限内用最短的时间，完成各自标准甚至高于标准的各项工作。对管理人员是月度账加日清表控制，即每天一张表，明确一天的任务，下班时交上级领导考核，没有完成的要说明原因以及解决的办法；对生产工人是 3E（Everyday，Everything，Everyone）卡控制，此表由检查人员每两小时一填，每日终了，将结果与标准一一对照落实，并记录标记。通过自我审核后，附各种材料或证明工作绩效的证据，报上一级领导复审。上一级领导按其工作进度、工作质量等与标准对比，进行 A、B、C 分类考评。复审不是重复检查，而是注重实际效果，通过对过程中某环节有规律性地抽查，来验证系统受控的程度。复审是海尔模式的关键环节，结束后，工人一天的工作成绩及一天的报酬也就显示出来。工人工资每天填在"3E"卡上，月末凭"3E"卡兑现工资。

对于 OEC 管理，海尔人只是把它视作其企业内部管理规范体系的一个代号。从以上各方面可以看出，OEC 管理的主要内涵，就是贯穿在企业各项工作中的"日事、日毕、日清"制度。因而，海尔人又将 OEC 管理称作"日日清工作法"。

海尔的 OEC 管理有什么好处？你如何看待企业的制度化管理？

## 10.1　制度化管理

以制度规范为基本手段协调企业组织集体协作行为的管理方式，是现代企业广泛采用的一种管理方式。

### 10.1.1　制度化管理的实质

制度化管理的实质在于以科学确定的制度规范作为组织协作行为的基本约束机制，主要依靠外在于个人的、科学合理的理性权威实行管理。

在企业组织经营管理过程中，由于管理所依托的基本手段不同，存在不同类型的管理方式。市场经济发展早期，企业组织管理中多依靠个人的权威，以传统的权威和"神授"的权威为基本的控制手段。伴随着工业文明和资本主义经济发展，企业组织、行政组织和各种大型组织逐渐把管理过程中依赖的基本权威由个人转向理性的管理制度和规范。

以理性的、正式规定的制度规范作为基本权威实施管理，就是制度化管理的实质。当然，这并不意味着不允许发挥个人权威的作用，只是说起基本制约作用的是制度权威。

### 10.1.2 制度化管理的主要特征

从管理制度的内容和制度化管理的实质来看，制度化管理的主要特征有：

（1）在劳动分工的基础上，明确规定每个岗位的权力和责任，并且把这些权力和责任作为明确规范而制度化。

（2）按照各机构、各层次不同职位权力的大小，确定其在企业中的地位，从而形成一个有序的指挥链或等级系统，并以制度形式巩固下来。

（3）以文字形式规定职位特性以及该职位对承担责任的个人应有素质、能力等要求。根据通过正式考试或者训练和教育而获得的技术资格来挑选组织中所有的成员。

（4）在实行制度化管理的企业中，所有权与管理权相分离。管理人员不是所管理企业的所有者。管理人员只是根据管理制度赋予的权力暂时处于拥有权力的地位，原则上企业中所有人都服从制度的规定，而不是有权的人。

（5）管理人员在实施管理时有三个特点：一是根据因事设人的原则每个管理人员只负责特定的工作；二是每个管理者均拥有执行自己职能所必要的权力；三是管理人员所拥有的权力要受到严格的限制，要服从有关章程和制度的规定。这些规定不受个人情感的影响，普遍适用于所有情况和所有的人。

（6）管理者的职务是管理者的职业，他有固定的报酬，具有按资历、才干晋升的机会，他应忠于职守，而不是忠于某个人。

### 10.1.3 制度化管理的优越性

与传统的以个人权威为主进行的管理相比，制度化管理更具优越性：

第一，个人与权力相分离。在制度化管理中，职务是职业，不再是个人身份，所有管理行为都来自规章、制度的规定，管理权威集中于规章和制度，而不是控制在某些人手中。在规章制度面前每个人都享有同等地位，从而排除了个人偏好或专断的影响，确保个人与权力的分离。制度化管理摆脱了传统管理的随机、易变、主观、偏见的影响，具有比传统管理优越得多的精确性、连续性、可靠性和稳定性。

第二，适合现代大型企业组织的需要。早期传统的管理由于过分依赖个人和裙带关系、人身依附关系，采用任意的、主观的、多变的管理方式，不适合现代大型企业组织管理的要求。现代大型企业组织由于规模大，内部分工细，层次多，更需要高度的统一，需要有准确、连续、稳定的秩序来保证各机构之间的协调一致，从不同的侧面保证企业经营目的的实现。

当然制度化管理也并非十全十美，它没有更多考虑人的因素，缺乏人际温情。但它与传统管理方式相比要优越得多，先进得多。现代企业组织的生命力，就是通过制度化管理维持的。

**【案例】**

**远大集团的制度化管理**

“制度是一个社会的游戏规则，或者更正式地，是定义人类交往的人为的约束。”1993年诺贝尔奖得主道格拉斯·诺斯认为：制度的主要作用是消除或降低社会交往中的不确定性。

在公司成立后的第8年，远大集团由人治为主逐步转化到制度治理。这标志着远大开始从“创业”到“管理”的转型。

通常，企业的发展，随着规模的扩大分别会遇到技术、营销、管理、观念、战略和文化的障碍。一般管理界人士认为，当企业规模达到3 000万到1亿元的时候，主导发展的因素是企业的管理，如何形成符合企业自有特质的管理模式和管理行为，是企业能否迈向更大规模发展的关键。当然，这一台阶迈过后，主导发展的因素会向观念、战略和文化转移。此时，管理变成企业基础性的发展因素，即成为企业发展的根基之一。

任何一家企业都会有自己的管理以及与之相关的制度。但不是所有的企业管理都会被冠上制度化管理的名号。管理具有科学性与艺术性，程序化的管理是科学，非程序化的管理是艺术。明确提出制度化管理，则意味着企业管理的重点偏向程序化管理。

远大集团则是非主流地将程序化管理凌驾在公司管理主流的企业。主流与非主流并无高低之分，管理从来只是追求相对满意而不是绝对满意，对企业来说，没有最好的管理模式，只有最适合的管理模式。

远大制度化管理显示，无论何门何派，只要是某个流派的高手，都是江湖的高手。假如远大并未在业绩上作出隐瞒的话，那么它的案例告诉了我们这样一个道理，管理从来没有最好的，只有最适合的。

**讨论：**

远大为什么要推行制度化管理？成效如何？

## 10.2 企业文化建设

**走进管理**

**【案例】**

**海尔文化**

海尔集团是以企业文化为软系统的现代型企业，他的每一次经营上的创新都源于一次企业文化的革命。海尔集团的领导层认为，企业文化是企业管理中最持久的驱动力和最持久的约束力，他高度融合了企业理念、经营哲学、价值观和个人的人生观，是一个企业的凝聚剂。

海尔的经营理念具有鲜明的个性——海尔特色，同时有较强的哲理性和实用性，具有普遍的推广作用。具体表现为海尔定律（斜坡球体论）：企业如同爬坡的一个球，受到来自市场竞争和内部职工惰性而形成的压力。如果没有一个止动力，它就会下滑，这个止动力就是基础管理。以这一理念为依据，海尔集团创造了“OEC”管理即海尔模式；采用 80/20 原则，即管理人员与员工责任分配的 80/20 原则，即“关键的少数制约次要的多数”。

海尔的市场观念：“市场唯一不变的法则就是永远在变”“只有淡季的思想，没有淡季的市场”“卖信誉不是卖产品”“否定自我创造市场”。

创名牌方面：

名牌战略：要么不干，要干就要争第一。国门之内无名牌。

质量观念：

高标准精细化零缺陷

优秀的产品是优秀的人干出来的

服务理念：

带走用户的烦恼，烦恼到零

留下海尔的真诚，真诚到永远

售后服务理念：

用户永远是对的

海尔发展方向：创中国的事业名牌

自 20 世纪 80 年代以来在企业管理领域中，在人们注重科学管理、人际管理、战略管理等管理理论的同时，出现了一种更引人瞩目的新概念，这就是企业文化。企业文化热的源头在美国。在美国形成企业文化热的原因是，日本经济在第二次世界大战后短短几十年内重新崛起，成为几乎与美国势均力敌的经济大国，这让美国企业界感到极大地震惊，从而迫使他们开始重视并研究日本企业的经营管理经验，对以往西方企业管理理论和实践重新进行反思，进而提出了“企业文化”理论，并很快就形成了一股热潮，引起了企业管理的极大振荡。时至今日，企业文化热已风靡全世界。

企业文化是一种弥漫于企业组织各方面、各层次的价值观、思维方式和行为习惯，是组织的风气、风格。在组织内部垂直的影响过程中和横向作用过程中，企业文化都起着不可或缺的作用。它不仅对企业组织的运转是一种必不可少的润滑剂，而且能够创造良好的组织气氛和组织环境，从观念、信仰层次调动组织成员的工作积极性和忠诚心，是其他管理手段无法取代的。

企业文化建设是指企业文化相关的理念的形成、塑造、传播等过程，要突出在“建”字上，切忌重口号轻落实，重宣传轻执行。企业文化建设是基于策划学、传播学的，是一种理念的策划和传播，是一种泛文化。

### 10.2.1 企业文化概述

经营目标解决企业物质追求方面的问题，经营理念解决企业精神追求方面的问题。经营目标所能解决的，是表现为数据、结构、规范、程序的问题。如何去理解、考虑问题，应有的行为规范是什么，如何使承担职能性活动的组织成员能够“活起来”，使大家都参与到日常的经营管理活动中来，最终要靠经营理念，要靠观念形态的东西。这种观念形态的东西集中表现为企业文化。

一般说来，所谓企业文化，就是企业组织在长期的生产、经营、建设、发展实践中形成并为企业成员普遍遵守和奉行的共同价值观念，包括企业的经营思想、群体意识、管理方式、管理理论、企业精神、企业目标、道德规范、行为准则等。它是企业领导层提倡、上下共同遵守的文化传统和不断革新的一套行为方式，它体现为企业价值观、经营理念和行为规范，渗透于企业的各个领域和全部时空。其核心内容是企业价值观、企业精神、企业经营理念的培育，是企业职工思想道德风貌的提高。企业文化的建设实施，使企业人文素质得以优化，归根结底是推进企业竞争力的提高，促进企业经济效益的增长。

一、企业文化及其构成

以组织基本目标和价值观为核心形成的，包括成员思维方式和行为方式在内的一整套观念行为系列，就是企业文化。

任何组织，都有文化。不论好坏、积极消极、明确化的程度如何，任何组织，都有其基本的风格、风气，都有其不同于其他组织的特点。其不同之处，就是该企业文化上的特色。日常生活中，人们议论某组织是“官僚化”的，某团体“富有创新精神”，某企业“内聚力强”，等等，这些都是企业文化的表现。

（1）企业文化的缘起。企业文化是与企业相伴而生的客观现象。在企业这一经济组织形态诞生之时，就存在企业文化。但是，人们对这一文化现象的认识和研究，始于 20 世纪 80 年代初期。首先提出并倡导企业文化理论的是美国的管理学者。“企业文化”这一概念，是 20 世纪 80 年代由美国波士顿大学教授斯坦利・M・戴利首先提出来的。威廉・大内 1981 年写的《Z 理论——美国企业界怎样迎接日本的挑战》，1982 年托马斯・J・彼得斯和小罗伯特・H・沃特曼合写的《追求卓越》，泰伦斯・狄尔和爱伦・甘乃迪合著的《公司文化》，等等，均是论述企业文化的重要著作。

20 世纪 70 年代后，美国经济长期陷于停滞状态，而日本经济迅速发展，其产品大量冲击和占领美国曾居于优势的市场领域。这一严峻挑战引起美国各界的震惊和深刻反思。经过多方面的比较研究，美国学者发现成功的企业管理是日本经济发展的重要原因之一。而日本的企业管理方法中有不少是为美国企业所忽视的，其根本差异表现在，美国企业注重管理的硬件方面，强调理性的科学管理。日本企业则重视全体职工共有的价值观，注重强化职工对本企业的向心力，注重企业中的人际关系。比较的结果使美国学者认识到，文化是企业管理中不可忽视的重要因素，对于企业的成功与否具有深刻的影响作用。为此，他们提出要向日本学习，借鉴日本社会和企业中许多独特的文化因素，培育和发展美国的企业文化。与此同时，许多学者著书立说，探索企业文化的有关理论与模式。美国关于企业文化的研究引起美国企业界和理论界的强烈反响，并相继波及其他国家，由此兴起一股世界范围的企业文化热潮。

目前，企业文化在理论和实践方面均得到长足的发展，企业文化学作为一门新兴边缘学科，已成为现代管理科学的重要组成部分。

企业文化理论的形成标志着企业管理从物质的、制度的层面向精神文化层面发展的趋势。

企业文化建设的内容见表 10－1。

**表 10－1　企业文化建设的内容**

| 文化建设名称 | 目的 | 建设的内容 |
|---|---|---|
| 物质文化 | 树立良好的组织形象 | （1）产品文化价值的创造<br>（2）厂容厂貌的美化、优化<br>（3）企业物质技术基础的优化 |
| 制度文化 | 使物质文化更好地体现精神文化的要求 | （1）确立合理的领导体制<br>（2）建立和健全合理的组织结构<br>（3）建立和健全开展组织活动所必需的规章制度 |
| 精神文化 | 决定着组织物质文化和制度文化的建设 | （1）明确组织所奉行和追求的价值观念<br>（2）塑造组织精神<br>（3）促进组织道德的形成和优化 |

**【阅读资料】**

**长虹精神**

四川长虹电子集团公司是我国大型国资公司，始建于 1958 年，是我国“一五”期间的 156 项重点工程之一，也是我国重要的机载歼击火控雷达研制基地，长期承担着国家重大的军工研制和生产任务。总部位于中国西部新兴的科学电子城绵阳市。

长虹公司全体员工在激烈的市场竞争中，摸爬滚打，艰苦奋斗，逐渐形成一种群体意识。这就是“创新、求实、拼搏、奉献”的长虹精神。

长虹公司的最高价值观是：产业报国，以民族昌盛为己任，顾客是企业永远的衣食父母，质量是企业生命的永恒主题。

（2）企业文化的构成。在抽象意义上，企业文化中包含价值观和思维方式两个组成部分。具体表现形态方面则为行为规范。

1）价值观。价值观是人们关于好坏善恶的认识或看法。管理中价值观无处不在。价值观是企业及全体员工一致赞同的关于客观事物对于企业是否具有价值以及价值大小的共同认识或看法。它体现了一个企业的基本概念和信仰，反映了企业内部衡量事物重要程度及是非优劣的根本标准，因而是企业文化的核心和基石。价值观的确立对企业文化的其他要素具有决定作用，其他要素如制度规范、习俗仪式等，都是以一定的价值观为基础建立和形成的。价值观的实质在于客观事物能否满足企业及全体员工的共同需要。对于能满足其需要的客观事物的意义予以肯定，这是价值观形成的基础。价值观体现了企业的最高目标和宗旨。任何企业，总是把自认为对自己最有价值的对象作为本企业努力追求的最高目标、最高理想和最高宗旨。因此，企业最高目标、企业宗旨等是企业价值观的集中反映。对企业具有价值的客观对象往往不是一个，而是多个，如人才、顾客、利润、社会责任等。各种价值的重要程度也有所不同。将多种价值按照其重要程度加以排序组合，就构成企业价值观体系。具有稳定的、为全体员工共享的价值观体系是企业文化发育成熟的重要标志。IBM 的价值观曾经具体化为 IBM 的三原则，即为职工利益、为顾客利益、为鼓动利益，后来三原则又发展为以“尊重个人”“竭诚服务”“一流主义”为内容的价值观，成为 IBM 的核心和灵魂。

2）思维方式。共同的思维方式也表现为组织的模式化。组织中共有的思维方式通常难以察觉，组织成员自己也未必有明确的意识。但在相当程度上支配着组织成员的判断和行为。

当组织面临困境、面临非常时期的时候，模式化的思维方式容易表现出来。同样的注意焦点，同样的反应方式，反映出背后同样的思维方式。

共有的思维方式，主要包含：企业生存的环境、企业生存的世界是什么样的；企业在其中处于什么位置，承担何种职能，扮演什么角色；在企业当中工作的是些什么样的人；企业生存的基本前提是什么，即企业的世界观、环境观，对人的看法等。

价值观和思维方式，构成抽象意义上的企业文化。两者相互补充、相互强化，融为一体。

3）行为规范。价值观和思维方式，是抽象的东西。抽象的东西一大特点，是它的一般性、融通性、普遍适用性。不管碰到什么样的具体、个别的问题，不管行为发生何种变化，只要有共同的价值观和思维方式，基本的看待和处理问题的方式就不会变，就有解决问题的一般准则存在。组织当中日常行事时，在上司面前应当如何表现，碰到顾客起诉时应当如何处置，对待长辈、同事如何做事，在所有方面，都有明文规范未确定的，同时又有非明确规范起作用的规则约束。

知识链接

**21 世纪中国企业文化发展走势**

1. 企业文化对企业兴衰、企业发展所起的作用将越来越显著、越来越大。

2. 企业文化的发展同企业的经营活动和管理创新将更加紧密地结合起来。

3. 企业结盟取胜、实施双赢战略将必然要追求“文化沟通”和“双赢思维”的发展。

4. 企业精神的概括和提炼更加富有个性、特色并且具有独特的文化底蕴。

5. 在企业文化建设中，将要更加注重企业精神、企业价值观的人格化和“人企合一”的境界。

6. 作为“学习型组织”的企业文化将更加受到关注。未来最成功的企业将是一个“学习团体”，学习越来越成为企业生命的源泉。

7. 企业文化的独特性将越来越表现为企业差别化战略和企业的核心竞争力。企业文化作为企业的核心竞争力的组成部分具有不可模仿性。

8. 作为企业文化的第一设计者——企业家的素质、决策力将越来越重要。

9. 企业文化建设与企业形象设计将更好地结合在一起。

## 二、企业文化的性质

企业文化作为企业组织的特殊存在方式，具有如下基本性质：

（1）企业文化是一种客观存在的文化现象。作为人类文化系统的一个重要组成部分，企业文化如同其他文化现象一样，是与其载体共生的。即企业文化依赖于企业的存在，没有企业就没有企业文化，没有企业文化亦不可能有堪称企业的企业。这是由于文化归根结底是人的主观意识对客观存在的反映和制约。企业文化直接来源于企业的经营活动。尽管不同的企业由于规模结构、经营内容、组织形式、成员素质不同而具有不同特点的企业文化；尽管同一企业的不同发展阶段，其企业文化的鲜明、系统和成熟程度会存在明显差异，但是，企业文化必然与企业相伴而生，共其始终。充分认识企业文化的这一性质，是自觉推动企业文化建设的前提。

（2）企业文化是社会文化和民族文化的现实反映。社会文化是一定社会特有的文化，是该社会生产方式、社会制度、社会结构以及主要民族的历史传统的综合体现。企业作为社会的主体成员之一，同样存在于一定的社会文化环境中，其亚文化的形成要受到社会文化的熏陶、渗透和影响，从而带有浓重的社会文化的印迹。不仅如此，企业的生产经营活动与其他社会主体存在紧密的依存关系。企业亚文化也因此受到其他社会主体亚文化的影响和制约。其中尤以民族传统文化的影响最为深刻。

企业文化的社会性、民族性特征，决定了社会文化和民族文化对于企业的基础作用。只有深深根植于社会及本民族文化的土壤之中，才能培育出具有强大生命力和深厚底蕴的企业文化。

传统文化、管理传统在企业管理过程中，主要通过企业文化实现、巩固和强化自身，延续自身的生命。传统文化和传统管理方式在企业中实现自身的途径主要体现在个体、群体、管理三个层次。

1）个体层次。个体的价值观念、信仰和情感，是传统社会造就的。人们的现实生产生活实践经历和经验发生根本变化，个体的观念会发生改变。但这种改变不是断裂性的改变，而是传统观念调整自身、融合新内容、重新定义自身性质的改变，是在以传统观念来理解、解释变化基础上的改变，传统仍在其中。这是价值观念。信仰和情感则稳定性更强，更难以改变。从历史实证角度看，信仰适应现实世界变化，往往采取突出、强化、发扬传统信仰中某些方面的方式实现。情感与人们的现实生产生活经历相关性较强，但情感通常表现为一种不自觉、无意识的过程，改变也是比较缓慢的。没有社会历史对个人生产生活现实经验的根本性触动，是很难改变的。

2）群体层次。群体交往的影响因素可简单归结为两类：一类是岗位职业规范规定了的工作职能关系给人际关系的影响。典型的例证如传统手工业作坊中伴随工作关系的人身依附关系，和现代企业中明确的工作职能关系带来的精确、稳定、理性关系。另一类是社会以往传统的建立在身份、血缘、情感逻辑基础上的群体化纽带。由于传统的延续性，后者往往是群体交往、联结的基础性纽带，只有当现实的工作职能关系如技术革命、新生制度因素（如资本逻辑）改变了基本的利益格局和生产生活现实时，日常工作职能关系的变化才能转化为群体交往、联结纽带的更替，才能部分地改变人们的群体化过程和人际关系状态。

3）管理层次。管理层次上，传统主要通过以往的价值系统，通过思考问题的方式，通过以往人们认可、通行的权威服从关系体现自身。关于好坏、善恶、是非的价值系统以民族传统文化为基础，虽然会随着时代变化调整和改变，但依然是按照传统观念基础和思维方式去理解、解释的变化。

（3）企业文化的本质是企业的“人化”。人是一切文化的缔造者，人类在创造物质文明与精神文明的同时，不断发展和完善自身。同样，人是企业的物质、制度及精神文化的创造者。在构成企业文化的诸要素中，人始终居于主体地位。企业文化的主旨与核心就是以人为中心，关心人，重视人，尊重人，为人的全面发展和价值实现创造条件。这里的人不仅指本企业内部的管理者和全体职工，还包括为企业提供原材料和经销产品的其他企业的员工、购买和使用本企业产品的消费者、企业所在社区的全体居民，以及与本企业有直接或间接关系的一切人。

企业文化既注重人对于企业发展的价值，把人视为企业的成功之本，同时也注意到企业对人的发展的积极作用，力求使企业成为人的价值实现的舞台，因而强调把实现企业的价值与实现人的价值有机结合起来，使二者协调统一，互相促进，同时达到企业兴旺发达与个人全面发展的双重目标。

（4）企业文化具有明显的个性或独特性。作为一种企业文化或群体文化，企业文化的形成除受所属社会文化及民族文化的包容和熏陶，从而带有明显的本社会、本民族文化特性和烙印外，还受到本企业组织环境和群体特性的影响和制约。构成组织环境和群体特性的各种因素，如企业的规模与性质、行业及产品特点、组织结构、经营方式、人员构成与素质、管理水平、领导方式等，直接孕育和促成企业文化。而上述因素在不同企业中有着不同的存在形式和组合方式，在此基础上生成的企业文化也必然存在诸多差异。

一个企业区别于其他企业的文化差异即为该企业独有的文化特性。由于任何企业之间都不可能具有完全相同的组织环境和群体特性，因此，企业文化的个性或独特性也是普遍的、绝对的。企业文化的这一性质使每个企业形成仅为本企业认可和通行的价值观、思维方式和行为方式，同时使企业在与众多企业的市场竞争中显示出独特的形象和风格。

### 10.2.2　企业文化的培育

培育建设企业文化是管理理论与实践进入新的发展阶段的要求。根据本社会、本民族、本行业、本企业的特点培育独具特色而卓有成效的企业文化，是现代企业走向成功的必由之路。

一、形成共同价值观

组织价值观的背后是企业生存的社会文化环境。如果局限于组织特有的价值观考虑问题，共有价值观形成的基础有二：一是经营理念，二是组织过去的成功体验。

组织的成功体验，会使人意识到导致成功的思维方式、行事的方式是正确的。这种思维方式和行事方式会作为共有的价值观铭刻在人们心里。人往往相信自己亲身经历过的事或自己体验到的成功。成功的体验对人自身有非常大的说服力。这种成功的体验形成的观念或印象，作为共有价值观还不够，还必须通过某种语言表现出来，让其他人听明白、意识到。这种语言化、概念化的过程可以是自然发生的，或者在大家用相近的语言表达成功经验，逐步规范化的。“不入虎穴，焉得虎子”“学到用时方恨少”等就是如此。也可以由主要管理者把这种思维方式和行为方式背后的思想用适当的语言表达出来，得到大家的认可。

很多时候，都是管理者、创业者基于某种信念获得初步成功后，将这种信念抽象化而成为价值观，经由进一步的成功得到大家赞同，成为共有价值观。这种价值观距离成为企业文化，还有一段距离。仅仅是归纳、提炼还不够，必须经由渗透、传承的过程，才能成为企业文化的核心。渗透和传承的手段有四个。

1. 用易懂、能表述理想或追求的语言来表述

即点明文化的企业宗旨。要用简练的几句话概括表达出企业组织的追求来，要使人能够产生神圣感、追求感，而且要通俗易懂。如本田“企业发展的原动力是思想”。同时，企业宗旨不可太过现实。过分现实难以成为共有的、长久的东西。无论如何，企业宗旨必须有鼓舞人心的作用。

2. 体现到共同的、具体的行动当中去

仅有观念层次的东西，其作用有限，必须与个人的工作、生活体验结合起来。共同的行动或经历、经验，会使外在的信念变成个人的体验。两者结合起来，企业理念就会扎根于人心。

3. 强调共有的象征

这是凝聚人心的必要手段。但象征往往是空泛的，所以必须具象到某一对象物身上。对企业而言就是企业的“英雄人物”。“英雄人物”可以是一个人，也可以是若干人。英雄人物不在于地位高低，关键是其象征意义。英雄人物往往是企业的创业者，和企业的传奇故事联系在一起，很多时候，惊人的举动也有象征意义。中国历史上传奇小说中的英雄人物身上，往往可以看到类似特征。

4. 持续的教育和学习强化

在企业管理中，必须在形成良好企业文化之后，对员工进行持续的教育，强化员工在学习过程中对企业文化的认识，使之内化到员工的实践中。

二、形成共同的行为规范

管理制度和规范是企业文化的重要内容，也是企业文化得以维护和延续的基本保证。在企业文化建设中，应当以共有的价值观体系为宗旨，围绕实现企业目标建立健全各项规

章制度，形成严密的规范网络，使职工的各种行为活动、相互关系的确立和调整以及行为效果的评价等均有法可依，有章可循。

行为规范的共有和传承，主要依靠日常的相互作用。人具有模仿、从众倾向。个人通过观察身边其他人的行为，可以明白所在组织中什么是合理的，什么是应该做的、受赞扬的。由此决定自己的行为。在利用规章制度对职工行为进行强制性约束的同时，要注意发挥各种未经明文规定的非正式规范的软约束作用。通过倡导、示范、舆论、人际关系、群体归属等形式，使职工感受到无形规范的强大影响力量，并在积极遵从的基础上对自身行为进行自我约束。

加强礼仪建设，促进企业文化的习俗化。习俗礼仪是企业文化个性或独特性的具体反映，也是企业文化的主要表现形式。在构建企业文化时，要注重保留和维护能反映本企业优良传统和文化特点的风俗、习惯，同时根据企业发展需要创立各种礼仪形式。礼仪文化的建设应当以弘扬企业价值观、提高职工素养为宗旨，以是否符合上述宗旨作为评价和取舍各种礼仪形式的标准。为强化习俗礼仪在倡导企业精神、规范职工行为、增强凝聚力等方面的效果，应当尽量采用多样化、趣味化、娱乐化的表现形式，使之成为广大职工喜闻乐见、乐于参与的群体性活动。礼仪建设的实质是使企业的价值观、精神追求、道德准则和行为规范进一步习俗化，成为每个职工的自然要求和自觉行动。而在达到企业文化的这一最高境界，就要把礼仪建设贯穿和渗透于企业经营管理的全过程，在工作秩序、办事风格、会议形式、待人接客、信息沟通方式以及内部公文格式等各种活动中充分体现本企业特有的习俗礼仪。

## 10.3　企业规范化管理

企业规范化管理需要制度化，也需要标准化，但它的重点在于为企业构建一种自我免疫、自动修复的机能，也就是说使企业组织形成一种内在的自我免疫功能，能自动适应外部环境的变化，抵御外部力量的侵害，当企业组织在发展过程中遭遇外部创伤后，能自动地修复愈合，使企业实现持续稳定的发展。或者说，企业规范化管理是要赋予企业组织一种生命力量，让企业像一个生命有机体一样，无论内部原因还是外部原因致使企业组织发生创伤和病变后都具有自动愈合、自动产生抗体抵御病源、恢复健康的机能。

### 10.3.1　企业规范化管理的特征

一、企业规范化管理强调用一套系统的价值观念体系整合企业管理活动

企业是一个有机整体，对企业进行管理的行为方式、方法也就不能是支离破碎的。企业是由人构成的，企业发展的核心资源也是人，而主导人的意志行为的却是他的价值观念。所以企业规范化管理必须有一套企业内部一致认同的价值观念体系作为指导思想来协调企业组织运行和管理的行为，使企业方方面面的管理方法和技术融合为一个整体，并彼此协调照应。这是企业规范化管理的首要特征。一套系统的在企业内部广泛认同的价值观念体系是构成企业组织自我免疫、自动修复机能的基础。企业组织有了这样一套价值观念

体系作为其运行的指导思想，任何有违于企业发展正道的行为和做法都可以被及时纠正，从而避免给企业的发展带来灾难性后果。

二、企业规范化管理强调要协调企业发展的所有利益关联主体的关系，而不单是服务于投资人的赚钱盈利目的

当代企业不再仅仅是资本增值的机器，而是服务于企业发展的多种利益主体的一种公共组织。强调协调企业发展的所有利益关联主体的关系是必须和必要的。要实现企业的稳定发展，作为企业就必须赚钱，并且到任何时候都是赚钱盈利的工具。只不过所赚的钱不能为投资人所独占。如果企业投资人和经营人置企业其他利益关联主体的利益于不顾，甚至掠夺侵犯他们的利益，企业的发展就不免会成为无本之木，无源之水。其利益受到掠夺侵犯的人还会全力为企业的发展作贡献吗？显然是不可能的。

三、企业规范化管理强调必须完整地承认被管理者的主体地位，充分尊重人的价值、尊严、地位和个性

必须消除过去关于人的本质特性假定的片面性，整合经济人、动物人、社会人、自我实现人、文化人、复杂人等多种片面性假设，以主体人原理为理论基础，认定人的主体性。主体人原理就是管理学的第一原理——“人性定理”。这一定理可以简单地概括为：“一个健康的人的任何一个行为，都是服务于他自己的目的的。”人性定理强调：

（1）人是具有自我意识的存在物，明白自己是不同于他人、他物，并且独立于他人、他物之外存在；

（2）人的所有行为都是自我选择的结果，没有哪种由自己完成的行为是他人强加的；

（3）人的任何一个行为都谋求自我肯定，服务于他自己的目的；

（4）人在任何时候都只根据自己所寻求的目的和目标来关注世界、关注他人，而对与自己所寻求的目的、目标不相关的人和物视而不见；

（5）强调人不但寻求自我肉体保全的“有”的欲望的满足，而且重视自我价值实现的“能”的欲望和自我立法的“善”的欲望的满足，并且“能”和“善”两种欲望是无限的；

（6）人如果没有外在的约束，被表面利益和短期利益所迷惑而忽视和放弃根本利益和长远利益，走向自我异化是不可避免的。

### 10.3.2 企业规范化管理的基本方面

在管理现代化的同时，融合中华管理传统，建设成功、优秀的企业文化，包含若干基本的、共同的环节。

一、牢固树立制度规范的权威

牢固树立制度规范的权威，是现代管理的生命。毫无疑问，中国企业文化建设过程中要全面树立制度规范的权威。在大生产条件下，没有制度，即使人的价值取向和对组织的目标有高度的认同，也不可能达成行动的协调一致。但制度再严密也不可能凡事都规定到，在树立制度规范权威的同时，还要花大力气树立遵守制度规范、尊重制度规范的文化观念。特别是中国有深厚的“人治”传统，有“权变”的传统，有史以来没有树立起形式化、制度化理性的权威，制度和规则在现实中常常被“具体情况具体分析”，被变通，流

于形式和摆设。树立制度理性权威就显得尤其重要。

一般而言，当企业倡导的文化优秀且员工认同度较高时，企业制度成本比较低；当企业倡导的文化适应性差且员工认同度较低时，企业要花费较高的制度成本。制度是外在约束手段，在制度文化未形成、未树立起来的阶段，没有监督就可能出现“越轨”行为，制度规范就会被“突破”或“破坏”。制度文化形成和树立起来后，人们自觉遵守制度规范要求，管理成本大为降低，尤其当超越制度的文化形成，管理成本会更低。

要把技术理性、制度理性新文化观念渗透到管理过程中，变成人们的自觉意识和行动，制度是最好的载体之一。人们认同一种新观念、新文化可能需要经过较长时间，而把企业极力推行的观念和文化“装进”制度，借助制度的反复强化作用影响观念，可以加速这种认同过程。当制度内涵被员工心理接受、并自觉遵守时，制度就变成了一种文化。

一种制度要求，当人们普遍认识到其重要性，并且大多数人树立起维护制度规范的信念的时候，制度规范的权威就可以树立起来，相应的制度文化就可以发挥作用。改革以来，获得成功的企业几乎无一例外都是严格推行制度规范，牢固树立起制度规范权威的。

二、管理者个人身体力行

管理者个人的身体力行，是企业文化建设的另一重要因素。这是因为，主要管理者是企业文化的创造者、倡导者、推行者、主要影响者。主要管理者自己对自己推行的企业文化是否坚信不疑是至关重要的。很难想象自己不相信的东西能够建设为成功的企业文化。有了坚定不移的信念，身体力行是自然而然的事。很多企业管理者只是在口头上讲一套自己都未必清楚、未必相信的文化，其结果可想而知。

企业文化形成中，管理者个人在其中具有明显的导向、制约、影响作用。很多企业组织中管理者个人的观念、思维习惯和是非偏好直接制约和影响着组织中通行的惯例、思维方式和风气。特别是经由个人创业而发展起来的企业，由杰出企业家和管理者支配和控制的企业，这一特点尤其明显。

中国传统文化中，强调言行一致，强调“做事先做人”，由于传统的道德化、情感化管理，以人的权威为中心的管理，形成群体行为中看重领导人的“言行一致”的观念，它强调“修己安人”，要求领导人成为榜样和表率，发挥“身教和言传，身教重于言传”的影响作用。在管理融合初期，这一点表现得尤为突出。

管理者身体力行有其自然基础，因为真正意义上的企业文化都来自管理者创业过程中的经历、经验和教训，是经过了亲身体验并反复印证的信念和看法，管理者要在日常的工作中倡导和推行这些观念有其必然性。

管理者的身体力行同时又是贯彻、推行企业文化过程中“化”的重要手段。企业文化的价值观念和思维方式，除了作为企业宗旨、理念，追求的目标，办事的依据和准则采取一系列手段去强化、贯彻执行外，其中共同的经历和体验具有重要意义。因为外在的规范、要求，倡导、宣传、灌输，只有和个人的现实经验联系起来，才能转化为个人真正的观念和行为。没有来自生产生活现实的经验验证，其他手段的效果有限。管理者率领员工身历亲为的说服力和感化作用是显而易见的。

从企业文化的形成，从管理者个人风格的制约和影响，从企业文化的“化”的过程，从传统的观念基础等几个侧面分析，管理者的身体力行都是企业文化建设的重要环节。

三、有效运用情感融通

如何使亲和力、亲情网、情感纽带在现代企业管理中发挥作用，纳入文化建设的框架中，在追求效率、效用的过程中发挥作用，提高管理效率，为个人的感情依托和情感寄托提供精神家园，是企业管理中非常值得重视的问题。

亲和力与亲情网、情理交融造成的“亲缘”关系、思维方式和管理传统，至今还影响着中国人的日常行为，同时在管理中起着不可低估的作用。华人企业重人情，已为很多海外华人企业和改革以来许多家族企业的实践所证实。“晓之以理，动之以情”是我们管理中常用的手段；人际关系中同事、同乡、同学、老战友、老部下起着重要作用也是不争的事实；这是一种客观的存在，我们只能正视它，设法改造和转换它而无法完全抛弃。这种“情理交融”的思维方式和管理传统若不加以控制，不加以节制，也有危害。亲缘关系、情感逻辑往往忽视制度和规则的制约，出现行为上的随意性和涣散性，以“情”代“理”，以“情”代“法”，破坏制度理性权威。

中国的“情理交融”有深厚的日常生活基础，关系到信仰和感情寄托，不可能因管理方式改变而彻底改变。尊老爱幼、赡养父母，重人情面子，为子女的付出，仍然是中国人行为的重要特征。

如何既能避免传统的弊端，又能充分利用这一份历史遗产，充分发挥“情理交融”在现代的凝聚和激励作用。显然，首要的仍然是严格管理制度规范。因为没有严格的管理制度规范就会重蹈传统管理和家族企业管理的覆辙，传统就谈不上新生和转化。基本的途径，是使亲和力、亲情网、情理交融传统与科学管理相结合，让亲和力、亲情网、情理交融建立在现代科学管理基础上，在严格管理的规范和制度框架中发挥融通、软化、弥补作用，增进组织成员彼此间的了解、信任，促进共识，提高凝聚力和忠诚度。

21 世纪，人类社会步入新的发展阶段，管理科学的发展与社会发展相适应，呈现一种未来的发展趋势。我们生长在一个变化的时代，必然有变化中的管理，没有变化的管理就不会有生命力，而管理的变革将是深刻而复杂的。

## 10.4 管理变革与管理创新

管理变革的根本目的就是为了提高管理效能和组织的效能，特别是在动荡不定的环境条件下，要想使组织顺利地成长和发展，就必须自觉地研究管理变革的内容、阻力及其一般规律，适应内外条件的变化，研究有效管理变革的具体措施和方法。

随着社会的发展，管理实践也在发展创新中。如果一个领导者理解阻碍变革的原因、变革过程中伴随的现象以及不同的变革战略，就可能成功地在一个组织中执行变革。

### 10.4.1 未来管理的发展趋势

管理是组织实现目标的关键因素，是社会进步的重要力量，随着时间的推移和社会的发展进步，其本身也在不断地变化和发展，其趋势体现在以下几方面。

一、战略化趋势

随着社会化大生产的发展，社会生产日趋复杂，社会环境变幻莫测，组织与环境联系日益紧密，管理所涉及的因素日益增多、日趋复杂，组织（尤其是企业）间竞争的日趋激烈，组织能否制定和实现正确的战略构想，关系到组织的兴亡。

就企业而言，过去企业家往往追求企业战略的稳定性、长期性，期望对企业的发展施以长远的影响。但事实证明，多变的技术革新浪潮，意想不到的环境变化，往往使追求"稳定性"的企业措手不及。企业要适应全球市场的激烈竞争，必须对自己的发展有一个战略规划，要在彻底了解和准确把握企业内部条件和外部环境变化的同时，结合本企业的特点，制定出最佳的企业战略。企业如果没有科学的战略目标、长远打算，只顾眼前和一时的成就，便不可能持续发展，更不可能在竞争中取胜，企业唯有运筹帷幄，深谋远虑，才能战略制胜，才能不断壮大发展。

二、信息化趋势

随着以微型电脑、激光技术、新型材料、生物工程和新能源开发为中心的新科技革命的兴起与发展，生产技术、社会需求以及市场竞争等日新月异、瞬息万变，在这种情况下，信息进入重要资源的行列。丰富而准确的信息，是正确而迅速决策的前提，一个企业能否在激烈的竞争中得以生存和发展，它的产品和服务能否跟上时代的要求，首先在于该企业能否及时掌握必要和准确的信息，能否正确地加工和处理信息，能否迅速地在员工之间传递和分享信息，特别是能否把信息融合到产品和生产服务过程之中，融合到企业的整个经营与管理工作之中。各级管理者在这个瞬息万变的时代，都越来越重视信息的作用，把如何获取有效的信息作为自己的首要任务。企业管理者发挥各种职能作用，都要以掌握大量真实、准确、及时的信息为前提。在这种情况下，传统的企业管理已经不能适应现代的信息处理要求，企业管理面临着信息化的挑战，信息管理成为企业竞争制胜的重要法宝。

三、人性化趋势

随着信息时代的到来，组织中最缺乏的不是资金和机器，而是高素质的人才。这就促使管理部门日益重视人的因素，管理工作的中心也从物转向人。

为此，管理活动要以人为中心，把提高人的素质、处理人际关系、满足人的需求、调动人的主动性、积极性和创造性的工作放在首位。在管理方式上，现代管理更强调用柔性的方法，尊重个人的价值和能力，通过激励、鼓励人，以感情调动职工积极性、主动性和创造性，最充分地调动所有员工的工作积极性，以实现人力资源的优化及合理配置。

四、弹性化趋势

随着社会的发展，管理从固定的组织系统向富有弹性的组织系统发展。这是社会管理发展又一个重要趋势。

过去在组织管理中，建立起一套完整的组织系统，长期固定不变，显得僵硬。但现在，由于社会环境的不断变化，要求组织机构应该趋于灵活而富有弹性，以求信息畅通并行动敏捷，能够具有很强的对环境的适应能力。为了简化发号施令和相互沟通的渠道，组织管理者将缩小机构，减少层次。在企业各下属机构变小的同时，将赋予它们更大的自主权，实行经营权和管理权下放。这既有利于发挥下属人员的专长和创造精神，又有利于使企业领导把主要精力集中在高层战略决策问题上。

### 10.4.2 管理变革的阻碍

阻碍管理变革对个人和组织是一个常有的现象。阻碍管理变革不仅仅是忽视或僵化的结果，它也是那些保护他们自己利益的自然反应。与其将阻碍看成一种障碍，更现实和有帮助的是将它视为改进变革的协调力量。人们阻碍组织的变革有许多不同的原因。

一、缺乏信任

阻碍变革的一个基本原因是对变革的人的不信任。不信任可能放大其他阻碍来源的效果。甚至在没有明显的威胁时，如果人们想象存在隐藏的有害的后果在随后的时间里会出现，变革也可能受到阻碍。相互不信任可能促使领导者对变革的原因保密，这进一步增加了怀疑和阻碍。

二、认为变革不会成功

如果现行的做事方式在过去是成功的，而且没有存在严重问题的明显证据，这时变革将受阻。一个问题的发展信号在初始阶段通常是模糊的，而容易为人们所忽视或轻视。如果领导夸大组织运行良好状况，这就更难以使人们相信需要变革。即使人们最终认识到问题所在，他们通常的反应是在现存的战略上逐渐调整，即去做更多同样的事情，而不是做一些不同的事情。

三、经济威胁

不论变革将如何对组织有益，它都可能受到那些在个人收入、利益或工作保障上遭受损失的人们的阻碍。当变革涉及用技术取代人或者改进工艺使它们更有效时，人们对工作保障就会特别关切。无论是否存在真正的威胁，以前的裁员和下岗都会引起对新建议的焦虑并增加阻碍。

四、相当高的成本

即使变革有明显的效益，它总是有一些成本。必须改变熟悉的工作方式，这将引起不便和需要更多的努力。需要资源去执行新的变革，现有的已投入传统做事方式的资源将受到损失。在转变期间，由于新的方式需要学习和新的程序需要演练，单位的绩效也不可避免地遭受损失。相对于收益来说，对成本的关心将更难处置，因为不可能对它们进行精确的估计。

五、害怕失败

变革使一些专长过时，需要学习新的工作方式。缺乏自信的人们，将不愿意改变他们所掌握的程序而换成可能更难以掌握的新程序。一个变革，如果它以渐进的方式帮助人们学习做事的新方式，可能更容易被接受。

六、地位和权力的失去

组织的主要变革不可避免地导致一些个人和下属单位的权力和地位的相对转移。新的战略通常需要专长，而一些处在高位的解决问题的专门人士并不掌握这些专长。他们将失去地位和权力，使他们更可能反对变革。

七、对价值和理想的威胁

如果变革与现在的价值和理想明显不一致，就将受到阻碍。对一个人价值的威胁将引发强烈的情绪而阻碍变革。如果这个价值包含在一个强劲的组织文化中，这种阻碍将是广泛而不是孤立的。

### 10.4.3 做好管理变革的铺垫工作

改进管理变革过程的一个重要部分涉及鼓动、支持和指导人们。当变革出现不可避免的困难和反复时，甚至那些最初同意变革的人们，也需要支持和协助以维持他们的热情和乐观。对人们来说，变革总是紧张和伤痛的，尤其是存在相当长的调整、分裂和不安的转变期时更是这样。以下指南基于理论、研究和实践者的见解。

一、制造需要变革的紧急意识

当环境变化是平和的和不存在明显危机时，许多人不能认识到刚刚出现的威胁（或机会）。领导者的一个重要角色就是劝导其他组织中的关键人员相信需要进行重要的变革，而不是逐渐的调整。为鼓动支持变革，必须解释为什么它们是必要的，并创造一个有关它们的紧急意识。解释如果不作出变革就将最终付出比现在作出变革更大的代价。如果人们还未意识到问题，领导者主要是提供相关的信息和帮助人们理解其意义。

二、使人们准备适应变革

即使变革是必要的和有益的，它也需要那些最受影响的人们作出困难的调整。如果人们不能应付紧张和痛苦的变革，他们将变得沮丧或反抗。甚至热衷变革的人们也难以接受克服长期变革努力中困难的经历。成功和失败的反复交替可能让变革的人们感到，他们仿佛坐在起伏不定的滑车道上。进步的不明显和新的障碍的发现都会增加疲劳和挫败感。如果人们预料到它们和知道怎样应付它们，这些变革的负面影响就容易去应对。与其认为变革是一个没有任何代价或问题的万灵药，不如帮助人们理解那些改变将是必要的。一个方法是给人们一个现实的提醒：可能遇到的一些典型的问题和困难。

三、让人们知道变革的进展

如同任何其他危机一样，重大变革也给受它影响的人们带来焦虑和紧张。当一个新战略在早期执行阶段没有取得很多可见的变化时，人们开始怀疑效果是否消失，是否又回到以前的方式。如果他们知道变革的项目正在取得成功，人们更为热情和乐观。

传递变革进展意识的一种方式是：沟通达到了什么阶段，什么变革已经完成，以及在绩效指标上已经出现什么改进。举行仪式告知重要变革的施行和庆祝有意义的进步或成功，使人们认识到他们的贡献和成就。这些庆祝提供机会、增加乐观主义、建立支持和强化对组织单位的认同。认可个人的贡献和成就使每个人在集体努力中的个人角色更为明显。当遇到障碍时，要解释它们是什么以及将如何应付它们。如果执行计划必须修正，要解释必要的原因。另外，应当向人们阐明计划或安排中的任何修正以赢得支持。

四、表明对变革的持续支持

指导变革各个不同方面的责任可以委托给其他变革的人员，但领导者作为变革的主要推动者和发起者，必须持续地提供从头到尾的注意和支持。当遇到问题、出现反复以及人们知道必要的代价和牺牲时，对重要变革的初始热情和支持可能下降。人们期望得到领导者持续支持变革目标和愿景的信号。关于变革不再是重要的或可行的任何信号都具有破坏变革努力的冲击性效果。这将失去支持者，而反对者则受到鼓励、增加阻碍。持续的关注和支持能发出这样的信号，即领导支持变革计划，变革取得了一个成功的结果。领导者应当持续地推动愿景、指导变革过程，并展示出克服困难的乐观主义。当这些解决方案与正在进行的变革努力的目标不一致时，领导者必须抛弃解决即时问题的容易方案。领导表示支持不仅要谈到变革的重要性，还必须投入时间、努力和资源以解决问题和克服困难。在合适的时候，领导者应当参与涉及变革的活动。例如，参加涉及变革努力的一个特别会议或仪式，就会对组织中的其他人清楚地表示：变革是必需的和重要的。

五、授权人们执行变革

如果领导试图详细地指示组织中的每个部分如何去执行，这个变革的计划不可能成功。应当授权关键职位的支持者以他们自己的方式执行。作出决策和处理问题的权威应当委托给负责执行变革的个人或团队。在执行过程完成之后，主要领导角色给这些变革的个人提供鼓励、支持和必要的资源，通过不同部属单位提供对变革的指导和协调。

**【案例】**

**杰出的管理者**

要成功地精简一个公司行政机构的层次，其难度常被比喻为教会一只大象跳舞。但是，惠普公司首席执行官约翰·A·杨，却赢得了妙计制胜的声誉。

在1990年年初，杨开始认识到公司的行政机构是如何拖延决策的过程。他听说，公司在开发一组高速计算机工作站时，因为在技术决策问题上无休止地开会，结果使开发进程延期了1年多。惠普公司原先为促进各工作小组之间的沟通和更好地评估各项决策而设立的38个内部委员会，不仅增加了成本，还限制了创新和延缓了决策。比如，仅仅为给公司开发出的第一代计算机软件取个名字，竟用了9个委员会，近100个人讨论了7个月。

杨立即着手改革公司结构，以解决这一问题。他取消了公司的委员会机构设置，并采取措施实现组织扁平化。他将计算机业务划分为自治的两个集团：一个集团经营通过代理商销售的个人微机、打印机和其他产品业务；另一集团负责向大客户推销计算机工作站和小型机。他还将公司集中的销售力量一分为二，使每个计算机集团拥有自己的销售和营销队伍。

结果是令人鼓舞的。一位现在只要与3个委员会而不是38个委员会打交道的总经理这样评论说："我们正在做更多的生意，正在以更少的人将产品更快地送出去。"数据也证实了杨重组机构的成功：在1991年和1992年间，惠普公司的季度利润增加了49%。

**讨论：**

惠普公司的组织变革对我们有什么启发？

### 10.4.4 执行管理变革

组织的变革过程不总是由领导发起，而更多的是直到这个过程很好地执行时他们才会涉入。领导的基本角色是构造一个整合的愿景和一般的战略，建立战略相关的支持者联盟，然后指导和协调战略执行的过程。领导应当提供鼓励、支持和必要的资源去促进变革，但不应当试图决定如何去做。

一、建立支持变革的广泛联盟

劝导人们支持主要变革的任务是不容易的。对单个领导者来说，这是个过大的任务。一个组织的成功变革需要有权力影响或支持变革的人们的共同努力。必须在组织内部和外部建立支持者的联盟。开始时，执行官团体必须准备承担在组织中执行重要变革的困难任务。不仅需要在执行官团体中，也要在中低级管理者中具有支持者。联盟的外部成员可以是咨询员、工会领导者、重要的客户、金融机构的执行官或政府机构的官员。

二、让有能力变革的人出任关键的岗位

特别重要的是让持支持态度的人直接负责关键的变革，这些人要放到使变革发生的关键岗位上。这些"变革人员"必须以他们的行动和语言支持变革。他们应当是支持愿景和能够清楚表达它的人。在可能的时候，应当撤换那些不能支持新的愿景和战略的人。如果反对者留在位置上，他们可能超出消极阻碍的范围而使用政治策略竭力妨碍新的变革。阻碍的力量可能得以增强以致足够阻碍新战略的成功执行。快速采取行动将那些象征旧秩序的反对者挪开，不仅移去了阻碍变革的人，它也发出一个信号，即你必须严肃对待变革。

三、运用任务小组指导执行

临时的任务小组通常对指导执行组织中的重要变革是有用的，尤其是在修正正式的结构和部属单位之间的关系时更有用。一个任务小组的典型责任包括：探索愿景中的关键价值如何充分地得到表达；发展执行跨越部属单位新战略的行动计划；设计执行新型活动的程序；研究表扬和奖励结构如何修正以使之与新的愿景和战略一致。每个任务小组的构成应当与它的责任相匹配。例如，一个改进消费者服务的任务小组，应当有一些人来自那些影响该服务质量的部门，这个任务小组应当真正地会见一些重要的消费者。每个任务小组的领导应当是这样的人，他理解和支持新愿景、有技巧和能力召开会议、管理冲突以及与能建设性解决问题的人接触。

四、作出象征性的变革以影响工作

象征性的变革强调领导者对新愿景的忠诚，特别是当变革会影响组织成员的日常生活时。一个类型的象征性变革涉及工作如何去做和各个部门在工作上的权威。例如，在一个采取全面质量管理新战略的制造公司中，质量监理位置将被撤销，生产雇员被赋予检查质量和改进质量问题的责任。建立质量小组以确认改进质量的方式，授权雇员停止生产以改进质量问题。另一个类型的象征性变革涉及在哪儿工作。例如，在一个大的保险公司，它的组织有专门职能的等级和 14 个小的半独立的分部，首席执行官销售高风险的旧办公楼，他指派给每个分部的是各自低风险的设施。这对雇员强调了一个新的授权战略，即每个分部运用自己的方式去改进消费者服务。

五、如果必要，从小范围开始

为了使变革的效果相互支持、系统的力量不会抵消变革的效果，一个系统内相互依赖的部分在可能时应当同时变革。然而，在一个大的有很多部属单位（如独立的生产部门）的组织中，在所有单位同时执行变革并不容易。如果必要的话，由松散部属单位结合成组织，它的主要变革应当以小单位为基础进行。显示新战略成功的一个方式是在一个部属单位的小范围内执行或在经验的基础上实施。一部分组织实现成功的变革能够帮助刺激整个组织的相同变革。然而，假定相同的变革适合于所有的部属单位是不明智的，尤其是这些单位的情况非常不同时。如果允许中层管理者在决定如何执行自己单位的战略上有主要的发言权，这个类型的错误更可能得到避免。

六、改变组织结构的相关方面

成功地执行一个主要的新战略需要改变组织结构，使之与战略相一致。这个变革可能涉及：部属单位活动组织的方式，权威和报告的关系，工作流，沟通网络，奖励系统，正式的绩效标准，以及诸如选择和提升这样的人事决定标准。在结构变革可能受阻时，更容易创造一个非正式结构去支持新战略和推迟改变正式结构直到人们认识到变革的必要性。可以建立非正式团队推动转变，不要期望这些临时结构变成永久的结构。例如，一个公司运用特别的“突击队”奔赴不同的地方，那里需要特别的专长解决执行新战略的问题。

七、监督变革的过程

创新变革如同对没有标明的河流的自然探险，不可能预见将要遇到的所有障碍和困难。许多事情必须在做中学，必须监督这个学习过程。应当收集和分析变革效果的反馈以评价过程和提炼精神模式，这涉及影响组织绩效的主要变量之间的关系。有时，监督对协调变革的不同方面也是重要的。需要得到有关人员、过程和绩效的准确及时的信息。这些信息可以通过不同的方式收集，其中之一就是会见处于关键位置上的人们和进行经常的正面评价。

知识链接

**突破变革的阻力**

美国管理学家朱兰在《管理突破》一书中，提出了组织变革遇到阻力时应采取的对策：

（1）使受到变革影响的人们参与变革的计划与实施。这是引入变革的最重要的规则。缺乏参与会导致怨恨，进而成为变革的强劲阻力。

（2）为人们接受变革提供足够的时间。人们需要足够的时间来评估变革的影响，即使变革看上去有利，人们也需要了解在文化价值方面他们必须付出什么代价。

（3）从小规模开始。在全面推开之前首先进行小规模的试点和试行，这对于变革的提倡者和文化的成员双方都可以减小风险。

（4）避免突然。文化模式的一个主要益处便是可预见性，突然性对这种预见性是一个冲击，打破了平静。

（5）选择适当的时机。安排变革的时间上有好坏年份，甚至好坏季节之分。

（6）变革方案应当避免超负荷。应避免在提案中塞入过多的与结果无关的东西，否则会偏离主题。

(7) 做好文化领导者的工作。文化最能被其成员理解，他们有自己的正式或非正式的领导者。说服其领导者是使人们接受变革的重大步骤。

(8) 尊重人们的尊严。人们只有得到应有的尊重，才有可能响应组织的变革。

(9) 试图站在对方的位置考虑问题。自忖“作为该文化中的成员，我会持有何种立场”。用角色扮演的方式来理解他人的立场。

(10) 直接与阻力打交道。这方面有许多做法：采用劝说的方式；提供某种补偿以换取支持；修改方案以满足特定的要求；改变社会氛围使人们更容易接受变革；有些情况下只能选择放弃，人不可能永远成功。

### 10.4.5　管理创新

管理创新是指企业在现有的资源的基础上，发挥人的积极性和创造性，通过一种新的或更经济的方式来整合企业的资源，并能有效地加以实施，以达到管理效益最大化的动态过程。

管理创新（Management Innovation）。经济学家约瑟夫·熊彼特于 1912 年首次提出了“创新”的概念。管理创新则是指组织形成一创造性思想并将其转换为有用的产品、服务或作业方法的过程。也即，富有创造力的组织能够不断地将创造性思想转变为某种有用的结果。当管理者说到要将组织变革得更富有创造性的时候，他们通常指的就是要激发创新。

管理创新是指在特定的时空条件下，通过计划、组织、指挥、协调、控制、反馈等手段，对系统所拥有的生物、非生物、资本、信息、能量等资源要素进行再优化配置，并实现人们新诉求的生物流、非生物流、资本流、信息流、能量流目标的活动。

企业管理创新，最重要的是在组织高管层面有完善的计划与实施步骤以及对可能出现的障碍与阻力有清醒认识。帮助企业主及 CEO 塑造这一方面的领导能力，使创新与变革成为可能。

走进管理

**【案例】**

**苹果公司——创新之路**

苹果公司为什么会成功？主要原因有以下三个方面：

一、独特的企业理念

1. 追求实用。自从苹果公司成立之日起，有关苹果思想封闭的批评就不绝于耳，但苹果对这些批评毫不在意，它重视的只有两个——推出好的产品和带来更好的用户体验。苹果就像是一家注重结果的企业，而非教条主义的大学哲学教授。苹果提供了一种简便且充满乐趣的方式，让用户可以找到更可靠、更有用、质量更高的内容充实手机和电脑，这才是实实在在的吸引力，也是苹果唯一看重的哲学。

2. 追求简约。苹果公司有很多的设计都很漂亮，有的也很实用，但都有一个致命的缺点，即产品拥有过多的功能，这显然不是苹果的设计风格，因为苹果追求的从来都是简约。在苹果，乔布斯一项主要的工作就是驳回一切复杂的设计。“他就像个过滤器。”前 Mac 工程师赫兹菲尔德说。每天，会有大量的新产品点子以及已有产品的革新理念呈现在乔布斯面前，而他的回答基本上都是“不”。乔布斯之所以说“不”，并不仅仅是因为他厌恶复杂的事物。苹果产品的利润率一直很高，对新产品、新功能说“不”，可以维持较低的生产成本，去掉某些功能也有利于为产品的下一代造势。“省略某些功能的最大好处是，消费者会对它们变得更加渴望，当你在新版本中满足了某些要求，甚至能让他们更快乐。”前苹果工程师里德说。

3. 绝对领导核心。现在，科技界奉行的是全面的、自下而上的革新。参与改革的人越多，成果也就越显著，苹果却完全不同，在这里，百分之百的产品设想都来源于少数的高层，有些甚至完全就是乔布斯的个人理念。事实上，乔布斯可以算作苹果每项重要产品的实际策划人和执行者。他每周都要会见一次下面的开发人员，推动他们将自己的创意发挥到极致。但也正是这种做法让乔布斯和他的团队知道自己究竟想要什么。像谷歌这种分散化企业，每年可以推出数十款新品，但成功的概率却很小。相反，像苹果公司拥有这样强大的领导团队，就可以保证明确的开发方向。

二、坚定走自己的路

尽管对手林立，苹果一直都在按照自己的节奏发展，产品发布计划也完全围绕着自己的战略和目标稳步推进。苹果之所以能够做到这一点，部分原因在于乔布斯的显赫地位。美国 CEO 的平均任期不到 6 年，现在还在往下滑，许多 CEO 甚至只干了几个月就被解雇。只有乔布斯永远不会被解雇，所以他才会无拘无束地制订长期发展计划，以实现苹果的高标准，并获取丰厚的利润。苹果专注长远目标的能力和决心是其最大优点。该公司有自己的计划，目前正朝着正确的方向前进，这将进一步激发苹果的信心和抱负。

三、成功的商业模式

1. 在准确把握消费趋势的前提下，站在市场前面引导市场，通过持续的技术创新使自己始终处于行业领先地位。

2. 不循规蹈矩，敢于挑战传统习惯思维。

3. “苹果”的聪明和可怕，不仅在于它超前的技术设计理念，而且在于它对全球范围内产业链的充分利用和有效整合。

苹果的成功告诉我们，面对技术进步和需求复杂化带来的产品和产业的融合，需要创新与突破，不断培育自身的核心竞争力，才是企业在激烈竞争中能够脱颖而出的不二法门。不断的技术创新、管理创新和充分利用产业链是企业的王者之道。

管理创新是指企业把新的管理要素（如新的管理方法、新的管理手段、新的管理模式等）或要素组合引入企业管理系统以更有效地实现组织目标的活动。有三类因素将有利于组织的管理创新，它们是组织的结构、文化和人力资源实践。

（1）从组织结构因素看，有机式结构对创新有正面影响；拥有富足的资源能为创新提供重要保证；单位间密切的沟通有利于克服创新的潜在障碍。

（2）从文化因素看，充满创新精神的组织文化通常有如下特征：接受模棱两可，容忍不切实际，外部控制少，接受风险，容忍冲突，注重结果甚于手段，强调开放系统。

（3）在人力资源这一类因素中，有创造力的组织积极地对其员工开展培训，以使其保持知识的更新；同时，它们还给员工提供高工作保障，以减少他们担心因犯错误而遭解雇的顾虑；组织也鼓励员工成为革新能手；一旦产生新思想，革新能手们会主动而热情地将思想予以深化、提供支持并克服阻力。

理论依据：要有效地进行管理创新，必须依照企业创新的特点和基本规律，因此，管理创新要依据以下基本的理论。

1. 企业本性论

追求利润最大化——企业是现代社会的经济主体，是社会政治、经济和文化生活的基本单元。现代社会是以企业为主宰的团体社会。企业没有利润，怎样体现自己的生命意义，又怎样追求自己的价值。追求利润最大化是企业进行管理创新首要的和基本的理论依据。

2. 管理本性论

“企业本性论”指明了企业生存的目标。怎样实现这一目标必须靠科学的管理。通过加强基础管理和专业管理，保证产品质量的提高、产量的增加、成本的下降和利润的增长。这是企业管理创新的又一依据。

3. 员工本性论

“员工本性论”明确创造利润这一企业本性，认识到实现企业本性要靠科学的管理，根据市场和社会变化，有效地整合企业内部资源，创造更高的生产率，不断满足市场需求，是管理创新的常新内容。但这还不够，还必须明确管理的主体。在构成企业的诸多要素中，人是最积极、最活跃的主体性要素，企业的一切运营活动必须靠人来实现。人是生产力的基本要素，又是管理的主体。这是企业活力的源泉所在，也是管理能否成功的关键。

4. 国企特性论

国有企业是国有资产的运营载体，在国民经济中占有主导地位。政府要依靠和发挥国有经济的作用，通过国有企业实现宏观调控，与外资企业抗衡，稳定市场秩序，维护公开、公平的市场竞争，保证经济社会发展目标的实现。改革只会改变国企承担社会目标的形式和某些内容，但决不会改变其承担社会目标的职能，也不会改变经营者所面对的较之私人企业更多的管理难题。

主要内容：管理创新包括管理思想、管理理论、管理知识、管理方法、管理工具等的创新。何道谊按功能将管理创新分解为目标、计划、实行、检馈、控制、调整、领导、组织、人力九项管理职能的创新。按业务组织的系统，将创新分为战略创新、模式创新、流程创新、标准创新、观念创新、风气创新、结构创新、制度创新。以企业职能部门的管理而言，企业管理创新包括研发管理创新、生产管理创新、市场营销和销售管理创新、采购和供应链管理创新、人力资源管理创新、财务管理创新、信息管理创新等类创新。管理创新的内容也可以分为三个方面：

（1）管理思想理论上的创新；

（2）管理制度上的创新；

（3）管理具体技术方法上的创新。

三者从低到高，相互联系、相互作用。

一般来说，管理创新过程包含四个阶段。

第一阶段：对现状的不满

在几乎所有的案例中，管理创新的动机都源于对公司现状的不满：或是公司遇到危机，或是商业环境变化以及新竞争者出现而形成战略型威胁，或是某些人对操作性问题产生抱怨。

例如，Litton 互联网产品公司是一家为计算机组装主板系统的工厂，位于苏格兰的格兰路思（Glenrothes）。1991 年，乔治·布莱克（George Black）受命负责这家工厂的战略转型。他说："我们曾是一家前途黯淡的公司，与竞争对手相比，我们的组装工作毫无特色。唯一的解决办法就是采取新的工作方式，为客户提供新的服务。这是一种刻意的颠覆，也许有些冒险，但我们别无选择。"

很快，布莱克推行了新的业务单元架构方案。每个业务单元中的员工都致力于满足某一个客户的所有需要。他们学习制造、销售、服务等一系列技能。这次创新使得客户反响获得极大改善，员工流动率也大大降低。

当然，不论出于哪一种原因，管理创新都在挑战组织的某种形式，它更容易产生于紧要关头。

第二阶段：从其他来源寻找灵感

管理创新者的灵感可能来自其他社会体系的成功经验，也可能来自那些未经证实却非常有吸引力的新观念。

有些灵感源自管理思想家和管理宗师。1987 年，默里·华莱士（Murray Wallace）出任了惠灵顿保险公司的 CEO。在惠灵顿危机四伏的关键时候，华莱士读到了汤姆·彼得斯的新作《混沌中的繁荣》（Thriving on Chaos）。他将书中的高度分权原则转化为一个可操作的模式，这就是人们熟知的"惠灵顿革命"。华莱士的新模式令公司的利润率大幅增长。

还有些灵感来自无关的组织和社会体系。20 世纪 90 年代初，总部位于丹麦哥本哈根的助听器公司奥迪康推行了一种激进的组织模型：没有正式的层级和汇报关系；资源分配是围绕项目小组展开的；组织是完全开放的。几年后，奥迪康取得了巨大的利润增长。而这个灵感却来源于公司 CEO——拉尔斯·孔林德（Lars Kolind）曾经参与过的美国童子军运动。孔林德说："童子军有一种很强的志愿性。当他们集合起来，就能有效合作而不存在任何等级关系。这里也没有钩心斗角、尔虞我诈，大家目标一致。这段经历让我重视为员工设定一个明确的'意义'，这种意义远远超越了养家糊口。同时，建立一个鼓励志愿行为和自我激励的体系。”此外，有些灵感来自背景非凡的管理创新者，他们通常拥有丰富的工作经验。一个有趣的例子是 ADI 的经理阿特·施耐德曼（Art Schneiderman），平衡计分卡的原型就是出自他的手笔。在斯隆管理学院攻读 MBA 课程时，施耐德曼深受杰伊·福雷斯特（Jay Forrester）系统动态观念的影响。加入 ADI 前，他在贝恩咨询公司做了六年的战略咨询顾问，负责贝恩在日本的质量管理项目。施耐德曼深刻地了解日本企业，并用系统的视角看待组织的各项职能。因此当 ADI 的 CEO 雷·史塔特（Ray Stata）请他为公司开发一种生产质量改进流程的时候，他很快就设计出了一整套的矩阵，涵盖了各种财务和非财务指标。

这三个例子说明了一个简单的道理：管理创新的灵感很难从一个公司的内部产生。很多公司盲目对标或观察竞争者的行为，导致整个产业的竞争高度趋同。只有通过从其他来源获得灵感，公司的管理创新者们才能够开创出真正全新的东西。

第三阶段：创新

管理创新人员将各种不满的要素、灵感以及解决方案组合在一起，组合方式通常并非一蹴而就，而是重复、渐进的，但多数管理创新者都能找到一个清楚的推动事件。

第四阶段：争取内部和外部的认可

与其他创新一样，管理创新也有风险巨大、回报不确定的问题。很多人无法理解创新的潜在收益，或者担心创新失败会对公司产生负面影响，因而会竭力抵制创新。而且，在实施之前，我们很难准确判断创新的收益是否高于成本。因此对于管理创新人员来说，一个关键阶段就是争取他人对新创意的认可。

在管理创新的最初阶段，获得组织内部的接受比获得外部人士的支持更为关键。这个过程需要明确的拥护者。如果有一个威望高的高管参与创新的发起，就会大有裨益。另外，只有尽快取得成果才能证明创新的有效性，然而，许多管理创新往往在数年后才有结果。因此，创建一个支持同盟并将创新推广到组织中非常重要。管理创新的另一个特征是需要获得“外部认可”，以说明这项创新获得了独立观察者的印证。在尚且无法通过数据证明管理创新的有效性时，高层管理人员通常会寻求外部认可来促使内部变革。外部认可包括四种来源：

第一，商学院的学者。他们密切关注各类管理创新，并整理总结企业碰到的实践问题，以应用于研究或教学。

第二，咨询公司。他们通常对这些创新进行总结和存档，以便用于其他的情况和组织。

第三，媒体机构。他们热衷于向更多的人宣传创新的成功故事。

第四，行业协会。

外部认可具有双重性：一方面，它增加了其他公司复制创新成果的可能性；另一方面，它也增加了公司坚持创新的可能性。

必要性：

（1）知识经济和现代科学技术的要求；

（2）市场经济和激烈的市场竞争的要求。

“以产定销”的计划经济时代已经成为过去，信息化为经济市场化、国际化提供了生产力基础。企业的生存必将是全球范围内的生存。全球电子数据交换系统EDI，使企业在产品生产和供应方面的地理概念与时间概念大大淡化，资金流通与商品流通日趋市场化、全球化。这些变化既给企业带来了机遇和挑战，又给企业带来了更高的要求与残酷的竞争。

（3）企业现状和深化企业改革的要求。

管理要合理组织生产力，同时又要不断调整生产关系。我国企业处于生产力大发展、生产关系大变革的环境中，要提高企业经济效益，经济增长方式必须从粗放经营转到集约经营上来，即由“总量增长型”向“质量效率型”转变。

为使管理创新能有效地进行，还必须创造以下的基本条件：

（1）创新主体应具有良好的心智模式。

创新主体（企业家，管理者和企业员工）具有良好的心智模式是实现管理创新的关键。心智模式是指由于过去的经历、习惯、知识素养、价值观等形成的基本固定的思维认识方式和行为习惯。创新主体具有的心智模式：一是远见卓识；二是具有较好的文化素质和价值观。

（2）创新主体应具有较强的能力结构。

管理创新主体必须具备一定的能力才可能完成管理创新，创新管理主体应具有：核心能力，必要能力和增效能力。核心能力突出地表现为创新能力；必要能力包括将创新转化为实际操作方案的能力，从事日常管理工作的各项能力；增效能力则是控制协调加快进展的各项能力。

（3）企业应具备较好的基础管理条件。

现代企业中的基础管理主要指一般的最基本的管理工作，如基础数据、技术档案、统计记录、信息收集归档、工作规则、岗位职责标准等。管理创新往往在基础管理较好的基础上才有可能产生，因为基础管理好可提供许多必要的准确的信息、资料、规则，这本身有助于管理创新的顺利进行。

（4）企业应营造一个良好的管理创新氛围。

创新主体能有创新意识，能有效发挥其创新能力，与拥有一个良好的创新氛围有关。在良好的工作氛围下，人们思想活跃，新点子产生得多而快，而不好的氛围则可能导致人们思想僵化，思路堵塞，头脑空白。

（5）管理创新应结合本企业的特点。

现代企业之所以要进行管理上的创新，是为了更有效地整合本企业的资源以完成本企业的目标和任务。因此，这样的创新就不可能脱离本企业和本国的特点。在当前的国际市场中，短期内中国大部分企业的实力比西方企业弱，如果以刚对刚则会失败，若以太极拳的方式以柔克刚，则可能是中国企业走向世界的最佳方略。中国企业应充分发挥以“情，理，法”为一体的中国式管理制度的优势和特长。

（6）管理创新应有创新目标。

管理创新目标比一般目标更难确定，因为创新活动及创新目标具有更大的不确定性。尽管确定创新目标是一件困难的事情，但是如果没有一个恰当的目标则会浪费企业的资源，这本身又与管理的宗旨不符。

## 本章重点知识归纳

制度化管理的实质在于以科学确定的制度规范作为组织协作行为的基本约束机制，主要依靠外在于个人的、科学合理的理性权威实行管理。

企业文化的功能具有普遍适用性，任何性质、形式的企业都可以依靠强有力的企业文化获得成功，而优秀的企业文化不是自然生成的，其功能的充分发挥有待于对其的精心培育和长期建设。培育独具特色而卓有成效的企业文化，是现代企业走向成功的必由之路。

管理制度和规范是企业文化的重要内容，也是企业文化得以维护和延续的基本保证。在企业文化建设中，应当以共有的价值观体系为宗旨，围绕实现企业目标建立健全各项规章制度，形成严密的规范网络，使职工的各种行为活动、相互关系的确立和调整以及行为效果的评价等均有法可依、有章可循。

企业规范化管理是要赋予企业组织一种生命力量，让企业像一个生命有机体一样，无论内部原因还是外部原因致使企业组织发生创伤和病变后都具有自动愈合、自动产生抗体抵御病源，恢复健康的机能。

## 思考讨论题

1. 制度化管理的特征有哪些?

2. 如何理解企业文化? 怎样运用企业文化? 企业文化对企业管理和发展有什么样的作用?

3. 影响企业文化的因素有哪些?

4. 中国企业应该如何建设自己的企业文化?

5. 企业规范化管理的方法有哪些?

6. 企业有企业文化，班级也有班级文化。用所学过的企业文化理论描述你所在班级的文化。该文化是否影响和约束你和你们班同学的行为举止和做事风格? 请解释说明。

## 实践与技能训练

### 项目：调查与访问——企业的管理

**【实训目标】**

1. 培养学生对于企业制度化管理的认识，加深对管理创新的理解。

2. 培养学生参加社会实践活动的主动性和积极性。

**【实训内容与要求】**

选择一个企业，与同学一起参观访问，并对企业管理者进行访谈。学生自愿分为两大组，分别调查访问不同企业。在调查访问之前，每组根据课程所学知识经过讨论制定相关访谈提纲，具体可参考下列问题：

1. 企业文化是什么？

2. 企业在管理方面有哪些创新与独特之处？

**【成果与检测】**

1. 学生写出所调查企业的管理分析报告，书面、500字左右。

2. 学生填写实训报告，内容包括：实训项目、实训目的、实训内容、本人承担任务及完成情况、实训总结等。

3. 教师评阅后写出实训评语。组织全班进行交流。

## 本章讨论案例

### 联想——文化制胜

联想的成功很大程度上在于根据企业所处阶段的不同对企业文化进行相应的调整。联想的文化建设经历了三个阶段。每个阶段都有不同的特性，以支持管理流程的畅通和运行层面的有效推进，从而服务于当时联想的战略。

从一开始创业期文化、规则导向文化到如今的亲情文化、包容性文化，说明了联想的企业文化变得越来越成熟。1984年，联想在中科院的一间小平房里成立，9个科技人员靠中科院计算所20万元投资起家。这个时期联想人面对的是关系到生存的竞争压力，充满了创业的决心，也充满了克服一切困难的精神。那时联想人常说的是“要把5%的可能变成100%的现实”。这是在当时的环境下所表现出来的一种非常坚定的创业文化。

当联想进入创业之后的起步期，一个要长远持久发展的目标摆在面前的时候，联想的企业文化走向了规则导向。联想人向规则要“精准和效率”，希望人人都能够“严格、认真、主动、高效”，把很多事情都放到一个个流程制度里去规范它。他们讲“做事三原则”，讲“围着规则转”，员工的行为需要规范，业务怎么开展需要规范，企业怎么管理也需要规范，联想文化进入了“严格”文化时期。

当联想发展得越来越大，部门也越来越多的时候，联想发现单纯强调“严格”文化不利于公司内部的协作，于是这一时期提倡的是团队意识、“亲情”文化，是要使联想公司内部多一些利于协作的“湿润空气”。“亲情”文化提倡互相支持，提倡互客户理念，推行矩阵式管理模式，要求各部门和层次之间互相配合，资源共享，实行“称谓无总”、倡导“平等、信任、欣赏、亲情”。所以这时的文化导向是支持导向。

联想文化发展的三阶段如图10－1所示：

其中贯穿始终的核心理念：把个人追求融入企业发展目标之中。具体阐释如下：

一、创业期文化

联想人刚开始打天下的时候，常说的“要把5%的可能变成100%的现实”，这是在当时的环境下所表现出来的一种非常坚定的目标导向。这个时期联想面对的是关系到生存的竞争压力，充满了创业的决心，也充满了克服一切困难的精神。在从“做学问”向“做市

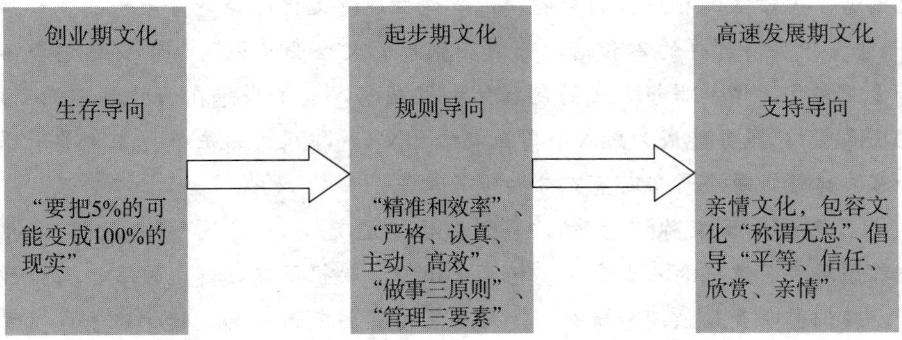


**图 10-1　联想文化发展的三阶段**

场”的转变中，联想逐渐明白了必须关注客户需要什么，考虑什么产品才好卖、考虑怎么控制成本才能赚钱，考虑要打出自己的牌子，经营意识就这样一步步地建立起来了。联想人常说，“没有师傅，是我们自己把自己领进了市场的大门”。

1988 年，国家举行一年一度的全国科技进步奖评选。由于把联想汉卡理解为单一的计算机辅助产品，初评结果联想汉卡只得到二等奖。联想人不满足这个结果，认为自己的产品在国民经济的应用中具有重大意义，认为评委们或许还不了解联想汉卡。于是就成立了一个专门的工作小组，组长由 25 岁的郭为担任。他们带着产品、全部技术资料，挨家挨户为评委讲解演示，精诚所至，金石为开，联想汉卡在复议中获得了国家科技进步一等奖。这也是中国第一个计算机应用产品获得国家大奖，这个荣誉对联想汉卡的市场成就很有帮助。

二、起步期文化

当联想进入了创业之后的起步期，当一个要长远持久发展的目标摆在面前的时候，联想开始讲“做事三原则”。一切围着目标转就逐渐转变成了“围着规则转”，从目标导向变成了规则导向。一个企业要持久，员工的行为需要规范，业务怎么开展需要规范，企业怎么管理也需要规范。联想向规则要“精准和效率”，希望人人都能够“严格、认真、主动、高效”，于是把很多事情都放到一个个流程制度里去规范它。比如用“入模子”来统一新员工的价值观，比如把总经理室的沟通演变成固定的“早餐会”。

做事三原则：如果有规定，坚决按规定办；如果规定有不合理处，先按规定办并及时提出修改建议；如果没有规定，在请示的同时制定或建议制定相应的规定。

管理三要素：定战略、建班子、带队伍。

三、高速发展期文化

当公司发展越来越大，部门也越来越多的时候，联想讲得更多的变成了团队意识，告诉大家“小公司做事，大公司做人”的道理。多讲支持，提倡互为客户的理念；推行矩阵式管理模式，要求各部门和层次之间互相配合，资源共享。提出并实行“称谓无总”，倡导“平等、信任、欣赏、亲情”的亲情文化。这时的企业文化也开始从规则导向向支持导向过渡。

鲜明而深厚的联想文化曾经是联想的骄傲和特点，这种文化依靠高效的资源管理能力和规范化创造了关于成本和规模的奇迹。但是这种规范文化已经充分表现出的干燥感，在“服务的联想”中显得那样的不和谐。如何在联想的大企业文化下，培育起适合不同业务特点的若干亚文化，增加联想文化的包容性和湿润感，成了联想在新的时期的新的追求。总裁杨元庆希望，“服务能成为融入公司血液的DNA，即联想的每个员工都要有很强的客户意识和客户体验，每个员工都有充分的服务意识。”

从尊称“老师”，到敬称“老总”，再到人称“元庆”，中国IT旗舰联想17年来对其掌门人的称谓历经了这样的三大变化。杨元庆坦言：联想早期做得比较多，亲情的成分比较少，所以我们前年开始强调亲情文化，每个月会有固定的一天，领导班子成员站在公司门口迎接员工。杨元庆让所有的联想员工都叫他“元庆”，叫声“杨总”是要罚100块钱的。联想一度强调亲情文化。在联想研究院的研究人员仿效硅谷的工作方式，比如可自己调配上班时间，办公室里随意着装等。杨元庆还提出在员工生日时，以公司名义赠送生日蛋糕，甚至在情人节那天让大家早点下班去约会。

亲情文化的内涵是让联想人在一个更为宽松、有活力的氛围下养蓄创造力。但过分宽松多少会影响到联想新人“入模子”。联想今天所处的环境决定，现在绝不是一个可以轻轻松松庆功联欢的时刻。加上联想近期又增添了大批新人，绝大多数是二十来岁的大学毕业生。如何让这批人一进到联想就绷紧这根弦？杨元庆觉得务必要给这些新人一个提醒。

于是联想现在开始在亲情文化的基础上倡导“创业文化”。在充满后工业化设计感的深圳联想新大楼里，办公室、电梯间、食堂甚至洗手间，随处可以发现与“创业文化”相关的小标语条。我们把这一“发现”对联想方面的陪同人员说了，他们笑着解释：“元庆希望随时提醒联想人，让大家重新聚起一种白手起家的精神来面对现在的竞争环境。”

创业文化在联想的新生恰恰切合了杨元庆感悟至深的一点：“联想十几年里，最根本的东西、最不应丢掉的东西，就是永不满足，不断进取。就是往大处看，目标高远。永远是做到一个目标，再奔向另一个目标，是那种要跳一下才够得着的高目标。”

现在的联想企业文化正如集团创始人柳传志所说，“西方管理强调规范化，东方管理讲人情、亲情，或者说艺术化的管理比较多。联想要以规范化、科学化的管理为基础，而用人情、亲情来进行调整。‘主原料’还是要规范。”

**讨论：**

1. 联想集团的企业文化为什么要进行调整？
2. 联想集团的企业文化有哪些方面值得借鉴？